T0300976

Printed in the United States
By Bookmasters

Printed in the United States
by Bookmasters

العلاقات السياسية الدولية
واستراتيجية ادارة الازمات

حقوق التأليف محفوظة، ولا يجوز إعادة طبع هذا الكتاب أو أي جزء منه على أية ه
أو بأية وسيلة إلا بإذن كتابي من المؤلف والناشر .

الطبعة الأولى - الإصدار الثاني

1430هـ - 2009م

المملكة الأردنية الهاشمية رقم الإيداع لدى دائرة المكتبة الوطنية (2005/1/43)
رقم الإجازة (2005/1/11)

الخزرجي، ثامر كامل
العلاقات السياسية الدولية/ ثامر كامل الخزرجي.-
عمان: دار مجدلاوي 2009
( ) ص.
ر.أ: (2005/1/43)
الواصفات:/ السياسة// العلاقات السياسية//

* أعدت دائرة المكتبة الوطنية بيانات للفهرسة والتصنيف الأولية

ISBN 9957-02-170-2   (ردمك)

Dar Majdalawi Pub.& Dis.
Telefax: 5349497 - 5349499
P.O.Box: 1758 Code 11941
Amman- Jordan
www.majdalawibooks.com
E-mail: customer@majdalawibooks.com

دار مجدلاوي للنشر والتوزيع
تلفاكس : ٥٣٤٩٤٩٧ - ٥٣٤٩٤٩٩
ص . ب ١٧٥٨ الرمز ١١٩٤١
عمان - الأردن

الآراء الواردة في هذا الكتاب لا تعبر بالضرورة عن وجهة نظر الدار الناشرة.

العلاقات السياسية الدولية
واستراتيجية ادارة الازمات

الدكتور ثامر كامل محمد الخزرجي

دار مجدلاوي للنشر والتوزيع
عمان-الأردن

المحتويات

7

14

المقدمة

راودتني فكرة اعداد مؤلف في العلاقات السياسية الدولية منذ مايزيد على اربع سنوات ، وكنت استبعد دائما الفكرة لاسباب عديدة ، لعل اهمها قناعتي بان مثل هذا العمل قد يعد تكرارا لجهود سبقته اذا لم يتضمن ماهو جديد وحيوي ومؤثر وينطوي على قدر وافر من الدينامية من خلال التأصيل الدقيق للمفاهيم والمحددات والربط بين النظري والعملياتي وبين التقليدي والحديث ، وبين المثالي والسلوكي والواقعي والمعاصر. وحين ادركت امكانية تفعيل هذه الديناميات وتوفر القدرة على تقديم شيء اضافي جديد، اصبحت الفكرة اكثر الحاحا ، وشعرت بضرورة وضعها موضع التنفيذ ، ولكن الامر لم يكن سهلا ميسورا في ضوء المعايير التي حددتها سلفا لمثل هذا العمل، والتي من اهمها ان يكون مواكبا لاحدث التطورات في البيئة الدولية من ناحية، وان يكون ذا دلالة واقعية من ناحية ثانية، وان يكون ذو بعد مستقبلي من ناحية ثالثة ، وان يوفر فائدة علمية اكاديمية واخرى مهنية عملية من ناحية رابعة .

لقد مرت العلاقات الدولية خلال تطورها التاريخي بمراحل متميزة يتسم كل منها بخصائص معينة وهذا التطور المستمر كان له تأثير مباشر ووثيق على الثورة السلوكية والتحليل السياسي ومناهج البحث المستخدمة ونظريات القوة والصراع والامن القومي وادارة الازمة الدولية .

والعلاقات السياسية الدولية هي جزء من علم السياسة باعتبار ان دراسة السياسة الداخلية للدولة هي جزء من علم السياسة، ودراسة السياسة الخارجية هي جزء من دراسة العلاقات الدولية. والعلاقات الدولية كميدان معرفي وعلم السياسة يتناولان وجهين لواقع واحد هو المجتمع السياسي، فبينما يتناول علم السياسة المجتمع السياسي في ذاته يتناول علم العلاقات الدولية مابين المجتمعات السياسية.

وقد تطورت دراسات العلاقات الدولية الى الحد الذي قامت معه جامعات عديدة في العالم بتخصيص اقسام مستقلة لدراسة العلاقات الدولية فضلا عن التوسع في اقامة مراكز البحوث المتخصصة في مجال العلاقات الدولية والدراسات المستقبلية.

من الاهداف الرئيسية لهذا الكتاب هو ان نضع انفسنا في موقف نستطيع من زاويته ان نحكم بشئ من العلمية والموضوعية والمسؤولية فنجيب على عدد كبير من الاسئلة التي تثار حول موضوعات العلاقات الدولية ومجالاتها المختلفة.

أما المنهج الذي تم اعتماده في اعداد هذا الكتاب فهو منهج مختلط ، يقوم على الوصف والتحليل والاستنتاج لاستشراف موازين القوى في مطلع القرن الحادي والعشرين. ويقوم على ابراز المتغيرات السياسية الدولية في القرن العشرين بوصفه يمثل عصر الصراع العالمي، او عصر الايديولوجيات المتنافسة او عصر اضطرابات وازمات، وقد يتطلب الامر احيانا التوغل في القرن التاسع عشر او ماقبله للمقارنة والتحليل وشمول النظرة.

ويوضح هذا الكتاب ان دراسة العلاقات الدولية تشمل العلاقات السلمية والتساومية والصراعية والعدوانية بين الدول، ودور المنظمات الدولية، وتأثير القوى الوطنية وصناع القرار في البيئة الدولية ، ومجموع النشاطات والمبادلات السياسية الرسمية الموجهة عبر الحدود الدولية . وتؤكد الدراسة العلمية في العلاقات الدولية على استنباط الوقائع التاريخية الدولية، وامتحان الظواهر العالمية بشكل عام وايجابي وايضاح الطبيعة الدينامية لهذه العلاقات ، والعوامل التي تحدد تطورها ، ومحاولة تكوين رؤى نظرية ذات قيمة علمية وعملية حولها، وبعبارة اخرى انشاء قواعد وضوابط وتشريعات أي علاقات ضرورية نابعة من طبيعة الاشياء.

لقد تم تقسيم الكتاب الى خمسة ابواب تم بحثها من خلال اربعة عشر فصلا . تناول الباب الاول الذي جاء تحت عنوان المفاهيم والنظريات من خلال فصلين ماهية الدولة وخصائصها ، وكذلك ماهية العلاقات الدولية وعلاقتها ببعض ميادين المعرفة في العلوم السياسية .

اما الباب الثاني فقد جاء تحت عنوان المحددات والاهداف، وتناول من خلال ثلاثة فصول مناهج دراسة العلاقات السياسية الدولية التقليدية والمعاصرة ، وكذلك العوامل والمتغيرات المؤثرة في العلاقات الدولية ، الموضوعية، والمجتمعية، والمتعلقة بشخصيات صناع القرار ، وتضمن هذا الباب ايضا فصلا عن الاهداف والمصالح الوطنية في العلاقات الدولية.

وقد جاء الباب الثالث تحت عنوان النظام السياسي الدولي المعاصر ، متضمنا فصلين ، تناول احدهما مراحل تطور النظام السياسي الدولي ، وقدم الاخر عرضا للاطار النظري والخصائص المعاصرة لهذا النظام.

اما الباب الرابع الذي جاء تحت عنوان التفاعلات في بيئة النظام الدولي فقد تضمن ثلاثة فصول تناولت تباعا القوة وادارة القوة في النظام الدولي ، واشكاليات الصراع والحرب ، وتوازنات القوى في العلاقات الدولية.

بينما تناول الباب الخامس الذي جاء تحت عنوان الامن الدولي والعلاقات الدولية، ومن خلال اربعة فصول ، التنظيم الدولي ونظام الامن الجماعي ، والجوانب النظرية لمفهوم الامن القومي، وتأثيرات ثورة المعلومات على العلاقات الدولية، واخيرا الازمة وادارة الازمة الدولية.

ولانحسب باننا في هذا الكتاب قد جئنا بنظرية جديدة في العلاقات الدولية، ولكن قمنا على قدر المستطاع بتحليل الانتاج الفكري المتاح في هذا المجال ، وافدنا من بعض المؤلفات والمراجع المتخصصة ، واجتهدنا باضافة ما نعتقد بانه مهم وحيوي للدراسة المنهجية .

والكتاب يمثل محاولة متواضعة مضافة الى محاولاتنا المنهجية السابقة في معالجة موضوعات الدبلوماسية واستراتيجية ادراة المفاوضات ، والنظم السياسية الحديثة والسياسات العامة – دراسة معاصرة في استراتيجية ادارة السلطة، ونسعى لتقديمه الى الطلاب والباحثين في العلوم الاجتماعية بصفة عامة ولطلاب وباحثي العلوم السياسية بصفة خاصة ، كما يتوجه الكتاب الى السياسيين والزعماء والكتاب وقادة الرأي وغيرهم من المعنيين والمهتمين بالشؤون الدولية . وعسى ان نكون وفقنا في مسعانا و الله من وراء القصد .

الاستاذ المساعد الدكتور

ثامر كامل محمد الخزرجي

بغداد / 2004

الفصل الاول

ماهيــة الدولــة

اولا: النظريات المفسرة لنشأة الدولة

لقد كثرت المحاولات والنظريات التي تطرقت الى تفسير نشأة الدولة واتخذت اتجاهات مختلفة تبعا لاختلاف وتباين مناهج وثقافات ووجهات نظر الفلاسفة والمفكرين السياسيين الذين، اهتموا بالموضوع، والأفتراضات النظرية والتأملات الفلسفية التي اعتمدوها، غير ان جميع هذه النظريات كانت تدور حول احد اركان الدولة الاساسية وهو ركن السلطة السياسية [1].

وعليه فأن البحث في اصل فكرة الدولة وتطورها يختلط مع البحث في نشأة السلطة السياسية واساسها، وبينما حاول البعض ان يفصل بين الامرين انطلاقا من ان البحث الاول يتخذ طابع البحث التاريخي، حيث يلجأ الى تتبع الحوادث التاريخية وتبيان الحقبة التاريخية التي قامت فيها الدولة، والأسس التي قامت عليها، فان البحث في نشأة السلطة له طابع قانوني، اذ يهدف الى تحديد اساس خضوع المحكومين للحكام [2]. وبغض النظر عن مدى دقة وموضوعية هذا الفصل نجد انفسنا بغير حاجة الى عناء كبير لتأكيد مدى ارتباط الموضوعين لاسيما في الظروف التي ادت الى نشأة كل منهما والتي تشير الى وحدة القوى الاقتصادية والاجتماعية والتاريخية وتفاعلها مع بعضها في ظهور السلطة السياسية وقيام فكرة الدولة.

وبالرغم من ان المعرفة الانسانية الحديثة قد كشفت عيوب الكثير من النظريات التأملية القديمة، الا ان بعضها لم تزل تستحوذ على اهتمام المفكرين والباحثين، لذلك، سنحاول وبدون الخوض التفصيلي تحديد ثلاث اتجاهات نظرية بحثت في اصل نشأة الدولة ومن خلال ثلاثة مطالب، وكما يلي :-

1. النظريات الدينية :

ترجع هذه النظريات مصدر السلطة الى الاله الخالق [3]، ومن ثم تدرجت في ربطها بين سلطة الدولة والارادة الالهية تدرجا يخفف من هذه الرابطة بالقدر الذي كان يتاح فيه للعقل الانساني ان يحقق خطوة الى الأمام في طريق النظرة العلمية للامور، وبدأ الامر باعتبار الحاكم من طبيعة الاهية فهو (اله في الارض) ، أي (نظرية تاليه الحاكم) .

ثم تدرج الامر بعد ذلك الى اعتبار ان الحاكم اختاره اللـه مباشرة لممارسة السلطة باسمه علـى الارض، أي (نظرية الحق الالهي المقدس).

ودخل التطور اخر مراحله في اعتبار ان اختيار الحاكم مـن لـدن اللـه يـتم بطريقـة غـير مبـاشرة، أي نظرية (الحق الالهي غير المباشر) [4].

وتتمثل خطورة هذه النظريات في ان التسليم بكون السلطة الاهية في اصلها ومنشأوها معناه تحطـيم مبدأ مسؤولية الحكام امام المحكومين، وهذا مايبرر مطالب الحكام الاوتوقراطيين، ومع ذلك فان هذه النظريات وجهت الاهتمام الى دور الدين في تطور الدولة ، وعملت على تطوير الاحساس بالاخلاق في نطاق السياسة.

2. النظريات التعاقدية :

تختلف النظريات التعاقدية عن النظريات الدينية التي ترجع نشأة الدولة الى الرغبة والارادة الالهيـة، فأن النظريات التعاقدية التي بلورها مفكرو القـرنين السـابع عشرـ والثـامن عشرـ ، ومـن ابـرز مـن كتـب عنهـا الانكليزيان " توماس هوبس " (1588-1679م) و "جـان لـوك " (1632-1704م) والفرنسيـ " جـان جـاك روسـو" (1712-1778م) ، ترى ان الدولة من صنع الانسان، وقد نشأت نتيجة لارادة الافراد التعاقديـة الرضـائية ، حيـث اتفق الافراد على انها حالة الطبيعة – اما لانها شريرة " هوبس " ، او لكونها غـير عمليـة بـالرغم مـن مثاليتهـا " لوك " ، او استجابة لظروف قاهرة " روسو" – والعيش معا في ظل المجتمع المنظم سياسـيا الـذي يخضـع افـراده لسلطة عليا [5].

وتفترض نظرية العقد الاجتماعي وجود حالة للفطرة كانت هي الاصل المـؤدى الى الحيـاة الانسـانية اذ لم يخضع الناس في هذه الحالة لاي ضبط سياسي، اما ظهور

الدولة بحسب هذه النظرية، فهو امر يرجع الى الاتفاق الحر او الى التعاقد الذي ابرمه سكان هذا المجتمع الفطري، وان حالة الفطرة تمثل حالة سابقة على التنظيمات السياسية والاجتماعية، ووجودها يسبق تكوين الحكومة، اما القواعد المنظمة لسلوك الناس في هذه الحالة الطبيعية فهي تمثل القانون الطبيعي ، فالانسان يتمتع ببعض الحقوق الطبيعية، لكن الناس بعد ذلك مالبثوا ان اتجهوا نحو بناء المجتمع المدني من خلال التعاقد، ومن ثم استبدال القانون الطبيعي بقانون أخر انساني، وبدأ الناس يتمتعون بحقوق مدنية وسياسية [6].

والعقد بالنسبة " لهوبس" قد أنشأ المجتمع المدني والدولة معا، وهذا امر يصعب تخيله من الناحية العملية، اما العقد بالنسبة " للوك " فيقوم على تحويل المجتمع المدني الى دولة بواسطة انشاء السلطة السياسية المنظمة لحياة الافراد [7].

لقد اصبحت هذه النظرية اليوم غير مقبولة، انطلاقا من كونها وهمية وغير حقيقية، بيد ان الانتقادات التي وجهت لها تتعلق بالصفة التعاقدية وليس بالصفة الرضائية المحددة لنشوء الدولة، واذا امكن التسليم بأن الدولة من صنع الانسان فهي اما ان تكون اختيارية اتفاقية او مفروضة بالقوة، وباستثناء مايمكن استنتاجه من طروحات اصحاب نظرية القوة التالي شرحها، فان نسبة كبيرة من المفكرين يسلمون بان الدولة قامت بالاتفاق الاختياري بين الافراد دون ان يأخذ هذا الاتفاق شكل التعاقد [8].

3. النظريات غير التعاقدية:

أ. نظرية القوة :

تؤمن هذه النظرية ، بأن القهر والقوة هما اساس نشأة الدولة بل هما اساس أي نظام سياسي [9]، حيث كانت الجماعات الاولية تعيش في صراع مستمر مع بعضها[10]. وتدل الحروب التي كانت تنشب بين العشائر والقبائل في المجتمعات البدائية على صحة هذه النظرية ومن خلال هذه الصراعات استطاع رئيس القبيلة ان يؤسس سلطته، وان يفرضها على اقليم معين محققا بذلك احد ابرز مقومات نشأة الدولة، وعندما ترسى اسس الدولة فانها لايمكن باي حال ان تتخلى عن القوة والسيطرة والغلبة، فهي بحاجة الى استخدام القوة لتفرض سيادتها داخليا وخارجيا، فكأن الدولة هي من صنع قانون

الاقوى[11]، والسلطة في الدولة تتمركز لدى الاقلية التي لها القوة والنفوذ، تلك القوة التي يمكن ان تكون مادية او ادبية او دينية او فكرية او اقتصادية [12].

والقوة بالنسبة " لميكافيلى " وهيغل " ونتشة " ، هي خاصية طبيعية من خصائص الدولة وفضيلة يجب التمسك بها والانطلاق من خلالها [13].

وفي مقابل ذلك يرى الكثير من المفكرين ان القوة وحدها لاتستطيع ان تبرز الاصل التاريخي لنشأة الدولة، فالقوة بدون الحق يمكن ان تكون في احسن الاحوال مؤقتة، ولكن القوة مع الحق اساس دائم للدولة [14]، هذا فضلا عن ان العديد من الدول الحديثة في اسيا وافريقيا قد نشأت نتيجة لاستقلال المستعمرات وليس بناءا على نظرية القوة.

ب. نظرية التطور العائلي :

يتلخص مضمون هذه النظرية في ان اصل الدولة يعود الى الاسرة، وان الاسرة هي الصورة المصغرة للدولة، اذ نمت الاسرة واصبحت عائلة ثم تجمعت العائلات معا فشكلت القبيلة، ومع تكاثر وازدياد عدد افرادها انقسمت الى عشائر، وبمرور الزمن اخذت هذه العشائر في النمو والازدياد فوق بقعة معينة من الارض لتشكل المدن السياسية التي تحولت فيما بعد الى دول [15].

ويرجع اصل الحكم في الدولة الى سلطة رب الاسرة التي انتقلت الى رئيس القبيلة ثم الى رؤساء العشائر المختلفة التي تفرعت عن القبيلة، ولذلك يطلق على هذه النظرية اسم نظرية السلطة الابوية [16].

فالانسان لايستطيع تحقيق الهدف الاسمى لوجوه واكتشاف المعنى الحقيقي لانسانيته الا في ظل الدولة ، واذا كانت الاسرة تعمل على تلبية الحاجات البدائية في حياة الانسان، فان الدولة تعمل على تحقيق نموه الاسمى كاشفة عن فضائل الطبيعة البشرية [17].

ج. نظرية التطور التاريخي او الطبيعي :

لقد اكد علماء الاجتماع في العصر الحديث. ان الظواهر الاجتماعية لايمكن تفسيرها بالرجوع الى عامل واحد ، والدولة شأنها شأن أي ظاهرة اخرى في الحياة الاجتماعية، قد مرت خلال مراحل النمو والتطور، فهي اذن نتاج للعملية التطورية التي يشارك فيها اكثر من عامل واحد [18]، اسهمت في مجملها بعد تطور طويل في احداث التقارب وايجاد الترابط بين افراد الجماعة البشرية، وبالنظر الى ان هذه النظرية تشتمل على مجموعة واسعة من العوامل التي تتفاوت في وجودها مثل العوامل الاقتصادية والاجتماعية والثقافية والدينية والسياسية [19]، فأنه لايمكن ان تكون نتيجة التفاعل بين نسب مختلفة متباينة من هذه العوامل، واحدة [20]، وعليه فان من الطبيعي ان تختلف الدول عن بعضها نتيجة اختلاف ظروفها وتبعا للعوامل التي تفاعلت ونشأت عنها الدولة، ولهذا فلا غرابة ان نواجه باشكال مختلفة للدول وانظمة الحكم ، وتبعا لذلك ، فان النظام السياسي الذي يصلح في دولة قد لايصلح في دولة اخرى .

وهناك من يعد هذه النظرية من اكثر النظريات قبولا في تفسير نشأة الدولة، كونها تستند الى تفسير اكثر شمولا للظواهر السياسية.

د. النظرية الماركسية :

تعد المادية الجدلية الاساس الفلسفي للنظرية الماركسية، والمادية التاريخية هي تطبيق المادية الجدلية في نطاق التاريخ الانساني، لذا فان النظرية الماركسية في تفسيرها لنشأة الدولة ترتبط اوثق ارتباط بنقطتين اساسيتين في نظرية "كارل ماركس"، النقطة الاولى تتعلق بالتفسير المادي او الاقتصادي للتاريخ، والنقطة الثانية خاصة بمراحل تطور الدولة [21].

(اولا). التفسير المادي او الاقتصادي للتاريخ :

ترى النظرية الماركسية ان تاريخ البشرية عبارة عن صراع بين الطبقات، صراع بين الطبقة المسيطرة او المستغلة والطبقات المقهورة المستغلة وعلى هذا الاساس ميز "ماركس " بين ثلاثة انواع من النظم او الدول بهذا المعنى في ثلاث

مراحل تاريخية، هي مرحلة العبودية والرق، والمرحلة الاقطاعية، ثم مرحلة البرجوازية والنظام الرأسمالي.

كما ميز " ماركس " بين المجتمع المدني والدولة. واعتبر " لينين " الاخيرة بما فيها من مؤسسات وانظمة وقوانين وسيلة الطبقة الحاكمة التي اوجدتها لتستخدمها في فرض سيطرتها على بقية افراد المتجمع [22]. وان تطور مظاهر الدولة بالنسبة لماركس ماهو في حقيقته الا تغيرا للاساليب التي تستخدمها الطبقة الحاكمة لتثبيت وجودها والتي تحدث استجابة لتغير الظروف الاقتصادية وعلاقات الانتاج ، وتبعا لهذا المنطق يرى "ماركس " ان الدولة الرأسمالية هي وسيلة الطبقة البرجوازية التي تستخدمها لتدعيم اسس النظام الرأسمالي الذي تسيطر عليه ، أي ان مؤسسات وقوانين الدولة الرأسمالية هي ادوات سلب واكراه واجبار بيد الطبقة البرجوازية [23].

وترى الماركسية انه نتيجة لهذا الاستغلال فأن الطبقات العاملة ستقوم بثورتها الكبرى على الطبقة البرجوازية لتقويض دعائم النظام الرأسمالي.

(ثانيا). مراحل تطور الدولة عند "ماركس" :

يرى " ماركس " ان الدولة لابد لها ان تمر بمرحلتين في سبيل الوصول الى (المجتمع الشيوعي) المرحلة الاولى هي مرحلة دكتاتورية البرولتياريا او مرحلة الاشتراكية، والثانية هي مرحلة الشيوعية.

المرحلة الاولى: دكتاتورية البروليتاريا [24]:

وهي المرحلة التي ينتقل فيها المجتمع من النظام الرأسمالي حيث سيطرة البرجوازية ، الى المجتمع الاشتراكي وسيطرة الطبقة العاملة، وسوف تتحول الدولة من اداة للسلب والاكراه والاجبار في يد البرجوازية ضد العمال، الى اداة في يد الطبقة العاملة مما يدعم من سيطرتها ويؤدي الى امتلاكها لادوات الانتاج. فالدولة وفق هذا التحليل هي نتاج ومظهر استقصاء التناقضات الطبقية [25].

المرحلة الثانية : مرحلة الشيوعية [26]:

يتحقق في هذه المرحلة المبدأ الاساسي للشيوعية، وهو التحول من كل حسب قدرته الى كل حسب حاجته، وبذلك تنتهي وجوه انعدام المساواة، وتسود الحرية نتيجة

للقضاء على الطبقية ، وتتحقق الوفرة الانتاجية ، ويحل محل حكومة الاشخاص ادارة اقتصادية للاشياء [27] ، فالدولة كما هو الحال بالنسبة لاشكال السلطة التي سبقتها والتي كانت استجابة لمرحلة تاريخية ليس الا ، سوف تزول بزوال الحاجة اليها.

وقد تعرضت هذه النظرية لانتقادات عديدة منها مايتعلق بالمادية التاريخية التي تجعل حركة التاريخ البشري مرهونة بالاسباب الاقتصادية وتتجاهل الاسباب والدوافع الاخرى ، ومنها مايستهدف موضوعة دكتاتورية البروليتاريا، ومنها مايتعلق بالغموض الذي يكتنف المرحلة الشيوعية من حيث الكيفية والتوقيت، ومنها مايتعلق بتعميم القاعدة الفكرية، هذا فضلا عن التداعيات المتلاحقة التي شهدتها العديد من التجارب الاشتراكية في العالم.

ولعل ماتجدر الاشارة اليه بعد استعراض اهم النظريات المفسرة لنشأة الدولة، هو ان الدولة القومية بملامحها الاولى تعود تاريخيا الى القرن الرابع عشر الميلادي حيث تمكن ملوك فرنسا واسبانيا من اخضاع الكنيسة والاسياد الاقطاعيين الى سيطرتهم، وقد ادى الملوك دورا اساسيا في بروز الدولة القومية، أي انهم كانوا الطرف الاهم في معادلتها . ولهذا فان البعض يرى ان " ميكافيلي " كان على حق عندما قال ان الدولة تؤسس بواسطة اناس يجنحون للقوة [28].

ومع ظهور الدولة القومية ظهرت فكرة المواطنة بمعناها الحديث ومنحت الافراد صفة المواطنة لدولة محددة بالاضافة الى كونهم رعايا لملوكهم ، ولقد تم ترسيخ وجود الدولة القومية وسيادتها في اوربا بعد معاهدة ويستفاليا 1648م التي اعترفت بحدود الدول القومية واقرت الاحترام المتبادل لسيادة هذه الدول على اراضيها ومواطنيها.

وهكذا بدأ هذا الشكل السياسي المجدد الذي نطلق عليه الدولة الحديثة او الدولة القومية في الظهور والتبلور خلال القرون الاربعة الماضية على الساحة الاوربية، واعتمدت في تنظيمها على نظام ملكي مطلق ، وجيش وطني عام ، ونظام ضريبي موحد [29]. واخذت تنتشر خارج اوربا حتى اصبحت النمط السائد في النظام السياسي الدولي.

ثانيا: مفهوم الدولة [30]

مثل مفهوم الدولة محور التركيز الاساسي في علم السياسة، الذي كان يعرف بانه علم الدولة او العلم الذي يتناول كل مايتعلق بشؤون الدولة داخليا وخارجيا... ثم جاءت بعض الاتجاهات الحديثة في علم السياسة، ولم تنظر الى الدولة على انها كيان سياسي وقانوني منظم بل كمجال لتصارع وتفاعل وتداخل القوى المختلفة في المجتمع ، وبحسب هذه النظرة فأن العلاقة بين الحكام والمحكومين تتحدد داخل اطار الممارسة الفعلية وليس في ظل مؤسسات الدولة القانونية والرسمية [31] ويعد " ديفيد أيستون " اكثر من عبر عن هذا الاتجاه حيث رفض ان يتقيد بمفهوم الدولة نهائيا نظرا لكثرة معانيه والغموض الذي يكتنفه ، واستطاع ان يغير تركيز الاهتمام في علم السياسة – من دراسات الدولة ومؤسساتها القانونية والرسمية – الى ممارسات النظام السياسي للدولة[32].

وبالرغم من اهمية الموقف الذي اتخذه " أيستون" ، والذي اسهم في زيادة فاعلية علم السياسة ، ولاسيما في مجال التحليل ، والقدرة على الحركة ، وفهم المتغيرات الفعلية، فان الدولة لم تزل حقيقة اساسية تهم الكثيرين من مفكري العلوم الاجتماعية والدراسات الانسانية .

والمتتبع للتطور التاريخي للدولة يستطيع ان يميز بين ثلاثة تصورات رئيسة بشأنها [33].

التصور الاول: يعد الدولة بمثابة النظام القانوني الذي ستترابط بداخله اجزاء المجتمع المختلفة ترابطا سياسيا.

التصور الثاني: ينظر الى الدولة بوصفها تمثل القوة العليا او السلطة المطلقة للملك او الحكومة، وبعبارة اخرى ان هذا التصور يميل الى فهم الدولة على انها اداة سياسية تستخدمها طبقة او جماعة مسيطرة لكي تتحكم في المجتمع باكمله.

التصور الثالث: يتناول الدولة كما لو كانت هيئة او تنظيم يستعين به مجتمع قائم على المساواة في تحقيق وانجاز الاهداف العامة.

وفي ضوء هذه التصورات انقسمت الاراء بصدد التكوين البنائي للدولة الى ثلاثة اتجاهات [34]:

الاتجاه الاول : يرى ان الدولة منظمة ، ومن رواد هذا الرأي " ديفيد أيستون " الذي يرى انها عبارة عـن وسـيلة لتحقيق اهداف معينة للجماعة السياسية ⁽³⁵⁾.

الاتجاه الثاني : يرى بانها جمعية ، ومن رواد هذا الرأي " ماكيفر " حيـث ذهـب في مؤلفه الدولة الحديثة ، الى عدها جمعية ضمن جمعيات اخرى تعمل من خلال القانون الذي نودي به مـن قبل الحكومـة التـي تملك قوة سياسية بمقتضاها ترسي دعائم النظام في الجماعة المقيمة في حدود الدولة ⁽³⁶⁾.

الاتجاه الثالث : يصفها بالمؤسسة ، ومن انصار هـذا الـرأي الاستاذ الانكليـزي " برايرلي"، وهـي في هـذا الشـأن المؤسسة السياسية الام تميزا لهـا عـن المؤسسـات السياسية الفرعيـة الاخرى التـي تنبثق عنهـا مثـل الحكومة ، الاحزاب ، التجمعات السياسية ⁽³⁷⁾.

وينحو " موريس ديفرجيه " منحا اخرا فيرى، بأنها ليست الا جماعة بشرـية تكاملـت لهـا خاصيتان جوهريتان:

الاولى : رابطة قوية للتضامن، والثانية: تنظيم سياسي وقانوني متكامل⁽³⁸⁾. وقد اكد " هارولـد لاسـكي " ضرورة ابراز العنصر الانساني وعده في منتهى الاهمية وهو بحسب رأيه الاساس الجوهري في قيام الدولة والمعيار المميز لها، وقاده ذلك الى تعريف الدولة على انها عدد كبير من الناس يطيعون – في اقليم محدد المعالم – عـددا صغيرا اخر من الناس ⁽³⁹⁾،والى جانب ذلك نظر الى الدولة من خلال ممارسة السلطة فيها ، فعرفها في مؤلف اخر من مؤلفاته بانها تنظيم يمارس السلطة القهرية من اجل تحقيق الصالح الاجتماعي ⁽⁴⁰⁾.

ويرى بعض الفقهاء ان الطابع الرئيس الذي يميز الدولة الحديثة عن الوحدات السياسية التـي كانـت موجودة في اوربا في العصور الوسطى قبل حركة الاصلاح الـديني وعصرـ النهضة، هـو تجميـع السـلطات في يـد حكومة واحدة تملك من الوسائل المادية والقانونية مايمكنها من السيطرة التامة على الاقليم دون منازعة من ايـة سلطة اخرى⁽⁴¹⁾.

بينما يذهب آخرون الى ان الدولة الحديثة تستند الى فكرة الدسـتور في شـكلها القـانوني الملـزم، وهـي فكرة لم تكن متصورة قبل ذلك حين كانت الغلبة لنظم سياسـية تقوم عـلى الزعامـة واخـتلاط السـلطة بشـخص الحاكم كونها من امتيازاته وحقوقه

الشخصية ، تستنده فيها القوة المادية وعمق المؤثرات العقائدية والتقاليد السائدة في المجتمع ورسوخها في وعـي الناس وادراكهم [42].

وشبه " دوفابر " الدولة الحديثة بدائرة باسكال التي يكون مركزها في كل مكان واطارهـا غـير محـدد ، وتبدو فكرة الدولة (بحسب رأيه) ذات اتجاهين رئيسيين ... فهي من جهة السلطة العليـا الرفيعـة الشـأن التـي تتولى ممارسة التحكيم الأعلى بين مختلف القوى الجماعية وتعبر بذلك عن وحدة الجماعة، ومن جهة اخـرى اذا سادت السلطة السياسية نظريا سائر السلطات على مختلف صورها ، فيجب مع ذلك ان تعد في عـدادها وان لم تكن في الغالب سوى انعكاس لها [43].

على الرغم مما تقدم ، وعلى الرغم من ان الدولة اصبحت في الصـميم مـن التحليـل السـياسي، فهـي لم يتم بعد سن تعريف قياسي لها .

فالبعض يرون انها عبارة عن مجموعة دائمة ومستقلة من الافراد، يملكون اقليما معينا وتربطهم رابطـة سياسية مصدرها الاشتراك في الخضوع لسلطة مركزية تكفل لكل فرد منهم التمتع بحريته ومباشرة حقوقه [44].

واورد " جاكوبسن وليبمان " تعريفا للدولة يشير الى انها (شعب مـنظم تنظـيما سياسـيا ويحتـل ارضـا محددة ويعيش في ظل حكومة خالية تماما او شبه خاليـة مـن السـيطرة الخارجيـة وقـادرة عـلى تـأمين الطاعـة الاعتيادية من قبل جميع الاشخاص في داخلها) [45].

وقد عرفها " الفقيه الفرنسي " كاريه دي مالبيرج " انها مجموعة من الافراد مستقرة عـلى اقلـيم معـين ولها من التنظيم مايجعل للجماعة في مواجهة الافراد سلطة عليا امـرة وقـاهرة .. ويعرفهـا الاسـتاذ السويسرـي " بلنتشي " بانها جماعة مستقلة من الافراد يعيشون بصفة مستمرة على ارض معينة بينهم طبقـة حاكمـة واخـرى محكومة .. ويعرفها الاستاذ الانكليزي " هولاند " بانها مجموعة مـن الافـراد يقطنـون اقلـيما معينـا ويخضـعون لسلطان الاغلبية او سلطان طائفة منهم[46].

وقد قدم الفقه العربي مجموعة تعاريف حول الدولة من بينها : انهـا مجموعـة مـن الافـراد يعيشـون حياة دائمة ومستقرة في اقليم محدد تحت تنظيم سياسي معين ، وينتهي هذا التعريـف الى وجـوب تـوافر ثلاثـة اركان للدولة هي الشعب والاقليم والتنظيم

السياسي [47]. او ان الدولة تقوم على اساس وجود مجموعة مـن الافـراد يمارسون نشـاطهم عـلى اقلـيم جغـرافي محدد ويخضعون لتنظيم معين، وعناصر الدولة وفقـا لهذا التعريف هـي مجموعـة مـن الافـراد واقلـيم وسـلطة عامة [48].

او انها مجموعة من الافراد يقيمون بصفة دائمة في اقليم معين، وتسيطر علـيهم هيئـة منظمـة اسـتقر الناس على تسميتها الحكومة، ويركز هذا الرأي على ثلاث عناصر هي : مجموعة الافراد، والاقليم، والحكومة [49].

او انها جماعة من المواطنين الذين يشغلون اقليما محـدد المعـالم ومسـتقلا عـن أي سـلطان خـارجي ، ويقوم عليه نظام سياسي له حق الطاعة والولاء من قبل الجماعة او على الاقل من اغلبهم، وعناصر الدولة طبقـا لهذا التعريف اربعة هي : المواطنون ، الاقليم ، الاستقلال ، والنظام السياسي [50].

او انها حياة الشعب، المنظمة ، المستقلة، المرتبطة بمجال ارضي معين [51]. او انها كيان سياسي قانوني ، ذو سلطة سيادية معترف بها، في رقعة جغرافية محددة على مجموعة بشرية معينـة [52] ويـراد بمصطلح الدولـة عادة . المجتمعات التي وصل فيها التميز السياسي درجة معينة من التطور والتعقيد، وعليه فالدولة تمثل التميـز السياسي بين الحكام والمحكومين.

ويتمثل تعريفنا للدولة بانها كيان سياسي وقانوني منظم، يضم مجموعـة مـن الافـراد الـذين يقيمـون بصفة دائمة في اقليم محدد، ويخضعون لتنظيم سياسي وقانوني واجتماعـي معـين تفرضـه سـلطة عليـا، تتـولى واجبات الحماية والرعاية وتحقيق العدالة والمنفعة والرفاهية، وتتمتع بحق استخدام القوة عند الضرورة.

وعلى أي حال يبدو ان التعريفات الشائعة للدولة تتباين فيما بينها، بين الاتساع والشمول مـن ناحيـة، وضيق النطاق او التحديد البالغ من ناحية اخرى .. لكن الشيء الذي يؤكده علماء السياسة والاجتماع عـلى حـد سواء هو ان مصطلح الدولة يشير الى رابطة تسمح بوجود قيادة سياسية ، وربما كان التعريـف الـذي قدمـه " ماكيفر وبيج " من الاهمية في هذا الصدد كونه كان سباقا في تميز الدولة عن كافة المنظمات او الروابط الاخرى باعتبارها تتمتع بحق استخدام القوة العليا والقهر [53]، ويضيف " لاسويل وكابلان " تعريفهما للدولة بانها جماعة اقليمية ذات سيادة [54]، وهذا التعريف هو الاخر

يظهر بوضوح عناصر الدولة واركانها الاربعة (الشعب ، الاقليم ، الحكومة، الاستقلال) بوصفها المعايير المستخدمة في تميز الدولة عن الوحدات السياسية الاخرى.

لقد تطرقنا فيما تقدم الى جانب من التباين النظري بين الفقهاء والمفكرين حول مفهوم الدولة ، ولكن الدولة لايمكن ان تفهم الا في اطار بناء اجتماعي معين وفي ظروف تاريخية معينة ، لذا فأن الحديث عن الدولة المعاصرة ، ينصب في معظمه حول (الدولة القومية) او (الدولة الامة) ، كشكل سياسي – قانوني متميز عن الاشكال التي سبقته، ويدور من حيث المضمون حول الاتجاهات التالية : .

1. الدولة كونها نظاما متكاملا للقيم العامة في المجتمع.
2. الدولة كونها نظاما قانونيا مؤسسيا تجسده بيروقراطية عامة متجانسة.
3. الدولة كونها السلطة السياسية او الحكومة او النظام السياسي بقياداته ونخبه الحاكمة.
4. الدولة كونها الطبقة الحاكمة او التعبير السياسي عن مصطلح الطبقة المهيمنة.

وقد اتسمت الكتابات التي سبقت او صاحبت نشأة الدولة القومية في اوربا بغلبة النزعة التبشيرية بهذا الشكل السياسي الجديد ، ويتضح ذلك في كتابات الرواد، فالدولة عند " هيغل " تمثل انتصار الفكر على المادة، وانتصار الوحدة على التشتت وانتصار الارادة العامة على الارادة الخاصة، وكانت الدولة البروسية في تقديره تمثل التجسيد العملي لكل هذه المعاني وبخاصة البيروقراطية، وهي بهذا المعنى تمثل مستودعا للعقلانية والتجرد والعدالة والكفاءة في خدمة المصلحة العامة للمجتمع.

وتأثر بهذا النهج الفكري الكثير من المفكرين الاوربيين، ومنهم عالم الاجتماع الالماني " ماكس فيبر " الذي عمل على تحليل الجهاز البيروقراطي للدولة تحليلا علميا وتعميم مقولاته في هذا الصدد على المؤسسات الحديثة الحكومية وغير الحكومية [55].

وبينما كان " هيغل " قد اكد الجانب القيمي ، ووصف الدولة بانها (تجسيد لاسمى فكرة اخلاقية) ، اكد "ماكس فيبر" احتكار العنف المنظم ، ووصف الدولة بانها التنظيم الذي يحتكر استخدام العنف المشروع في رقعة جغرافية معينة [56].

لقد ادى تطور الفكر التبشيري - التمجيدي فلسفيا وسوسيولوجيا وفقهيا الى تنامي عدة اتجاهات فكرية [57]، ولعل ابرزها (التيار اللبرالي - الديمقراطي، والتيار السلطوي الشمولي) .

1. التيار اللبرالي - الديمقراطي :

يرى هذا التيار في فكرة المواطنة والمساواة والمشاركة السياسية من خلال الانتخابات النيابية ضرورة ملازمة لفكرة (الدولة الحديثة) حتى لاتستبد في المجتمع او تنفصم عنه ، واستمر رواد هذا التيار يؤكدون على الارتباط الشرطي بين مؤسسة الدولة والديمقراطية [58]. وتمثل الدولة تبعا لذلك رابطة مدنية او اتحاد مدني. وتقوم بالتأكيد على قيمة واستقلالية الفرد، وعلى المشاركة الفاعلة في الممارسة الاخلاقية ، وبموجب هذا التصور ايضا، فان الدولة وقوانينها تكون مستقلة عن - ومحايدة تجاه الاهداف التي يسعى الافراد لتحقيقها، او المثل العليا او العقائد والاخلاق الخاصة التي يتبنونها او يلتزمون بها، والحكومة حسب هذا الفهم هي القاضي والمحكم النزيه، وهي الوسيط والمنظم غير المنحاز وهي حارس الليل الساهر [59].

2. التيار السلطوي - الشمولي :

لقي هذا التيار رواجا بين الشعوب الالمانية والايطالية ، ويضفي رواده على الدولة مسحة رومانسية، والمواطنة عندهم تعني في المقام الاول الولاء للدولة والاعتزاز بها ، والذوبان فيها، والتهيؤ الدائم لخدمتها والتضحية في سبيلها من اجل الصالح العام . وكذلك لكونها تعبر عن الارادة الكلية للشعب، والتجسيد الاسمى للامة ، وما على المواطن الا ان يخدمها بكل حب واخلاص. وحرية الافراد والجماعات طبقا لهذا التصور هي حرية المشاركة في خدمة الدولة - الامة ، وتدعيمها، وليس في التنافس والصراع من اجل مصالح فئوية او من اجل السيطرة على اجهزة الدولة، وفي مقابل ذلك فان الدولة تتكفل بافرادها وجماعاتها وترعى مصالحهم وتسهر على امنهم ورفاهيتهم، والحاكم هنا هو بمثابة الوصي والراعي والمهندس والمعلم والموجه والطبيب والواعظ والمدير والاخ الكبير .

وهناك من يميز بين التسلطية والشمولية، على اساس ان الاولى تعني تمركز السلطة في ايدي اقليـة، امـا الشمولية فتعني سيطرة الدولة التامة على كل مظاهر الحياة، وان الدولة الاوتوقراطية هي خليطا من التسلطية والشمولية [60].

الى جانب تطور التيار التبشيري بالدولة، وتزايد عدد انصاره، فقد شهد منتصف القرن التاسع عشر والسنوات اللاحقة بروز قيادات فكرية تتصدى له ولفكرة الدولة، فقد وجه كل من الفوضويين والماركسيين وغيرهم نقدا لاذعا لمؤسسة الدولة، فوصف" ماركس " المفهوم الهيكلي للدولة بانه فكر البرجوازية والبيروقراطية والتي تحاول ترويجه بين فئات المجتمع خدمة للطبقة المهيمنة، وبخلاف ذلك يبرز " غرامشي " وهو من الاجيال التالية من المفكرين الماركسيين، ويرى ان الدولة اداة للترشيد والعقلنة والتعبئة الاجتماعية والاقتصادية وتقديم الكثير من المنافع العامة والخدمات. وذهب الى ان الدولة يجب ان لاتقتصر على دورها القمعي، ولكنها تشتمل ايضا على عدة مؤسسات تتمتع بالصلاحيات، وتساهم بدورها في ارساء الايديولوجيا المهيمنة [61].

وتبرز بين رواد الموجة الجديدة في دراسة ظاهرة الدولة كتابات " ثيدا سكوكبول " التي ترى (ان الدولة مثل الاله الروماني " جانيوس " ذات وجهـين : الاول يطـل عـلى الـداخل او المجتمـع المـدني بهياكلـه الاقتصـادية وتكويناته الاجتماعية وانقساماته الطبقية والفئوية، والوجه الثاني يطل على النظام العالمي بما يحتويـه مـن دول اخرى ومنظمات اقليمية ودولية، وشركات متعددة الجنسية... ، وتشير الى ان للدولة عدة وظائف اهمهـا هـي السيطرة على وسائل الادارة والقهر واستخدامها داخليا وخارجيا من اجل امن الدولة واستمراريتها، أي ان المحور الاساسي للدولة هو سلطوي اكثر منه توزيعي ، وهي تؤكد في هذا الصدد مقولـة " مـاكس فيـبر " حـول احتكـار الدولة للاستخدام الشرعي للقوة القهرية داخل المجتمع اتجـاه الافـراد - والجماعـات ونيابـة عنـه ، لا في الامـور الداخلية ، ولكن في سلوكها الخارجي تجاه الدول الاخرى فيما يلزم الامر لحماية نفسها او تأمين مصالحها [62].

ان التيارات المشار اليها اعلاه والمقولات والطروحات التي رافقتها واعقبتهـا اصـبحت مجـالا لمحـاورات جادة في الفكر الغربي منذ بداية السبعينات من القرن

الماضي، وهي الفترة التي تنبه فيها علماء السياسة وخاصة الامريكان من جديد الى محورية موضوع الدولة في مجال الدراسات السياسية والاجتماعية .

ثالثا: الخصائص التقليدية للدولة الحديثة

1. السيادة :

ظهرت نظرية السيادة منذ ظهور الدولة القومية الحديثة، وكلمة (سيادة) مشتقة من اللفظ اللاتيني (Superanus) ومعناها الاعلى ، واول من استعمل هذه الكلمة في السياسة هو " جان بودان " في كتابه (الجمهورية) الذي وضعه سنة 1576 ، وان كانت فكرة السيادة قد عرفت قبله في اوربا ، غير ان الكتاب كانوا يطلقون عليها اسماء اخرى فيسمونها (السلطة العليا) وسماها فقهاء الرومان (اكتمال السلطة في الدولة) ، وهذه كلها مرادفات لمعنى السيادة وهي السلطة العليا في الدولة ، او اعلى درجات السلطة .

أ. خصائص السيادة :

الاتجاه العام لدى الكثير من الكتاب هو ان السيادة تتسم بخمسة خصائص، تتمثل في كونها:[63]

(اولا). مطلقة (Absolute) مع مراعاة حتمية تأثر الحكام بالظروف الاجتماعية والاقتصادية والثقافية وبطبيعتهم الانسانية، ومدى تقبل المواطنين لقراراتهم وقوانينهم التي يفرضونها وامكانية اطاعتهم لها.

(ثانيا). شاملة (Universal) أي انها تطبق على جميع المواطنين في الدولة ومن يقيم في اقليمها، باستثناء مايرد في الاتفاقيات والمعاهدات الدولية، ولاسيما بشأن الدبلوماسيين وموظفي المنظمات الدولية ودور السفارات.

(ثالثا). لايمكن التنازل عنها (Inalienable) ، بمعنى ان الدولة لاتستطيع ان تتنازل عنها والا فقدت ذاتها.

(رابعا). دائمة (Permanent) ، بمعنى انها تدوم بدوام قيام الدولة، واي تغير في الحكومة لايعني فقـدان او زوال السيادة، فالحكومة تتغير ولكن الدولة تبقى وكذلك السيادة.

(خامسا). لاتتجزأ (Indivisble) بمعنى انه لايوجد في الدولة الواحدة سوى سيادة واحدة، لايمكن تجزئتها.

ب. مظاهر السيادة :

للسيادة مظهران داخلي وخارجي ، وتتجسد السيادة الداخلية بسمو قوة وارادة سلطة الدولة داخليا ، ويكون لها القوة والسلطة القانونية النهائية لاصدار الاوامر وفرض الطاعة لسلطتها، وهذه السلطة العليا ينضوي تحتها كافة الافراد والجماعات داخل الدولة، فهي تصدر الاوامر الى كافـة الاشـخاص والهيئـات الموجـودة داخـل الحدود الاقليمية للدولة، ولكنها لاتتلقى اية اوامر من أي مـن هـؤلاء الاشـخاص، او الهيئـات ، فارادتهـا مطلقـة وليست هناك اية قيود او حدود قانونية عليها.

اما السيادة الخارجية فتعني ان الدولة لاتخضع لاية سلطة اخرى وبالتالي فهي مستقلة عن أي ضغوط قاهرة وتدخلات من جانب الدول الاخرى، اما الحـدود والشروط التـي تقـع نتيجـة التـزام الدولـة بالمعاهـدات الدولية التي تكون طرفا فيها او الناجمة عن احترامها لقواعـد القـانون الـدولي، فـان ذلـك يـتم بنـاءا عـلى ارادة الدولة نفسها وبرضاها، وبمعنى اخر فان الدولة المستقلة تكون ارادتها ذاتية ومستقلة [64]، ولا تتـأثر بـارادة ايـة قوة اجنبية، أي ان سياستها الخارجية تتسم بالاستقلالية عن الدول الاخرى وعدم الخضوع لها.

والى جانب ماتقدم يذهب الفقه الدستوري الى امكانية التميز بين عدة تقسيمات لسـيادة الدولـة [65] وتجدر الاشارة الى ان للسيادة مفهومين (سياسي وقانوني) حيث يميـز الـبعض بـين السـيادة القانونيـة والسـيادة السياسية .

ويجسد المفهوم القانوني خصائص السيادة كما استعرضناها، ويتفق مـع مفهـوم "جـان بـودان " الـذي يرجع السلطة لاساس قانوني [66] ، وان كان الاساس القانوني

للسلطة قد تغير مغزاه في ظل انظمة الحكم المعاصرة فاصبح يسند حكومات هذه الانظمة من خلال تفويضها حق التشريع والتنظيم وحفظ الامن والعدالة [67].

اما المفهوم السياسي للسيادة، فيقيد سلطة حكومة الدولة داخليا وخارجيا بالحوادث والظروف والقوى التي لايمكن السيطرة عليها، وبحسب هذه النظرة ليس هناك سيادة مطلقة تامة للدولة من الناحية الفعلية، سواء على الصعيد الداخلي او الصعيد الخارجي، ففي مجال السيادة الداخلية يقال انه حتى في حالات الانظمة الشديدة التحكم (الاستبدادية) فان الحكام يتقيدون في ممارستهم للسلطة ببعض الحوادث والظروف والقوى السياسية التي ليس لهم سيطرة عليها كما يتقيدون ايضا بالحد الذي يشعرون ان أي تجاوز له في ممارساتهم قد يولد انفجارا ضد حكمهم [68].

اما على الصعيد الخارجي المتمثل في تداخل وتفاعل سياسات الدول مع بعضها البعض، فيلاحظ ان اقوى دول العالم تخضع في علاقاتها مع الدول الاخرى لبعض قواعد القانون الدولي، كما ان الكثير من دول العالم المعاصرة التي توصف بانها تتمتع بسيادة خارجية تامة من وجهة نظر القانون الدولي تخضع في حقيقتها لتبعية الدول الكبرى التي تعتمد عليها عسكريا واقتصاديا.

وخلاصة القول هي ان المفهوم السياسي للسيادة يؤكد ان الاساس القانوني لايكفي لتجسيد سيادة الدولة اذا لم يكن هناك قوة فعلية تتمتع بها الدولة وتمكنها من فرض سيادتها الداخلية والخارجية.

2. الشخصية المعنوية :

اختلف الرأي بين الفقهاء حول ما اذا كانت للدولة شخصية معنوية ام لا ، وذهب اغلبيتهم الى ان للدولة شخصية معنوية [69] لذلك تنطلق معظم الدراسات في فقه القانون العام من قاعدة اساسية تذهب في مجال التعريف بالدولة الى (انها عبارة عن ذلك الشخص المعنوي الذي يمثل قانونا امة تقطن ارضا معينة، والذي بيده السلطة العامة (السيادة) [70]، وهناك من ذهب ابعد من ذلك وعد الدولة اول (شخص قانوني) في العالم المعاصر، ووجودها ظاهرة طبيعية، ليس للقانون دخل فيها الا لوصفها وترتيب اثارها القانونية، ولعل احد الاسباب الكامنة وراء دعوة كل من (كانت وهيغل)

35

الى تقديس الدولة واطلاق سلطانها يعود الى اعتبارها اعلى الاشخاص القانونية التي يمكن ان يعرفها النظام القانوني.

وبمقتضى ذلك تظهر الدولة كوحدة قانونية مستقلة عن الافراد المكونين لها وعن الحكام الـذين يمثلونها، وبالتالي تكون السلطة ملكا للدولة يباشرها الحكام باسم الجماعة ومن اجل مصلحة الجماعة لا مـن اجل مصلحتهم.

أي ان الدولة ككل الاشخاص المعنوية العامة والخاصة، لا تتمتع بذلك الوجود المادي الـذي يتمتع بـه الشخص الطبيعي (الانسان الادمي) وهو مايجعلها غير قادرة على ان تباشر بنفسها مظاهر وجودها القانوني، وانما يتكفل قانون الدولة الاساسي (الدستور) بتحديد الاشخاص الادميين (الحكام) الذين يملكون قدرة التعبير عن ارادة الدولة وتمثيلها في كل ماتقتضيه مصالحها من علاقات وروابط لذلك فان الدولة لاتحس ولاترى في واقع الحياة اليومية، الا من خلال الحكام فهؤلاء هـم الـذين يحوزون سلطة الدولة، وينوبـون عنها في التعبير عـن ارادتها.

ويترتب على فكرة ان للدولة شخصية معنوية ذات وجود دائم مايلي ⁽⁷¹⁾:

أ. تظل المعاهدات التي تعقدها الدولة مع غيرها مـن الـدول نافـذة بالرغم مـن زوال الاشخاص الـذين ابرموها ، حتى لو تغير شكل الدولة او نظام الحكم فيها.

ب. تظل الحقوق التي للدولة والالتزامات المالية التي تتعهدبها قائمة وواجبة النفاذ بصرف النظر عن تغير شكل الدولة او تغير ممثليها.

ج. تستمر القوانين التي تصدرها الدولة قائمة ولا يؤثر في ذلك تغير شكل الدولة او نظام الحكم فيها، مالم تلغ صراحة او ضمنا طبقا للوضع الدستوري في الدولة.

وتجدر الاشارة الى ان الدولة لاتستمد شخصيتها من اية جهة اخرى، انما توجد لها هذه الشخصية بمجرد نشوئها. وهي ليست في حاجة الى مرسوم يمنحها هذه الشخصية، ويعني هـذا ان شخصية الدولـة هـي شخصية اصيلة تفترق عن شخص الحاكم، كما تفترق الدولة في هذا الصدد عن الهيئـات الاخرى ذات الشخصية المعنوية التي لاتتمتع بهذه الشخصية الا بموجب القانون الـذي تصدره الدولـة في هـذا الشأن. ويتداخل مـع مفهوم الدولة او يقترب منه مفاهيم اخرى اهمها المجتمع والامة والحكومة ،

وعليه سنحاول تحديد ابرز العناصر التي تميز مفهوم الدولة عن مفاهيم هذه الاصطلاحات وكما يلي:-

أ.   الدولة المجتمع :

المجتمع سابق على الدولة، والدولة جزء من المجتمع ، ولكنها ليست شكلا للمجتمع، فهي مجتمع منظم تنظيما سياسيا، وان المجتمع في الواقع قد يكون اوسع او اضيق من الدولة، اذ انه يستعمل للدلالة على المجتمع البشري كله احيانا ، ويستعمل لوصف جماعة القرية الصغيرة في احيان اخرى وبمعناه الاوسع يتجاوز الدولة الفردية والحدود القومية كالمجتمع الاسلامي مثلا [72].

واذا كان المجتمع (شرطا) للدولة وركنا من اركانها (الشعب)، فان (الدولة) ليست شرطا لوجود المجتمع ، فالدولة قد تقوم وتنهار ولكن المجتمع عادة اكثر دواما واستمرارا، واذا كان وجود (سلطة سياسية) امرا ضروريا في كل مجتمع فليس شرطا ان تكون هذه السلطة هي (الدولة) بالمعنى الذي تعارفنا عليه ، واذا كانت الوحدة البشرية الاساسية في الدولة هي المواطن، فان الوحدة البشرية الاولى في المجتمع هي (الانسان - الفرد) ، واذا كانت اداة الضبط الاساسية في الدولة هي (السلطة) (Authority) ، فان هذه الاداة في المجتمع هي القوة (Power) ، والتي تعتبر السلطة حالة خاصة لها ، وهذه المقابلات هي تعبير عن اسبقية المجتمع ، تاريخيا وسوسيولوجيا على الدولة، فبينما كل مواطن انسان ليس كل انسان مواطن (بالمعنى الحقوقي) ، وبينما كل (سلطة) هي (قوة) ليست كل انواع القوة سلطة [73].

وقد اشار " ارنست باركر" في كتابه (النظرية الاجتماعية والسياسية) الى ان الاختلاف بين المفهومين يتركز في ثلاثة اعتبارات ، هي (الغرض او الوظيفة ، التنظيم والبناء، المنهج [74].

ب.   الدولة والامة :

يختلف مصطلح الامة مفهوميا عن مفهوم الدولة في انه يركز على عنصر (البشر) ، اذ ان الامة هي جماعة بشرية على جانب كبير من التجانس الموضوعي في الثقافة او الدين او اللغة او السلالة ، او في هذه جميعا، وبسبب هذا التجانس يشعر افراد هذه الجماعة ذاتها بوحدة الانتماء ووحدة المصالح والمصير والامال .

والامة بهذا المعنى قد تكون مجزأة سياسيا، أي قد تعيش في ظل كيانات سياسية - اقليمية مختلفة، او قد تكون كلها تعيش في ظل كيان سياسي واحد.

يتضح مما تقدم ان الامة تشترك مع الدولة في عنصري الشعب والاقليم، وتختلف عنها فيما يتعلق بموضوع السلطة السياسية التي تعد المعيار الاساسي للتمييز بين الدولة والامة، فالامة تفتقد على الدوام الى عنصر السلطة السياسية ، وعندما يصبح هذا العنصر متوافرا في الامة تتحول الى دولة.

وقد تتواجد الدولة او لاتتواجد مع الامة، فحيثما تتكون الدولة من امة واحدة تتكون دولة الامة او الدولة القومية ، ولكن حيثما تكون هناك دولة مشتملة على اكثر من مجموعة قومية، او حيثما تنتشر مجموعة قومية في عدة دول فأنه لايتفق وجود الدولة والامة ولايتطابقان في آن واحد.

ج.   الدولة والحكومة :

يعد مفهوم الحكومة من اكثر المفاهيم تداخلا واختلاطا في الاذهان مع مفهوم الدولة، والحكومة جزء من الدولة، بل اهم اجزائها، وهي التنظيم السياسي والجهاز التنفيذي للدولة . وهي الادارة التي تجد ارادة الدولة صاحبة السيادة تعبيرا محسوسا عن طريقها، وعليه لايمكن تصور دولة من غير حكومة.

وبينما يكون مفهوم الدولة مركبا ومجردا (اذ لا احد يقابل الدولة او يراها) ، فان الحكومة ملموسة باجهزتها واشخاصها وسياساتها وممارساتها .

كما ان اغلبية مواطني الدولة قد يعارضون او حتى يقاومون حكومة ما في الدولة وينتقصون من شرعيتها، ولكن ذلك لاينطوي بالضرورة وفي معظم الاحيان على سحب ولائهم للدولة ، او اعتزازهم بالانتماء لها.

3.   الخضوع للقانون :

تتسم الدولة الحديثة بخضوع جميع الهيئات الحاكمة فيها للقواعد القانونية السارية وتتقيد بها، شأنها في ذلك شأن المحكومين، ويعني ذلك خضوع جميع اوجه نشاط الدولة للقانون سواء في التشريع او التنفيذ او القضاء، ويختلف مبدأ خضوع الدولة للقانون - بهذا التحديد - عن مبدأ شرعية السلطة، اذ يلزم لهذه الاخيرة ان تستند

السلطة الى رضا المحكومين وقبولهم لها ايا كان هذا الرضا (مصدره) ، ولكنه قد يتلازم معه وقد لايتلازم، ويحدث التلازم بين شرعية السلطة والدولة القانونية، اذا قامت السلطة على اساس قبول المحكومين ورضاهم بها ، مع تقييد الهيئات الحاكمة في الدولة بالقواعد القانونية المعمول بها .

وتتمثل اهم العناصر الدالة على خضوع الدولة للقانون بما يلي [75] :

أ. التقيد بالدستور :

يمكن ان يفهم الدستور على انه مجموعة القواعد التي تحدد في نظام حر السلطات العامة وحقوق الافراد، ويعد الدستور الضمانة الاولى لخضوع الدولة للقانون، ووجوده يعني اقامة النظام السياسي والقانوني للدولة، لانه ينشيء السلطات المختلفة ويحدد اختصاصاتها ويبين كيفية ممارسة هذه الاختصاصات ومالها من امتيازات وماعليها من واجبات، ويحدد نظام الحكم في الدولة، وكيفية اختيار الحاكم ويبين سلطاته ويرسم حدود هذه السلطات ، ويمثل قمة النظام القانوني في الدولة لانه يسمو على كافة القواعد القانونية المختلفة [76]، ولهذا يقيد السلطة التشريعية في سنها للقوانين بحيث لاتخالف أي نص دستوري، ويقيد السلطة التنفيذية فيما تتخذه من لوائح وقرارات ، ويقيد كذلك السلطة القضائية فيما تصدره من احكام ، لانها سلطات منشأة بواسطته وهو الذي نظمها وحدد لها اختصاصاتها.

ب. الفصل بين السلطات :

ينبغي على كل سلطة من السلطات العامة في الدولة ان تحترم القواعد التي وضعها الدستور لممارسة اختصاصاتها بحيث لاتخرج عن حدود هذه الاختصاصات او تتعدى على اختصاصات سلطة اخرى، فاذا تحقق هذا الفصل في الاختصاصات، والاستقلال في الاجهزة، فان كل سلطة منها ستوقف السلطات الاخرى اذا حاولت الاعتداء على اختصاصاتها وتجاوز حدودها، ويمثل مبدأ الفصل بين السلطات ضمانة اساسية لخضوع الدولة للقانون، وذلك لانه لو اجتمعت جميع السلطات في يد فرد او هيئة واحدة فانها سوف تقوم بوضع القوانين بنفسها وتنفيذ ماتراه مناسبا لها وتفسير

مايمت في مصالحها وبدون رقيب او مانع يقوم بتوقيفها عند الضرورة [77]، وبذلك لن يكون هناك التزام بقواعد الدستور، ولاضمان لمراعاة المساواة بين الافراد او احترام حقوقهم وحرياتهم، وسينتهي الامر باساءة استعمال السلطات.

ج. سيادة القانون وتعزيز الرقابة القضائية :

يعد مبدأ سيادة القانون وتعزيز الرقابة القضائية على اعمال مؤسسات السلطة التنفيذية من السمات الاساسية لخضوع الدولة للقانون، ويعزز من ذلك قيام النظام القانوني للدولة على اساس التسلسل والارتباط بين القواعد القانونية [78]، مما يعني ان السلطة التنفيذية ملتزمة في كل ما تتخذه من اعمال وماتتبعه من اجراءات بالقانون الصادر عن السلطة التشريعية بحيث لاتقدم على تصرف من التصرفات الا تنفيذا للقانون وبمقتضاه.

وتعود اهمية الرقابة القضائية الى تمتع القضاء بالاستقلال والحياد واتصافه بالموضوعية فيما يصدره من احكام قانونية تتمتع بحجية الشيء المقضي به .

د. ضمان الحقوق والحريات الفردية :

يفترض نظام الدولة الخاضعة للقانون كفالة مبدأ المساواة بين الافراد وحماية حقوقهم وحرياتهم في مواجهة سلطة الدولة، فالدولة الحديثة مطالبة ليس فقط باحترام هذه الحقوق والحريات، بل والتدخل بشكل ايجابي لكفالتها وضمان ممارستها، كما انها ملتزمة – من ناحية اخرى - بالعمل على تحقيق وتنمية الحقوق والحريات الفردية الاخرى، ولاسيما الاقتصادية والاجتماعية [79]، حيث ان مبدأ الدولة القانونية او خضوع الدولة للقانون يصبح غير ذي مغزى ان لم يوجد لضمان وحماية الحقوق والحريات العامة وكفالة تمتع الافراد بها.

هوامش الفصل الاول

(1)   د. يحيى الجمل ، الانظمة السياسية المعاصرة ، (بيروت ، دار النهضة العربية، 1969) ، ص 67.

(2)   د.عبدالله هدية، مدخل الانظمة السياسية ، (الكويت ، مكتبة ام القرى، 1984) ، ص 106.

(3)   د.محمود اسماعيل ، المدخل الى العلوم السياسية ، (الكويت، مكتبة الفلاح، 1986) ، ص 60.

(4)   د.يحيى الجمل، مصدر سبق ذكره، ص ص 70-75.

(5)   د.نظام بركات، د.عثمان الرواف، د.محمد الحلوة ، مبادئ علم السياسة(عمان، دار الكرمل، 1984)، ص146.

(6)   د.محمد علي محمد، د. علي عبدالمعطي محمد، السياسة بين النظرية والتطبيق، (بيروت، دار النهضة العربية، 1985)، ص277.

(7)   د.نظام بركات وآخرون، مصدر سبق ذكره ، ص 146.

(8)   اندريه هوريو، القانون الدستوري والمؤسسات السياسية ، ج1، ترجمة علي مقلد وشفيق حداد وعبدالحسن سعد ، (بيروت ، الدار الاهلية ، 1977) ، ص 127 ومابعدها.

(9)   د.محمد علي محمد، د.علي عبدالمعطي محمد، مصدر سبق ذكره ، ص 82.

(10)   د.عبدالغني بسيوني عبدالله، النظم السياسية – اسس التنظيم السياسي، (القاهرة، الدار الجامعية، 1985) ، ص 65.

(11)   د.يحيى الجمل، مصدر سبق ذكره ، ص91.

(12)   د.محمد علي محمد، د. علي عبدالمعطي محمد ، المصدر السابق، ص 282.

(13)   د.نظام بركات وآخرون، مبادئ علم السياسية ، مصدر سبق ذكره ، ص 147.

(14)   د.محمد عبدالمعز نصر، في النظريات والنظم السياسية ، (بيروت، دار النهضة العربية، 1972)، ص104.

(15)   د.عبدالغني بسيوني عبدالله ، مصدر سبق ذكره ، ص 66.

(16)   المصدر نفسه ، ص 67.

(17)   د.نظام بركات وآخرون ، مصدر سبق ذكره ، ص 45.

(18)   د.محمد علي محمد ، علي عبدالمعطي محمد ، مصدر سبق ذكره ، ص 283.

(19)   Raymond Polin, Modern Gevernment and Constitutionalism (Chioago, Nelson Hall 1979), P.22 ets.

(20)   د.محمود اسماعيل ، مصدر سبق ذكره ، 83 ومابعدها.

(21)   د.عبدالغني بسيوني عبدالله، مصدر سبق ذكره ، ص67.

(22)   لينين ، الدولة ، موسكو ، دار التقدم، 1967 ، ص ص 11-12.

(23)   ف – افانا سيف، اسس الفلسفة الماركسية ، ط2، ترجمة عبدالرزاق الصافي (بيروت، دار الفارابي) ، ص 257.

(24)   لمزيد من التفصيل انظر : المصدر نفسه، ص ص 264-273.

(25)   انظر : لينين ، الدولة والثورة ، موسكو، دار التقدم، 1970، ص ص 7-8.

(26)   لمزيد من التفصيل، انظر : ف افانا سيف، المصدر السابق، ص ص 275-286.

(27)   د.عبدالغني بسيوني عبدالله ، مصدر سبق ذكره ، 72.

(28)   J.Roland Pennok and David G. Smith . Political Science An Introduction (New York, The Macmillan , Co, 1964) p.p. 231-232.

(29)   G.A.Jacebsen and M.H.Lipman , Political Science, 2.nd Edition, Re. By William L.Shell. (New York, Barnes and Neble Books, 1979), P.P 9-10.

(30)   د.ابراهيم درويش ، الدولة نظريتها وتنظيمها ، دراسة فلسفية تحليلية، (القاهرة، المطبعة العالمية، 1969) ، ص ص 17-18.

(31)   د.نظام بركات وآخرون ، مصدر سبق ذكره ، ص 141.

(32)   David Easton, The Political System an Inquiry in to, the State of Political Science, 2nd . Edition, (New York Alfred Aknopt , 1971) P.P.106-115.

(33)   د.محمد علي محمد ، د.علي عبدالمعطي محمد ، مصدر سبق ذكره ، ص258.

(34)   د.ابراهيم درويش، مصدر سبق ذكره ، ص170.

(35)   انظر :   David Easton, Opcit , P.107

(36)   انظر:

Robert MacIver, The Modern State, (Oxford Univeraiy Press, London, 1966) P.P.20-22.

(37)   انظر : د.عبدالله هدية، مصدر سبق ذكره ، ص 92.

(38)   M.Duverger, Institutions Politiques at droit Constitutionnel (P.U.F Paris, 1956), P.P
       59-60.

(39)   Harold Laski , Introduction to Political Allen and Unwin, (Ltd, London, 1962), P.10.

(40)   د.محمد عبدالمعز نصر ، مصدر سبق ذكره ، ص26.

(41)   د.حامد سلطان ، اصول القانون الدولي العام، ط1، القاهرة ، 1955، ص ص 551-552.

(42)   د.محمد علي محمد ، د.علي عبدالمعطي ، مصدر سبق ذكره ، ص260.

(43)   جـاك دونـديو دوفـابر ، الدولـة، ترجمـة سـموحي فـوق العـادة، (بـيروت، مكتـب الفكـر الجـامعي،
       منشورات عويدات، 1970) ، ص 13.

(44)   د.محمد علي محمد ، د.علي عبدالمعطي ، مصدر سبق ذكره ، ص260.

(45)   انظر :   G.A.Jacobsen and M.H.Lipman, Opcit, P.P.39.

(46)   انظر: د.عبدالله هدية ، مصدر سبق ذكره ، ص ص 67-68.

(47)   د.طعيمة الجرف، نظرية الدولة والاسس العامة للتنظيم السياسي، (القاهرة، مكتبة القـاهرة الحديثـة،
       1964) ، ص 77.

(48)   د.ثروت بدوي، النظم السياسية ، ج1، (القاهرة، دار النهضة العربية، 1964)، ص 25.

(49)   د.بطرس غالي، محمود خيري عيسى ، المدخل في علم السياسة، ط7، (القاهرة، مكتبـة الانجلـو المصريـة
       الحديثة، 1984) ، ص 173.

(50)   د.ابراهيم درويش، مصدر سبق ذكره ، ص 175.

(51) د.هشام الشاوي، مقدمة في علم السياسة ، (بغداد ، مؤسسة دار الكتب للطباعة والنشر، 1982) ، ص 31.

(52) د.سعد الدين ابراهيم ، منسقا واخرون، المجتمع والدولة في الوطن العربي (بيروت، م.د.و.ع، 1988) ، ص 41.

(53) MacIvar and C.H Page , Society An Introductory Anslysis, (New York , Rinohert, 1949) P. 456.

(54) Harold Lasswell and Abraham Kaplan, Power and Society, Aframe Worke to Political Inquiry , (New Haven Com , Yale University Press, 1950).

(55) Stephon D.Krazner , Approaches to the State, Alternative Conception and Historical Dynamics, (Comparative Politics, Vol. No. 2 January, 1984), P.224.

(56) Roger Scruten , Dictionary of Political Thought , (London, Macmillan, 1982), P.445 –eta.

(57) حول التمييز بين هذه الاتجاهات الفكرية انظر :

Michael Williams , Liboralism and Two Conceptions of the State in Donglas Maclean and Claudia Mills eds, Liporalism Reconsidered (New Jersey Rowman and Alanheld publisher 1983) P.P. 177-192.

(58) د.سعد الدين ابراهيم، مصدر سبق ذكره ، ص 65.

(59) د.سعد زيداني، الديمقراطية ، اللبرالية ، ومفهوم الدولة المحايدة، المستقبل العربي، العدد 179، (بيروت ، م.د.و.ع، 1994) ، ص 16.

(60) د.محمد علي العويني ، اصول العلوم السياسية ، (القاهرة ، عالم الكتب، 1981)، ص 37.

(61) د.عبدالباقي الهرماسي ، المجتمع المدني والدولة في الممارسة السياسية العربية، ندوة المجتمع المدني في الوطن العربي ودوره في تحقيق الديمقراطية ، (بيروت، م.د.و.ع ، 1992) ، ص 94.

(62) ذكره ، د.سعد الدين ابراهيم ، مصدر سبق ذكره ، ص ص 70-71.

(63) د.محمود اسماعيل ، مصدر سبق ذكره ، ص ص 97-98.

(64)   المصدر نفسه ، ص 99.

(65)   لمزيد من التفصيل، انظر : د. طعيمة الجرف ، نظرية الدولة ، مصدر سبق ذكره، ص133 ومابعدها ، حيث يشير الى التميز بين: 1. السيادة بمعناها الايجابي والسيادة بمعناها السلبي ، 2. السيادة الداخليـة والسيادة الخارجية، 3. السيادة الاقليمية والسيادة الشخصية.

(66)   G.A.Jacobsen and M.H Lipman , Op cit, P.P. 41-42.

(67)   د.سعاد الشرقاوي، النظم السياسية في العالم المعاصر، (القاهرة ، دار النهضـة العربيـة، 1982) ، ص ص 76-81.

(68)   د.نظام بركات وآخرون، مصدر سبق ذكره ، ص ص 162-163.

(69)   د.محمد كامل ليلة، النظم السياسية – الدولة والحكومة (القاهرة، دار الفكر العربي، 1971) ، ص 37.

(70)   د.عبدالحميد متولي ، القانون الدستوري والانظمة السياسية، ط4، (القاهرة، دار المعارف، 1966) ، ص 24.

(71)   د.محمد كامل ليلة ، المصدر السابق، ص ص 38-39.

(72)   د.محمد عبدالمعز نصر، مصدر سبق ذكره ، ص11.

(73)   د.سعد الدين ابراهيم ، مصدر سبق ذكره ، ص 46.

(74)   لمزيد من التفصيل ، انظر : د. محمد عبدالمعز نصر ، المصدر السابق، ص ص 12-13.

(75)   د.عبدالغني بسيوني عبد اللـه، مصدر سبق ذكره ، ص ص 172-178.

(76)   بشأن مبدأ سمو وعلو الدستور، انظر : د.حسان شفيق العاني ، الانظمة السياسية والدستورية المقارنة ، (بغداد، دار الحكمة للنشر والترجمة والتوزيع، 1986)، ص 215ومابعدها.

(77)   المصدر نفسه ، ص 27.

(78)   د.عبدالغني بسيوني عبد اللـه، مصدر سبق ذكره ، ص ص 175-176.

45

الفصل الثاني
ماهية العلاقات الدولية

المقدمة :

لم يتفق المختصون في حقل الدراسات الدولية على تعريف جامع وشامل للعلاقات الدولية، ذلك ان تطور دراسة العلاقات الدولية كموضوع قد مر في مراحل زمنية، وعليه فان الكثير ممـن كتب في هذا الميدان اتسمت كتاباته بالطابع الموضوعي والاخلاقي لتلك الفترة، ففي عصر تكوين وترسيخ الدولة القومية في اوربا اشار الفلاسفة والمفكرون ورجال الدولة الى طبيعة العلاقات التي يتوجب على الدولة القومية الناشئة ان تتبناها في علاقاتها مع غيرها من الدول القومية في اوربا . فركزوا على ضرورة تعزيز القدرات العسكرية للدولة القوميـة، لتحقيق امن وهيبة وقوة الدولة القومية، ومن هنا تبلورت فكرة الجيوش القوميـة بـدلا مـن المرتزقـة، فظهـرت بروسيا الرائدة في تنظيم الجيش كماً ونوعاً، وفي معرض الحاجة الى تغطية كلف ونفقات تنظيم الجيوش تعالـت الدعوات الى بناء اقتصاد قومي متين، فظهر التكالب على المستعمرات خارج القارة الاوربية، من ناحية ، وظهرت الحاجة الى عقد احلاف واتفاقيات مع اطراف اخرى في وجه احتمالات بزوغ قوة متنامية يخشىـ منها السـيطرة على اوربا، وهكذا تمت التحالفات بين الدويلات الايطالية مع النمسا واسبانيا ضـد فرنسـا، وبـين فرنسـا والاراضي المنخفضة ضد اسبانيا.

ومع زيادة عدد الدول القومية الاوربية منذ عصر النهضة وحتى الثورة الفرنسية واتساع رقعـة تفاعـل علاقاتها، وتنوع طبيعة العلاقات ، اتضحت الحاجة الى تنظيم وتنسيق وانضباط هـذا الـزخم مـن العلاقـات في ظروف الحرب والسلم، وهو ما ادى الى تشديد المفكرين السياسيين والحقوقيين على ضرورة ارساء قواعد دوليـة تستهدي بها الدول في علاقاتها، فترتب على ذلك الدعوة الى قانون دولي يرتكز على

تعاليم اخلاقية ودينية ومنطقية ويخضع للتنفيذ عن طريق منظمات دولية او اقليمية تجمعها اصول مشتركة منبعها الدين المسيحي او الحضارة الغربية [1].

لكن الصراعات الاقتصادية والسياسية والعسكرية الحادة بين فرنسا والمانيا، وبين المانيا وانكلترا من اجل الهيمنة على اوربا، والانفراد بالمنافع والمزايا الاستعمارية، كانت قد جعلت العلاقات الدولية تسير في خط التاريخ الدبلوماسي للدول الاوربية. بيد ان نشوب الحرب العالمية الاولى عام 1914 والتداعيات التي لحقت بالمشاريع التي كانت تسهم في ابعاد الدول الاوربية عن المجابهة الفعلية؛ ادت الى ضرورة البحث عن اطار جديد لدراسة العلاقات الدولية، ومن منطلق الاجابة على الاسئلة الملحة التي كانت تشغل رجال الدولة واساتذة الحقوق والتاريخ والسياسة والمتمثلة في لماذا انقادت الدول الاوربية الى الحرب الكونية؟ هل بامكان العقل والمنطق تجنب حرب كونية اخرى؟ كيف يمكن معالجة تأزم العلاقات بين الدول؟ ماهي الشروط والضوابط التي يمكن اعتمادها لتحقيق التعاون الدولي لتقليص احتمالات الصراع بين الدول؟ هذه الاسئلة وغيرها قادت الى تعدد الاجتهادات بين المعنيين فمنهم من ارجع سبب المشكل في اندلاع الفوضى الدولية الكونية الى الدولة القومية الاستعمارية ونظام حكمها، ومنهم من عاب على النظام الدولي الذي كان قائما على التوازن الدولي التقليدي ، ومنهم من انطلق من فلسفة عقائدية وشخص العلة بالتناقض الجدلي في رحم النظام الرأسمالي الاستعماري، وكل هذه التقسيمات والاجتهادات نظرت الى العلاقات الدولية من زوايا مختلفة [2].

اولا: التيارات الفكرية الاساسية في العلاقات الدولية

يفيد مجمل ماتقدم الى ان العلاقات الدولية هي علم حديث نسبيا، ارسيت قواعده غداة الحرب العالمية الاولى في ماوراء الاطلنطي والمانش ، وتطور بسرعة مدهشة، لاسيما في السنوات التي اعقبت الفوضى التي صاحبت النزاع العالمي الثاني.

ونظرا لكثرة الاختصاصيون من اصحاب الكفاءات، فان الخلافات العقائدية، والتناقضات الفكرية، والمجادلات، حول المعنى والمضمون واختلاف زاوية الرؤيا ، حتمية. وان النقاش حول هذا الامر ظل مفتوحا بسبب ما يتبناه انصار الواقعيين بوجه

المثاليين، والمتشائمين ضد المتفائلين، ومعارضة القدماء للمعاصرين. فالاولون يعتبرون ان المجتمع الدولي يبقى، بالمقارنة مع المجتمعات الوطنية ، مجتمعا فوضويا تماماً، بينما يعتبر الاخرون، بالعكس ، ان المجتمع الدولي مجتمع منظم بنفس درجة المجتمعات الاخرى . ويتمثل الخلاف بينهما بهذا السؤال حالة فطرية ام جماعة دولية؟.

1. هل المجتمع الدولي (فوضوي) ام (منظم)[3] ؟

أ. نظرية (حالة الفطرة) :

يرى انصار هذه النظرية ان انهيار البنيات الاقطاعية، كان قد ادى في نهاية العصر الوسيط، الى تداعي الوحدة القانونية والمعنوية التي كانت تتصف بها المسيحية. الا ان الفراغ الذي قام ، من جراء هذا الامر ، لم يستمر طويلا بسبب نمو الدولة الوطنية الملكية الكبرى التي كانت تعتبر نفسها سيدة ولاتعترف باية سلطة فوق سلطتها. وبما انها كانت ترفض الخضوع لقواعد سلوك مشتركة، ومشغولة فقط بالدفاع عن مصالحها وبالرغبة في توسيع نفوذها، فانها كانت تعيش في جو دائم من العداء والمنافسة وان شريعة الغاب هي التي تحكم العلاقات بين هذه الدول، حيث كان القوي يفرض ارادته على الضعيف.

وقد ذكرت حالة الفطرة الفوضوية، المتعلقة بالمجتمع الدولي، لاول مرة في كتاب " توماس هوبس " المسمى (لولفياتان) ومن ثم بصورة اكثر عمقا عند " جان جاك روسو " (حالة الحرب) . ولكن مفهوم (العالم الفوضوي) يرجع في الواقع الى مؤرخ يوناني شهير هو " تيوسيديد " وينسب هذا المؤرخ الى احد الاستراتيجيين العسكريين القدماء مقولة (ان الحرية مع الجيران، يجب ان تتقلص دائما الى القدرة على مواجهتهم).

ويمكن تلخيص ما ابتدعه " هوبس" في نظريته عن حالة الفطرة على الوجه التالي: ان ثمة تناقضا جذريا بين المجتمع الدولي والمجتمعات الوطنية. اذ كان الناس يعيشون، في هذه الاخيرة في حالة الفطرة بسبب غياب السلطة المنظمة، وبسبب صراعهم المستمر بين بعضهم البعض، فانهم لم يعرفوا لاسلما ولا امانا. وللخروج من

هذا الوضع، والدخول في مرحلة الجماعة، قرر هؤلاء الناس توقيع ميثاق، او عقد اجتماعي يقومون بموجبه باعطاء سلطة عامة لامير او مجلس، وهكذا، وبتخلي كل مواطن عن حريته للسلطة المؤتمنة على السيادة، فأنه ضمن لنفسه، بالمقابل، النظام والامان. وبالطبع فان المقصود هنا هو رسم نظري، وبناء فكري هدفه تقديم تفسير عقلاني لعملية تكوين السلطة السياسية في المجتمع الوطني. وقد طبقت هذه الصورة على الروابط الدولية التي لم تخرج بعد، بحسب "توماس هوبس" ، من مرحلة الفطرة حيث يقول: (ان الملوك والافراد هم ، بسبب استقلالهم وسلطتهم السيدة، في شك دائم، وفي وضع المصارعين الذين يشهرون سلاحهم ويراقبون بعضهم. البعض واعني هنا ، القلاع ، والحاميات ، والمدافع المركزة على حدود ممالكهم ، والجواسيس الموجودين باستمرار عند جيرانهم، أي كل هذه الاشياء التي تشكل حالة حرب. وسيبقى هذا الامر طويلا، طالما ان الدول المستقلة لم توقع (عقدا اجتماعيا عالميا) لتخلق حكومة عالمية، وحيدة وسيدة ، ولايجوز اذن ، خلط السياسة الخارجية مع السياسة الداخلية، لان العلاقات بين الدول ترتكز على علاقات قوة، وليس علاقات حق: فهي تخضع للعبة المصالح الوطنية ، وان المجتمع الوطني كامل ومنظم، بينما ان المجتمع الدولي فوضوي ومجزأ) .

وتكمن الاهمية في نظرية " هوبس " في ان كثير من المؤلفين القدماء والمعاصرين قد اعادوا استخدام هذا المفهوم الواقعي المتشائم، ففي القرن السابع عشر استخدام " جون لوك" في كتابه (بحث حول الحكومة المدنية) نفس مفاهيم هوبس (حالة الفطرة) ، (عقد اجتماعي) . وفي القرن الثامن عشر، " جان جاك روسو " في كتاب (أميل) و (تأملات حول حكومة بولونيا)، وكذلك " عمانوئيل كانط " في كتابه (بحث حول السلام الدائم)، كما اتخذ " هيغل " نفس الموقف في القرن التاسع عشر، اما في القرن العشرين، فان المفكرين الذين يعتبرون المجتمع الدولي ، فوضويا ، لم يختفوا بعد. وقد استمر بعدهم كثير من المؤلفين المعاصرين، وعلماء السياسة والاجتماع والقانون، بالرجوع الى (حالة الفطرة) ونذكر هنا منهم على سبيل المثال لا الحصرـ، " هانس جي موركنثاو " ، و "ستانلي هوفمان" في الولايات المتحدة ، و "ريمون ارون" ، و" جورج بيردو " في فرنسا ... بيد ان السؤال الذي يبقى ملحا

هو : هل لاتزال تنسجم هذه الرؤية مع الوقائع الدولية؟، لاشك ان بعض المفكرين لايتفقوا مع هذه الرؤية ويقترحوا نظرة اكثر تفاؤلاء.

ب. نظرية (الجماعة الدولية) الحديثة:

جاءت هذه النظرية كرد فعل على النظرية السابقة، ويؤكد انصار هذه النظرية ان عناصر التضامن ، والمصالح المشتركة بين اطراف اللعبة الدولية هي اكثر اهمية من عناصر الشقاق او التناقض. وبحسب رأيهم، فان المجتمع الدولي ليس مجتمعا فوضويا: بل هو مجتمع منظم او في طريق التنظيم، ومتلاحم البنيان والنظام، ويشكل (جماعة دولية) يمكن ان تفضي اما الى دولة عالمية مقبلة، واما الى فيدرالية عالمية.

ويقوم الوضعيون من رجال القانون بابراز المجتمع الدولي كتركيب لدول سيدة ومتساوية، والقانون الدولي العام وكأنه مصمم (كقانون بين الدول) . وهذا لايعني ابدا غياب النظام القانوني، وانما ارتكاز هذا الاخير وبكل بساطة على موافقة الشركاء القانونيين الصريحة. اما العلاقات بين الدول، فانها علاقات تعاقدية: أي ان ماتصنعه ارادة ما يمكن ان ترفضه اخرى ، ويكون المجتمع الدولي بهذا الشكل، مجتمعا ترابطيا وليس مؤسسيا.

وحديثا، حاول بعض علماء السياسة والاجتماع طرح العلاقات الدولية من زاوية جديدة، أي بعبارة (الانظمة) . ونذكر من بينهم اعمال " بيرتون" ، " كابلان" ، " مارسيل مرل " ، " كالتونغ" .

ويتطلب مفهوم النظام وجود علاقات بين العناصر التي تشكل جزء من نفس المجموعة. وتأخذ هذه العلاقات شكل المواصلات، الاتفاقات، المبادلات، وغيرها من الروابط. وقد ادخل مفهوم النظام في العلوم الاجتماعية عن طريق الامريكي " تالكوت برسونز" المتأثر بالاقتصادي " بارتيو" وكان " ديفيد ايستون" اول من استخدمه في علم السياسة، وبحسب (المفهوم النظامي) ، فان المجموعة الدولية تؤلف نظاما شاملا للتفاعلات التي تكون الدولة عناصرها الاساسية، ولكن ليست الوحيدة، كما يشكل المجتمع العالمي الحالي وحدة عضوية بسبب التدخلات المعقدة القائمة على كافة المستويات وفي كل الميادين. ولعل من الاهمية بمكان ملاحظة ان التطور الهائل

للمبادلات ، والاعلام، والاتصالات، في العصر الحديث وكذلك التطورات المتسارعة في طبيعة هذه الاشياء قد ادت جذريا الى تغيير مضمون العلاقات الدولية، ولم تعد دراستها مقصورة فقط على الامن ، وقضايا الحدود ولعبة التحالفات ، بل اصحبت تهتم بقضايا اخرى عديدة مثل : تطوير العلاقات الاقتصادية، المالية، النقدية ، حقوق الانسان، البيئة ، التلوث، الديمقراطية، مكافحة الارهاب، اسلحة الدمار الشامل، ... وفي اية حال، لم يعد بامكان الاختصاصيين وقف ابحاثهم على نظام وحيد للعلاقات الدولية. لانهم فهموا ان عليهم اذا ما ارادوا شرح سير المجتمع العالمي ، اعادة وضعه في محيطه العام.

وباختصار ، فان من المهم الاشارة الى ان (المفهوم النظامي) يجدد كليا المفهوم الكلاسيكي للعلاقات الدولية ويشكك مباشرة بصحة نظرية الفوضى القديمة.

ولم يثبط فشل عصبة الامم ، وهيئةالامم المتحدة من عزم مؤيدي النظام القانوني العالمي . ويؤيد البعض (الوظيفة الدولية) ويعتقد بأن اعطاء حد اقصى من الصلاحيات التقنية الى المنظمات العالمية سيؤدي تدريجيا الى افراغ السياسة الوطنية من محتواها، وان مضاعفة وزيادة روابط التعاون بين الامم ، في الميادين الاقتصادية، الثقافية، العلمية، ... أي بتقليل قيمة السيادة الحكومية بالنتيجة - سيدفع الانسانية لوعي وحدتها، ويمكن حينذاك الانتقال من عالم الدول الى دولة العالم.

ويبقى السؤال الاهم هو أي واحدة من النظريتين – نظرية (الفوضى) ونظرية (الجماعة) – اكثر قربا مع حقيقة الواقع المعاصر ؟ الجواب ببساطة هو ان هاتين النظريتين بالرغم من كونها متطرفة، تشتملان على جزء من الحقيقة ويذهب بعض المختصين الى ان ثمة مكان بين التشاؤم والتفاؤل ، لطرح وسطي او بالاحرى لموقف وسيط هو : الموقف الواقعي ، بمعنى ان المجتمع الدولي يقوم في وسط الطريق بين الجماعة والفوضى، وطبيعته مختلفة : فهي تبرز مواصفات منظمة وغير منظمة. وهذا يعود لكونه موضوع تناقضات عديدة.

2. التيار الانكلو-سكسوني والعلاقات الدولية :

تنتظم مؤلفات انصار هذا التيار اجمالا في ثلاثة تيارات اساسية ، تتمثل في : الواقعية ، الكلاسيكية ، والطرح العلمي، والطرح الوظيفي والنظامي ، فالواقعية لاتتقاطع مع (حالة الفطرة) ، والعلمية تركز على دراسة سلوك الممثلين الدوليين، بينما تحلل الوظيفية المجتمع الدولي بعبارات النظام عن طريق دراسة العلاقات التي تقوم بين الممثلين . وسوف نسعى الى تقديم عرض موجز لرؤى عدد من ابرز مفكري هذا التيار:

أ. هانس موركنثاو :

يقول عن نفسه بانه ينتمي لواقعية سياسية جديدة تقوم في قلب اطروحة الفوضى العالمية.

ويرى بان جوهر السياسة العالمية مطابق لجوهر السياسة الوطنية، انطلاقا من ان الاولى والثانية تمثلان صراع من اجل السلطة التي برأيه لاتختلف الا من حيث البيئة التي يقوم فيها هذا الصراع، وهو يرى ايضا بان هناك مفهومان اساسيان لطبيعة الانسان، والمجتمع، والسياسة ... الاول يؤمن بان نظاما سياسياً عقلانياً واخلاقياً، مشتق من مبادئ مجردة وشاملة، ويمكن ان يقوم في كل مكان ... والثاني يعتبر بان العالم، غير الكامل عقلانياً، هو حصيلة القوى الملازمة للطبيعة البشرية، ولتحسين هذا الوضع، ينبغي العمل مع هذه القوى وليس ضدها، وبما ان العالم هو عالم المصالح المتناقضة، والمتنازعة ، فانه لايمكن ابدا تطبيق المبادئ الاخلاقية كليا، بل يمكن الاقتراب منها بافضل شكل، عبر التوازن المؤقت دائما بين المصالح، والحل المؤقت دائما للنزاعات، لذا يمكن صيانة السلام بواسطة نظام الضوابط والتوازن هذا [4].

ب. ستانلي هوفمان :

احد الاختصاصيين الاكثر اهمية في العلاقات الدولية، حاول اعطاء العلاقات الدولية نظرية محددة ، انطلاقا من ملاحظة وجود اختلاف جذري بين (الوسط الداخلي) و (الوسط الدولي) . ويرى بان النموذج المثالي لعلم السياسة (الداخلي) يكمن في نموذج المجتمع الذي يدمج (الجماعة) و (السلطة) في وقت واحد .

فاما المجتمع الذي يجب ان تنطلق منه نظرية العلاقات فهو، على العكس ، مجتمع البيئة اللامركزية المقسمة الى وحدات متميزة، أي ذلك المجتمع الذي لايمتلك لاجماعة ولاسلطة مركزية. وهذا النقص هو الذي يفسر اللجوء الشرعي الى العنف. وهكذا فان علم السياسة الداخلي هو علم السلطة او علم (بنيات السيطرة) [5].

ج. هنري كيسنجر:

من انصار السياسة الواقعية التي تؤمن بفضائل التوازن وفي كتابه (من اجل سياسة امريكية خارجية جديدة) استعرض وقائع وضرورات سياسة الولايات المتحدة الخارجية، وبين اسطورة السيطرة العالمية، والحلم بانعزالية جديدة ، محاولا تحديد سياسة جديدة قائمة على الاعتدال والواقعية، وقد وصفت عقيدته بانها (نقض تعهد ذرائعي) : أي ان الولايات المتحدة لاتستطيع حل كل المشاكل العالمية، ولكنها لاتتخلى ابدا عن لعب دور قوة ((كلية)). وترتكز نظرته للمسرح الدولي على قيام توازن تدريجي مؤلف من الخمسة الكبار : (الولايات المتحدة ، روسيا ، الصين ، اليابان، اوربا الغربية) وهو يؤمن بعمق بسياسة واقعية على صعيد العالم حيث تتقدم الفعالية الذرائعية على الاخلاق، ويعتبر العالم مكان غير امن وبمفهوم نخبوي للسياسة الخارجية، ويفضل سياسة تقوم على وضع العالم امام الامر الواقع بدل الكشف عن النوايا مسبقا [6].

3. المدرسة الفرنسية في العلاقات الدولية :

أ. رينوفن ، ودروزيل :

استعاضا عن تقليد (التاريخ الدبلوماسي) باستخدام طرق واليات علم السياسة لمعالجة المشكلات السياسية الدولية.

وكان " دروزيل " احد الاوائل الذين اوضحوا في فرنسا، هدف العلاقات الدولية اذ اعتبر ان الاتجاه لدراسة العلاقات الدولية كاختصاص مستقل يفسر بوعي

الباحثين الواضح لوجود مجموعة من الظواهر النوعية التي تستحق ان تكون موضوعا لدراسة خاصة.

ويرى بانه من السهل معرفة مجموع هذه الظواهر فكل ماله صلة بعلاقات دولة او عدة دول فيما بينها، على الصعد السياسية، والاقتصادية، والاجتماعية ، والديموغرافية، والثقافية، يمكن ان يدخل فيها ، وحتى اذا ما اردنا التعميم ، كل ماله صلة بالعلاقات بين الجماعات من جانبي الحدود القومية او الوطنية.

واذا كانت الدول هي المقصودة هنا فبالامكان تسمية هذا (بالسياسة الخارجية) اما اذا كانت الجماعات هي المقصودة، فيمكن تسمية ذلك (الحياة الدولية) ، ويشكل مجموع هذه الظواهر (العلاقات الدولية) . ويرى البعض ان هذا التوصيف السوسيولوجي ملائما جداً، لان المجتمعات السياسية ليست ، في الواقع ، عوالم مغلقة تعيش في عزلة : بل تقيم علاقات فيما بينها، في حين ان العلاقات الوطنية تنشأ بين الافراد والجماعات التي تكونها [7] .

ب. ريمون ارون:

يمكن مقارنته " بستانلي هوفمان " فكلاهما من الواقعيين الجدد ويميزان بين النظام الداخلي والفوضى الدولية، ويؤمنان بحالة الفطرة. ويرى " ارون " (ان ثمة خلاف لايمكن تجاهله بين السياسة الداخلية والسياسة الخارجية طالما ان الانسانية لم تكمل وحدتها في دولة عالمية. لان الاولى تهدف الى ابقاء العنف حكرا على مالكي السلطة الشرعية ، والثانية تقبل بتعدد مراكز القوى المسلحة. وعندما تتعلق السياسة بالتنظيم الداخلي للجماعات، فان هدفها الدائم يكون خضوع الافراد لسطلة القانون. اما عندما تتناول العلاقات بين الدول، فانها تبدو وكأن معناها - المثالي والموضوعي بنفس الوقت - هو البقاء البسيط لدول بوجه التهديد الذي يخلقه وجود دول اخرى ... ولذلك ، فان الدول ، في علاقاتها المتبادلة ، لم تخرج عن حالة الفطرة .. لأنه لن يكون ثمة نظرية للعلاقات الدولية في حال خروجها منها ...) .

ان النقطة الاساسية في العلاقات الدولية هي العلاقات بين الدول : وجوهر هذه العلاقات هو المنافسة والتناقض الذي يقوم بين الدول . وبالنسبة لـ " ارون " فأن

المجتمع الدولي يتمثل ، بصورة ملموسة وذات معنى اكبر، بشخصيتين : الدبلوماسي والجندي. وبحسب اعتقاده فان (رجلين فقط ، يؤثران بشدة، ليس كاعضاء مجهولين، وانما كممثلين للجماعات التي ينتميان اليها : فالسفير في ممارسته وظائفه هو الوحدة السياسية التي يتكلم باسمها، والجندي ، على ارض المعركة ، هو الوحدة السياسية التي باسمها يقاتل).

وتتسم العلاقات الدولية بحسب " ارون " بصفة جديدة تميزها عن بقية العلاقات الاجتماعية، فهي تقوم في ظل الحرب، وتتعلق بديالكتيك الدبلوماسية والاستراتيجية الذي يجسده الدبلوماسيون والجنود [8].

ج.   مارسيل مرل :

يقول (اننا نعلم بان النظام لايمكن ان يرى نفسه الا كمجموعة علاقات قائمة في قلب محيط معين، وتنبع الصعوبة هنا من ان النظام الشامل ومحيطة متطابقان) ، بحيث يصبح من المستحيل تمييز احدهما عن الاخر، وهذا مايشكل برايه خاصية العلاقات الدولية. ويقترح اطلاق تسمية النظام الدولي على مجموع العلاقات الدولية والقوى القومية . وبالنتيجة ، فان المحيط سيكون مؤلفا من مجموعة العوامل (الطبيعة، الاقتصادية، التكنولوجية ، الديموغرافية، الايديولوجية) التي يؤثر اتحادها على بنية وعمل النظام.

وبعد التدقيق ، يلاحظ بان تكوين نظام شامل خاضع لضغط مستمر من جانب محيطه، ينتج سلسلتين من التأثيرات المتناقضة :

(اولا)   من جهة ، تداخل متنام بين الاطراف كما في حالة قطاعات النشاط العالمي.

(ثانيا)   ومن جهة اخرى ، تراكم التناقضات التي تنعكس على سير النظام ، والتي تحدد (مدارات) جديدة ، و(اشكال) جديدة للصراع بين الوحدات التي تكون النظام [9].

د.   شارل زورغبيب :

يدرس الروابط الدولية من زاوية السياسة الخارجية، الامر الذي لايمنعه من ان يأخذ بنظر الاعتبار العوامل التي تحيط بها ويهتم كذلك (بالممثلين) و (اللعبة) ، والممثلون هم الدول، والمنظمات الدولية، والقوى عبر الوطنية. ويلعب كل واحد منهم دورا على المسرح العالمي ، ويتضح هذا الدور بامثلة ملموسة وحديثة، اما فيما يتعلق باللعبة الدولية فهو يعتقد بانها اصبحت غير اكيدة وان المسرح الدولي غدا يشهد اعادة توزيع للقوى في اوربا واسيا ومن هنا يتساءل كيف نتجه ؟ نحو عالم منظم ؟ أي سلمي، هل بواسطة نزع السلاح ومراقبة التسلح ؟ ام بواسطة تقارب الانظمة الاجتماعية والاقتصادية ، والسياسية [10].

يتضح مما تقدم بأن سمات حقل العلاقات الدولية مازالت مرنة ومستعصية على الباحثين لتكون مواكبة لما يتوجب على هذا الحقل ان يتسم به ولعل من تلك السمات : موضوع متميز ، طروحات تجريدية او صيغ نماذج عامة، افكار مفاهيمية يلجأ اليها عند تحليل السلوك الدولي، مفردات متخصصة واضحة المعاني ودقيقة، اساليب تحليلية عمومية تتيح الظروف والقدرة على تفحص وتقيم التحليلات الاولية ، واخيرا نظام مركزي لترتيب وتقييم وتناقل النتائج التي تتوصل اليها الابحاث [11].

وفضلا عما تقدم فقد لخص " كارل دويتش" القضايا التي تعني بها دراسة العلاقات الدولية بصيغة اساسية تحت اثني عشر موضوعا. علما ان هذه القضايا متداخلة فيما بينها ... الامة والعالم، العمليات مابين الامم والعلاقات المتبادلة فيما بينها، الحرب والسلم، القوة والوهن، السياسة الدولية والمجتمع ، السكان في العالم ومسألة الغذاء والموارد الاولية والبيئة، الرخاء والفقر، الحرية والاضطهاد ، الادراك الحسي والاوهام عند القادة، المواقف الايجابية واللامبالية عند الفئات، الثورة والاستقرار، الهوية الشخصية والجماعة والقومية والتحول [12].

57

ثانيا: العلاقات الدولية والعلوم الاخرى

1. العلاقات الدولية والقانون الدولي :

لايزال تعريف القانون الدولي العام ، يعد من الامور غير المتفق عليها، اذ يوجد اكثر من مئة تعريف له [13]، ويمكن تمييز ثلاثة من الاتجاهات الفقهية التي تعرفه باشخاصه، وهي : [14]

أ. الاتجاه التقليدي:

يركز هذا الاتجاه على ان القانون الدولي هو عبارة عن مجموعة القواعد القانونية التي تنظم العلاقات بين الدول حسب، ذلك لان المجتمع الدولي عندما نشأ اول مرة بظهور الدولة القومية الحديثة في اوربا بداية القرن السابع عشر كان قاصرا على الدول فقط، وبالتالي فان الدول هي وحدها التي كانت تملك صفة الشخص القانوني الدولي، ففي عام 1625م عرف " جرو تيوس Grotius " القانون الدولي بانه (القانون الذي يحكم العلاقات بين الدول) [15] وفي بداية القرن العشرين ذهب غالبية الفقهاء الى ان الدولة هي الشخص الوحيد للقانون الدولي العام، وعلى رأسهم " بونفيس " [16] "وفوشي" [17] اذ عرفا القانون الدولي بانه (مجموعة القواعد التي تحدد حقوق الدول وواجباتها في علاقاتها المتبادلة . وعرفه " اوبنهايم " بانه (مجموعة القواعد العرفية والاتفاقية التي تعتبرها الدول ملزمة لها في علاقاتها المتبادلة) [18] . وقد سار على هذا النهج عدد كبير من الفقهاء مع خلافات لاتمس الجوهر. اذ مازال الاستاذ الفرنسي" رينيه جان دوبوي " يعرف القانون الدولي بانه (مجموعة القواعد التي تحكم العلاقات بين الدول التي تدعي لنفسها السيادة ولاتعترف باية سلطة اعلى منها) ويعرفه " ابو هيف " بانه مجموعة القواعد التي تنظم العلاقات بين الدول وتحدد حقوق كل منها وواجباتها) [19]

ويؤخذ على هذه التعريفات انها لم تأخذ بنظر الاعتبار التطورات التي طرأت على المجتمع الدولي.

ب. الاتجاه الموضوعي :

على خلاف الاتجاه السابق، ركز هذا الاتجاه على ان الفرد هو الشخص الوحيد للقانون الدولي كما في أي قانون اخر ، واول من دعى الى هذا الرأي الفقيه الفرنسي- "ليون ديكي Duguit " حيث انكر الشخصية المعنوية للدولة وانها في رأيه مجرد افتراض لاقيمة له . وهو لايعتبر الدول من اشخاص القانون الدولي بل الافراد وحدهم من اشخاص هذا القانون، لذا فان قواعد هذا القانون الدولي لاتخاطب الدول ، بل تخاطب الافراد ، لاسيما الحكام لانهم مثل غيرهم من الافراد [20].

ومن ابرز انصار هذا الاتجاه الاستاذ " جورج سل " ، فقد انكر هو ايضا تمتع الدول بالشخصية المعنوية وانها في نظره مجرد مجاز لاتمت الى الحقيقة بصلة، ولديه الافراد وحدهم من اشخاص القانون الدولي، ذلك لان الشخص المعنوي لايمكن ان يكون شخصا قانونيا، لانه لايملك ارادة خاصة به، هذه الارادة لايملكها الا الشخص الطبيعي، فهو اذن وحده الذي يمكن ان يخاطبه القانون وان يعتبر بالتالي شخصا قانونيا، وينطبق ذلك على الجماعتين الدولية والداخلية على حد سواء [21].وهكذا فان قواعد القانون الدولي لاتخاطب سوى الافراد لانهم وحدهم ذوي ادراك وارادة.

ويؤخذ على هذا الاتجاه مغالاته في انكار الشخصية القانونية للدولة [22] ومجافاة حقيقية الاوضاع في المجتمع الدولي .

ج. الاتجاهات الحديثة :

تركز هذه على ان الدولة ليست الشخص الوحيد بل الشخص الرئيس للقانون الدولي العام ، وينقسم الفقهاء في ذلك الى ثلاث فئات:

(اولا).   فئة تعتبر الدولة الشخص الرئيس للقانون الدولي، ويمتنع فقهاؤها عن تعريفهم او تعدادهم، ومن هؤلاء " شتروب Strupp " الذي عرف القانون الدولي بانه (مجموعة من القواعد القانونية التي تتضمن حقوق الدول وواجباتها وواجبات غيرها من اشخاص القانون الدولي) [23].

(ثانيا). فئة تستبعد الفرد بصورة صريحة من ان يكون من اشخاص القانون الدولي العام، ومن هؤلاء " لـويس ديلبيز Delbez " اذ يعرف القانون الدولي بانه (مجموعة من القواعد القانونية التي تحكم العلاقات بين الدول والكيانات الدولية الاخرى ...) [24]، و " باديفان Basdevan " الذي يعرفه بانه (مجموعـة القواعد القانونية التي تلزم الدول المستقلة ومختلف المنظمات الدولية في علاقاتها المتبادلة) [25].

(ثالثا). فئة تفسح للفرد مجالا متواضعا الى جانب الدولة والمنظمات الدولية، ومنهم الاستاذة " باستيد Bastid " التي عرفت القانون الدولي بأنه (مجموعة القواعد القانونية المطبقة في المجتمع الدولي ، سواء كـان ذلك في العلاقات بين الدول ذات السيادة ام بين المنظمات الدولية في علاقاتها المتبادلـة او في علاقاتهـا مع الدول ، وبعض القواعد التي تكون جزءا من القانون الدولي وتطبق مباشرة عـلى الافـراد لاسـيما في العلاقات بين هؤلاء وبعض المنظمات الدولية) [26].

وفي ضوء ماتقدم يمكن تعريف القانون الدولي بانه مجموعة القواعد القانونيـة التي تحكـم العلاقـات بين اشخاص المجتمع الدولي وتحدد اختصاصـات والتزامـات الـدول والاشـخاص الاخرين وتنظيم الاختصاصـات الدولية .

في ضوء ماتقدم فان الاغراض التي يتوخاها القانون الدولي، يمكن اجمالها في تحديد اختصاصات الـدول في مواجهة بعضها البعض، وتحديد الالتزامات التي تقع على عاتق كـل دولـة في ممارسـة اختصاصاتها، وتنظيم اختصاصات الهيئات والمنظمات الدولية، وكذلك حماية حقوق الافراد. ومما لاشك فيه ان امال الكثيرين معقودة على تطور القانون الدولي في البحث عن مجتمع دولي يسوده السلم والنظام. ولكن ضيق السـاحة التي وظف فيها القانون الدولي وقصوره وتغافل بعض القوى الدولية المهيمنة لحقوق كثير مـن الشـعوب وتشـديدها عـلى المصلحة الوطنية، وغياب سلطة عالمية تشرع وتنفذ القانون ، كل هذا جعل من القانون الـدولي وسـيلة محـددة للوصول الى عالم يتمتع بالسلام والاستقرار. وعلى ضوء مهام القانون الدولي يظهر لنا انه يشكل وظيفة او جانبا من العلاقات الدولية بصورة عامة [27]. وهناك مشاريع عديـدة يطرحهـا مفكـروا ورجـال الدولـة لامـم مختلفـة تهدف الى ارساء نظام عالمي يحتكم الى القانون غير ان

الظروف الراهنة، حيث تلتزم الدول بقواعد لايوجد اجماع اخلاقي بشأن فحواها ومدى تطبيقها، تقودنا الى الاعتقاد بان هناك املا ضعيفا في ان تتغلب هذه القواعد على اخضاع العلاقات الدولية الى تحكيم القانون الدولي، علما ان هذه القواعد قد يصار اليها بعد ان تتنامى الارضية المشتركة عند جميع الامم والفئات والدول. ولصعوبة ، ان لم نقل استحالة، تطويق العلاقات الدولية كليا في اطار قانوني فان هناك نشاطات افلح القانون الدولي والعرف في تذليلها. فليس منطقيا تصور ان الدول، في الوقت الراهن، تتمتع بحريات غير مقيدة في اللجوء الى الحرب، فالى جانب الاعتبارات النسبية للقوة بين الدول والحسابات المحلية، فان القانون يحكم حياة الدول على الاقل جزئيا. ومع ان القانون الدولي لايسهم في تنظيم العالم بصورة مباشرة وفاعلة عن طريق ارغام الدول على سلوكية السلام، فانه يهيء الارضية الفكرية التي عليها يمكن بناء صرح مثل هذا التنظيم بفضل التأثير في المواقف بشأن طبيعة الواقعية السياسية الدولية [28].

2. العلاقات الدولية والسياسة الخارجية :

يمكن فهم السياسة الخارجية لدولة من الدول على انها النشاط السياسي الخارجي لصانع القرار والرامي الى التأثير في البيئة الخارجية لدولته [29]. او انها منهج العمل Course of Action الواعي الذي يعتمده الممثلون الرسميون للمجتمع القومي بهدف تثبيت موقف دولي او تغيره في النظام الدولي بما يتفق والهدف او الاهداف المحددة سلفا [30]، او انها برنامج عمل الدولة في المجال الخارجي [31]، او انها مجموعة الانشطة والتصرفات التي تقوم بها دولة ما ازاء الدول الاخرى بقصد تحقيق اهدافها في ضوء الحدود التي تفرضها قواعد التعامل الدولي وقوة الدولة [32]، او انها برنامج العمل العلني الذي يختاره الممثلون الرسميون للوحدة الدولية (الدولة) من بين مجموعة البدائل البرمجية المتاحة من اجل تحقيق اهداف محددة في المحيط الدولي [33]، وهناك من يرى بانها القرارات التي تحدد اهداف الدولة الخارجية والاعمال التي تتخذ لتنفيذ تلك القرارات [34] . او هي تدبير نشاط الدولة في علاقاتها مع الدول الاخرى، او المنهج الذي تسير بمقتضاه الدولة في علاقاتها في الشؤون السياسية والتجارية والاقتصادية والمالية مع الدول الاخرى [35].

ويتضح مما تقدم ان السياسة الخارجية هي السلوك السياسي الخارجي لصانعي القرار والذي يعبر عن ارادة دولته ومصالحها تجاه غيره من الوحدات السياسية او الدول خلال فترة زمنية معينة ولتحقيق اهداف محددة، اذن الدولة عندما تضع سياستها الخارجية تضع في اعتبارها مصالحها الوطنية بالدرجة الاولى ، وتستند في ذلك على مقوماتها الداخلية وظروفها التاريخية واوضاعها الجغرافية والاستراتيجية.

ومن اجل ضمان قيم الدولة وحماية مصالح امنها القومي من التحديات والتهديدات المباشرة او غير المباشرة، فهي تسعى الى الدخول مع غيرها في علاقات تفاعل سياسية ذات ابعاد ومدلولات مختلفة، وقد اضحت محصلة هذه العلاقات، كما كان دوما، تتحدد في ضوء مدى اختلاف المصالح بين الدول او تشابهها . فالدول ذات المصالح المتعارضة تندفع عبر انماط من الحركة متباينة من حيث الشكل ومختلفة من حيث المضمون الى ايقاع التأثير السياسي في بعضها البعض الاخر، ولان هذا التأثير يقابله كقاعدة تأثير معاكس ومضاد، تدخل الدول ذات المصالح المتعارضة في عملية صراع تختلف حدته من حال الى حال، هذا من ناحية ، واما من الناحية الثانية يحفز تشابه (او على الاقل عدم اختلاف) المصالح بين دولتين او اكثر وخلال مرحلة تاريخية معينة الى تعاونهما في ميادين متعددة ومتنوعة ادراكاً منها لنوعية الفوائد المترتبة على مثل هذا التعاون سواء في الحاضر او في المستقبل [36] .

وفي ضوء ماتقدم تمثل العلاقات الدولية عملية تفاعل متعددة الاوجه بين دولتين او اكثر وتتميز بنسب ودرجات مختلفة، وبخصائص الصراع والتعاون معا، وتترك كقاعدة مجموعة تأثيرات سياسية في سلوك الاطراف المتفاعلة وفي النظام السياسي الدولي بالنتيجة [37] وان كانت هناك بعض الاراء الاكاديمية تحاول التركيز على الصراع كسمة مميزة للعلاقات بين الدول، بيد اننا لانميل الى ترجيح ذلك دوما ، اذ ان الواقع السياسي الدولي يؤشر ان نسبة عالية من التفاعلات الدولية انما هي تفاعلات تعاونية تتم عبر صيغ سلمية لاعلاقة لها بالصيغ الاكراهية التي تتسم بها علاقات الصراع [38] . ففي احيان كثيرة ينتصر التعاون والتضامن والتفاوض على المجابهة [39] .

ومما لاشك فيه ان الرأي الارجح هو ذلك الذي يذهب الى ان العلاقات الدولية لايمكن ان تتم داخل ذلك الاطار الذي يجمع بين خصائصهما معا، وتمايزهما وضرورة

فهمهما كل على انفراد ، باعتبار ان الفهم الموضوعي لكل ظاهرة انما يعد مقدمة لاغنى عنها للتعامل الكفوء معها.

ويشير " جوزيف فرانكل Joseph Frankel" بأن السياسة الخارجية تتألف من قرارات وافعال تتضمن علاقات بين دولة وغيرها من الدول لحد ما [40]، بينما يقدم "رينولدز " تعريف للسياسة الخارجية على ثلاث مراحل وهي : (ان السياسة الخارجية فعل او مجموعة افعال تتخذ بشان حالات او مؤسسات في البيئة الخارجية لصاحب الفعل) ثم يضيف (ان المعنى الاكثر دقة هو ان السياسة تتضمن الاغراض التي تكمن وراء افعال صاحب الفعل من افعاله والمبادئ التي تؤثر فيها) ويقول اخيرا (ان السياسة الخارجية هي مدى الافعال التي تتخذها مؤسسات الحكومة المختلفة في الدولة في علاقاتها مع نظيراتها الفاعلة على المسرح الدولي من اجل تحسين اغراض الافراد الممثلين لها) [41]. لذا فان السياسة الخارجية تعد بمثابة الاداة الاساسية التي يتم من خلالها عملية اتصال الدولة (والوحدة الدولية) وتفاعلها مع بيئتها الاقليمية والعالمية ، قصد التأثير في الاخيرة لصالحها . بمعنى لاسياسة دولية وبالنتيجة لاعلاقات دولية من غير سياسة خارجية ، ولكن مادة السياسة الخارجية هي غير مادة العلاقات الدولية ، الاولى هي من صلب الافعال اما الثانية فهي من صلب الافعال المتداخلة المتبادلة، ثم ان اصحاب الفعل في كل منهما مجانسون ، ان الحكومة او الافراد المخولين بالاعراب عن نواياها هي العنصر الفاعل في السياسة الخارجية، اما في العلاقات الدولية فالدولة هي الفاعل ، وذلك لان النظام الدولي مازال يأخذ بالدولة القومية في المقام الاول فهي وحدها صاحبة السيادة والصفات الاقليمية رغم منافسة بعض المؤسسات لها، وبالتالي فان سلوك الدولة يتأثر بشكل مباشر بتلك الاعتبارات التي يأخذ بها النظام الدولي.

3. العلاقات الدولية والدبلوماسية [42]:

اورد بعض فقهاء القانون الدولي العام تعريفات عديدة ومتنوعة للدبلوماسية منذ اواخر القرن التاسع عشر حتى الان .

أ.   فقد عرفها الدبلوماسي البريطاني " ارنست ساتو Ernest satow " بانها (استخدام الذكاء واللباقة في ادارة العلاقات الرسمية بين الدول المستقلة) [43].

63

ب. وعرفها " دوكوس Decussy " بانها (مجموعة المعلومات والمبادئ الضرورية لحسن ادارة العلاقات الرسمية بين الدول) [44].

ج. وعرفها " كالفو Calvo " بأنها (علم العلاقات القائمة بين مختلف الدول والمنبثقة عن مصالحها المتبادلة، وعن مبادئ القانون الدولي واحكام الاتفاقيات)[45].

د. وعرفها " شارل دي مارتينس Charles de Marteas " بانها (علم العلاقات الخارجية للدول ورعاية مصالحها، او فن التوفيق بين مصالح الشعوب، وبمعنى ادق، علم وفن اجراء المفاوضات) [46].

هـ وعرفها " ريفييه Rivier " بانها (علم وفن تمثيل الدول واجراء المفاوضات)[47].

و. وعرفها " براديه فوديرة Pradere Fodere " بانها (حسن تمثيل الحكومات ومراقبة حقوق الوطن ومصالحه وكرامته حتى لاتمس في الخارج، وكذلك ادارة الشؤون الدولية، وادراة المفاوضات السياسية او تتبعها وفقا للتعليمات الصادرة بشأنها) [48].

ز. ويقترب " هارولد نيكلسون Harold Nicolson " مما جاء بصددها في قاموس اكسفورد بانها (علم ادارة ورعاية العلاقات الدولية عن طريق المفاوضات، او طريقة معالجة وادارة هذه العلاقات بواسطة السفراء والممثلين الدبلوماسيين، فهي عمل وفن الدبلوماسي) [49].

ح. وعرفها الدبلوماسي الهندي " سردار بانيكار " بأنها (فن تقديم مصالح الدولة على مصالح الاخرين) [50].

ط. وتعرفها موسوعة العلوم الاجتماعية بانها (الاسلوب الشائع اليوم للاتصال بين الحكومات) ، اما الموسوعة البريطانية فتعرفها بانها (فن ادارة المفاوضات الدولية) . ويعرفها معجم (التيريه) بانها (معرفة العلاقات الدولية ومعرفة المصالح المتبادلة بين الدول) .

واستنادا لجملة ماتقدم فان الدبلوماسية هي مجموعة القواعد والاعراف الدولية والاجراءات والمراسم والشكليات التي تهتم بتنظيم العلاقات بين اشخاص القانون الدولي، اي الدول والمنظمات الدولية والممثلين الدبلوماسيين ، وتقتضي بيان حقوقهم وواجباتهم وامتيازاتهم وشروط ممارستهم مهامهم الرسمية، والاصول التي يترتب

عليهم اتباعها لتطبيق احكام القانون الدولي ومبادئه ، وهي فضلاً عن ذلك علم وفن تنظيم وادارة العلاقات الدولية، وتمثيل الحكومة وحماية مصالح الدولة الوطنية لدى حكومة بلد اجنبي، والتي يمارسها المبعوثون الدبلوماسيون من خلال المفاوضات (51).

وبالاضافة الى ان الدبلوماسية فن من حيث انها تقتضي ـ ممن يمارسها مواهب في ملاحظة الاشياء والامور التي تجري حوله، فهي علم لكونها تقتضي ـ معارف علمية مختلفة، وعلى رأس تلك المعارف معرفة التاريخ ومعرفة القانون ومعرفة العلاقات الدولية واسسها ، ومعرفة العلوم السياسية ومفاهيمها، وكذلك هي تقنية لكونها تطبيقا وتنفيذا عمليا لمبادئ السياسة الخارجية على يد اشخاص معينين مستفيدين من علمهم وفنهم، فهي تقنية في طبيعتها ، تقتضي اتباع اصول وقواعد مبرمجة في تأدية الاعمال اليومية الروتينية وفي القيام باعمال استثنائية تفرض على الدبلوماسي التقيد والالتزام بتقنية معينة ليس اخرها البروتوكول الدبلوماسي مثلا (52).

ويستخدم مصطلح الدبلوماسية احيانا للدلالة على معرفة العلاقات الدولية والمصالح التابعة لكل دولة والمعاهدات والاتفاقيات التي تنظم علاقة الدول ببعضها.

استنادا لجملة ماتقدم فان النشاطات التي يمارسها الدبلوماسيون والهيئات الدبلوماسية تعد جزءا من العلاقات الدولية بين الامم والدول، فالدبلوماسية الحديثة عكست تحولا جوهريا على مستوى نظام الحكم الداخلي للدول وعلى صعيد نظام العلاقات الدولية ، وهذان التحولان هما في الاصل امتداد للتحولات الاقتصادية ـ السياسية في الدول ونتيجة لفقدان الثقة في نظام توازن القوى عالميا، فزيادة اشراك الرأي العام في الشؤون العامة للدول، وتطور اساليب المواصلات والاتصال ، وتنامي الشعور نحو تدعيم التضامن بين شعوب العالم، كل هذا عزز من الدعوة الى الدبلوماسية الحديثة العلنية.

والى جانب الدبلوماسية التقليدية والحديثة او السرية والعلنية او اللا ديمقراطية والديمقراطية او دبلوماسية الهيئات الدبلوماسية الرسمية والدبلوماسية المحفلية هناك دبلوماسية القمة وقد نشط هذا النمط من الدبلوماسية خلال وبعد الحرب العالمية الثانية حيث اتسع نطاق الاسهام المباشر لرؤساء الدول والحكومات في تصريف العلاقات الدبلوماسية.

وحدث تطور اخر مهم وهو بزوغ دبلوماسية الاقمار الصناعية والحوار عن بعد وهو مايصب في اطار مفهوم ان العالم اصبح قرية صغيرة، مما قلص مساحة الاسرار في الشؤون الدولية. ويبقى من الاهمية بمكان رسم الحدود بين الدبلوماسية والسياسة الخارجية والعلاقات الدولية. فالدبلوماسية وسيلة وليست غاية وهي لاتضع او تكون صورة للاغراض الوطنية والقومية أي عكس السياسة الخارجية والعلاقات الدولية، لاتضع قرارات بالاسلوب والغاية كما هو الحال بالنسبة للسياسة الخارجية والعلاقات الدولية، وانها لاتروج خيارا من بين خيارات، ولكنها تسهم في تحديده، وانها اداة مجندة لخدمة وانجاح أي خيار يقره مركز السلطة. والدبلوماسية نشاط مهمته انجاح السياسة القومية باقل الكلف وتجنيبها المضار وهي نشاط يهدف الى تجنب الحرب في العلاقات بين الدول والامم... والامر الذي لاشك فيه هو ان العلاقات الدولية تزودت ومازالت تنهل من الدبلوماسية والتاريخ الدبلوماسي. فالدبلوماسية ترى ان دول العالم تلتقي على ساحات تتشابه فيها وتتضادد المصالح عليها، واذا كان تشابه وتكامل المصالح يقود الى التعاون والتضادد قد يؤول الى الحرب، فان للدبلوماسية دورا يعزز التعاون ويقي من الحرب، ولكن تشديد الدبلوماسية على المساواة والتعاون بين الاطراف لايمكن ان يقره واقع العلاقات الدولية، ذلك ان المساواة والتعادل لايحدثان الا في شروط معينة، منها ان تكون الدول ، رغم قدراتها، مؤمنة بان النظام الدولي السائد يخدم مصلحة الجميع.

ومع ذلك فان للدبلوماسية دور في تصريف العلاقات الدولية بجمعها المعلومات وحماية المصالح القومية، ورفع التقارير ، والاكثر من ذلك كله المفاوضات ، ورغم اتساع نطاق ونشاط الدبلوماسية العلنية او المحفلية على حساب الدبلوماسية السرية او الفردية فان الاخيرة تبقى وسيلة لحسم كثير من المنازعات الدولية. كما ان لازدياد التداخل بين دور الدبلوماسي والسياسي ورجل الدولة اهمية في تجاوز بعض المعوقات التي لايستطيع الدبلوماسي التغلب عليها لافتقاره الى السلطة او التخويل في اخذ القرار. وبشكل او اخر فان الدبلوماسية اداة من ادوات السياسة القومية، ووسيلة لحسم الحالات المشحونة باحتمال اللجوء الى الحرب [53] .

4. العلاقات الدولية والامن القومي :

الامن القومي بالمفهوم الحديث يتصف بالشمول ، وهو ليس مسألة حدود وحسب، ولاقضية اقامة ترسانة من السلاح وحسب، ولا هو تدريب عسكري شاق وحسب... انه يتطلب هذه الامور وغيرها ولكنه يتخطاها ويمس امورا اخرى ذات طبيعة اقتصادية واجتماعية، فهو قضية مجتمعية Societel تشمل الكيان الاجتماعي بكافة جوانبه وعلاقاته المختلفة [54].

والامن بهذا المعنى هو امن الدولة ومن فيها، ويغطي كل مظاهر الحياة [55]. وقد اتسع كثيرا ليشمل ضمان تحقيق وحماية جميع اهداف السياسة الخارجية للدولة.

ومع ان اتساع مجال الامن ، رتب صعوبة تحديد معنى شامل للدلالة على مفهومه، وادى ذلك في نظر البعض الى عدم وضوحه كقاعدة [56]. بيد ان المفاهيم العلمية، والفرضيات، والنظريات التي جاء بها الاساتذة والباحثون... ساهمت بشكل او بآخر، في ان تكون الدراسة العلمية لمفهوم الامن القومي ممكنة [57]. فذهب " كاوفمان Kaufmann " الى القول (ان اغلب وجهات النظر حول المفهوم، تلتقي في جوهرها عند قاسم مشترك هو ادراكها ان الامن ان دل على شيء فانما يدل عموما على التحرر من الخوف، ويدعم " جوزيف ناي Joseph Nye " هذا الرأي بقوله (ان الامن لايعني بالمحصلة الى الشعور بغياب التهديد او الخطر) [58].

اما " هارتمان Hartmann " فيرى ان مفهوم الامن القومي يعني بالنسبة للدول صيانة مايعرف بمصالحها الحيوية، ويستخدم بمعنى دفاعي في الحالات التي تستعد فيها للدفاع عن مصالحها ضد التدخل باستخدام القوة [59].

ويقصد بالامن القومي ايضا تأمين كيان الدولة ضد الاخطار التي تتهددها داخليا وخارجيا، وتأمين مصالحها، وتهيئة الظروف المناسبة لتحقيق اهدافها وغاياتها القومية. وبمعنى اخر ان مفهوم الامن القومي ينطوي على بعد خارجي، وبعض الكتابات تستخدم اصطلاح الامن الخارجي عندما تهدف الى التركيز على البعد الخارجي للامن القومي، لذلك فان مصالح الامن القومي – وتنظيمها تكون هي السائدة او الغالبة في فعاليات ونشاطات السياسة الخارجية [60].

وتأسيسا على ماتقدم يرتبط الامن بسعي صانع القرار والمؤسسات المختصة، الدؤوب نحو حماية القيم والمصالح الاساسية التي تهدف الدولة انجازها وتحقيقها في كل الاوقات، وبالتالي فأن عدم تعرض قيم ومصالح الدولة في وقت معين اللخطر لاينفي احتمالية تعرضها للاختراق في وقت اخر ، وخصوصا عندما تتبدل الظروف السائدة محليا ودوليا، ومن هنا يتضح بان للامن جانبا مستقبليا ، وبالتالي، فمفهوم الامن القومي لايرتبط بالمحافظة على الحاضر فحسب، بل بتأمين وضمان المستقبل ايضا وهذا يعني انه يتضمن ادراك سلسلة من القيم التي تناضل الدولة لجعلها مأمونة [61]. وفضلا عن ذلك فهو يتميز بثلاث خصائص اساسية هي [62]:

أ. النسبية : بمعنى ان اغلب الدول المعاصرة عندما تضع سياستها الامنية، وخصوصا الخارجية منها، تنطلق من مدى الانسجام او التناقض بين مصالحها وغيرها من الدول، وبالتالي من نوعية العلاقة السائدة بينها، كان تكون قائمة اما على علاقات الثقة او عدم الثقة [63].

ب. الدينامية : وينطلق فهمنا لها من ادراك حقيقة مفادها ان صيانة الامن القومي وكأمر بديهي تتضمن الاجراءات التي تعتمد لمجابهة جميع الحالات السلبية المحتملة، ونظرا لعدم سهولة حصر هذه الاحتمالات، من الصعب التنبؤ المسبق والدقيق دوما وابدا بما قد يحدث من احتمالات داخلية وخارجية غير مرغوب فيها، ويفترض هذا الواقع ضرورة ربط الشعور بالامن ربطا وثيقا بمحصلة عملية مستمرة ترمي الى تقييم الواقع المتغير للدولة بابعاده المختلفة، وصولا الى اعادة تعريفه وتحديده بالشكل الذي ينسجم ومفردات وخصائص هذا الواقع.

ج. الانعكاسية : وينطلق فهمنا لها من فرضية ان الشعور الامني هو محصلة لتقييم ذاتي لدلالات التغير والتحول التي تمر بها الدولة، ومن هنا يبنى الشعور بالامن وكذلك السياسة الامنية، وبناء على ذلك فمن الواضح ان الدولة لاتسعى الى الامن بحد ذاته وانما تسعى من خلاله الى ضمان استمرار قيم ومصالح مختلفة النوعية، ولاهميتها

وضرورتها يعتبر الدفاع عنها وصيانتها شرطا اساسيا لاستمرار قدرة الدولة على الدفاع عن اساس وجودها.

وفضلا عن ماتقدم فان العلاقة بين العلاقات الدولية والامن القومي قد عبرت عن نفسها بصيغ متعددة، فمؤتمرات الامن والتعاون الاقليمية ومعاهدات نزع السلاح ، او حضر التجارب النووية ، او مؤتمرات مجلس وزراء الداخلية العرب كلها صيغ تتوسم ارساء نمط من العلاقات الدولية قائم على التعاون السلمي، وتهدف الامن ، وتعبر بالرغم من اختلافها عن انماط من العلاقة بين العلاقات الدولية والامن القومي [64].

هوامش الفصل الثاني

(1) د. كاظم هاشم نعمة، العلاقات الدولية، (بغداد ، دار الكتب للطباعة والنشر، 1979) ، ص 2.

(2) المصدر نفسه ، ص 3.

(3) دانيال كولار، العلاقات الدولية، ترجمة خضر خضر ، (بيروت ، دار الطليعة للطباعة والنشر 1980) ، ص 10.

(4) لمزيد من التفصيل انظر :

Hans G. Morgenthau, Man US. Power Politics (New York Alfred A.Knopt, 1973).

(5) Stanley Hoffmann, Contemporary Theory in International Relations, (Prentice Hall, Inc., N.J., 1960).

(6) Henry A.Kissinger, Nuclear Weapons and Foreign Policy, (Council on Foreign Relations , Washington).

(7) بيير رينوفان، جان باتيست دروزيل، مدخل الى تاريخ العلاقات الدولية، ط1، ترجمة فايز كرم نقش ،(بيروت ، منشورات عويدات ، 1967).

(8) Raymond Aron, On War , Norton , 1968.

(9) مارسيل ميرل، سوسيولوجيا العلاقات الدولية، ترجمة د.حسن نافعة، (دار المستقبل العربي ، بيروت ، 1986).

(10) دانيال كولار ، مصدر سبق ذكره ، ص 29.

(11) د. كاظم هاشم نعمة ، مصدر سبق ذكره ، ص4.

(12) المصدر نفسه ، ص 4.

(13) د. محمد طلعت الغنيمي، الاحكام العامة في قانون الامم ، قانون السلام، (الاسكندرية، 1970) ، ص ص 17-37 ومابعدها.

(14) د.عصام العطية، القانون الدولي العام، ط5، (بغداد ، دار الحكمة للطباعة والنشر 1993) ، ص 10 ومابعدها.

(15)   المصدر نفسه، ص10.

(16)   H.Bonfils : Manuel , droit, International Pablic, Paris, 1968 , P.1.

(17)   P.Fauchille : Traite de droit International Public, Paris , 1922, T.1, P.4.

(18)   Rene- Jean Dupay, Le droit, International Law, Paris, 1966,P.5.

(19)   د. علي صادق ابو هيف ، القانون الدولي العام، ط11، (الاسكندرية، 1975)، ص18.

(20)   Leon Duguit : Traite de droit constitutionnel , Paris, 1921, T.1, P.2.

(21)   د.عبدالحسين القطيفي، القانون الدولي العام، (بغداد ، 1970، ج1)، ص 21.

(22)   د. عصام العطية ، مصدر سبق ذكره ، ص13.

(23)   K.Strupp : Elements de droit , International Public, Paris, 1930, T.1, P.2.

(24)   Louis Delbez, Droit International Public, 3rd. Edition, Paris, 1964, P.18.

(25)   د. انطوان فتال ، استحالة تعريف القانون الدولي، (مجلة الشرق الادنى، دراسات في القـانون، العـدد 7،
        1971)، ص 755.

(26)   Paul Bastid , Court de droit International Public, Paris, 1965, P.5.

(27)   د.كاظم هاشم نعمة ، مصدر سبق ذكره ، 9.

(28)   المصدر نفسه ، ص 11.

(29)   James Barber and Michael Smith , The Nature of Foreign Policy Areader,
        (Edinburgha : Holms Medougal, 1974), P.8.

71

(30) James N.Rosenau , Moral Fervor Systematic Analysis, and Scientific Consciousness of Foreign Policy, Research , in ideb, The Scientific Study of Foreign Policy , rev . enl ed. (London: Frances Pinter Publishers Ltd, 1980) p. 61 .. ets.

(31) د. محمد طه بدوي، مدخل الى علم العلاقات الدولية ، (بيروت، دار النهضة الحديثة، 1972) ، ص ص 41-40.

(32) د. علي الدين هلال ، الامن القومي العربي ، دراسة في الاصول ، (شؤون عربية ، العدد 35 ، جامعة الدول العربية ، 1984)، ص19.

(33) Karl Deutsch, The Analysis of International Relation, 2nd. Edition, (U.S.A. Harvard University Prentice - Hall, Inc., 1978), P.16.

(34) د.نظام بركات، د.عثمان الرواف، د. محمد الحلوة، ، مصدر سبق ذكره، ص284.

(35) K.London , How Foreign Policy is Made , (Vannos Trade Company , New York , 1949) , P.12.

(36) د. مازن اسماعيل الرمضاني، السياسة الخارجية – دراسة نظرية، (بغداد ، مطبعة دارالحكمة، 1991)، ص ص 50-51.

(37) Joseph Frankel , International Politics : Conflict and Harmony, (London: Benguon Book, 1976) , P.52.

(38) د. مازن اسماعيل الرمضاني ، مصدر سبق ذكره ، ص 52.

(39) دانيال كولار ، مصدر سبق ذكره ، ص16.

(40) د. كاظم هاشم نعمة ، مصدر سبق ذكره ، ص18.

(41) المصدر نفسه ، ص 18.

(42) د. ثامر كامل محمد ، الدبلوماسية المعاصرة واستراتيجية ادارة المفاوضات، (عمان ، دار المسيرة للنشر والتوزيع والطباعة، 2000)، ص 77 ومابعدها.

(43) Ernest Satow, A Guide to Diplomatic Practice , Fourth Edition by (Nevile Bland , Longmans Green and Co.London , 1958), P.1.

(44) سموحي فوق العادة ، الدبلوماسية الحديثة، (دمشق ، دار اليقضة العربية ، 1973) ، ص 2.

(45) Charles Calvo, Dictionnaire de Droit,International Public, et Prive Paris, 1885 , P.250.

(46) انظر: د. عز الدين فودة ، النظم الدبلوماسية، الكتاب الاول في تطور الدبلوماسية وتقنين قواعدها ، (دار الفكر العربي ، القاهرة ، 1961)، ص 50.

(47) د. علي صادق ابو هيف، القانون الدبلوماسي والقنصلي ، (الاسكندرية ، 1987) ، ص 12.

(48) Pradier Fodere , Cours de droit diplomatique, 1, Paris , 1900, P.2.

(49) Harold Nicolson , The Diplomacy . 2nd . Edition, London, 1957 , P.5.

(50) K.M.Panikcar , The Principles and Practice of Diplomacy , London , 1957 , P.71.

(51) د. ثامر كامل محمد ، مصدر سبق ذكره ، ص20.

(52) د. ادونيس العكرة ، من الدبلوماسية الى الاستراتيجية، (بيروت ، دار الطليعة، 1981) ، ص ص 21-23.

(53) د. كاظم هاشم نعمة ، مصدر سبق ذكره ، ص17.

(54) د.ثامر كامل محمد ، دراسة في الامن الخارجي العراقي واستراتيجية تحقيقية ، (بغداد ، دار الحرية للطباعة ، 1985) ، ص 26.

(55) Otto Pick. And Jalin Gritchley , Collective Security, 2nd . Edition, (Macmillan , London , 1974) , P.15.

(56)   Vernon Van Dyke , International Politics, and Edition, (Appleton century crofts, New York , 1966) , P.35.

(57)   Ernest W.Gohlert, National Security Policy, Formation in Comparative Perspective In : Richard Merritt. Foreign Policy Analysis, London : Lexigton Books, 1975, P.133.

(58)   د. مازن اسماعيل الرمضاني ، مقدمة في الجوانب النظرية لمفهوم الامن الخـارجي، (الامـن والجماهـير ، السنة الثانية، العدد 4 تموز / يوليو 1981)، ص70.

(59)   Fredrick H.Hartmann, The Relation of Nation , 4th . Edition (Macmillan, Publishing Co., Inc, New York, 1973), P. 257.

(60)   Karl W. Deutsch, Opcit, P.102.

(61)   Norman G.Padelford and George A.Lincoln, The Dynamic of International Relations, (London , The Macmillan Company, 1970) , P. 179.

(62)   د. مازن اسماعيل الرمضاني ، المصدر السابق، ص ص 71-72.

(63)   K.J.Holisti , International Politics , 2nd. Edition , (London, Prentice , International Inc. 1974), P.P.363-365.

(64)   د. ثامر كامل محمد ، المصدر السابق ، ص 87.

الفصل الثالث

مناهج دراسة العلاقات السياسية الدولية

اولا: المناهج التقليدية

1-   المنهج التاريخي Historical Approach:

يقوم هذا المنهج على فكرة مؤداها ان الطريقة الاجدى لدراسة مجمل الظاهرة الاجتماعية السياسية المعاصرة هي دراسة جذورها وامتداداتها التاريخية، ومرد ذلك قناعة مسبقة تبنى على اساس ان الحاضر انما يعكس الماضي ، وان المستقبل هو محصلة لقانون ازلي يتحكم لوحده في تطور الظواهر والتحولات الاجتماعية المختلفة، وهو القانون التاريخي [1]. ويعد هذا المنهج في دراسة العلاقات السياسية الدولية من اقدم المناهج التقليدية شيوعا ، وهو يعلق اهمية كبرى على تطور التاريخ الدبلوماسي وذلك على اساس ان للعلاقات الدولية المعاصرة جذورا وامتدادت تاريخية سابقة مما يجعل التعمق في تفهم الظروف والمؤثرات التاريخية امرا ضروريا لاستيعاب الملابسات التي تحيط بالعلاقات الدولية في اشكالها المعاصرة. فالروابط والصراعات والاحقاد التاريخية تعد في تقدير المنهاج التاريخي من بين القوى الرئيسية التي تتحكم في الاتجاهات السياسية الخارجية للدول [2]. وقد كان هذا المنهج في المرحلة الاولى من تطور موضوع العلاقات الدولية بمثابة حقل معرفة اكاديمي ، وهناك جملة اعتبارات قادت الى ذلك فحتى الحرب العالمية الاولى نظر الكتاب والمفكرون الى العلاقات الدولية على انها علاقات محضة بين الامم. وبما ان اغلب هذه العلاقات كانت تقع في مجال الشؤون الخارجية فان الدبلوماسيين اشرفوا على تنفيذها بتوجيهات من وزارة الخارجية كما ان استمرار ممارسة الاسلوب الدبلوماسي خلف رصيدا من

التجارب الشخصية التي تركها الدبلوماسيون المؤثرون على مسيرة الاحداث بين الامم بشأن قضايا تخص مصالح اكثر من دولة ، وقد ساد الاعتقاد ان هناك ديمومة في

السوابق الدبلوماسية يمكن عن طريق دراستها تاريخيا التعرف على الاسباب التي حدت بتلك الدولة او غيرها الى اتخاذ مثل هذا وذلك الموقف، كما انه يمكن تحديد ماحدث بالفعل في نطاق المكان والزمان ، وبعد تحديد الاسباب وماحدث بالفعل يمكن استنتاج مانجم عن الحدث، وبالتالي يفاد من هذه النظرة التاريخية في فهم الحاضر وتوقع ماسيحدث في المستقبل [3].

ويعتقد انصار هذا المنهج بان بامكانه تحقيق عدة مزايا منها [4] :

أ. القدرة على تحري الاسباب التي تكمن وراء نجاح او فشل قادة الدول في اتباع سياسات خارجية معينة في وقت ما ، واستخلاص مغزى او دلالات عامة لانماط السلوك الدولي المختلفة.

ب. ان استخدام المنهج التاريخي يؤدي الى تفهم اكبر واعمق للاتجاهات التي يسلكها تطور العلاقات السياسية بين الدول وانتقالها من نظام الى اخر.

ج. انه يساعد على تفهم الكيفية التي يتم بها اتخاذ بعض قرارات السياسة الخارجية والدوافع التي تمليها والنتائج التي تتبلور عنها وذلك في الاطار التاريخي الحقيقي لهذه القرارات.

د. ان التاريخ في اعتقاد انصار هذا المنهج يخدم كمعمل للتجريب واختبار العلاقة التي تقوم بين الاسباب والنتائج في السياسة الدولية على اساس ان لكل موقف دولي طبيعته المتميزة، وان مواقف السياسة الدولية لاتتكرر على نفس النحو .

وعلى الرغم من ان انصار المنهج التاريخي اعتادوا الاشارة الى فوائده ، الا انه لايخلو من السلبيات ، ذلك ان هذا المنهج ركز اهتمامه كقاعدة على التعريف بالواقعية التاريخية او التاريخ الدبلوماسي، اعتمادا على معلومات متوفرة في الحاضر ولكن من دون ان تكون كاملة بالضرورة، بمعنى انه انصرف الى محاولة الاجابة على اسئلة : ماذا ومتى وكيف ، وابتعدت اهتماماته عن الاسئلة التحليلية الاكثر اهمية أي اسئلة لماذا، هذا من ناحية، اما من الناحية الثانية فقد صارت تنبؤاته الاكاديمية في عالم متغير تنبؤات مشكوك في دقتها وصحتها العلمية [5]. ولذلك يذهب " ستانلي هوفمان"

الى القول (ان المنهج التاريخي قد ينتهي بنا الى التحليق في السماء، ولكنه لايستطيع ابدا ان يمدنا بنظرية في العلاقات السياسية الدولية) [6].

2. المنهج القانوني : Legal Approach

يحاول هذا المنهج ان يقصر تحليل العلاقات السياسية الدولية على الجوانب القانونية التي تحيط بعلاقات الدول مع بعضها، أي ان هذا المنهج يدرس الموضوع من زاوية القانون الدولي اكثر من أي شيء أخر. لذا فان هذا المنهج في الدراسة يركز على المعاهدات والاتفاقات الدولية من حيث التزامات الاطراف المتعاقدة والجزاءات التي ينص عليها لمعاقبة الاطراف التي تخل بتعداتها الواردة في هذه الاتفاقات. ويركز ايضا على تحليل عنصر المسؤولية الدولية في تصرفات الدول والتمييز بين مايعتبر مشروعا او غير مشروع من وجهة النظر القانونية. ويتناول ايضا بالاهتمام التكييف القانوني لموضوع الاعتراف بالدولة او بنظام الحكم فيها، وكذلك التكييف القانوني لموضوع الحرب وكيفية تسوية المنازعات بالطرق القانونية والدبلوماسية وتحليل اهم الطرق والاجراءات المستخدمة في هذا الصدد مثل الوساطة والاستقصاء وتحري الحقائق والتحكيم والتوفيق وبذل المساعي الحميدة والتسويات القضائية.

وفضلاً عن ذلك تقع في صلب اهتمام هذا المنهج البحث في الكيفية التي تتكون منها المنظمات الدولية والاقليمية والوظائف التي تقوم بها هذه المنظمات والاجراءات التي تحكم عملها، مثل قواعد التصويت، وشروط اكتساب العضوية والمبررات التي توجب وقفها او انهائها [7]. وقد كان لظهور عصبة الامم بعد الحرب العالمية الاولى اثر كبير في بروزالمنهج القانوني وذلك لتعاظم الحاجة الى انشاء مراكز ومعاهد متخصصة لدراسة القانون والتنظيم الدولي في عدة دول من العالم وانصرف اهتمام هذه المعاهد على تحليل المؤتمرات والمعاهدات الدولية وتتبع اجتماعات عصبة الامم.

الملاحظة المهمة على هذا المنهج هو انه يركز على جانب واحد من جوانب العلاقات الدولية وهو الجانب القانوني، لذا فهو لم يحاول التعرض لتحليل العوامل والمتغيرات الخارجية التي تؤثر في نماذج السلوك الخارجي لكل دولة وانما عنى

اساسا بالحكم على مدى قانونية هذا السلوك في اطار المقـاييس القانونيـة المسـتخدمة انـذاك [8]. وعليـه يمكـن القول ان هذا المنهج في دراسة وتحليل العلاقات الدولية لايمكن التركيز عليه، لان هـذه العلاقـات لايمكـن النظـر اليها بعيدا عن صبغتها السياسية فما بالك في تجميدها في اطار من القواعد القانونية الشكلية. فنحن لانشك بان هناك اطارا قانونيا يحيط بالعلاقـات الدوليـة، الا ان القـوى والمـؤشرات التـي توجههـا وتـتحكم فيهـا لاتمـت الى النواحي القانونية بصلة مباشرة ، فالذي يتحكم في هذه العلاقات هي المصالح القومية والاستراتيجية للدول.

3. المنهج الواقعي Realistic Approach :

انه منهج يرى في التاريخ شواهد على صواب التشـخيص وتثبـت القناعـة بـان هنـاك جـوهر للسياسـة الدولية يمكن الوصول اليه عن طريق واحد لابديل له الا وهو مفهوم القوة [9]. وان القوة السياسية التي تعنيهـا هذه النظرية الواقعية هي مدى التأثير النسبي الذي تمارسه الدول في علاقاتها المتبادلة وهـي ليسـت بالضرـورة مرادفة للعنف باشكاله المادية والعسكرية، وانما هي اوسع نطاقا من ذلك بكثير ، فهي الناتج النهائي – في لحظـة ما – لعدد كبير من المتغيرات المادية وغير المادية والتفاعل الذي يـتم بـين هـذه العنـاصر والمكونـات هـو الـذي يحدد في النهاية حجم قوة الدولة، وبحسب هذا الحجم تتحدد امكانياتها في التأثير السـياسي في مواجهـة غيرهـا من الدول [10].

يتضح ان هذا المنهج قد ظهر كرد على تفسيرات المدرسة المثالية للواقع السياسي الدولي، وتشير المصادر الى ان الجذور الفكرية الاولى لهذا المنهج ترجع الى "ميكافيلي" ، أمـا الجـذور الحديثـة لـه فترجـع الى اراء القـس البروتستانتي " راينهارت نيبور " حول ثنائية الطبيعة الانسانية، واتجاه الانسان نحو تفضيل مصالحه الذاتية على الاعتبارات الاخلاقية والمبدئية، وقد دفعت هـذه الاراء التشـاؤمية متفاعلـة مـع منطلقـات الفلسـفة الواقعيـة " بموركنثاو " الى دراسة السياسة بين الامم اعتماداً عليها [11].

لقد رأى ، " موركنثـاو " ان مجمـل القـوانين والظـواهر السياسـية انمـا تعكـس تلـك الـدوافع الشرـيرة والراسخة في الطبيعة الانسانية ، وهي دوافع الانسانية والسعي الى

القوه [12]. وفي ضوء محصلة ادراكه للواقع السياسي الدولي متجسدا في الصراع من اجل القوة، ذهب الى دراسة هذا الواقع انطلاقا من مفهومين اساسيين ومترابطين يشكلان جوهر اطار منهجه الواقعي، هما القوة والمصلحة، ويفهم القوة بدلالة أي مقومات تحقق للانسان سيطرته على غيره، لذلك تسعى الدول الى الحصول عليها وتنميتها او استعراضها. ويذهب الى تصنيف المصلحة الى نوعين اساسيين :

المصالح الاساسية ، وتشمل ضرورات البقاء المادي والامن ، والمصالح الثانوية، والتي تتحدد وفقا للاعتبارات والظروف الداخلية للدولة.

وقد دعى الى اجراء موازنة دقيقة بين المصالح المراد الدفاع عنها وبين امكانات الدولة المتاحة في مرحلة معينة، أي انه دعى الى اجراء موازنة عقلانية بين الهدف ووسيلته.

يفيد ماتقدم بان حجر زاوية نظرية سياسة القوة هو ان للدول ذات السيادة مصالح وطنية لاتحيد عنها وهي منارها في التفاعل مع غيرها، ولاتستطيع هذه الدول ان تذود عن المصلحة الوطنية من غير الصراع فيما بينها. والصراع بدوره يتطلب القوة، وهكذا تتبادل القوة الوسيلة مع القوة الغاية الادوار الا ان الدور الاعظم على المسرح الاكبر هو للقوة الغاية، هذه هي حقيقة المنهج الواقعي بصيغته التفسيرية للعلاقات الدولية. وفي مسعى المحدثين من انصار النظرية الواقعية للتخلص من الانتقادات الشديدة الموجهة لها ، استحدثوا مفاهيم فرعية ، وكمثال على ذلك حاول "هولستي" ان يكشف عن جوانب مفهوم القوة ويسخرها للاغراض النظرية، ولذلك فقد اعطى القوة معنى فعل التأثير، ومعنى القدرات التي تسخر في التأثير ، بل وردود الفعل المعاكسة للفعل [13].

وفي اطار سعي "موركنثاو" التأكيد على سمو مصلحة الدولة على غيرها من المصالح، نفى وجود علاقة وطيدة بين السعي نحو تحقيقها وبين الاخلاق، فالاخلاق والايديولوجية عنده ، لايتناقضان مع مصلحة الدولة حسب، وانما رأى فيهما كذلك القناع الذي يخفي وراءه حقيقة الصراع الدولي المستمر على القوة. وبالتالي السبب

وراء عدم استقرارية النظام السياسي الدولي، ولذلك دعى الدولة الى ان تطرح جانبا المثل الاخلاقية والقيم المبدئية عندما تتفاعل سياسيا مع غيرها.

وعلى الرغم من ان موركنثاو ، كان قد اكد على ان سمة السياسة الدولية هي الصراع الدائم بيد انه في الوقت ذاته لاينكر سعي الدول الى السلم، فهذه تلجأ الى مجموعة ادوات ، ابرزها الدبلوماسية السرية وسياسة توازن القوى، ولانه يولي سياسة توازن القوى اهمية عالية، لايقف بالضد من المحاولات الدولية الرامية الى احداث نوع من التغير في هياكل القوة الدولية بشرط ان لايؤدي ذلك الى تحول جذري في توزيع القوى على المستوى الدولي.

ومع اهمية القوة - بمفهومها الشامل - في علاقات الدول المتبادلة ، وان منطلقات المنهج الواقعي تتمتع في جوانب منها بقدر عال من الدقة، وانها ربطت السياسة الخارجية بالواقع الذي تنبع منه وابعدتها عن الافتراضات النظرية للمدرسة المثالية، الا ان النظرية الواقعية قد تعرضت لعدد من الانتقادات وكما يلي: [14]

أ. ان النظرية الواقعية بالرغم من محاولات بعض انصارها قد اخفقت في تحديد المفاهيم المختلفة للقوة والتمييز بين القوة التي تأتي كناتج سياسي ، والقوة التي هي مجرد اداة، والقوة التي تؤثر كدافع محرك، فكل واحد من هذه المفاهيم يفسر ظواهر ويرتب نتائج ويبرز حقائق تختلف في طبيعتها ومضمونها عن بعضها البعض، ولكن " موركنثاو" يمزجها او بالاحرى يدمجها في مفهوم عام واحد وهو امر لايفي باغراض التحليل المتعمق لكافة ابعاد هذه الظاهرة وبحث مختلف تأثيراتها الدولية.

ب. ان موضوع المصلحة القومية لم يحلل تحليلا متعمقا وكافيا فقد عالجه "موركنثاو" كهدف سهل التحديد (مادامت المصلحة القومية تتحدد دائما في اطار القوة قبل كل شيء) ، ويرى ناقديه ان هذا التحديد للمصلحة القومية ربما كان اكثر التقاءاً وتناسباً مع ظروف العلاقات الدولية في القرنين الثامن عشر والتاسع عشر، ولكنه لايصلح معيارا للتحديد مع ظروف التحول الجذري الذي طرأ على العلاقات الدولية في القرن العشرين.

ج. ان النظرية الواقعية في رأي بعض ناقديها، مفعمة بالصيغة الاستاتيكية العامة، فالنظام السياسي الدولي - في تحليلات " موركنثاو" - هو نظام غير متغير ، مادام ان مصالح الاطراف تتحدد دائما بدافع القـوة تحت أي ظرف وايا كانت طبيعة هذه الاطراف، أي ان هـذا النظـام سـيظل محكومـا ابـدا وبالضـرورة بصراعات القوى، وهذه الطبيعة الاستاتيكية كما يقولون، تخلط بنوع من الفوضى بين ظاهرة صراعـات القوى في السياسة الدولية وبين الاشكال الانتقالية لهذه الصراعات والمؤسسات التي تولدت في نطاقها في القرون الاخيرة، بمعنى ان صراعات القوى شيء والظروف الدولية التي تحركها والمؤثرات التي تخلقها ودوافع الاطراف التي تشارك فيها شيء اخر مختلف [15].

د. ان منهج التحليل الذي اعتمده " موركنثاو" ينظر الى عملية صنع السياسة الخارجيـة عـلى انهـا عمليـة ترشيدية باستمرار، بمعنى انها لاتخرج عـن كونهـا عمليـة توفيـق بسـيطة بـين الوسـائل المتاحـة وبـين الاهداف التي هي ثابتة وموضع اعتراف عام في نفس الوقت.

هـ ان القوة لاتستطيع ان تخدم وحدها كاداة لتحليل كافة الظواهر المعقـدة في السياسة الدوليـة، فـالى جانب القوة توجد قيم وعوامل اخـرى تـؤثر في السـلوك السـياسي الخـارجي للـدول، مثـل الرغبـة في التعاون الدولي كما هو حادث في كثير من التنظيمات الدولية والاقليمية.

و. الزعم بان المصلحة القومية حقيقة موضوعية ينم عن تصـور ثابـت للعلاقـات الدوليـة مـن نـاحيتين : اولهما ان المتغيرات الاخرى تنتظم بشكل هرمي تحتل المصلحة الوطنية فيه المكانة الهامـة مـن حيـث الاهمية والتأثير. وثانيهما ان المصلحة الوطنية لكل طرف متفاعل في المسرح الدولي معلومة الهوية بـل ومحدودة، والا فان التضارب بين المصالح الوطنية لدول عديدة سيجعل النظام الـدولي في دوامـة مـن الفوضى، لذا لايمكن الاقرار بثبوت العلاقات الدولية [16].

وعلى الرغم من الوهن الذي اتسمت به جملة من منطلقات المنهج الواقعي، مـما ادى الى ان يفقـد حاليا، الكثير من بريقه السابق، الا ان هذا المنهج يعد مع ذلك نقلة اكاديمية مهمة الى امام، فبسبب من تأثيره ، اتجهت منذ الخمسينات من القرن الماضي العديد من الدراسات في السياسـية الدوليـة الى الابتعـاد عـن المناهج ذات الرؤية الاحادية والنظرة الحتمية، والتركيز في الانطلاق من مناهج علمية تتميز بتعدد المفاهيم والمتغـيرات التي تبنى عليها من ناحية، وبالطبيعة الاحتمالية لفرضياتها العلمية من ناحية اخرى [17].

ثانيا: المناهج الحديثة والمعاصرة

في اطار رد الفعل الرافض لمضمون تفسير المناهج التقليدية ، ولقناعة مؤداها ان هذه المناهج قد افضت الى دراسات تقليدية، واضحت عاجزة عن تقديم تفسيرات دقيقة لتلك الظواهر الدولية المعقدة التي صاحبت مرحلة مابعد الحرب العالمية الثانية، برز التفسير العلمي الذي دعى في مجموعة من الاراء الى اخضاع دراسة الظواهر الدولية الى مجموعة جديدة من الادوات المنهجية ولاسيما تلك التي لها علاقة وطيدة بركائز الاستدلال الاستقرائي [18] وتتصف التفسيرات التي تقدمها المناهج الحديثة والمعاصرة عموما بمجموعة خصائص مهمة، فهي من ناحية لاتنطلق كقاعدة من مستوى الدولة، كوحدة للتحليل ، وانما من وحدات تحليلية اخرى ترتبط بمستويين مختلفين من التحليل، هما المستوى الكلي (النظام السياسي الدولي) ، والمستوى الجزئي (صانع او صناع القرار) . وعلى الرغم من ان الاهتمام ينصب عليهما معا، الا ان كثافتهما ليست واحدة فالمستوى الجزئي يحظى بعناية اعلى. وقد ادى ذلك الى ان تتميز الدراسات العلمية، وكقاعدة بطابعها الميكروي ، وبنظرياتها الجزئية [19]. لاعتقاد مفاده ان هذا المستوى يسمح باخضاع الظواهر المرتبطة به للتحليل العلمي، وفضلاً عن ذلك يدعو التفسير العلمي الى الاستفادة من نتاج العلوم الطبيعية والاجتماعية لتفسير الظواهر الدولية عموما، ويذهب " جون كارنيت " الى القول بان التوجه نحو الاستفادة من حقول المعرفة الانسانية قد ادى الى مد اطار دراسة موضوع العلاقات الدولية الى ابعاد اوسع واشمل من تلك التي ارتبطت بها المناهج التقليدية [20].

وتذهب الدراسات العلمية الى محاولة بناء فرضيات دقيقة وقابلة للتطبيق انطلاقا من الحقائق الموضوعية المستقاة من الواقع ، لذلك يتجه الاهتمام الى جمع كافة الحقائق المهمة حول موضوع الدراسة ثم بناء تقييم موضوعي لاعلاقة له بالقيم الذاتية للباحث.

وتجدر الاشارة الى ان المناهج الحديثة وماتنطوي عليه من تغيرات علمية انما هي تفسيرات احتمالية لاتدعي التفسير والتنبؤ المطلق، وذلك لادراك مفاده ان اية نظرية انما تعجز عن معرفة جميع المتغيرات المؤثرة في الظاهرة موضوع الدراسة

ونوعية العلاقات القائمة بينهما . فالنظرية بمعناها التجريبي ، ليست قانونا عاما قادرا على التنبؤ المطلق [21]، وتعتمد المناهج الحديثة في تفسيراتها العلمية للظواهر كقاعدة استثمار الادوات الاحصائية والرياضية وتحليل المضمون، هذا فضلا عن ادوات التحليل الكمي واعتماد فن المحاكاة، الامر الذي ادى الى تطوير منهجية البحث في موضوع العلاقات الدولية عبر ادخال ادوات جديدة، والارتقاء بابعاده والاسئلة المرتبطة به الى مستويات نوعية جديدة، هذا فضلا عن قدرته على بناء نظريات جزئية يمكن البرهنة عليها بالتحقيق العلمي، وبذلك استطاع التفسير العلمي ان يرفد الادراك والفهم العلمي للسياسة الدولية بعناصر حقيقية مضافة [22].

1. المنهج السلوكي Behavioural Approach :

يقصد بالمنهج السلوكي ان تنصب الدراسة على الفرد وليس على الوحدات السياسية الكبيرة، وبصدده يذهب " ديفيد أيستون" للقول (ان قصد الباحث من اتباعه للمنهج السلوكي هو ان يبحث في المساهمين في النظام السياسي كافراد لهم مشاعرهم وتحيزاتهم وميولهم كما يعرفون به في حياتهم اليومية) [23]. اما "ديفيد ترومان" فأنه عنى بالمفهوم (كل الافعال والافعال المتبادلة للافراد والجماعات المشاركة في عملية ممارسة السلطة)[24]، وقد اعطى سمتين للبحث السلوكي ، اولهما ان يكون البحث منظما أي ان ينشأ عن مقولة افتراضية وترتيب رصين للدلالات ، وثانيهما ان يشدد البحث السلوكي على الطرائق التجريبية . اما غرض الباحث السلوكي فهو تطوير علم للعملية السياسية .

وليس هناك من شك في ان دراسة العلاقات الدولية تتطلب بدرجة ما قدر وافرا من فهم معنى وهدف محددات مايطلق عليه الثورة السلوكية، بمعنى ان علماء السياسة لم يلغوا اهمية دراسة الاحاسيس والدوافع والجوانب الاخرى للادراك الذاتي ولتفاعل النظام كما جاء بين الدافع والاستجابة، وعلى هذا تكون الصفة الصحيحة للتطور الحديث للعلوم السياسية التي ترتكز على دراسة السلوك السياسي هي سلوكياتي، ويعتبر " روبرت دال " ان السلوكياتية كحركة لدمج الدراسات الفلسفية

بالنظريات والوسائل والاكتشافات ووجهات النظر المتاحة في علم النفس والاجتماع والاجناس والاقتصاد ، ومحاولة جعل مكونات علم السياسة اكثر علمية [25].

وتهدف السلوكاتية الى تحديد كل ظواهر العلاقات الدولية على اسس من السلوك الملحوظ والجدير بالملاحظة في اطار الاهتمام الشديد بدقة الاساليب ومشكلات الملاحظة والتصحيح وبعملية اضفاء معاني عملية على المفاهيم السياسية للقياس والاختبار والقضاء على المتغيرات المتداخلة غير المنتجة لمصادر فروض بالمعلومات والنظريات في العلوم الاجتماعية الاخرى ؛ وكذلك في البحث عن تفسيرات ذات جوانب هامة للسياسة تثبت صحتها تماما وتكون اقل عرضة للاعتراضات المتعلقة بالطريقة ومدى امكانية التطبيق كتفسيرات اوسع او اقل نفعا في مواجهة المشكلات الحقيقية للحياة السياسية من تلك التفسيرات المراد احلالها محلها [26]. ان السلوكاتية اكبر من مجرد حالة نفسية بمعنى ان الباحث الذي يتناول مبدأ السلوك السياسي يود ان ينظر الى الفاعلين في العلاقات الدولية كافراد لهم عواطف وتحيزات وميول، وهي محاولة لجعل المكون التجريبي للنظام اكثر علمية بمعنى انها مجرد مدخل يفضي الى المساعدة على شرح الجانب التجريبي للحياة السياسية بواسطة نظريات ومعايير للبرهان تكون مقبولة طبقا للقوانين والاعتقادات والافتراضات الخاصة بالعلم التجريبي الحديث. وقد حدد " ديفيد ايستون" المكونات الاساسية للسلوكاتية كما يأتي :

أ. الانتظامات :

يرى السلوكيون ان هناك تشابهات مميزة في السلوك السياسي يمكن ان يعبر عنها بالتعميمات او النظريات القادرة على تفسير الظواهر السياسية والتنبوء بها ، وعلى ضوء التعميمات التي بنيت على اساس ملاحظة انتظامات السلوك يمكن تفسير الظواهر السياسية والتنبوء بها .

ب. التحقيق :

يعتقد انصار المنهج السلوكي ان المعرفة لكي تكون صالحة يجب ان تتكون من افتراضات خضعت لاختبارات تجريبية ، ويجب ان يكون البرهان مبني على ملاحظات، لاسيما وان علم السياسة يعنى بالظواهر التي يمكن ملاحظتها، ولايتجاهل

السلوكيون مايجري تحت السطح ، بل يعطون اهتماما واسعا للديناميات شبه السطحية والتي ليست معروفة ايضا.

ج. **الاساليب :**

يؤكد السلوكيون على ضرورة اتباع وسائل سليمة لتحصيل وتجميع وتفسير المعلومات، مع استخدام ادوات ووسائل البحث التي تولد معلومات صالحة وموثوق بها.

د. **القياس:**

يعتقد السلوكيون انه يجب اللجوء بقدر المستطاع الى القياس والتحديد مالم يتم استبدال الاحكام غير الدقيقة بطرق قياس دقيقة وعمليات لمعالجة المعلومات، فانه يمكن الحصول على معرفة دقيقة عن معتقدات الحياة السياسية ويجب ان تكون البيانات الخاصة بالبحث في النظم السياسية مقاسة ومقدرة، كما يجب ان تبنى كل النتائج على بيانات كمية.

هـ. **القيم:**

لقد نجم جدل كبير بين السلوكيين والتقليديين حول مسألة حياد القيم، فالتقييم الخلقي من وجهة نظر السلوكيين يختلف عن التفسير التجريبي، فالقيم والحقائق شيئين منفصلين ، ويجب ان يظهرا متميزين تحليليا ويجب دراستهما في حالة منفصلة او مجتمعة مع ضرورة عدم الخلط بين احداهما والاخرى، ويجب اخضاع القيم للتحليل العلمي بقدر ماتحدد السلوك السياسي كما في حالة التصويت، وبمعنى اخر يعتقد دعاة هذا المنهج ان علم السياسة يعتبر دراسة علمية للسياسة في جانبها الوظيفي ويتم عن طرق تجريبية ولاعلاقة له بالمسائل الخلقية او الاخلاقية.

و. **التنظيم :**

الحديث عن التنظيم يعني صياغة النظم، ويرى انصار المنهج السلوكي ان عملية البحث في العلوم السياسية ودراسة النظم السياسية ينبغي ان تتسم بالتنظيم وتكون منظمة، ويقصدون بذلك انه يجب ان يكون مبنيا على النظرية وموجها بالنظرية ، وان النظرية والبحث ينبغي ان يشكلا اجزاء مترابطة ومتجانسة ومنظمة لكم المعلومات ...

والهدف المطلق للبحث عن السلوكيين هو تطوير التعميمات الشاملة، وبمعنى اخر اكتشاف قوانين بوصف وربط الظواهر السياسية بدقة كبيرة.

يتضح مما تقدم ان المنهج السلوكي يعتمد بشكل متزايد تحليل الحالة ، تحليل المحتوى، المسح، التجارب، التحليل الاحصائي الكلي، بناء الانماط السببي، وعدد اخر من ادوات البحث والتحليل الاخرى، ويعتقد انصار هذا المنهج، ان البحث التجريبي يجب ان يؤدي الى صياغة الفروض التي تعرض على الاختبار الدقيق خلال البحث التجريبي، وبمعنى مقارب فان منجزات هذا المنهج تنصب اساسا على مجالين: بناء النظرية، وتطوير اساليب وادوات البحث.

وقد حاول بعض انصار هذا المنهج ان يطوروا مفهوما للنظام السياسي له المقدرة على البقاء والاستمرار عن طريق ضبطه للمطالب الواقعة عليه من جانب الجماهير، وعن طريق عمليات المراجعة التي تتكفل بها الهياكل المساندة للنظام السياسي. وحاول بعض المعنيين في التحليل الاجتماعي تفسير السياسة على اساس اوساط خلقتها القيم السياسية الملائمة في الاتجاهات والمعتقدات، وقد كان ذلك مدخلا للثقافة السياسية الذي حاول تفسير الفرق السياسي بين المجتمعات وكذلك الفرق السياسي داخل المجتمعات على اساس التباين في ثقافتها السياسية .. وتجدر الاشارة الى ان هذا المدخل وفي اطار منهجي قد ادى الى تطوير الاطر المفهومية المرجعية مثل نمط الاتصالات الذي طوره " كارل دويتش " ، وفكرة القوة التي طورها " روبرت دال " ، ومدخل اتخاذ القرار الذي ارتبط باسم " سنايدر " . وتتمثل قيمة الاستبيان الذي يركز عليه المنهج السلوكي في تحديد تلك البنى المختلفة ووظائفها، وتفسير لماذا هي مختلفة ولايعتبر أي من هذه الاطر المفهومية المرجعية بانه قريب من وضع النظرية، ولكنها ادوات نافعة وتنظيم وتأصيل الظواهر السياسية بطريقة متماسكة ومنظمة.

يعاب على المنهج السلوكي اصراره في البحث عن الحالات المتكررة وعن العلاقة المتبادلة بمغزاها الاحصائي سواء اكانت هذه النظامية في الحالات حتمية او لها نسبة عالية من الاحتمالية، والاعتراض هنا على فهم هذا الانتظام في الاحداث لان التغيير هو امر مألوف في العلاقات الدولية، واذا توفرت الامكانية لتشخيص انتظام في

حدث معين او علاقة متبادلة فهذه لايمكن ان تكون هي المعيار الذي يفسر الحدث او السبيل لاستشراف المستقبل. كما ان التفاعلات والتفاعلات المتبادلة على مستويات عديدة في العلاقات الدولية لاتطاوع التحليل الكمي كما هو عليه في بقية العلوم، وذلك لان كل حدث في السياسة الدولية مشحون بنسبة عالية من الاحتمالية، ولذلك فان عملية استخراج قواعد نظرية عامة من جداول تحليلية كمية لاتسلط الضوء على التغير نفسه. ثم ان اسلوب ترتيب او حشد كمية هائلة من الحقائق التاريخية كالاسلوب المتبع عند السلوكيين هو الاخر يواجه اعتراض ، فمن اجل ايجاد مكان ورتبة للحدث في جدول كمي يحمل الحدث بعض الخصائص التي لايقرها البحث التاريخي. والاكثر من هذا ان ربط الترتيب للحقائق في عهدة الاجهزة الحاسبة الالكترونية يغلق على عملية البحث النظر الى المستقبل برؤية وبصيرة وافق مفتوح، وذلك لان التحليل الكمي الباحث عن الانتظام في الحدث سوف يغني عن قراءة المستقبل فهو لوحده قادر على التنبؤ استنادا الى ماتغذى به العقل الالكتروني ⁽²⁷⁾.

2. منهج تحليل النظام System Analysis Approach :

ان تحليل النظام السياسي الدولي ومكوناته الفرعية على وفق هذا المنهج مقتبس اساسا من تطبيق نظرية النظم (Systems Theory) في دائرة العلوم الاجتماعية الاخرى. وهذه النظرية تمثل تطور حديث للمنحى السلوكي في تحليل العلوم الاجتماعية، والاهداف العلمية التي يتوخاها هذا المنهج في التحليل كما يرى "مورتون كابلان Morton Kaplan " هي التوصل الى القوانين والنماذج المتكررة في كيفية عمل هذه النظم وتحديد مصادر ومظاهر الانتظام فيها وكذلك التوصل الى استنتاجات عامة تتعلق بعوامل التوازن والاختلال التي تحكم تطور هذه النظم الدولية الرئيسية والفرعية وانتقالها من شكل الى اخر ⁽²⁸⁾. وباختصار تدور اهتمامات هذا المنهج حول مفهوم مركزي، هو النظام ليس بالمعنى التقليدي القانوني الشائع، وانما للدلالة على مجموعة اجزاء ذات خصائص متباينة ترتبط مع بعض عبر تفاعل مستمر، لفترة من الزمن، وتنجز وظائف محددة لها علاقة مهمة في كيفية اداء النظام لوظيفته ⁽²⁹⁾،

ويعرفه " ماكليند Meclelland " بانه الهيكل الذي يتكون من عناصر في حالة علاقة، او علاقة تفاعل، وله حدود واضحة تميزه عن غيره [30].

ويقوم مفهوم النظام، كنموذج او طريقة للتحليل على اربعة ركائز متفاعلة هي: [31]

أ. النظام : أي ذلك البناء الاشمل الذي يتكون من مجموعة تلك النظم الفرعية التي تعتمد في صيغ انجازها لوظائفها على بعضها البعض الاخر. ومن ديمومة انجازها لوظائفها تنجم الوظيفة العامة للنظام، أي اتخاذ القرارات وترجمتها الى واقع ملموس.

ب. البيئة: ويقصد بها مجمل تلك الظروف السائدة في وقت معين، والمؤثرة سلبا او ايجابا، في مدى قدرة النظام على انجاز وظيفته الاساسية ، وتتوزع البيئة على نوعين متفاعلين : داخلية وخارجية.

ج. عملية التفاعل: أي استلام النظام لتلك الاشارات والمسببات والعوامل الموجهة اليه من بيئته المحيطة والدافعة به الى الحركة، وردود افعاله عليها والرامية الى ضمان تأقلمه مع حركة هذه البيئة او سيطرته عليها. وتسمى ردود الافعال هذه بالمدلولات، بمعنى القرارات والسياسات التي تم ترجمتها الى واقع ملموس.

د. الاثر الراجع : بمعنى تلك الافعال الايجابية والسلبية النابعة من البيئة المحيطة للنظام والرامية الى الرد على مدلولاته (او افعاله) ، فالنظام عندما يترجم قراراته الى افعال تترك هذه الافعال تأثيرات مختلفة النوعية في بيئته.

ويعتقد انصار هذا المنهج بوجود مجموعة اخرى من المفاهيم التي يمكن ان تلائم سائر الانظمة العضوية والطبيعية والاجتماعية والاقتصادية والسياسية وهذه المفاهيم يمكن تصنيفها الى ثلاث مجموعات:

أ. مجموعة مفاهيم ذات طابع وصفي بالاساس ومن امثلتها :

(اولا). مفاهيم النظام المغلق والنظام المفتوح ، والنظام العضوي والنظام غير العضوي.

(ثانيا). مفاهيم تتعلق بالمستويات الهيراركية للنظم مثل النظام الفرعي.

(ثالثا). مفاهيم تتناول جوانب التنظيم الداخلي للنظم مثل مفاهيم التكامل والاعتماد المتبادل.

ب. مجموعة مفاهيم تركز على البعد الدينامي للنظم :

أي على التغيير الذي يصيب النظم بفعل عمليات تتولد في داخل النظم ذاتها او بفعل الاستجابة لتعديل من الظروف البيئية . ومن امثلة هذه المفاهيم : التكيف ، التعلم ، النمو ، والعطل ، والازمة، والحمل المتزايد ، والانهيار.

ج. مجموعة مفاهيم تتعلق بضبط وتنظيم وبقاء النظام : مثل الاستقرار والتوازن والتغذية العكسية . ويبرز " مورتون كابلان " بين منظري هذا المنهج لاندفاعه الشديد نحو ايجاد نظرية لتقليص كمية هائلة من الحقائق والمعلومات الى حجم افتراضات منسقة ومترابطة، ويعرض في الجزء الاول من كتابه الموسوم اشكال النظام الدولي البديلة ، الظروف البيئية التي يحافظ النظام فيها على نفسه او يتحول من شكل الى اخر، وقد عالج بهذا الخصوص نظام توازن القوى ونظام التمحور حول قطبين، واستخلص ان قواعد نظام متوازن القوى تتطلب مرونة كبيرة في تشكيل التحالفات وفقا للقضايا الاساسية، وبالتالي فان تحليل التفاعلات الدولية خلال فترة نظام توازن القوى سوف يثبت هذا الاستنتاج ويتيح فرصة كافية لتشخيص خصائصه، وبما ان النظام في حالة تبدل سواء الى مستوى التلاحم والتكامل او التفكك والتبعثر فان "كابلان " يعتقد بانه من الممكن التنبوء بخصائص سلوك ما داخل نظام دولي معين، وان الافعال غير المنسجمة مع هذا السلوك تعتبر جنوحا اكثر مما هي ردود فعل غير محددة، وذلك لانه يرى بان النظرية يجب ان تكون قادرة على التنبوء بالظروف التي يحافظ فيها السلوك المألوف للنظام الدولي على استقراره ، والظروف التي يتحول فيها ونوعية التحول الذي سيحدث .

وفي معرض دفاع " كابلان " عن نظرية النظام او اسلوب تحليل الانظمة ، يؤكد على اطروحته بانه سوف لن يحدث تطور نحو (علمية السياسة) مالم تخضع مواد

91

السياسة الى دراسة في اطار انظمة الفعل ، وان نظام الفعل هو مجموعة من التغيرات ذات علاقة فيما بينها متمايزة عن بيئتها، ولها سلوك منتظم يكشف العلائق الداخلية للمتغيرات والعلائق الخارجية لاية تشكيلة من المتغيرات الخارجية، والنظام كينونة وللكينونة حالات، ولكل حالة في النظام ظروف وتتغير الحالات مع المتغيرات، وبالتالي فان حالة النظام هي وصف للمتغيرات التي تشكل النظام ، ودراسة الانظمة لن تجري في معزل ، بل هناك ممرات تلاحم، اذ ان النظام يتغذى بمتغيرات تغذية تعطى متغيرات مردودة ، وهذا المتغير يبدل من حالة النظام [32].

نخلص مما تقدم الى ان منهج تحليل النظم القائم على دراسة النظام الدولي ومكوناته الفرعية يحاول ان يصل الى قوانين وافتراضات نظرية واستنتاجات عامة بشأن الكيفية التي تتفاعل بها هذه النظم مع بعضها، وتؤدي الى تحويرها او انهيارها او استمرارها على ماهي عليه.

وقد تعرض هذا المنهج الى عدد كبير من الانتقادات التي يمكن تلخيصها على النحو التالي [33]:

أ. ان البحث عن قوانين عامة تفسر جوانب التطور والتغيير في النظم السياسية الدولية ومكوناتها الفرعية ينطوي على مغالطة، اذ ان اقصى مايمكن التوصل اليه في هذا الصدد ليس قوانين وانما اتجاهات في ظل تحفظات معينة، حيث ان فقدان الخاصية التجريبية في مجال العلوم الاجتماعية يجعل من استنتاج قوانين سببية امرا غير ممكن من الناحية العملية، ويقول " ريمون ارون " في هذا الصدد (ان اكثر القوانين عمومية في العلاقات السياسية الدولية لايمكن ان تكون بطبيعتها اكثر من تعميمات محدودة القيمة العلمية جدا ، وذلك لان الاتجاهات المنتظمة لايمكن ان تظهر في مجال العلوم الاجتماعية الا على المستويات الجزئية، وهو اعتبار يجعل من تفهم الواقع الدولي بكل ابعاده ومشتملاته امرا صعبا).

ب. ان علماء العلاقات الدولية والعلوم الاجتماعية من انصار هذا المنهج ، يريدون الوصول الى مستوى من التحليل النظري يتيح لهم المقدرة على التنبؤ الدقيق

بتطورات المستقبل، وهذا الهدف ينبع من تصور خاطئ في مجال العلوم الطبيعية ، كما ان التنبؤ لايصبح ممكنا الا في تلك المجالات التي يقل فيها عدد المتغيرات الى ادنى حد ممكن وبشرط ان يكون في الامكان حصر كل هذه المتغيرات عند اجراء تلك التنبؤات، وبدون توافر هذين الشرطين يصبح التنبؤ امرا مشكوكا في قيمته اطلاقا. ويشير " هوفمان " في هذا الصدد بقوله ان هذا المنهج في التحليل بدلا من ان يقدم فرضيات تبنى على مشاهدات الواقع السياسي الدولي، فأنه ينحو الى المبالغة والتجريد النظري، كما ان اختياره للمتغيرات التي تفسر ظواهر السلوك السياسي الدولي يعكس نوعا من الاستبداد والاسراف في التعميم [34].

ج. ان هذا المنهج في التحليل يحاول ان ينقل الى تحليل العلاقات الدولية عناصر نظريات لها طبيعة مختلفة تماما عن طبيعة العلاقات الدولية، هذا فضلا عن ميله المتزايد نحو تطبيق النماذج الرياضية وهو مايقود الى قصر هذه النماذج على تلك المتغيرات فقط التي يمكن قياسها، مع ان تلك المتغيرات التي يصعب قياسها تكون احيانا حاسمة لاغراض التحليل.

د. ان هذا المنهج يفترض ان السياسة الخارجية تتخذ وفقا لاسس علمية معينة بالشكل الذي يتيح استنتاج قوانين عامة تستطيع ان تفسر مايحدث في السياسة الدولية، وهذا الافتراض يخالف منطق الواقع لان الذي يتحكم في تقرير اتجاهات هذه السياسات هي ضغوط وقوى ومؤثرات ومتغيرات لاصلة لها بهذا المنطق العلمي الذي يتصوره انصار هذا المنهج.

3. المنهج الذي يحلل العلاقات الدولية في اطار نظرية التوازن :

التوازن الذي تعنيه هذه النظرية ليس توازنا ستاتيكيا، ولكنه توازن يتميز بحسب " جورج ليسكا Liska " وهو من ابرز دعاة هذا المنهج، بخاصتين اساسيتين ، فهو توازن واقعي من جانب كما انه توازن ديناميكي من جانب اخر، بمعنى انه تعبير

93

عن حالة من الاستقرار النسبي المؤقت المستجيب لتأثير بعض العوامل فاسحا الطريق امام ظهور توازن مؤقت جديد (35).

ويرى " ليسكا" بان نظريته قابلة للتطبيق على التنظيم الدولي من عدة زوايا هي: الهيكل الـذي يقوم عليه التنظيم الدولي، والتزامات اعضائه ، والجوانب الوظيفية والافاق الجغرافيـة التـي يمتد اليهـا نشـاط هـذا التنظيم، ولذا فهو يضع عدة شروط يرى بانها ظرورية لبقاء أي تنظيم دولي في وضع التوازن وكما يلي:

أ.   ان يكون هناك نوع من القبول العام من جانب الـدول الاعضاء للقيـود التـي يفرضهـا هـذا التنظيم عليهم، وان أي رفض للقيود والفروض التي تعتبر ضرورية لدعم الكيان العام لهذا التنظيم الدولي تعد خروجا على اوضاع التوازن.

ب. ينبغي ان يكون هناك تناسباً بين قوة الدولة الحقيقية ومدى النفوذ الذي تمارسه في التنظيم.

ج. الوظائف التي يقوم بها هذا التنظيم الدولي يجب ان تكون متفقة ومستجيبة مع احتياجـات الـدول الاعضاء .

د.   ان تكون الالتزامات الرسمية للدول الاعضاء في التنظيم الـدولي متفقـة مـع استعدادها للمشـاركة في تحمل مسؤولياتها الدولية.

وفي اطار سعيه لجعل فكرة التوازن اساسا مقبولا لتحليـل العلاقـات الدوليـة يضيف "ليسكا" عـدة مبررات، من بينها، ان الدول غالبا تتبع سياسات تضمن لها الحصول عـلى افضل وضع ممكـن في اطار التـوازن الدولي القائم، وتحاول الابقاء على اوضاع التوازن الدولي الذي يرتكز عليه نظام تعدد الـدول ، وذلـك باستعمال الوسائل السلمية للتطور بهذا النظام الى شكل ارقى في المستقبل . كما ان الطبيعة المزدوجة لفكرة التـوازن مـن حيث انها تجمع بين الاساس النظري لما يجب ان يكون عليه سلوك الدول، وبين السلوك العملي او الواقعي لهذه الدول والذي يتصف بالميل الى التوازن، يخلق اطارا افضل لتفهم العلاقات الدولية. وقد واجـه هـذا المـنهج في التحليل عدة انتقادات نجمل ابرزها في ادناه:

أ. ان تحليل العلاقات الدولية في اطار فكرة التوازن والاستقرار، يتجاهل حقيقة جوهرية وهي ان بعض المحاولات او الجهود التي تبذلها الدول بقصد تحقيق التوازن قد تنتهي في اتجاه مغاير أي قد تؤدي الى احداث اوضاع التخلخل وعدم الاستقرار .

ب. ان التوازن (المرغوب فيه) من جانب كل دولة عملية مطاطة وتشتمل على اكثر من معنى، ومالم يكن هناك مفهوم متفق عليه لهذا التوازن من وجهة نظر الاطراف المختلفة التي يعنيها هذا الامر فانه لايمكن استخدام فكرة مطاطة، والارتكاز عليها في تحليل موضوع معقد مثل العلاقات السياسية الدولية.

ج. ان هذا المنهج يركز كسابقه على عامل القوة وفكرة التوازن ، في وقت يمثل فيه تحليل العلاقات الدولية محصلة تفاعل عدد من المتغيرات والعوامل ، بمعنى ان هذا المنهج يتجاهل الدوافع المختلفة التي تحرك الدول في اتجاه او اخر.

د. ان صح تطبيق فكرة التوازن بالنسبة لبعض العلوم الاجتماعية لانطوائها على متغيرات يمكن قياسها لتحديد الاتجاه الذي تتفاعل فيه والتوصل الى استنتاج قاطع بشأن ما اذا كان التفاعل يتم في اتجاه التوازن او عدم التوازن، فقد لايصح تطبيقها بالنسبة للعلاقات السياسية الدولية، ولاسيما مع وجود متغيرات لايمكن التعرف عليها فضلا عن صعوبة قياسها وتحليلها.

هـ. ان الحكم على وضع او نظام معين بما اذا كان في حالة توازن او عدم توازن، يمثل عملية نسبية وغير قابلة للتحقيق ، وقد تختلف الاراء حولها فبينما قد ينظر البعض الى وضع معين على انه في حالة توازن قد يرى فيه اخرون عكس ذلك تماما.

و. ان المحاولات التي تسوي في التحليل بين العلاقات الدولية وبين موضوعات اخرى كالاقتصاد ، وتنظر الى التعامل السياسي بين الدول كعوامل الانتاج، هذه المحاولات غالبا تنتهي الى افتراضات مشوهة وغير دقيقة، ولاتتمشى مع طبيعة الموضوع الذي تحاول تحليله وتوضيحه [37].

95

4. منهج صنع القرار Decision Making Approach:

يعد هذا المنهج بين اكثر المناهج التي تلاقي اهتماما في دراسة العلاقات السياسية الدولية، وتهتم بتحليل كل العوامل والمؤثرات التي تحيط بواضعي السياسة الخارجية عند اصدارهم قرارات معينة، وفي دراسته لعملية اتخاذ القرار السياسي الخارجي ، انطلق " سنايدر Snyder " من افتراضات متكاملة ثلاث، هي : ان السياسة الخارجية عبارة عن محصلة لقرارات تتخذ من قبل اولئك الاشخاص الذين يتولون مناصب رئيسة رسمية في الدولة.

وان حركة صناع القرار تتأثر خصوصا بكيفية ادراكهم للموقف، وان عملية اتخاذ القرار تشكل بحد ذاتها احد المتغيرات الاساسية لفهم القرار السياسي الناجم عنها[38].

وبصدد هذا المنهج، يؤكد " فرانكل Frankel " بأنه اكثر قدرة وفاعلية لوصف السياسة الخارجية وتفسيرها من مناهج : القوة ، او توازن القوى [39]. بينما يرى فيه "روسناو Rosenau " بمثابة الابتعاد الجذري عن التطبيق التقليدي في السياسة الخارجية.

ويؤكد " سنايدر " ان صانع القرار في اتخاذه لقراراته داخل وحدة اتخاذ القرار ، لايتأثر بكيفية ادراكه (او تعريفه الذاتي) للموقف حسب، وانما كذلك بمتغيرات منظماتية هي الاختصاص والاتصالات ، والمعلومات والدافعية [40]. وقصد بالاختصاص مجموعة الادوار التي تنجز من قبل صانعي القرار والخصائص التي تتميز بها وحدة اتخاذ القرار ، اما الاتصالات والمعلومات فاشار بها الى انماط تفاعل صناع القرار مع بعض داخل وحدة اتخاذ القرار، وسبل نقل المعلومات اليهم من خارجها واخيرا ربط الدافعية بالاهداف التي تسعى وحدة اتخاذ القرار الى انجازها، وبالحوافز النفسية والاجتماعية الخاصة والعامة المؤثرة في سلوك اعضائها.

وبمعنى اخر فان بيئة صنع القرار تؤثر وتتأثر بسلوك صانعي القرار.

يفيد ماتقدم بان صانع القرار وضع تحليله لمجمل عملية صنع واتخاذ القرار من رؤية خاصة لحركة وادوار صانعي القرار، اذ رأى ان هذه الحركة ومايرتبط بها من ادوار تعكس حالة (اللاعب في موقف) ، وان هذا الموقف يعكس تأثيرات نوعين

من البيئة، بيئة داخلية واخرى خارجية، وبينما تمثل الاولى خصائص ومدة اتخاذ القرار والبنيان الحكومي الاشمل والعوامل والمتغيرات الموضوعية والمعنوية والاجتماعية الداخلية، تمثل البيئة الخارجية سمات وتأثيرات النظام السياسي الدولي السائد في وقت معين.

وفي اثر " سنايدر " توالت البحوث والتعقيبات التي اسهمت في رفد هذا المنهج برؤى متعددة الجوانب، ولاجل تحديد هذه الرؤى والاتجاهات ومدى اسهامها في دعم النظرية سيتم استعراض القضايا التي شدد عليها تجاه دون اخر وكما يلي [41]:

أ. المعتقدات والصور الذهنية للواقع :

اذ يرى هذا الاتجاه ان العلاقات الدولية تتأثر بانطباعات السياسيين اصحاب القرار في الدولة والجماعات الاخرى المؤثرة في صنع القرار عن الدول التي يتعاملون معها عن طريق تصريف شؤونهم الخارجية. هذا فضلا عن ان بعض الدراسات قد اكدت على ان الادراك الحسي لدور دولة ما او امة ما من قبل المؤثرين في سياستها له صلة بمحصلة تلك السياسة. فاذا كانت حالة الادراك الحسي اقرب الى الواقع الموضوعي فانه بالامكان تفهمه والتجاوب مع متطلباته، اما اذا كانت هناك فجوة فانه يصعب التعامل معه من دون عناء وكلف باهضة للدولة في علاقاتها.

ب. التشديد على المستوى الاداري لصنع القرار:

ويركز هذا الاتجاه على المستويات الادارية المختلفة التي يتم فيها تنفيذ السياسة. ويؤكد على ان المستويات الادارية لاتتصف بسمات مشتركة عندما تقرر سياسة ما ، كما انها غير مترابطة، ويلجأ كل مستوى اداري في التركيب الهرمي للتنظيم الى اجراءات خاصة استخدمت من قبل يعتمدها في تفسيراته وتطبيقاته للسياسة، وعليه فان عدد قليل من القرارات تصدر بعد تكوين صورة متكاملة لدى جميع المستويات الادارية بشأن فحوى ومدى فاعلية القرار .

ج. التأكيد على الموقف او الحالة :

يرى انصار هذا الاتجاه بانه يصعب فهم صنع القرار في السياسة الخارجية من غير تحديد الموقف او الحالة كمتغير في العملية برمتها. بمعنى ان لكل موقف او

حالة يتخذ فيها قرارا معينا جوانب قاهرة تتحكم في طبيعة القرار . ويشار عادة الى ثلاثة جوانب في الموقف اولها حدة التهديد الذي يحف بالموقف ومدى تحسس وادراك المقرر له ، ثانيها مستوى التوقع الـذي يمكن حسابه من معطيات الموقف، وثالثها، امد الزمن المتاح للوصول الى قرار. وينطوي تحت هـذا الاتجاه مايعرف بالبناء النظري لحالة واقعية من اجل التمـرين عـلى حسـم الازمات المحتملـة الوقـوع في العلاقات الدوليـة، او محاكمة الواقع عمليا.

د.   التأكيد على العلاقة البيروقراطية :

يقوم هذا الاتجاه على دراسة بعض الازمات الخطيرة في السياسة الدولية من ناحية الاطار البيروقراطي وكيفية تأثر طبيعة القرارات به ، وقد وضعت نمـاذج نظريـة ركزت عـلى البيروقراطيـة وعالجتها مـن حيـث الاجراءات المتعارف عليها والمتبعة في الهيكل البيروقراطي ومن حيث التنظيم الداخلي لصنع السياسة ، بمعنى ان سلسلة عملية صنع القرار تتسع داخل الهيكل البيروقراطي وتتفرع الاتجاهات والاجتهادات ساحبة نفسها عـلى محصلة عملية صنع القرار.

هـ   دور الشخصية في اتخاذ القرار :

يركز هذا الاتجاه على ضرورة الربط بين شخصية صانع القرار وبين عملية اتخـاذ القـرار، ويعتقـد بانـه من السهولة بمكان معرفة سلوك المقرر في المستقبل اذا استطعنا التثبت من شخصيته. ويعتمد هذا الاتجاه عـلى اساليب بحث وافتراضات في حقول المعرفة الاخرى كالسايكولوجية وعلم النفس، كما انه يدعو الى مراقبة سـلوك صاحب القرار في الماضي ورسم حالات احتمال سلوكه بشكل مشابه في مواقف تتصف بـنفس الاعتبـارات التـي احاطت به في السابق.

و.   التعرض الى العقلانية واللاعقلانية :

الفعل يعتبر عقلانيا اذا توفرت فيه متابعـة لغايات ممكنـة في ظروف الحالة بوسـائل هـي جوهريـا مسخرة باحسن وجه من بين وسائل عديدة متاحة للفاعل لكي يصل غاياته لاسباب مفهومة وقابلة للتثبت مـن صحتها بالعلم التجريبي الايجابي.

ز. تحليل دوافع وغايات صنع القرار :

ان تشخيص طبيعة الدوافع والمستوى الذي تكون عنده تكشف عن مستويان: احدهما في نطاق النظام الدولي ويستثنى منه دوافع الافراد والمؤسسات الاجتماعية والسياسية. بمعنى ان هناك عدة غايات يهدفها صناع القرار السياسي من وراء قراراتهم كالحفاظ على ترتيب العناصر الاساسية في النظام الدولي وصيانة الاستقرار واستتباب الامن وتحسين سبل ووسائط النظام الدولي في معالجة قضايا السياسة الدولية وفسح المجال امام الدبلوماسية . اما المستوى الثاني فهو مستوى دوافع وغايات الافراد والاداريون، ويرى البعض ان التنافس بين المستوى الاول ، وهو الاشمل والاعم، والمستوى الثاني - وهو الاخص والاضيق - قد لايحسم لصالح الاول ، أي ان القرار يجسد طموحات صناع القرار .

5. نظرية المباريات Games Theory :

تعرف نظرية المباريات بانها ذلك المنهج المستند الى وجود تشابه كبير بين بعض لعب المباريات الاعتيادية وبعض الحالات الاجتماعية المتكررة [42]. ويعرفها "ستيفن برامز Brams " بانها (مجموعة القواعد التي تسهم في ربط اللاعبين او المؤتلفين بالمحصلات) [43].

وبما ان العلاقات الدولية والسياسة الخارجية موضوعان يعنيان بالتفاعلات المتبادلة المتداخلة باستمرار فانهما قابلان للتحليل باسلوب نظرية المباريات [44].

وتركز هذه النظرية على التعامل مع المواقف التي تشتمل على صراعات مصالح وتنظر اليها كما لوكانت مباريات في الاستراتيجية، وعلى ذلك يمكن القول بان اهتمامات نظرية المباريات تنصرف في الاساس الى تحليل كافة نماذج الصراعات السياسية بصورة عامة، والى مشكلات الحرب والسلام بصفة خاصة، وقد استطاع عدد من كبار المفكرين العسكريين وخبراء الاستراتيجية الدولية ان يطوروا اساليب استخدام نظرية المباريات في تصميم البدائل الاستراتيجية التي يمكن تطبيقها في ظروف الصراعات المختلفة.

وتقوم الفكرة العامة لنظرية المباريات على افتراض ان الصراعات تنقسم بطبيعتها الى فئتين رئيستين : صراعات تنافسية Competetive وصراعات غير تنافسية Non-Competetive [45] وترى ان صنع القرار يتضمن درجة معينة من العقلانية، فكل لاعب يسعى لنيل مكاسب قصوى وان نتيجة المبارة التنافسية او التعاونية لاترتبط ارتباطا وثيقا بالصدفة وطبيعة البيئة التي يجري فيها السجال وانما ترتبط بخيارات اللاعب او اللاعبين المقابلين. وبعبارة اخرى ان أي مسلك يختاره اللاعب (أ) او مجموعة اللاعبين في فريق (أ) يجب ان يأخذ بعين الاعتبار اولويات واختيارات اللاعب (ب) او مجموعة اللاعبين في فريق (ب) ، ونظرية اللعبة لاتتقصى- جذور المنازعات بين اللاعبين وانما تأخذها كما هي عليه كمواجهات بين مصالح حقيقية [46]. فبالنسبة للصراعات التي تكون مصالح اطرافها متعارضة او غير قابلة للتوفيق، فان الكسب الذي يتحقق لمصحلة احدها يمثل في نفس الوقت وبنفس الدرجة خسارة للطرف الاخر. كما انه اذا امكن لطرف ان يحقق نصرا ثم مني بعده بخسارة ، فان حصيلته النهائية تكون في مجموعها صفرا، ومن هنا يطلق على هذا الموقف الصراعي بلغة نظرية المباريات Zero-sum game ان ان النتائج الاخيرة بمقاييس الكسب والخسارة الاستراتيجية تكون صفرا . اما بالنسبة للمواقف الصراعية غير التنافسية فأن مصالح اطرافها لاتكون متعارضة بنفس الصورة السابقة وانما تكون متداخلة الى حد يسمح بالمساومة وتقديم التنازلات المتبادلة والوصول في النهاية الى نقطة اتفاق وسط ، وبشكل يمكن ان يتحقق مع التحول بعلاقات اطراف هذه المواقف من وضع الصراع الى وضع التعاون، وعليه، فان حصيلة هذه المساومات لاتكون صفرا كما هو الحال في الصراعات التنافسية، ولذا يطلق عليها – non Zero sum game .

وطبقا لهذه النظرية، يكون كل طرف في صراع قادرا على اختيار المسلك الذي يتصور انه قادر على ان يصل به في النهاية الى الانتصار على خصمه. الا ان ذلك يتطلب مسبقا، التعرف على نوايا الخصم الذي يفترض فيه انه يتمتع بقدر من الذكاء لايقل عن الطرف الاخر في هذه الاستراتيجية الصراعية، واستنادا الى ذلك

تكون كل البدائل الممكنة للتصرف بمثابة مجموعة من الاستراتيجيات التي يمكن التركيز من بينها على هذه او تلك بحسب النتائج التي يمكن توقعها من كل واحدة منها. وهذه النتائج المتوقعة يمكن تمثيلها بجدول على شكل مجموعة من الخانات التي ترصد فيها مكاسب وخسائر هذه الاطراف المتصارعة في مواجهة بعضها.

وترى نظرية المباريات بامكانية ادخال عنصر العقلانية، ومع ذلك يعترف بعض المعنيين بهذه النظرية بان مادة العلاقات الدولية لاتقدم على حقيقتها الا القليل مما يمكن اخضاعه لهذا الاسلوب التحليلي [47]. ولكن اثر هذه النظرية قد امتد الى الدراسات الاستراتيجية في السياسة الدولية ولاسيما بعد تسابق التسلح النووي وانتشار الاسلحة النووية، وان مايمكن استنتاجه هو ان نجاح هذه النظرية في مجال دراسات الحرب قد رافقه احتراسا حول قابلية تطبيقها في مجال الشؤون الدولية ويعود ذلك الى مايلي [48]:

أ. ان بعض القضايا الكمية لايمكن اعطائها رموزا حسابية كالمعنويات السياسية والعقيدة السياسية لقوات مقاتلة ، بمعنى ان هناك صراعات لاتسمح بطبيعتها بتطبيق قواعد هذه النظرية عليها في أي صورة ملائمة.

ب. ان هذه النظرية صممت بصفة اساسية للمواقف الصراعية التنافسية الثنائية الاطراف . اما في الحالات التي يتعدد فيها اللاعبون ، وحيث يمكن ان تنشأ ائتلافات ومحاور وتحالفات من بعض الاطراف في مواجهة طرف او اطراف اخرى، فان صورة الموقف تصبح مختلفة تماما ، وبالتالي فانه يتعذر تطبيق قواعد اللعبة على النحو الذي ترسمه وتفرضه نظرية المباريات.

ج. من غير الممكن – واقعيا – تصور ان يكون سلوك الاطراف المتصارعين في أي موقف او في أي علاقة من هذا القبيل ، محصورا في اطار بديلين لاثالث لهما وهما اما الكسب واما الخسارة، فكل الصراعات مهما كانت طبيعتها تقتضي من اطرافها شيئا من المرونة التي تحركهم في اتجاه تسوية الازمة وخاصة اذا كانت الاطراف ترغب حقيقة في تجنب الصدام او الحرب. مع

ضرورة الاشارة الى انه لاطرف يكسب بصورة كاملة كما انه لاطرف يخسر بصورة كاملة.

د.   تطبيق نظرية المباريات، في ظروف العلاقات الدولية المعاصرة يلغي تماما كل امكانية للاتفاق بين الدول والمجموعات ذات الانظمة الاجتماعية المختلفة، ويجعل من امكانية تعايشها سلميا مع بعضها امرا متعذر التحقيق، اذ انه يحصر ـ تحركها ويقرر سياستها في مواجهة بعضها على اساس الربح والكسب وتجنب الخسارة.

وهذا الدافع كفيل بان يضفي على هذه السياسات طابعا عدائيا متطرفا.

هوامش الفصل الثالث

(1)   د. مازن اسماعيل الرمضاني ، السياسة الخارجية دراسة نظرية ، مصدر سبق ذكره ، ص89.

(2)   د. اسماعيل صبري مقلد ، العلاقات السياسية الدولية، دراسة في الاصول والنظريات، ط4، (الكويت ، ذات السلاسل ، 1987)، ص14.

(3)   د. كاظم هاشم نعمة ، مصدر سبق ذكره ، ص36.

(4)   د. اسماعيل صبري مقلد ، مصدر سبق ذكره ، ص 14.

(5)   د. مازن اسماعيل الرمضاني ، المصدر السابق ، ص 92.

(6)   Stanly Hoffmann , Contemporary Theory in International Relations, Op cit, P.39.

(7)   د. اسماعيل صبري مقلد ، مصدر سبق ذكره ، ص ص 16-17.

(8)   K.J.Holisti , International Politics : A Frame Work for Analysis, Op cit, p.6.

(9)   د. كاظم هاشم نعمه ، مصدر سبق ذكره ، ص 46.

(10)   د. اسماعيل صبري مقلد ، مصدر سبق ذكره ، ص19.

(11)   د. مازن اسماعيل الرمضاني ، المصدر السابق ، ص93.

(12)   Hans G. Morgenthau , Man US. Power Politics, Op cit, p. 192.

(13)   K.J.Holisti, Op cit , P.P. 179-193.

(14)   د. اسماعيل صبري مقلد ، مصدر سبق ذكره ، ص ص19-22.

(15)   Stanly Hoffmann , International Relation The Long Road to Theory, (World Politics , April , 1959), P.351.

(16)   د. كاظم هاشم نعمة ، مصدر سبق ذكره ، ص 49.

(17)   د.مازن اسماعيل الرمضاني ، المصدر السابق ، ص ص 99-100.

(18) Harold Karan Jocobsen , William Zimmerman, The Shaping of Foreign Policy (New York : Atherion Press, 1969) , P.6.

(19) د. مازن اسماعيل الرمضاني ، المصدر السابق ، ص 101.

(20) John G Garnett, Commonsense and the Theory of International Politics, (Albany : State University of New York Press, 1984), P.13.

(21) Keith R.Legg and James F.Morrison , Politics and the International System : an introduction, (New York: Harper and Row Publishess, 1971), P.P.33-50.

(22) د. مازن اسماعيل الرمضاني ، المصدر السابق، ص ص 103-105.

(23) David Easton , The Political System , N.y., 1953, P.201.

(24) David Truman , The Implication of Political Behaviour Research in Social Science Research Councial, Items December, 1951, P.38.

(25) Robert Dahl, Who Governs , (yale University Press, 1963).

(26) Robert Dahl , The Behavioural Approach in Political Science, In American Political, (Science Review , V01. 55, December , 1961) , P.P.763-772.

(27) د. كاظم هاشم نعمة ، مصدر سبق ذكره ، ص ص 5-56.

(28) د. اسماعيل صبري مقلد ، مصدر سبق ذكره ، ص 26.

(29) Andrew M.Scott, The Functioning of the International System (New York : The Macmillen Company, 1967) , P.27.

(30) Charles A.McClelland , Theory and International System (New York: The Macmillan Company, 1968) , P.20.

(31) د. مازن اسماعيل الرمضاني ، المصدر السابق ، ص ص 110-112.

(32)   د. كاظم هاشم نعمة ، مصدر سبق ذكره ، ص ص 59-60.

(33)   د. اسماعيل صبري مقلد ، مصدر سبق ذكره ، ص ص 29-30.

(34)   Stanley Hoffmann , Opcit , P.P.43-44.

(35)   George Liska, Continuity and Change in International Systems, in , David Edwards, International Political Analysis, (Holt Rinehart and Winston Inc., New York, 1969), p.p. 300-318.

(36)   د. اسماعيل صبري مقلد ، مصدر سبق ذكره ، ص ص 32-34.

(37)   Stanly Hoffmann, Opcit , P.P. 50-52.

(38)   د. مازن اسماعيل الرمضاني ، المصدر السابق ، ص ص 119-120.

(39)   Joseph Frankel , Contemporary International Theory and the Behaviour of States (London : Oxford University Press, 1973), P.68.

(40)   Richard C.Snyder , et al., Foreign Policy Decision Making . An Approach to the Study of International Politics (New York : The free press of Glence, 1963) , p.p.105-171.

(41)   انظر : د. كاظم هاشم نعمة ، مصدر سبق ذكره ، ص ص 70-75.

وكذلك :

Graham T. Allison, The Essence of Decision (Boston: Little Brown, 1971).

(42)   Karl Deutsch, The Analysis of International Relations, Op cit, P.27.

(43)   S.J.Brams , Game Theory and Politics, (The Free Press, New York, 1975), P.282.

(44)   J.C.Harsanyi, Game Theory and the Analysis of International Conflict, Australion
        Journal of Politics and History, Dec. 1965, P.293.

(45)   د. اسماعيل صبري مقلد ، الاستراتيجية والسياسة الدولية ، المفاهيم والحقائق الاساسية ، (بيروت ،
        مؤسسة الابحاث العربية، 1979) ، ص 162 ومابعدها.

(46)   د. كاظم هاشم نعمة ، مصدر سبق ذكره ، ص77.

(47)   S.J.Brams, Op cit , p.50.

(48)   د. اسماعيل صبري مقلد ، المصدر السابق، ص ص 163-164.

الفصل الرابع
المتغيرات المؤثرة في العلاقات الدولية

اولا: المتغيرات الموضوعية

المتغيرات الموضوعية ببساطة هي الموارد والامكانيات الدائمة او شبه الدائمة التي تتميز بها الدولة والتي تكون اساس قوتها الكامنة، وتتوزع هذه المتغيرات على اربع مجموعات اساسية ذات تأثير مستمر او شبه مستمر ، هي المتغيرات الجغرافية والاقتصادية والعسكرية والتكنولوجية – العلمية [1].

1. المتغير الجغرافي :

تنبع اهمية هذا المتغير من الـدور المسـتمر الـذي تلعبـه الجغرافيـا في توجهـات النظـام السـياسي وفي التفكير الاستراتيجي لصناع القرار وذلك لسببين ، اساسيين :

اولهما ان الواقع الجغرافي للدولة يرتب في احيان، مجموعة انماط سلوكية ثابتة نسبيا، بعضها يتعلـق باستراتيجيتها العسكرية وبعضها بحركة تجارتها الدولية. اما السبب الثاني فيترجم دور الواقع الجغرافي في تحديد الواقع الاقتصادي والسكاني والنفسي لاحدى الدول وانعكاس ذلك على نوعية علاقاتها مع الدول الاخرى ولاسيما التي تحدها او القريبة منها جغرافياً.

أ. الحجم :

لاشك ان لحجم الدول تأثيرا موضوعيا وذاتيا على نظامها السياسي، فموضوعيا تـؤثر الكميـة والنوعيـة ومايتوفر او لايتوفر في الدولة من مصادر بشرية او غير بشرية، في مدى قدرة النظام على انجاز اهدافه.

واما ذاتيا فتأثير الكمية والنوعية لهذه المصادر ينعكس على ادراك صانع القرار لاهميتها واثر ذلـك في حركته اللاحقة.

ويرتب اتساع الحجم جملة مزايا سكانية واقتصادية وعسكرية ، ويساعد على ايواء اعداد كبيرة من السكان ويمنح الدولة وفرة وتنوع في المصادر الطبيعية والغذائية، والعمق الاستراتيجي الذي يسمح لها بالمناورة واعتماد استراتيجية الدفاع من العمق، فضلا عن تسهيل عملية نشر مراكز قوتها الصناعية والاقتصادية والعسكرية على مناطق متباعدة عن بعضها تجنبا لتدميرها في حالة الاختراق العسكري الخارجي ، واضافة الى ذلك فانه يحول دون امكانية احتلالها والسيطرة عليها.. بيد ان مجمل هذه الايجابيات قد تتحول الى سلبيات، خصوصا في حالة غياب الامكانية الاقتصادية والعسكرية ووجود التمزق الاجتماعي والتخلخل السكاني وبالاتجاه الذي يحول دون قدرة النظام السياسي على توظيف الامكانيات المتاحة لتحقيق الفعل الهادف والمؤثر، وعليه لايشترط دوما ان يضفي الحجم الواسع على الدولة التي تتميز به سمة الفاعلية والتأثير الدوليين [2].

وكما ان لاتساع الحجم تأثيرات مختفة النوعية كذلك هو الحال مع انكماشه، فمن ناحية يحرم النظام السياسي من بعض مفردات القدرة او من مجموعة منها، فهو قد يحرمها، من مصادر اولية استراتيجية ، وكثافة سكانية ، وقدرة عسكرية كمية، او يحرمها من كم سكاني وعسكري مؤثر في آن واحد.

ب. الموقع :

لاشك ان للموقع الجغرافي للدول تأثيرا حتميا على حركة نظمها السياسية، وهذا ما اكدته النظريات الجيوبولتيكية التي تضمنتها على سبيل المثال لا الحصر- آراء ماكندر وهاوسهوفر، بيد ان الذي حصل من تطورات في عوالم المعرفة والاتصالات والمواصلات وعلوم التقنية الحديثة قد قلل نسبيا من هذه الحتمية ، ودفع العديد من الجغرافيين السياسيين بالرغم من اعترافهم باثر الموقع الجغرافي الى التأكيد على ضرورة ادراك قيمته الفعلية ادراكا مرنا يأخذ بنظر الاعتبار جملة تلك المتغيرات المؤثرة بصورة مباشرة او غير مباشرة في هذه القيمة، انطلاقا من ان متغيرات عالم اليوم قد سحبت عن الاراء والنظريات الحتمية السابقة الكثير من مصداقيتها.

وفي ضوء موقعها على الخارطة الجغرافية تتوزع الدول ثلاثيا الى دول برية او بحرية اوبرية - بحرية في آن واحد ، ولهذا التباين تأثير مختلف على حركة واداء نظمها السياسية .

ج. الجوار الجغرافي :

تتأثر حركة النظم السياسية في مدى قرب الدولة الجغرافي من غيرها، وهو امر يمكن ان يؤدي الى تغذية نقاط الاختلاف واسباب التنافس بعنصر فعال مضاف، الامر الذي يجعل الدول المتجاورة اعداء او خصوم لبعض.

ويمكن ان يؤدي الى احتواء التنافس والحد منه على نحو يدفع للتعاون بدلا من الصراع. ويبقى العامل الحاسم في هذا الامر هو طبيعة العلاقة التي تربط بين الدولتين المتجاورتين وانعكاساتها على سلوك نظمهما السياسية كل منهما حيال الاخر، فالعلاقة الثنائية عندما تتميز بالصراع الكامن، يصبح القرب الجغرافي عاملا مساعدا على تبادل الصراع بين الدولتين المتجاورتين لسبب مفاده كثافة تفاعلاتهما التصارعية ، والعكس صحيح كذلك ، فالعلاقة الثنائية ، عندما تتميز بغياب التقاطع الايديولوجي والاستراتيجي يصبح الجوار الجغرافي بالضرورة عاملا دافعا نحو التعاون والتكامل.

ويعزز ماتقدم القول بان تاثير القرب الجغرافي لايقتصر على العلاقة بين دولتين فحسب، وانما يشمل كذلك تلك الحالة التي مؤداها ارتباط دولة واحدة بعلاقات مختلفة المضمون مع العديد من الدول المجاورة لها في آن واحد، فالعلاقة عندما تكون من نمط تصارعي لاتتوانى هذه الدولة عن بناء قوة عسكرية ضخمة لاغراض الردع والهجوم، بيد ان العلاقة عندما تتسم بخصائص التعاون يصبح القرب الجغرافي عاملا دافعا نحو العلاقة الخاصة والتكامل الاقليمي [(3)].

وانطلاقا من ان العلاقات بين الدول تجمع في واقعها بين الصراع والتعاون بنسب مختلفة يتطلب الجوار الجغرافي من دول مختلفة المصالح ومتناقضة الاهداف كفاءة دبلوماسية من اجل بناء تلك الاسس وتوطيدها لضمان الحد الادنى من المصالح المشتركة لتضيق فرص الصراع وتعزيز احتمالات التعاون.

2. المتغير الاقتصادي :

ينجم تأثير المتغير الاقتصادي عن تفاعل متغيرات اقتصادية فرعية متنوعة ومتعددة ولعل من بين ابرزها واهمها : مدى وفرة المصادر الطبيعية المتاحة للنظام السياسي ونوعيتها ، ومدى النمو الاقتصادي في الدولة ، ونوعية الاعتماد الاقتصادي الخارجي ، واشكالية المديونية الخارجية.

أ. مدى وفرة المصادر الطبيعية :

تتباين الدول في كمية مصادرها الطبيعية ونوعيتها . وعلى مدى وفرة هذه المصادر تترتب تأثيرات مختلفة سلبية وايجابية في خيارات النظام السياسي، فالدول المحدودة الموارد والامكانيات تبقى نظمها تعاني من ضعف المقدرة على تحقيق اهدافها اعتمادا على الذات ، بل وتضطر بحكم الحاجة الاقتصادية الى طلب المساعدة الاقتصادية الخارجية والقبول ضمنا او صراحة بالقيود الناجمة عنها وانعكاساتها على خيارات النظام، اما الدول التي تنطوي على وفرة في كمية ونوعية المصادر الطبيعية فهي تلك التي تستطيع في الاقل نظريا الاستفادة من مصادرها الطبيعية لاغراض ترتيب مجموعة تلك الظروف الداعمة بصيغ مختلفة لحركتها سواء في اوقات السلم والحرب[4].

ان ماينبغي التأكيد عليه هنا هو ان مستوى التأثير الايجابي الناجم عن عملية الاستثمار الوطني للموارد الطبيعية يمثل احيانا قيمة اعلى من ذلك التأثير النابع من مجرد وجودها في هذه الدولة او تلك . فالاول يرتب بعض جوانب تلك المستلزمات الاساسية الداعمة للاستقلال السياسي، ويسهل استخدام الفائض عن الحاجة الذاتية عبر وسائل الترغيب والترهيب الاقتصادي لخلق فرص حركة وتأثير اضافية للنظام السياسي، وعليه فان نوعية الاستثمار الوطني للمصادر الطبيعية يتأثر بمدى الارادة الوطنية او التصميم السياسي ، ومدى تفاعل ذلك مع نمو البنى العلمية والتكنولوجية والاقتصادية والاجتماعية في اطار بيئة النظام السياسي.

وخلاصة القول ان وفرة الموارد الطبيعية تخلق حالة من الرخاء الاقتصادي يمكن ان تساعد في تحقيق الاستقرار السياسي. وعلى العكس من ذلك فان ندرة الموارد

قد تولد تصور بالسلبية واللامبالاة لدى الجماهير ومحدودية في قدرة النظام السياسي على تنفيذ البرامج التي من شأنها توفير الخدمات العامة لهم مما قد يساعد على تفشي حالات عدم الاستقرار. كذلك فان وفرة الموارد تقود الى تنامي اقتصاد متقدم وعادة ماترتبط الديمقراطية المستقرة بالتقدم الاقتصادي، خاصة اذا اقترن هذا التقدم بعدالة في توزيع الدخول وتعليم ملائم، مثل هذا الوضع خليقا بجعل اغلبية السكان حريصة على استمراره وتحصينها عال ضد الحركات المتطرفة التي تنشد تقويض دعائم النظام القائم.

ب. النمو الاقتصادي :

يجسد النمو الاقتصادي احد الركائن الاساسية لعملية متعددة الابعاد هي عملية التحديث، وهذه بدورها تتوقف على مجموعة عمليات ليست اقتصادية حسب، وانما كذلك سياسية واجتماعية وثقافية[5].

فعلى العكس من حالة التخلف الاقتصادي الذي يؤدي الى ديمومة تبعية الدول المتخلفة، والحيلولة دون بنائها وتطورها، وانعكاساته السلبية على فاعلية نظامها السياسي، يرتب النمو الاقتصادي مجموعة نتائج على قدر كبير من الاهمية، وتمتد هذه النتائج الى عدة محاور اساسية ذات علاقة بعملية صنع السياسة واهدافها وتنفيذها وصيانة عناصر الامن القومي.

ذلك لان ابعاد النمو الاقتصادي لاتتجسد في تأثيره النفسي فقط، بل في نوعية ادراك النظام السياسي لمكانته وهيبته الدولية، ومن ثم في نوعية تأثيره الايجابي في سياسات الدول الاخرى، وكذلك في دوره الذي يتمثل في قيادة الدولة لاستخدام قدرتها التقنية باتجاه استثمار اقل لمواردها المتاحة وتطويرها.

وفي ضوء شمولية تأثيرات النمو الاقتصادي اضحت الحدود بينه وبين فعاليات النظام السياسي في حالة من التداخل والتشابك، واصبح من الاهمية بحيث لم يعد بوسع أي نظام سياسي ولاجل تطوير امكانياته – الا ويركز في جانب كبير من ادائيته على تنفيذ خطط وبرامج التنمية وتوظيف نتائجها واهدافها بما يخدم مصالح النظام ويوفر له فرص البقاء والاستمرار.

ج. درجة الاعتماد الاقتصادي الخارجي :

تعبر الاعتمادية فيما بين الدول عن فكرة مؤداها ان الدول وبسبب عدم قدرتها كليا او جزئيا على اشباع حاجاتها التكنولوجية والاقتصادية والاجتماعية المتزايدة اضحت لاتتوانى عن الدخول في تفاعلات تعاون وظيفية لهذا الغرض، وبهذا المعنى العام تمثل الاعتمادية محصلة لذلك التفاعل بين حاجات احدى الدول وتطلعاتها وبين امكانيات غيرها [6].

وتتجسد ظاهرة الاعتمادية مثلا من خلال ذلك التدفق التقني والاقتصادي والاجتماعي ومنجزات الحضارات، بالاضافة الى البضائع والخدمات ورأس المال والمعلومات وغيرها عبر الحدود السياسية بين الدول، وعادة مايشار الى هذا التدفق القابل للقياس كماً بمفهوم التدفق عابر القوميات.

ان أي تعريف لمفهوم التبعية عليه ان يتجاوز الفهم المبسط والشائع للتبعية على انها مجرد اعتماد واتباع خارجي ، واي تعريف شامل للمفهوم ينبغي ان يعتمد كليا على التمييز بين مصطلح (تابع Dependence) ومصطلح (تبعية Dependency) حيث ان هناك اختلافا جوهريا بينهما، فالمفهوم الاول (تابع) سائد في ادبيات العلاقات الدولية ويعني حالة متقدمة من الاعتماد الخارجي... اما المفهوم الثاني فيعني اكثر من مجرد الاتكال الخارجي، ويبحث في الاساس ظاهرتي التخلف والنمو ووصف وتحليل طبيعة التشوهات البنيوية الناجمة عن احتواء دولة ما في النظام السياسي العالمي، ويولد هذا الاحتواء بنى ثقافية واجتماعية وسياسية واقتصادية محلية ذات قوانين واليات داخلية تعمل على ترسيخ الهيمنة والاستنزاف المتواصل لفائض القيمة [7].

ومع ان ظاهرة الاعتمادية الدولية المتبادلة اضحت احدى خصائص عالم اليوم التي لافكاك لاي نظام سياسي من التعامل معها، بيد ان هذا لايعني انها استطاعت تحويل جوهر لعبة الامم على نحو اخر مختلف، فالاعتمادية المتبادلة لم تحل مثلا دون ديمومة التبعية والابتزاز الاقتصادي، كما انها لم تمنع الدول من اللجوء الى تلك الاجراءات والقيود الاقتصادية ضمانا لتطورها الاقتصادي الذاتي واستقلالها الاقتصادي

والسياسي، بمعنى آخـر ان واقع التعاون التجـاري والاقتصـادي الـدولي لاينفي التنـافس والصراع التجـاري والاقتصادي.

وان جوهر مانخلص اليه هنا هو ان الحاجة الاقتصادية تدفع في اغلب الاحيان الى التنازل السياسي ، والتبعية الاقتصادية تؤدي بالضرورة الى تبعية سياسية وبالاتجاه الذي يحول عادة دون قدرة النظام السياسي في الدولة التابعة على الحركة والاداء السياسيين والاقتصاديين المستقلين.

د.   المديونية الخارجية :

تعد مشكلة المديونية الخارجية من اعقد المشكلات التي تواجه اقتصادات الدول، ولاسيما في ظل بـروز اصطلاحات مثل (خدمات الدين، واعادة الجدولة، وشروط التسديد المفضلة) وغيرها مـن الاصطلاحات للتعبير عن الاليات المعقدة لسلاح المديونية[8]. وغالبا مايؤدي تفاقم حدة الديون الخارجية الى ضرورة اعـادة جدولتها مع الحكومات والمنظمات المالية الدولية ، وهـذه مـن جانبها تحاول استغلال الموقف بمـا يحقق اهدافها ومصالحها باعتماد الوسائل التالية:

(اولا).   تضييق امكانات الاقراض بفرض شروط مجحفة على القروض التي تقدمها ورفع اسعار الفوائد المحصلة عنها.

(ثانيا).   التدخل في الشؤون الاقتصادية للـدول المدينـة مـن خـلال محاولـة فرض مجموعـة مـن الاصلاحات الاقتصادية على نظمها السياسية، كتعويم العملة الوطنية، والغاء الرقابة على الصرف الاجنبي، وتسهيل اتفاقيات الدفع والتجارة، وتهيئة المنـاخ للاستثمارات الاجنبيـة مـع تـوفير الامتيـازات والضمانات لها وحرية تحويل ارباحها للخارج، وبعبارة اخرى اضطرار الانظمـة السياسيـة في الـدول المدينـة للخضوع للضغوط الخارجية الرامية الى اعادة تكييف اقتصادها مع اوضاع السوق العالمي او مايسمى (تحريـر اقتصادها) باستبعاد وسائل التنظيم والرقابة التي تستخدمها النظم للسيطرة عـلى الاسـواق وتوجيه الاقتصاد الوطني، وتصفية القطاع العام، وتأكيد سيطرة القطاع الخاص وحريته.

ان ما يمكن ان نخلص اليه هنا هو ان المديونية الخارجية تؤدي دورا جوهريا في استمرار تفاقم وضع التبعية الاقتصادية مع استمرار الحاق اقتصاديات الدول المدينة بديناميكية الاقتصاد الرأسمالي العالمي، حيث تدمج القطاعات التصديرية في الاقتصاد الرأسمالي ، وتضعف الروابط والعلاقات بين القطاعات (التصديرية) ، والقطاعات الاخرى، مما يؤدي الى تهميشها، ويؤدي وقوع العجز الكبير في موازين مدفوعات الدول المدينة في المدى البعيد... الى تآكل ظروف الاستقرار السياسي للانظمة الحاكمة، ولايقوم الاقتراض الخارجي في هذه الحالة الا بدور العلاج الموضعي للمواقف المتأزمة.

3. المتغير العسكري :

يرتبط هذا المتغير بالقدرة العسكرية للدولة ، ومدى امكانية نظامها السياسي من توظيف القوات المسلحة المتاحة كماً ونوعاً لضمان الامن القومي وصيانته من التهديدات القائمة والمحتملة ، ولتحقيق الاهداف والمصالح الوطنية.

وتتفاوت نوعية تأثير النظام السياسي من دولة الى اخرى، فالدول الضعيفة عسكريا هي تلك الدول التي تنتفي عنها القدرة الذاتية على الدفاع عن كيانها،الامر الذي قد يدفع بها الى البحث عن الحماية الخارجية والقبول بالنتائج المترتبة عن ذلك على حرية قرارها السياسي، وعلى العكس من الدول القوية عسكرياً التي يكون لتأثيرها السياسي اقليميا وعالميا، دافع لجعلها قادرة على فرض احترامها على غيرها حتى في حالة غياب الحضور المباشر لقوتها العسكرية [(9)].

ومع ان متطلبات ضمان الامن القومي تدعو الى بناء ترسانة عسكرية ضخمة، بيد ان قيمتها الفعلية لاتكمن في كميتها حسب، وانما كذلك في نوعيتها عموما ومدى القدرة الذاتية على استخدامها خصوصا، فالعبرة ليست في تكديس سلاح نوعي متطور لايمكن استخدامه بكفاءة عالية. وبمعنى مشابه يمكن القول ان قدرة القوات المسلحة على انجاز وظيفتها تتأثر سلبيا او ايجابيا بمجموعة من المتغيرات النوعية، ومن بين هذه المتغيرات الامكانيات الاقتصادية والبشرية للدولة، ودور قيادتها العسكرية تخطيطا

وادارة، وطبيعة الروح المعنوية السائدة في بيئة نظامها السياسي، فضلا عن مدى اعتمادها على غيرها عسكريا لتأمين الدعم اللوجستي وتوفير فرص المناورة العسكرية الهادفة ، وتنويع مصادر التجهيز والتسليح.

فكلما كانت الدولة اكثر اعتمادا على غيرها عسكريا كانت اكثر خضوعا بالضرورة. ويميز " الدكتور مازن الرمضاني" بين نوعين مختلفين من الاعمادية العسكرية: اولهما الاعتمادية على السلاح المستورد. وثانيهما الاعتمادية اما على الموارد الاولية المستوردة، واما على الدعم الاداري (اللوجستي) الخارجي.

لذا فالدول تعتمد على قدراتها العسكرية، كاحد المتغيرات المادية المؤثرة في تعزيز قدرة النظام السياسي في اوقات السلم والحرب، ففي اوقات السلم يتجسد تأثيرها في سلوك صانع القرار كونه باعثا على الاستقرار النسبي داخليا وعاملا للترهيب والتهديد باستخدامه بقصد التأثير في السلوك السياسي الخارجي للدول الاخرى. وانطلاقا من ذلك يتجسد تأثير المتغير العسكري من خلال كونه يمثل وسيلة وغاية في آن واحد، ففي الوقت الذي يعتبر احد الوسائل الفاعلة التي لها دور مؤثر في دفع النظام السياسي لاختيار احد البدائل السلوكية في اوقات السلم والحرب، فانه غاية تتجسد في النظر الى القدرات العسكرية للدولة على انها المظهر الاساسي لقوتها، واحد ابرز الاسس التي يستند اليها النظام السياسي في اتخاذ القرارات [(10)]،ويتوقف بناء القدرة العسكرية ايضا على بناء مؤسسة عسكرية ، تستوعب احدث التطورات التقنية واسباب العلم العسكري في قيادة الجيوش والتدريب والتسليح واساليب القتال، اذ لايكفي امتلاك الجيش للسلاح فقط، وانما ايضا كيفية استخدامه، وهو مايتطلب اعداد خطط عسكرية لاغراض الدفاع والردع في حالة تعرض الدولة الى مايهدد مصالحها وامنها القومي وقدرة نظامها السياسي على اتخاذ القرار المستقل بما يخدم مصالحها الوطنية والقومية.

4. المتغير العلمي والتقني [(11)]:

من بين السمات الرئيسية التي يتميز بها الواقع الدولي الراهن، سمة الثورة العلمية والتكنولوجية وهي محصلة متصاعدة لذلك التطور المتسارع في ميادين العلم

والمعرفة العلمية والتكنولوجية وتطبيقاتها المتزايدة في القطاعات المختلفة وعلى وجه الخصوص الصناعية والعسكرية منها. فكلما توسعت المعرفة الانسانية بشأن القوى المحركة للطبيعة كلما توفرت سبل جديدة وانفتحت افاقاً رحبة لتحويل القدرات الطبيعية الى فوائد ومكاسب تعم البشرية، وبما ان النظام الدولي لازال يحفل بقوى ونظم سياسية تنشد الصراع من اجل احتلال مواقع في سلم القوة فقد ظل التقدم العلمي والتقني يسجلان تصاعداً سريعاً ومستمراً وأفضى ذلك الى تأثيرات كبيرة في طبيعة ودينامية العلاقات الدولية وكذلك في دور وتوجه صانعي قراراتها : [12]

أ. التأثيرات التي ترتبط بالتحديات الامنية والقيمية : بمعنى ان التكنولوجيا العسكرية المتطورة قد جعلت كافة الدول غير معفية من الاختراق، واقل امنا فالصواريخ بعيدة المدى والطائرات الحربية المتطورة والاقمار الصناعية، ادت الى ان تفقد العوائق الطبيعة دورها في صيانة أمن الدولة. واما عن التحديات القيمية فمؤداها ان الدولة نتيجة لتطور وسائل الاتصال والمواصلات وثورة المعلومات، لم تعد تستطيع مواجهة مايسمى بالتحدي الثقافي والحيلولة دون تسرب مضامين الدعاية المضادة الموجهة الى اقليمها فسيادة الدولة اية دولة اصبحت موضع نظر .

ب. التأثيرات التي ترتبط بتغيير الهرمية الدولية: فبينما كان النظام الدولي اثر الحرب العالمية الثانية يتسم بقطبية ثنائية ، ويتمتع فيه طرفان بتأثير دولي مهم لاسباب عسكرية فوق تقليدية واخرى اقتصادية، قد حصل في منتصف الثمانينات تطور لصالح احد القطبين على حساب الاخر، في تآكل بعض المقومات وبروز مقومات اخرى، وصاحب ذلك بزوغ عدة قوى طامحة الى التربع في دائرة عرش النظام الدولي بفعل تطورات تقنية متسارعة حصلت عليها وحازت من خلالها قدرات تؤهلها الى ذلك.

ج. اشراك التكنوقراط في عملية صنع القرار : فالتعقيد الذي تتميز به مسائل السياسة الدولية قد افضى ـ الى حاجة متزايدة الى المعرفة الفنية والعلمية المتخصصة لضمان اتخاذ قرارات راجحة، الامر الذي جعل الحاجة ملحة

للتكنوقراط ، وهو ما ادى الى ان القرارات في الشؤون الدولية قد اضحت تتخذ في ضوء البدائل التي ينصح بها هؤلاء وهو ماعزز دور العامل التقني في العلاقات الدولية.

د. واما عن التأثير الداخلي فهو يختلف باختلاف التقدم العلمي والتقني للدول : فالدول المتقدمة علميا وتقنيا تستطيع استثمار مواردها المادية والبشرية المتاحة بكفاءة عالية. وعلى العكس يكون للتخلف العلمي والتقني اثاره المؤدية الى محدودية الاداء اقتصاديا وامنيا بسبب تأثيرات الاعتمادية وتدني القرارات الدفاعية وعدم ادراك عوامل الرقي الحضاري.

وهكذا فان التقنية تؤثر على المجتمع في داخل الدولة وعلى العالم. وليس من الممكن التنبؤ بالافاق التي يسير فيها تطور التقنية. غير ان الملامح العامة تدل على زيادة تمكن الفرد من السيطرة على بيئة الطبيعة، وتقارب مختلف اجزاء العالم رغم المسافات، وتداخل المشاكل الدولية، وتحسس شعوب العالم بالفوارق المادية والسياسية والاجتماعية. كل هذا ربما يقود الى التوتر مالم تسرع الشعوب الى ابتكار صيغ تعاون عالمي تتيح للتقنية ظروف الاسهام في حسم او تخفيف حدة التأزم في هذه المجالات ، لاعتبار مفاده ان الانظمة السياسية يمكن ان تتقارب فيما بينها عبر جسور التقدم العلمي والتقني [13].

ثانيا: المتغيرات المجتمعية :

ان اهمية المتغيرات المجتمعية ودرجة تأثيرها في العلاقات الدولية تنبع من طبيعة الربط وعدم امكانية الفصل بين السياسة الداخلية والسياسة الخارجية وبالاتجاه الذي جعل الاخيرة امتداد وانعكاس للاولى ، ونظرا لان العوامل المجتمعية تمثل حجر الزاوية في السياسة الداخلية وجلها ذات ابعاد سياسية خارجية، لذا فانها تمثل جانبا من المتغيرات المؤثرة في السياسة الخارجية وفي العلاقات الدولية بالنتيجة . والسؤال المهم هنا ، ماهي المتغيرات المجتمعية المؤثرة في العلاقات الدولية؟ وهل يمكن تصنيفها؟ ويجيب على ذلك " كيسنجر" بقوله (انها تقتصر على الهياكل الحكومية) [14]، بينما

يرى " روسناو " بانها (تشمل كافة تلك المتغيرات غير الحكومية المؤثرة في السلوك السياسي الخارجي)[15]، وهناك من يربطها بمتغيرات موضوعية واجتماعية في آن معا[16]. وبوجه اعم فهي تشمل تلك الجوانب من حركة المجتمع التي تتعلق بتأثير تجاربه التاريخية وقيمه الثقافية ، وطبيعة وحدته الداخلية، بالاضافة الى هياكله الاجتماعية السياسية، وطبيعة نظامه الحكومي، على سياسته الخارجية [17].

1. المتغير التاريخي :

يمثل مجموع التجارب التاريخية لاحد المجتمعات وماتتركه من تأثيرات نوعية في سلوك اعضائه وعلاقاتهم المتبادلة من ناحية، وكيفية تفسيرهم للماضي وتقويمهم للحاضر ونظرتهم للمستقبل من ناحية اخرى ، وان هذه التجارب لكل دولة انما تختلف بالضرورة عن تجارب غيرها، وان لهذه تأثيرا خاصا على انماط حركتها السياسية الخارجية [18]، وعلى الرغم من صعوبة تحديد الاثار التي يرتبها المتغير التاريخي في العلاقات الخارجية لدولة من الدول لطبيعتها غير المادية، ولكن ذلك لاينفي البتة بأن للمتغير التاريخي تأثير مهم له انعكاساته على صانعي القرارات وبالنتيجة في السلوك السياسي الخارجي، بمعنى ان اهميته تتجسد في مدى انعكاساته على كيفية ادراك صانع القرار لدلالات تجارب دولته مع احدى الدول او مجموعة منها واثر ذلك على حركته السياسية الخارجية في الحاضر والمستقبل [19]. وتجدر الاشارة الى ان تأثير هذا المتغير يصبح على قدر عال من الفاعلية عندما يتسق ويتفاعل مع المتغير الثقافي، وذلك لدلالة كلا المتغيرين في تعزيز الوحدة الوطنية ورفد صانع القرار بعوامل قوة اضافية تساعده على تحقيق اهدافه السياسية الخارجية.

2. المتغير الثقافي :

ادرك علماء السياسة في وقت مبكر من هذا التاريخ ان الاطر التحليلية البنائية او الهيكلية لاتمكن وحدها من تقديم رؤية شمولية للنظم السياسية، فدعو الى ضرورة اخذ البيئة الثقافية بعين الاعتبار عند دراسة السياسة والحكم في أي مجتمع متأثرين في

ذلك بمفاهيم وتصورات ورؤى علم النفس الاجتماعي، ويذكر " غابريل الموند" في هذا الصدد ان أي نظام سياسي يعيش في ظل ثقافة سياسية معينة أي نسق من القيم والاتجاهات والمعتقدات السياسية [20]. واذا كان مفهوم الثقافة السياسية حديث النشأة فأن جذوره البعيدة تمتد الى فلاسفة الاغريق اللذين كانوا يطرحون مفهوم الفضيلة المدنية بمعنى التمسك بالقيم، ويعود الفضل في ظهور المفهوم بالدرجة الاولى الى المدرسة السلوكية التي بذلت جهداً كبيراً لصياغته وتطويره بهدف تفسير جوانب كثيرة من النظم السياسية. وقد حاول " الموند " استجزاء (الثقافة السياسية) باعتبارها تتعلق بالظواهر السياسية فقط وعدها مستقلة أي ثقافة خالصة بوسعها ان تعزل التوجهات السياسية للافراد ، اما "لوسيان باي" فقد بنى مفهوم الثقافة السياسية على انه التاريخ الجمعي للنظام السياسي ولتاريخ حياة الافراد الذين يكونوه فهو مجموعة الاتجاهات والمعتقدات والمشاعر التي تعطي نظاما ومعنى للعملية السياسية. وافراد " سيدني فيربا" مكانا متميزا للمعتقدات السياسية والرموز التعبيرية والقيم التي تحدد الوضع الذي يحدد التصرف السياسي في اطاره والتي تنظم التفاعلات بين الحكام والمحكومين، والتي يكون لها بنية ودور عند اجراء عملية التحديث السياسي. اما " موريس ديفرجية" فقد رأى ان الثقافة السياسية هي جزء من الثقافة السائدة في مجتمع معين، وانها بمجموع عناصرها تكوّن تركيبا منظما وينطوي على طبيعة سياسية [21].

وفي ضوء مجمل ماتقدم فان التطور المفهومي حول الثقافة السياسية يشير الى ان بؤرة الدراسات حولها لاتتعلق بالبنية السياسية الشكلية منها وغير الشكلية، وكذلك الحكومات والاحزاب وجماعات الضغط وغيرها، او بالنمط الراهن للسلوك السياسي في مجتمع معين، بقدر تعلقها بما يعتقده الشعب ازاء تلك البنى والمؤسسات. وهذه المعتقدات ذات طبيعة مختلفة، فقد تكون تأملية حول حالة الحياة السياسية او قيماً متعلقة باهداف مرجوة بالحياة السياسية ، او مواقف ازاء حالة محسومة للنظام [22]. كما ويلاحظ ان الثقافة السياسية تنطوي على مجموعة من القيم، والمعتقدات، والعواطف السياسية المسيطرة في امة وفي وقت معين، حيث ان التصورات تنبعث منها، وانها تتحكم في الاتجاهات وتنظيم صيغ التزام الافراد ، فهي اذن عنصر كبير في العمل

السياسي اذ تنظم التبادل السياسي وتهيمن على نماذج المساهمة والاتصال في الحياة العامة، كما تعني ايضا واجبات الاشخاص الذين يمثلون الدولة. لذا لاشك ان لكل نظام سياسي ثقافة سياسية معينة تلازمه وتغذيه وتعبر عن فلسفته وتحافظ عليه وتسهم في التأثير عبر ذلك بتحديد توجهات وخيارات صانع القرار السياسية الخارجية.

وفضلا عن ماتقدم ، يعتمد الاستقرار السياسي والانسجام الاجتماعي جزئيا على الثقافة السياسية، فالتجانس الثقافي والتوافق بين ثقافة النخبة وثقافة الجماهير يعززان من الاستقرار ويدعمانه، اما التباين الثقافي والاختلاف بين عقلية الصفوة وعقلية الجماهير يعكس بدرجة او اخرى مصدر تهديد لاستقرار النظام السياسي .

ان الثقافة السياسية بهذا المعنى تؤثر بلا ريب في الحياة السياسية بصورة عامة وعلى النظام السياسي القائم بصورة خاصة، وفي علاقات الدولة الخارجية بالنتيجة.

وتأثير المتغير الثقافي لايقتصر بداهة على ماتقدم، وانما يمتد ليشمل اهداف الدولة ووسائلها، فهذا المتغير يصبح في احيان كثيرة، بمثابة احد الاسس التي تتحدد بموجبها هذه الاهداف وتلك الوسائل وبهذا الصدد تجدر الاشارة الى ان تأثير هذا المتغير في العلاقات الدولية يعبر عن ذاته عبر صيغ متعددة ومتنوعة ومثالها تأثير الرأي العام ، والنخب المؤثرة في عملية صنع القرار ، ودور القيم الاجتماعية السائدة في عملية التنشئة السابقة لصناع القرار واثرها على حركته السياسية الخارجية [23].

3.   الأستقرار السياسي والأنسجام الاجتماعي :

يشير الاستقرار السياسي الى قدرة النظام السياسي على ان يحفظ ذاته عبر الزمن أي ان يظل في حالة تكامل وهو مالايتأتى الا اذا اضطلعت ابنيته المختلفة بوظائفها على خير وجه [24]. ويقصد به عموما ، مدى التجانس، والتآزر الذي يتسم به الواقع الاجتماعي لهذه الدولة او تلك . والدول من حيث تركيبها الاجتماعي قد تكون على قدر مختلف من التماسك والانسجام او التفكك، وان تباين الدول من حيث مدى تجانسها وتآزرها الداخلي (او وحدتها الوطنية) ، يرتب تأثيرا في نوعية حركتها

السياسية الخارجية. فالدول التي تتمتع نظمها السياسية وصناع قراراتها ببيئة اجتماعية متفاعلة توفر الدعم والتأييد الاجتماعي الداخلي القائم على الايمان والقناعة وتواصل الادراك بأنهم مؤهلين لتحقيق المصالح الوطنية، وصيانة عناصر الامن القومي، ويمتلكون القدرة على تقديم افضل اداء سياسي خارجي ناجح. لاشك ان هذه الدول تتميز بالقدرة المدعمة على المبادرة السياسية الخارجية، أي بمعنى لديها الامكانية والكفاءة لصنع سياسة خارجية فاعلة وقابلة للتنفيذ، ومرد ذلك يعود الى ان دينامية البيئة الاجتماعية والسياسية الداخلية وتفاعلها مع صانع القرار بما يؤمن الدعم الاجتماعي - السياسي له ، انما تحرر حركته وتضفي المرونة على اداءه السياسي الخارجي، وتعفيه من اثر تلك القيود والضغوط السياسية التي يمكن ان يتعرض لها في حالة غياب مثل هذا الدعم او ضآلته، وعليه فان الدعم الداخلي الذي توفره البيئة الاجتماعية المستقرة سياسيا لصانع القرار يعتبر احد المتغيرات الاساسية التي تنبع منها فاعلية السياسة الخارجية [25].

في مقابل ماتقدم وبالعكس منه ، فان لغياب او محدودية الدعم الاجتماعي الداخلي - نتيجة لعدم الاستقرار السياسي وعدم الانسجام الاجتماعي في البيئة الداخلية لصانع القرار - تأثيره السلبي في الحركة السياسية الخارجية للدولة ، اذ انه بلا شك يحد من حرية حركة صانع القرار ويعيق اداءه لدوره بفاعلية وكفاءة ، بل يمكن ان تكون له نتائج سلبية لاسيما اذا ماوفرت بيئته الداخلية نتيجة لمظاهر عدم الانسجام الاجتماعي وعدم الاستقرار السياسي الفرصة لقوى خارجية لاستغلال الموقف والعبث بالنسيج الاجتماعي وخارطة القوى السياسية الداخلية سواء لمصالح خاصة او للضغط على صانع القرار لكي يتصرف بعيدا عن ارادته وبما لايخدم مصالح دولته الوطنية.

وتتوزع الاراء والمواقف التي تحلل اثر عدم الانسجام الاجتماعي او الصراع والتشتت احيانا، على سياسة الدولة الخارجية وعلاقاتها مع الدول الاخرى على اتجاهين: [26]

أ. **الاتجاه الاول** : يرى ان الدولة عندما تعاني من مشكلات حادة في بيئتها الداخلية، فانها تندفع نحو افتعال الازمات والحروب الخارجية، من اجل احتواء ازمتها

الداخلية او ابعاد الانظار عن مشكلاتها الداخلية، وربما بهدف البحث عن انجازات خارجية لاحتواء ومعالجة تقلص الشعبية الداخلية لصانع القرار ، وانطلاقا من فرضية - ليس بالضرورة صحيحة - مفادها ان الصراع الخارجي انما يسهم في خلق التماسك الداخلي.

ب. **الاتجاه الثاني** : لايرجح وجود علاقة قوية بين عدم الاستقرار الداخلي والصراع الخارجي.

وبغض النظر عن مدى صدقية روايات ومشاهد كلا الاتجاهين ، فيبقى من الاهمية بمكان الاشارة الى انه لايمكن بسهولة تجاوز الاثر الناجم عن مشكلة عدم الدعم الداخلي للسياسة الخارجية وانعكاساته السلبية على مدى فاعليتها [27]، بمعنى ان المجتمعات الممزقة داخليا: اثنياً او طائفياً او فيها احزاب او حركات متنافرة، لاتحول دون تجميع القوى الداخلية وراء الحركة السياسية الخارجية لصناع القرار وبالنتيجة اضعاف حركة الدولة سياسيا واقتصاديا وعسكريا حسب، وانما تسهل كذلك على قوة (او قوى) خارجية استثمار الحالة الناجمة عن التمزق الداخلي والاستقطاب ضمن البيئة الداخلية، او العبث بالنسيج الاجتماعي عبر تقديم الدعم لجماعة (او جماعات) داخلية معارضة للنظام السياسي لاغراض متعددة خاصة بها، كما هو الحال مثلا مع استنزاف القوة الذاتية لاحدى الدول ، باتجاه اسقاط نظامها السياسي او الحد من فاعلية سياستها الخارجية.

4. الاحزاب السياسية :

ان أي نظام سياسي ، ماهو الا انعكاس للنظام الحزبي السائد فيه، بعبارة اخرى، تلخص الاحزاب السياسية اكثر من أي شيء اخر مقومات الحياة السياسية كافة، فمن خلال دراسة الظاهرة الحزبية يطلع الباحث على التركيب الاجتماعي والاقتصادي للمجتمع والعلاقات بين القوى الاجتماعية والايديولوجيات السائدة في المجتمع واساليب العمل السياسي والحزبي وكيفية اداء الوظائف المختلفة للنظام السياسي . فالنظم السياسية الحديثة تظل غالبا نظما حزبية، سواء كانت ليبرالية ، ام سلطوية، ام شمولية،

تعددية ام احادية [28]. وبالاضافة الى وظائفها الداخلية، تنجز الاحزاب السياسية وظيفة سياسية خارجية، هي صنع السياسة الخارجية مباشرة، او المساهمة في عملية اعدادها، او التصدي لها، بمعنى معارضتها. وتتوقف طبيعة كل هذه الممارسات على مدى تحمل الاحزاب السياسية مسؤولية صنع القرار السياسي الخارجي.

وتجدر الاشارة الى ان نوعية ودرجة تأثير الاحزاب السياسية في حركة صناع القرار السياسي الخارجي، تتباين من دولة الى اخرى وتبعا لطبيعة نظامها السياسي. فكما ان هذا التأثير يتراوح في الدول الشمولية بين الشدة والضعف، كذلك هو الحال بالنسبة للدول الديمقراطية، وسواء تحملت الاحزاب السياسية مسؤولية صنع السياسة الخارجية ام ساهمت في اعدادها، ام ذهبت الى معارضتها، ترتبط الاحزاب السياسية وفي اغلب الاحوال والسياسة الخارجية، كموضوع بعلاقة وطيدة، ومرد ذلك يعود لاهميتها وبالتالي لنوعية موقعها في سلم اولويات هذه الاحزاب. ان هذه الحقيقة تؤكدها العديد من المؤشرات وكما يلي : [29]

أ. السياسة الخارجية تشكل احد الركائز الاساسية التي تنطلق منها الاحزاب في تعاملها داخليا وخارجيا .

ب. السياسة الخارجية تعد بمثابة احد الاسباب الدافعة الى التكاثف او التنافر الحزبي الداخلي، وذلك تبعا اما لاتفاق الرأي او اختلافه حول كيفية صنعها وادارتها.

ج. السياسة الخارجية تمثل احد الادوات المهمة التي تستخدم من قبل الاحزاب السياسية، في الدول البرلمانية للكسب السياسي في اثناء الانتخابات العامة.

هذه المؤشرات تعكس بالنتيجة تأثير الاحزاب في صناعة القرار السياسي الخارجي وفي العلاقات الدولية بالمحصلة.

5. جماعات المصالح :

ان المجتمع المدني المتطور لايقتصر العمل العام فيه على الاحزاب السياسية ، وانما يشاركها في ذلك ومن منطلقات غير حزبية تنظيمات المجتمع المدني كافة بما

فيها النقابات والاتحادات ومنظمات حقوق الانسان، وتجمعات اساتذة الجامعة، او مايطلق عليه بوجه اعم جماعات المصالح وهذه الجماعات تسعى الى التأثير على السياسة العامة بطريقتها وتلعب دورا هاما ومؤثرا في الحياة السياسية ، ذلك ان الفرد المهتم سياسيا يميل الى المشاركة في النشاط الجماعي الذي تزاوله جماعات المصلحة بهدف التأثير على عملية صنع السياسات والقرارات الحكومية ، من ناحية وصياغة المطالب والتعبير عن الاتجاهات السياسية، فجماعة المصالح قد تضغط من اجل الحصول على مكاسب مادية لاعضائها وقد تعبر عن رأي قطاع من الرأي العام حيال القضايا العامة، وقد تقوم بعمل دعاية لسياسات معينة [30].

وتجدر الاشارة الى انه لاتتكون جماعات المصلحة لمجرد اعلام او اخبار صانعي القرار بمطالبها وانما ايضا لتحقيق هذه المطالب ، لذا فهي تبحث عن قنوات خاصة لنقل المطالب وعن اساليب خاصة لاقناع صانعي القرار بان هذه المطالب تستحق الاهتمام والاستجابة ، ويتوقف تأثير جماعة المصلحة داخل النظام السياسي على عدة عوامل اهمها الخصائص الذاتية للجماعة من حيث حجم العضوية ومدى تماسك الجماعة وحجم مواردها وفاعلية اعضائها، ومدى تجانس توجهات الجماعة مع الثقافة السياسية السائدة في المجتمع ، ودرجة استقلال الجماعة عن الحكومة والقوى السياسية الاخرى وما اذا كان لها ارتباط باحد الاحزاب ذات الوزن السياسي مما يعزز من وزنها ودورها وتأثيرها على النظام السياسي ويوفر لها فرص النفاذ الى عملية صنع السياسة العامة، او فرصة عرض مطالبها ووجهات نظرها على من يتخذون القرارات او ينفذونها. لذا فان جماعات المصالح او الضغط ، هي ظاهرة لها علاقة وطيدة بالواقع الاجتماعي - السياسي الذي تعيشه اغلب المجتمعات المعاصرة، ولذلك لاتقتصر على نمط معين من الدول وانما تكاد تشمل اغلبها.

ويمكن تصنيف جماعات الضغط المؤثرة في السياسة الخارجية والعلاقات الدولية الى نوعين ، جماعات ضغط دائمة واخرى مؤقتة ، ويشار بالاولى الى الجماعات الاتية :

أ. جماعات الضغط الدستورية : أي المؤسسات التي تسعى على الرغم من وظائفها الرسمية الى دفع حركة صانع القرار السياسية الخارجية بالاتجاه الذي يتماشى مع افضلياتها وارتباطاتها الداخلية.

ب. الجماعات الاقتصادية ، ويشار بها الى تلك الجماعات التي تربط مصالحها الاقتصادية بالنتائج التي تترتب على احد انماط السلوك السياسي الخارجي لصانع القرار . لذلك فهي تضغط داخليا وخارجيا باتجا تحقيق افضل المكاسب وتعمل على التأثير في العلاقات الدولية بما يحقق مصالحها.

ج. جماعات الضغط السياسي: وهي تلك الجماعات التي تسعى الى دفع صناع القرار نحو انماط سلوكية محددة تعود محصلتها بالفائدة على تلك الدول والجماعات خارج حدود الدولة ، التي ترتبط معها بعلاقة معنوية سياسية وطيدة.

اما النوع الثاني من جماعات الضغط ، فهي تلك الجماعات الضاغطة المؤقتة. التي ترتبط خصوصا بتلك التنظيمات التي تسعى ، في احيان فقط ، الى التاثير في الحركة السياسية الخارجية لصانع القرار سلبا او ايجابا، وذلك في ضوء مدى اقتراب حركة صناع القرار من اولوياتها السياسية أو ابتعادها عنها، ومثالها الجماعات الدينية والعرقية واللغوية والمنظمات الطلابية والنسوية، ومعاهدة ومراكز الدراسات [31]. وتختلف التقويمات حول نوعية تأثير جماعات الضغط او المصالح في صناع القرار السياسي الخارجي، فبينما تؤكد جانب من الاراء ان لجميع جماعات الضغط والمصالح تأثيرا مستمر، تشير اخرى الى ان تأثير هذه الجماعات يقتصر ، وبشكل مستمر على بعضها دون البعض الاخر، وتجدر الاشارة هنا الى ان تأثير هذه الجماعات يتحدد في ضوء مدى استجابة صناع القرار لمطالبها، فتبعا لنوعية ادراك هؤلاء لمدى انسجام هذه المطالب مع استراتيجية الدولة وتكتيكها، او لمدى تناقض السياسات التي تدعو اليها مع طبيعة المناخ السياسي الداخلي، او مصالح جماعات ضاغطة او فئات اجتماعية اخرى، يتحدد التأثير الذي تتمتع به جماعات الضغط في السياسة الخارجية،

لذا لايستوي تأثيرها جميعا، او يقتصر بشكل دائم ومستمر على بعضها دون البعض الاخر وانما يختلف مـن جماعة الى اخرى، ومن وقت الى اخر [32].

6. الرأي العام :

يعرف " مينار " الرأي العام بأنه (مجموعة الاتجاهات والمشاعر التي يكونها قطاع كبير من الناس في مسألة هامة وفي فترة معينة تحت تأثير الدعاية) . ويعرفه" كي " بأنه (الاراء التي يعتنقها بعض الاشخاص وتجد الحكومة ان من الحكمة اتباعها). ويعرفه " جيمس برايس" بأنه (اصطلاح يستخدم للتعبير عن مجموعة من الاراء التي يدين بها الناس ازاء المسائل التي تؤثر في مصالحها العامة والخاصة) . ويعرفه "جيمس يانغ" بأنه (الحكم الاجتماعي الذي يعبر عن مجتمع واع بذاته... وذلك بالنسبة لمسألة عامة لها اهميتها... على ان يتم الوصول الى هذا الحكم الاجتماعي عن طريق مناقشة عامة اساسها العقلانية والمنطق، وان يكون لهذا الحكم من الشدة والعمق مايكفل تأثيره على السياسة العامة) [33]. ومن التعاريف المهمة التي تعالج الرأي العام من وجهات نظر متعددة تعريف " فلويد اولبورت" الذي يرى بانه يعني (تعبير جمع كبير من الافراد عن ارائهم في موقف معين ، اما من تلقاء انفسهم أو بناء على دعوة توجه اليهم، تعبيرا مؤيدا او معارضا لمسألة معينة او شخص معين او اقتراح ذي اهمية واسعة... بحيث تكون نسبة المؤيدين (او المعارضين) في العدد ودرجة اقتناعهم وثباتهم واستمرارهم كافية لاحتمال ممارسة التأثير على اتخاذ اجراء معين – بطريق مباشر او غير مباشر – تجاه الموضوع الذي هم بصدده) [34].

ولعل من المفيد الاشارة الى ان تأثير الرأي العام عموما يختلف باختلاف طبيعة النظم السياسـية، ففـي الوقت الذي يتميز بغيابه او في الاقل بضالته، في الدول الشمولية، يتميز الرأي العام في الدول الاوربيـة المتقدمـة صناعيا بانه على قدر عال من التأثير [35].

ولايقتصر تأثير الرأي العام على المسائل المركزية وفي الاوقات غير الاعتيادية، وانما يمتد ليشمل مايسمى بمزاج السياسة الخارجية، أي تلك الاتجاهات

والميول السياسية العامة التي تتبناها تلقائيا اغلب قطاعات الرأي العام خلال فترة من الزمن والتي تحد ، لتأثيرها، من نطاق البدائل المتاحة امام صناع القرار السياسي الخارجي، وعلى الرغم من ان الضرورة والحكمة تقتضيان، في احيان ، ولاسيما في اوقات التوتر والازمات، ان يصار الى عزل عملية صنع القرار عن مطالب الرأي العام، بيد ان هذا لاينفي ان للرأي العام ، كقوة سياسية داخلية، تأثيرا كامناً وشبه مستمر في السياسة الخارجية، وفي العلاقات الدولية بالنتيجة . ومع الاهمية المعطاة ، ضمنا او صراحة للرأي العام من قبل صناع القرار تتباين الاراء حول مدى ضرورة اخذه بنظر الاعتبار عند اتخاذ القرار، فهناك اتجاه يدعو الى عدم اخذ الرأي العام السائد على محمل الجد لعدم قدرته على الحكم الموضوعي للاحداث والمشاكل الدولية، اما الاتجاه الاخر فيذهب الى العكس، اذ يدعو الى توعية الفرد المواطن وتزويده بالمعلومات الكافية لمساعدته على التقويم السليم بهدف تحقيق مشاركته في عملية صنع القرار [36].

7. نظام الحكم :

يمكن القول ببساطة ان التعريفات بشأن النظم السياسية قد حددت معنيين ، احدهما ضيق وهو التعريف التقليدي، والاخر واسع وهو التعريف الحديث . المعنى الضيق او التقليدي يراد به انظمة الحكم التي تسود دولة معينة، وتبعا لذلك يكون هناك ترادف بين تعبير النظم السياسية والقانون الدستوري، ذلك القانون الذي يتضمن مجموعة القواعد التي تتصل بنظام الحكم في الدول فتستهدف تنظيم السلطات العامة فيها وتحديد اختصاصاتها وكذلك العلاقة بينها ، كما تبين حقوق وواجبات الافراد في الدولة، وعلى هذا الاساس يكون المقصود بالنظام السياسي لبلد تبعا للمعنى الضيق والتقليدي نظام الحكم فيه، وهو الذي يتناول تبيانه والالمام به علم القانون الدستوري، وعلى هذا النحو هناك ترادف بين النظام السياسي للدولة او نظام الحكم فيها والقانون الدستوري للدولة [37].

اما المعنى الواسع والمعاصر لتعبير النظم السياسية فيراد به معنى اعم واشمل من معناه الضيق السابق ايضاحه، فيعني هذا التعبير دراسة مختلف انظمة الحكم التي تعم الـدول المعاصرة، ليس فقـط مـن خـلال القواعـد الوضعية المطبقة، وانما ايضا من خلال مايسود هذه الدول من مبادئ فلسفية وسياسية واجتماعية واقتصادية.

وقد ذهب " ديفيد ايستون" الى تعريف النظام السياسي بانه مجموعـة مـن التفـاعلات والادوار التـي تتعلق بالتوزيع السلطوي للقيم، وعلى هذا فان عملية تخصص القيم تعتبر الخاصية الاساسية للنظام السياسي [38]. اما " غابريل الموند" فقد عرف النظام السياسي بانه نظام التفاعلات الموجودة في كافة المجتمعات المستقلة التـي تضطلع بـوظيفتين التكامل والتكيـف داخليا (أي في اطار المجتمـع ذاتـه) وخارجيا (أي بـين المجتمـع والمجتمعات الاخرى) عن طريق اما استخدام او التهديد باستخدام الارغام المادي المشروع [39].

ويرى " روي مكريدس" بان النظام السياسي هو الاداة الابرز في تحديد وابراز المشكلات واعداد وتنفيذ القرارات فيما يتصل بالشؤون العامة [40]، بينما يعتقـد " روبـرت دال " بـان النظام السـياسي هـو نمـط مستمر للعلاقات الانسانية يتضمن الى حد كبير القوة والحكم والسلطة [41]. ويعرفه " هارولـد لاسويل " بانـه النفـوذ واصحاب النفوذ على اساس مفهوم القوة مفسرة بالجزاء المتوقع . امـا " الـدكتور كمـال المنوفي " فيخلص الى ان النظام السياسي هو مجموعة تفاعلات وشبكة معقدة من العلاقات الانسانية تتضمن عناصر القوة او السلطة او الحكم [42].

ان القاسم المشترك بين هذه التعاريف هو النظرة الى النظام السياسي باعتباره جزءا من نظام كـلي هـو النظـام الاجتماعـي او النظـام الـدولي، ولكـنهم يختلفـون في تحيـزهم للنظـام السـياسي بخاصية رئيسة، فنجـد "ايستون" يغلب ظاهرة القوة في توزيعها في مؤسسات النظام السياسي والسلوك الـذي تسـلكه جماعـات هـذه المؤسسات في سبيل صنع القرار السياسي، اما " لاسويل " فقد ركـز علـى مفهـوم النفـوذ، و" المونـد " يركـز علـى مفهوم الوظيفة ومايصاحبها من قوة تتضمن عنصر الجزاء، وركز " مكريدس"

على تحديد المشكلات واعداد وتنفيذ القرارات، و " دال " على السلطة ، و " المنوفي " على التفاعلات والعلاقات الانسانية.

وعلى كل فأنه يمكن تعريف النظام السياسي بأنه عملية تنظيم واحتواء النشاطات السياسية للافراد والجماعات ، بمعنى الانماط المتداخلة والمتشابكة الخاصة بصنع القرار السياسي في الجماعة السياسية، والتي تترجم اهداف وخلافات ومنازعات المجتمع الناتجة من خلال الهيكل التنظيمي الذي اضفى صفة الشرعية على القوة السياسية، وهو اطار ينتظم فيه اتجاه القوى السياسية اسهاما في العمل السياسي.

وتتأثر كيفية استثمار الدولة لامكاناتها المتاحة خدمة لاهداف سياستها الخارجية، بمدى كفاءة انجازها الحكومي وبضمنه الاداري، وحول نوعية تأثير نظام الحكم في السياسة الخارجية تتوزع الاراء على اتجاهين ، الاول يرى ان الحكومات الديمقراطية اكثر كفاءة على التعامل مع المتغيرات الدولية، اما الثاني فيؤكد ان الحكومات الشمولية اقل فاعلية في السياسة الدولية من غيرها، ذلك ان طبيعة الحكومات الديمقراطية تسمح بتبادل المعلومات والخبرات على نطاق واسع، الامر الذي يسهل في احيان، ادراك دلالات الاحداث الدولية على نحو عقلاني والتعامل معها بفاعلية، وتتميز سياسات معظم هذه النظم بالمبادرة والقدرة على التأقلم مع المتغيرات . بينما تعاني الدول الشمولية من معاضل عديدة، منها يرتبط باحجام المساعدين والمستشارين او في الاقل ترددهم عن رفد صناع القرار بما يختلف او يتقاطع وتصوراتهم لدلالة الحدث الدولي وكيفية التعامل معه. ومنها له علاقة بغياب حالة الاستمرارية والتواصل الذي يعني الاستمرار في السياسة الخارجية خصوصا عندما يتغير صانع القرار ، فالجديد يعمد ، نتيجة غياب التأثير المؤسساتي او ضألته ، الى احداث تغيير جوهري في السياسة الخارجية وعلى نحو يتقاطع جذريا مع توجهات سلفه. مما يفقد السياسة لجانب كبير من التراكم والموروث المنهجي والتقني.

ثالثا: شخصية صانع القرار

ان صنع السياسة الخارجية لاية دولة لايتحدد في ضوء تأثير العوامل المادية الموضوعية والعوامل المجتمعية فحسب – على الرغم من اهميتها – وانما لتفاعل دور وتأثير هذه العوامل مع متغيرات من نوع اخر ومختلف، هي المتغيرات المرتبطة بشخصية صانع القرار، ومع ان تأثير هذه المتغيرات يبدو اكثر وضوحا وبروزا، لاسيما في تلك الدول التي لم تتمأسس او التي ليس لمؤسساتها السياسية أي دور ، اولها دور ضئيل ، في عملية صنع السياسة الخارجية، لكن العديد من الدراسات المعنية في هذا الميدان ولاسيما الدراسات التجريبية [43] اكدت بان لصانع القرار في الدول المتقدمة اقتصاديا، سواء كانت هذه ديمقراطية ام تسلطية، تأثيرا في عملية صنع السياسة الخارجية لبلاده سواء في مرحلة انضاج البدائل او اختيار البديل السلوكي او القرار السياسي، او في حالة الرد على البدائل او المواقف التي تنقل له من البيئة الخارجية سواء من النظام الدولي او النظم الفرعية المناظرة " وتؤكد بعض شواهد التاريخ ان ارتقاء مكانة بعض الدول، او ديمومة محافظة بعضها الاخر على مركزها الدولي، قد جاء نتيجة للدور التاريخي لصناع قراراتها، باعتبار ان هؤلاء يتخذون القرارات نيابة عن دولهم ويصنعون من خلالها المتغيرات والاحداث البارزة ، ومن هنا يمكن تفسير ظاهرة اختلاف انماط تصرف الدول المتشابهة في خصائصها عن بعض، او تباين قرارات ومواقف عدد من صانعي القرارات عند تفاعلهم مع موقف من نمط محدد.

1. خصائص وسمات صانع القرار :

يعود الاهتمام بالخصائص والسمات الشخصية لصناع القرار ودورها واثرها في اتجاهات قراراتهم، الى نمو الادراك لاثر تلك المجموعة من المحددات اللاشعورية في سلوك الفرد عموما وفلسفته وسياساته عندما يتولى وظيفة قيادية خصوصا، لذا يمكن القول ان استشفاف اثر شخصية صانع القرار، والمتغيرات المؤثرة في تكوينها يشكلان المفاتيح الاساسية لفهم استراتيجية حركته حيال غيره وادوات ترجمة اهدافها الى واقع فعلي [44].

ونظرا لان الخصائص والسمات الشخصية لصانع القرار تمثل انعكاس لتكوينه النفسي ـ وبالاتجاه الـذي يدفعه الى اعتماد سياسات وانماط سلوكية محددة تتماشى وطبيعتها ، تختلف شخصيات صناع القرار عـن بعـض بالضرورة ... وهو ما دفع عدد من المختصين الى تصنيفهم عـلى وفق عـدة نمـاذج ، فيرى " اوتـوكلاين بـيرك " امكانية توزيعهم الى فئات ثلاث، هي : المستبد والديمقراطي والمتساهل . اما " رينوفان ودروزيـل " فيصـنفونهم الى خمسة نماذج ، يجمع كل واحد منها بين شخصيتين متناقضتين احياناً ، وهي: اولا . العقائـدي ـ الانتهـازي، وثانيا . المناضل ـ المصلح، وثالثا . المثالي ـ المصلحي ، ورابعا. الصلب ـ الخيالي ، واخيراً المقامر ـ الفطين . وهناك من يصنفهم ثلاثيا ، الى : الرجل المتسلط ، وصاحب العقل المنفتح ، والحريص على تأكيد الذات . وهناك تصنيف اخر يرى ان شخصيات صناع القرار تتوزع على ستة مجاميع مختلفة في خصائصها الفردية ، مصنفة ثلاثيا الى : اولا. الشخصيات النظامية ـ او الفردية، وفي الوقت الذي تتجه الشخصية النظامية الى ايلاء تـأثير النظام الـدولي في سلوك صانع القرار اهمية عالية، تحاول الشخصية الفردية تأكيد دورها وتأثيرها في حركة النظام الدولي، ثانيـا. شخصيات الصقور ـ او الحمائم، فبينما لاتتوانى الاولى عن استخدام القوة باشكالها المختلفة لحل المشاكل التـي تواجهها ، تعمد الثانيـة الى تفضيل اللجـوء الى الادوات السلمية للغرض ذاته ، ثالثا. الشخصيات المرنة ـ او المنغلقة ، فبينما تتميز الاولى عن الثانية بانفتاحها على المعلومات والافكار واستعدادها الى تغيـير انمـاط سـلوكها بما يتماشى مع المواقف المستجدة ، تكون الثانية عاجزة عن فعل ذلك[45].

2. معتقدات صانع القرار :

تعد العقائد الفلسفية لصانع القرار بمثابة احد ادوات الادراك الاساسية له، وحلقـة الوصـل بينـه وبـين بيئته الخارجية، والمحدد الدافع به نحو صياغة اهداف واستراتيجيات متوسطة وبعيدة المدى، وفي ضوءها فضلا عن عوامل اخرى يقوم بتقييم مواقف وسياسات اصدقاءه وخصومه. وبالاضـافة الى هـذا الـنمط مـن العقائـد، هناك

131

عقائد ادائية، تمثل مجموعة العقائد التي ينطلق منها صانع القرار في عملية اختياره لبدائل حركته اللاحقة، وفي تحديد اسلوب تعامله السياسي مع غيره، أي الادوات التي يولي مسألة استخدامها اولوية خاصة عند تفاعله مع غيره كالدبلوماسية العلنية او السرية، او الاداة الدعائية او العسكرية. ولخصائص اسلوب العمل السياسي الخارجي لصانع القرار تأثيرا مركبا على العاملين معه فهي تدفع بهم الى التأقلم او التكيف معها لابقاء قنوات اتصالهم مفتوحة به من ناحية، وتدفع بصانع القرار الى اختبار اولئك العاملين بمعيته من بين الـذين يتميزون بخصائص اساليب عمل مماثلة او مكملة لاساليبه من ناحية اخرى [46].

3. درجة اهتمام صانع القرار بالشأن الدولي :

تتباين درجة اهتمام صانعي القرار بالسياسة الدولية، وتتراوح بين الانغماس والاهتمام البسيط ، وتبعا لذلك يتباين مدى ودرجة مشاركة صانعي القرار في تخطيط وتنفيذ السياسة الخارجية لـدولهم. فبينـما يـذهب صناع القرار احيانا وخاصة ذوي الاهتمام البسيط الى تفويض غيرهم بصنع السياسـة الخارجيـة وادارتها نيابـة عنهم، يذهب ذوي الانغماس المكثف الى المشاركة الفاعلة فيها، وقد تفضي هذه المشاركة الفاعلة الى نتيجتين:

النتيجة الاولى : تحول السياسة الخارجية الى اداة لتحقيق انجازات سياسية شخصية كدعم الهيبة الداخلية بعناصر اضافية ، او احتواء الفشل الداخلي عبر انجاز خارجي.

النتيجة الثانية: لجوء صناع القرار الى التعامل السريع مع الاحداث السياسية الدولية، مع ورود احتمال ان ينطوي ذلك على احتمالية فقدان الرؤية الصائبة والادراك السليم والتقـويم الـوافي لطبيعـة الحـدث الـدولي وكيفية التعامل معه.

وترجع دوافع الاهتمام المكثف لصناع القرار في السياسـة الدوليـة الى جملـة عوامـل نفسـية واخـرى مساعدة لعل ابرزها يتمثل فيما يلي [47] :

أ.   كيفية وصول صانعي القرار الى قمة الهرم السياسي في دولته، اذ تدفع السبل غير التقليدية الى ان يكون اهتمامهم مكثفاً ومشاركتهم في عملية صنع القرار وتنفيذها عالياً.

ب.   تمتع صانع القرار بسمة الكاريزما.

ج.   درجة معرفة صانع القرار بالسياسة الدولية، ورغبته في اتقان اليات الحركة – الفعل والاستجابة – واستثمار عامل الزمن والعوامل المساعدة لادارة سياسة خارجية فاعلة وهادفة باقل الكلف.

لعل ماتقدم يدعو الى التأكيد على مسلمتين اساسيتين :

المسلمة الاول : ضرورة دراسة الافكار والرؤى النظرية والخصائص والسمات الشخصية لصانعي القرار ، قبل التعامل معهم، وذلك لاحتمال انعكاسها على حركته السياسية الخارجية اللاحقة.

المسلمة الثانية: كلما قلت او زادت معرفة صانع القرار بالواقع السياسي الدولي، زاد او قل ، تبعا لذلك اثر الخصائص والسمات الشخصية لصانع القرار على استراتيجية حركته في الشأن الدولي.

4.   خبرات صانع القرار وتجاربه السابقة :

هي المواقف والادوار والتجارب في الشأن الدولي التي عاشها صانع القرار وتفاعل معها، سواء بصورة مباشرة او غير مباشرة. وبطبيعة الحال يختلف صانع القرار الذي لديه خبرة وممارسة ودور في التأثير في صياغة الاحداث الدولية والتعامل معها قبل ادائه لوظيفته القيادية او في اثنائها عن غيره ممن يفتقد لهذه المزايا. ومن دون شك فان الاول نتيجة لما يتمتع به من مزايا الخبرة والتجربة والادوار السابقة يعتبر اكثر قدرة على فهم ابعاد لعبة الامم وصياغة سياسة خارجية فاعلة.

ومن بين المختصين في الشأن الدولي من يذهب القول ان السياسة الخارجية هي موضوع لايستطيع سوى اصحاب الدراية والخبرة ادارته وتقدير مضامينه ونتائجه حق تقدير ، ويقولون ايضا لا اخطر على مصالح الدولة من ان يكون صناع قراراتها

من الهواة او المغامرين ، فسوء التقدير في السياسة الخارجية هو اخطر من سوء التقدير على صعيد السياسة الداخلية ، فالاول يهدد الامن القومي للدولة تهديدا حقيقيا وجديا[48]. وتجدر الاشارة الى ان اهمية الخبرة والتجربة لدى صانع القرار تبدو اكثر وضوح في معالجة المواقف التي تنطوي على قدر من الغموض والتي تتسم بالتعقيد ، كمواقف الازمات الدولية، وتتجلى الخبرة والتجربة هنا في القدرة الدينامية على توظيف المدركات خدمة لعملية المواءمة بين المعلومات المتوفرة - على الرغم من ضآلتها احيانا - والبدائل المتاحة، وبما يقود الى حل الازمة بنجاح ، وهو مايسهم في ارساء دروس جديدة في اطار خبراته وتجاربه التي تخدم حركته اللاحقة حيال المواقف المستجدة . ويمكن ان يكون لذلك اهمية اكثر عمقا واتساعا في حالة تفاعله مع مايمكن تسميته بقاعدة التبادل السلوكي بين الدول . لذا ينبغي التأكيد هنا بأن الدور السياسي الخارجي الذي تنجزه الدولة في علاقاتها مع نظيراتها يتماثل لمفهوم صانع القرار لهذا الدور من ناحية ، وان لنوعية المواقف السياسية الخارجية التي يتعامل معها صانع القرار تأثير في كيفية ادراكه لدور بلاده من ناحية ثانية. ولانها ادركت ان هذه المواقف تتوزع رباعيا على مواقف الصراع والتدخل والمساعدة والتعاون ، فقد اكدت ان السلوك السياسي الخارجي للدولة هو عبارة عن محصلة لمدركات (خبرات وتجارب) صانع القرار متفاعلة مع سجل علاقات الصداقة والعداء بين دولته ودولة (او دول) اخرى ، يضاف الى ذلك نوعية حاجتها لغيرها، وقدرتها النسبية بالمقارنة مع قدرات غيرها [49].

هوامش الفصل الرابع

(1)   د. مازن اسماعيل الرمضاني ، السياسة الخارجية – دراسة نظرية ، مصدر سبق ذكره ، ص 149.

(2)   المصدر نفسه ، ص 151-156.

(3)   المصدر نفسه ، ص 164.

(4)   Norman D.Palmer.Howard C.Perkins, Internationl Relation, 3rd , ed, Boston : Houlition Mifflen Company,1969, P.15.

(5)   John Spanier , Games Nations Play, 6th edition, (Washington, D.C, Congressional, Quarterly, Ine., 1987), P.455.

(6)   د.مازن اسماعيل الرمضاني ، المصدر السابق، ص 324-325.

(7)   د. عبدالخالق عبدالله، التبعية والتبعية الثقافية، مناقشة نظرية، المستقبل العربي، العـدد 83 (بـيروت ، م.د.و.ع، 1988) ، ص19.

(8)   جمال قنان ، نظام عالمي جديد ام سيطرة استعمارية جديدة، المستقبل العربي، العـدد 180، (بـيروت، م.د.و.ع، 1994) ، ص 83.

(9)   د. مازن اسماعيل الرمضاني ، المصدر السابق ، ص 188.

(10) د. هاني الياس الحديثي ، مصدر سبق ذكره ، ص 18-19.

(11) W.F.Ogburn , ed. Technology and International Relations, Chicago, 1949.

(12) د. مازن اسماعيل الرمضاني ، المصدر السابق ، ص 199-202.

(13) د. كاظم هاشم نعمة ، مصدر سبق ذكره ، ص 143.

(14) Henry Kissinger, Domestic Structure and Foreign Policy , in James Rosenau, International Politics and Foreign Policy , Op cit, P.261.

(15)   James Rosenau, The Scientific Study of Foreign Policy, Op cit ,p.129.

(16)   Michael P.Sullivan, International Relation : Theories and Evidence (Englewood Cliffs, N.J.:
                                                                                Prentic-Hall, 1976). P.105.

(17)   د. مازن اسماعيل الرمضاني ، المصدر السابق ، ص 206.

(18)   المصدر نفسه ، ص ص 207-208.

(19)   انظر :   Karl W.Deutsch, Op cit, P.83 .

وكذلك :   F.H.Hartmann, Op cit, P.60.

(20)   Gabriel Almond and Sydney Verba , Civic Culture, (Princeton University , Press 1, 1963).

(21)   Maurice Duverger, Sociologie de la Politique, P.121.

(22)   د. صادق الاسود ، علم الاجتماع السياسي ، اسسه وابعاده، بغداد ، (دار الحكمة للطباعة والنشر
          1991) ، ص 327.

(23)   د. مازن اسماعيل الرمضاني ، المصدر السابق ، ص 210.

(24)   د. ثامر كامل محمد ، النظم السياسية الحديثة والسياسات العامة ، دراسة معاصرة في استراتيجية ادارة
          السلطة ، (عمان ، دار مجدلاوي للنشر والتوزيع ، 2004) ، ص 126.

(25)   James N.Rosenau, Op cit, P.21.

(26)   Michael P.Sullivan, Op cit , P.P. 379-380.

(27)   Ibid, P.131.

(28)   د. اسامة الغزالي حرب ، الاحزاب السياسية في العالم الثالث ، سلسلة عالم المعرفة ، 117 (الكويت ،
          المجلس الوطني للثقافة والفنون والاداب، 1987)، ص5.

(29)   د. مازن اسماعيل الرمضاني ، المصدر السابق ، ص ص 217-218.

(30)   د. ثامر كامل محمد ، المصدر السابق ، ص 114.

(31)   د. مازن اسماعيل الرمضاني ، المصدر السابق ، ص ص 221-222.

(32)   المصدر نفسه، ص 224.

(33)   الدكتور احمد بدر ، الرأي العام ، طبيعته وتكوينه وقياسه، (القاهرة ، مكتبـة غريـب ، 1977)، ص ص
48-49.

(34)   Floyd Allport , Towards ascience of Public Opinion, (Public Opinion Quarterly Vol.1, No.
1, P.23 Junuary , 1937).

(35)   P.M.H.Bell , War, Foreign Ploicy and Public Opinion, (The Journal of Strategic Studies,
vol. 5. No.3, Sept. 1982).

(36)   د. مازن اسماعيل الرمضاني ، المصدر السابق ، ص ص 231-232.

(37)   د. ثامر كامل محمد ، المصدر السابق، ص ص21-22.

(38)   David Easton , Aframe Work for Political Analysis, (N.J: Prentice – Hall Inc., 1965) , P.57.

(39)   Gabriel Almond, Afunction al Approach to Comparative, Politics , in Gabriel Almond and
James Coleman , eds Politics of the Developing Areas (N.J: Princeton University Press,
1960), P.6.

(40)   Roy Macridis, The Search For Focus , in Roy Macridis and Bernerd Brown, eds.
Comperative Politics, Notes and Reading (Illinois the Dorsey Press, 1972).

(41)   Robert Dahl , Modern Political Analysis, (Englwood Cliffs, New Jersey , 1970), P.P. 6-9.

(42)   د. كمال المنوفي، اصول النظم السياسية المقارنة، ط1، (الكويت، شركة الربيعان للنشر والتوزيع، 1987)
، ص 40.

(43)   Michael P.Sullivan, Op cit, P.P.30-38.

(44)   د. مازن اسماعيل الرمضاني ، المصدر السابق، ص 295.

(45)   المصدر نفسه، ص ص 296-297.

(46)   المصدر نفسه، ص ص 299.

(47)   المصدر نفسه ، ص ص 301-302.

(48)   المصدر نفسه ، ص 304.

(49)   المصدر نفسه ، ص 308.

الفصل الخامس

الاهداف والمصالح الوطنية في العلاقات الدولية

المقدمة :

غالباً ، ترتبط الاهداف بالنوايا والدوافع التي تحاول الدولة التستر عليها وعدم الافصاح عنها، وهو مايجعل تتبعها وتحديدها امرا ينطوي على صعوبة احيانا، ويخضع للاجتهاد اكثر مما ينبني على الحقائق المؤكدة والثابتة، في احيان اخرى ، ولعل مرد ذلك يعود الى طبيعة الفارق بين ماتعلنه الدول من اهداف وبين ماتعتنقه منها في الواقع، او بين مايقال وماتهدف تصرفات الدولة الى انجازه فعلا، وفي سياق محاولة فهم الاسلوب الذي تتعامل به الدول مع بعضها ينبغي ادراك امرين مهمين: [1]

الاول: الاهداف التي تسعى الدول الى تحقيقها والمصالح التي تعمل على حمايتها.

الثاني: الامكانيات والقدرات التي في متناولها والتي تعد ضرورية لبلوغها اهدافها، وبمعنى اخر مدى التناسب بين عاملي الاهداف والامكانيات، ذلك انه بمقدار هذا التناسب تتحدد مقدرة الدولة على تحقيق الاهداف الخارجية التي تقررها لنفسها.

ان ما وددنا التركيز عليه هنا هو ان الدول عندما تسعى الى تحديد احد انماط حركتها في العلاقات الدولية، فانها تحرص بالدرجة الاساس على تحديد هدفها بوضوح، لادراك صانعي القرارات بان لكل خطة هدف ولايوجد عمل دون وجود باعث عليه. فما هو معنى الاهداف والمصالح الاساسية؟ وكيف يتم تصنيفها ؟ وماهي المعايير التي تحدد اختيارها ؟ وكيف تتم صياغتها؟

اولا: في معنى الاهداف والمصالح الاساسية

1.   في معنى الاهداف الاساسية :

تناولت عدد من طروحات واراء الاكاديميين والمختصين معنى الاهداف الاساسية، وهي وان تباينت في سياقها للتفاصيل لم تختلف من حيث الجوهر. والاهداف لاتنشأ من فراغ وهي ليست عملية مجردة، وانما تتحدد بمقتضى مؤثرات وظروف توضح الاطار العام للهدف والوسائل اللازمة لتنفيذه.

وفي هذا المعنى يعرف " الدكتور اسماعيل صبري مقلد " الهدف السياسي على انه (وضع معين يقترن بوجود رغبة مؤكدة لتحقيقه من خلال تخصيص ذلك القدر الضروري من الجهد والامكانيات التي يستلزمها الانتقال بهذا الوضع من مرحلة التصور النظري البحت الى مرحلة الوجود او التحقق المادي) [2]. ويذهب "هولستي" الى تحديد معنى الاهداف بدلالة الظروف المستقبلية التي تتطلع الحكومات عبر صناع القرار الى ايجادها من خلال ايقاع تأثيرات خارجية تضمن تغيير سلوك الدول الاخرى او الابقاء عليه [3]. وهناك من يرى ان الاهداف تمثل محصلة التطلعات التي تتبناها الحكومات في محاولتها التأثير على البيئة الدولية [4].

وفي ضوء بعده المستقبلي يفهم الهدف السياسي الخارجي على انه الحالة المستقبلية التي يطمح صانع القرار، مدعوما بالقدرات التأثيرية لدولته، الى ترتيبها خارج حدودها السياسية، خدمة لمصلحتها الوطنية، وهو بهذا المعنى يسهم في اضفاء البعد المقصود للحركة السياسية الخارجية بمعنى لايمكن تصور سياسة خارجية تخلو من اهداف تسعى الى انجازها [5].

ويرى " اوركانسكي " (ان الاهداف يمكن ان تكون محددة وتتسم ببساطة تفسيرها، ويمكن ان تكون عامة وتتسم بالغموض وربما التضليل، ومن وجهة نظرة ان للهدف العام اهمية تفوق الهدف المحدد، لانه قابل للتفسير على عموميته وبالشكل الذي

يرضي الجميع اولا، ويمكن ان يربك الاعداء ثانيا، ويخدم اغراض النفاق الاجتماعي على مستوى الدول) [6].

وتجدر الاشارة الى ان الاهداف السياسية الوطنية المعلنة ليست بالضرورة هـي الاهـداف الحقيقيـة، اذ ان الدول غالبا ولغايات سيادية خاصة، تتستر على اهدافها الحقيقية. وهو مايضاعف مـن اهميـة الكشـف عـن تلك الاهداف سواء كانت عائدة لدول صديقة او معادية، لتسهيل مهمة التعامـل معهـا في الزمـان والمكان دون الكلف التي قد تنجم عن احتمالات المناورة او المباغتة.

وفي حالة تعذر امكانية كشف الاهداف الحقيقية لانماط حركة الدول في الشأن الدولي ولاسيما الخصوم منهم، فيمكن اللجوء الى استقراء الاهداف المعلنة لصانعي السياسة الخارجية وتحليل دوافع طروحـاتهم المعلنـة عبر فترة زمنية طويلة نسبيا، وذلك بهدف الاقتراب من معرفـة الاهـداف التـي تمـت تعبئـة الامكانيـات والمـوارد السياسية لتحقيقها باعتبارها تمثل الاهداف الحقيقية. لذا يمكن القول ان الاهداف الوطنيـة التـي مـن الاهميـة بمكان تحليلها تنطوي على ابعاد رئيسية ثلاثة:

أ.   ان يكون الهدف الوطني محل اهتمام ومشاركة غالبية مقبولة من مواطني الدولة.

ب.   الحكومة الوطنية تكون مسؤولة عن تبني الهدف الوطني، وتأمين الدعم والامكانيات اللازمة لتحقيقه.

ج.   يكون الهدف موجها الى الدول الخارجية بقصد احداث اثر سياسي محدد.

2.   في معنى المصالح الاساسية:

لقد تباين - تاريخيا ، جوهـر مفهـوم المصلحـة الوطنيـة بـين انصار مدرستـين هـما المدرسـة الواقعيـة والمدرسة السلوكية : [7]

أ. **المدرسة والواقعية**: يستخدم انصار هذه المدرسة مفهوم المصلحة الوطنية للدلالة على نوعين عامين منها، هما المصالح الخاصة بدولة معينة، والمصالح المشتركة بين دولتين او اكثر، ويصنفون المصالح الخاصة الى المصالح الاساسية والثانوية، والمصالح الدائمة والمتغيرة، والمصالح العامة او الخاصة. وكذلك يصنفون المصالح المشتركة الى المصالح المتشابهة ، والمصالح غير المتعارضة ، والمصالح المتعارضة [8].

وقد رأى انصار هذه المدرسة ان واقع الدولة السائد خلال فترة زمنية محددة يعكس نوعية امكانياتها الموضوعية والذاتية ، وان محصلة التفاعل بين مفردات هذه الامكانات هي التي تحدد المصلحة الوطنية للدولة وتتحكم في نوعية سياستها الخارجية، وبدلالة هذا المفهوم التحليلي يذهب انصار هذه المدرسة الى اعتبار كل سلوك سياسي خارجي يرمي الى تحقيق هدف معين ينبع من مصلحة الدولة واداته الاساسية هي القوة، ولذلك ربطوا بين القوة والمصلحة، وفي ذات السياق اكدوا بان كل مايؤدي الى تحقيق المصلحة يؤدي الى تنمية قوة الدولة، وان كل مايؤدي الى تنمية قوة الدولة يؤدي الى تحقيق مصلحتها [9].

ب. **المدرسة السلوكية**: تفهم المصلحة الوطنية على وفق رؤية ذاتية، وبدلالة ماتقرره الامة من خلال صناع قراراتها [10]. فقد اكد انصار هذه المدرسة ان انماط السلوك السياسي الخارجي وماتعكسه من افعال في اطار البيئة الدولية، تعتبر افضليات ذاتية تتغير تبعا لتغير قيم مجتمع هذه الدولة وحاجاته وتطلعاته. لقد كانت المصلحة الوطنية ومازالت تمثل حجر الزاوية في حركة صناع القرار والادوات التنفيذية في الدولة ، والعامل الاساس في تحديدهم لنوعية علاقات دولهم مع نظرائها في البيئة الدولية اقترابا وابتعاداً . وتنبع قيمة المصلحة الوطنية

بالنسبة لكافة الدول انطلاقا من كونها تمثل الاطار الموضوعي الذي تستند اليه انماط السلوك الخارجي للدول بعضها حيال البعض الاخر من ناحية ، فضلا عن انها يمكن ان تستخدم من قبل صناع القرار لاضفاء الشرعية على افعالهم، وكذلك التنبؤ بالافعال السياسية الخارجية للدول الاخرى ، من ناحية ثانية.

ويمكن تقييم مضمون المصلحة الوطنية انطلاقا من معيارين :

الاول : قيمي ، ويؤكد مجموعة الغايات التي تهدف الدولة الى تحقيقها وانجازها من خلال علاقاتها الدولية.

الثاني: تاريخي ، ويتضمن العودة الى التاريخ لاستشفاف السياسات التي انطلقت منها الدولة سابقا في تفاعلاتها مع غيرها.

في ضوء مجمل ماتقدم يمكن فهم المصلحة الوطنية على انها مجموعة القيم الاجتماعية التي تعمل الدولة من خلال صناع قراراتها لجعلها متحققة وما مونه ومحمية خلال عملية تفاعلها مع غيرها من الدول [11].

وتتميز المصلحة تبعا لهذا التحليل بالدينامية النسبية أي ان مضامينها على استعداد للتغير تبعا لما قد يحصل من تغيير في البيئة الداخلية والخارجية لصانع القرار، كما ويتبع هذا التغيير الذي قد يطرأ على مضامين المصالح الوطنية تغير بالنتيجة في علاقات الدولة مع غيرها. وذلك لان الدول تبني علاقاتها مع غيرها على وفق منطق التعاون او الصراع تبعا لحركة مصالحها. وبما ان العلاقات بين الدول لاتنطلق فقط من ضرورات التعاون فقط او الصراع فقط ، فهي اذن تجمع في آن واحد بنسب ودرجات مختلفة، بين التعاون والصراع، او بين الصراع والتعاون وذلك تبعا لمدى اقتراب مصالحها وافتراقها عن بعض في الزمان والمكان [12]. والدولة عندما تسعى الى تحقيق مصالحها الوطنية او حمايتها، فانها تعمد الى ضمان عناصرها بما يتطلب اضفاء بعض التعديلات على مضامينها الواسعة والمجردة بمعنى اعادة صياغة وتبويب اهدافها السياسية الخارجية.

ثانيا: تصنيف الاهداف والمصالح الوطنية [13]

بسبب من تباين تطلعات الدول واهتماماتها، وتباين نظمها السياسية، تتباين اهدافها ومصالحها وافضلياتها في سلم اسبقيات الدول، ويعزز من ذلك التباين، اختلاف زاوية الرؤيا لدى رواد المدارس الفكرية عند نظرتهم او تصنيفهم للاهداف والمصالح الوطنية. فبينما اكد " موركنثاو " على ان الهدف الاول والاخير للدول كافة يكمن في الحصول على القوة [14]. يرى " كندرمان" بان للدول اهداف اساسية ترتبط بتطلعاتها نحو ضمان امنها، واهداف ثانوية تمثل الادوات وحلقة الوصل لانجاز الاهداف الاساسية . ويصنف "هولستي" الاهداف الوطنية الى اهداف القيم والمصالح الاساسية، واهداف متوسطة المدى واهداف بعيدة المدى [15]. وهناك من يصنفها الى اربعة انواع: دفاعية، واقتصادية، واهداف ذات علاقة بالنظام الدولي، او الايديولوجية السائدة . وقد قسم " روبرت اوسجود" الاهداف الوطنية الى فئتين : [16]

1. فئة الاهداف التي تخدم المصالح القومية او الذاتية للدول : (Golas of National Self -Interest) ، ويدخل ضمنها : الامن ، والحفاظ على الوجود الوطني، ودعم وتنمية كل مايدخل في اطار المصالح الحيوية للدولة ، وخلق الاوضاع التي تمكن الدولة من ان تمارس سياسة خارجية مستقلة، وبسط النفوذ والتوسع في مختلف مظاهره (سواء بزيادة القوة او الثراء) .
2. فئة الاهداف الوطنية ذات النزعة المثالثة : (Goals of National Idealism) كالراغبة في دعم السلام العالمي، ودعم حكم القانون والعدالة الدولية، والعمل من اجل الحرية والرفاهية الانسانية.

وهناك تصنيف اخر للاهداف الوطنية يقدمه " أرنولد ولفرز" على الشكل التالي:[17]

1. الاهداف التي تخص الدولة بصفة اساسية (Possession Goals) ، والاهداف التي تتعدى الدولة لتحدث تأثيرات في دائرة اوسع نسبيا، والاولى: تنطلق من القيم التي تؤمن بها الدولة وماتعكسه هذه القيم على سلوكها فيما يتعلق بحقوقها وقوتها

وسيادتها واقليمها، اما الثانية فهي تتبلور في اطار البيئة الدولية السائدة، كالدعوة لحفظ السلام ، ونزع السلاح ، ومنع الانتشار النووي، واحترام القانوني الدولي.

2. الاهداف الوطنية المباشرة (Direct National Goals) ، والاهداف الوطنية غير المباشرة (Indirect National Goals) الاولى توفر استفادة مباشرة واساسية مثل الاستقلال السياسي والسيادة ، اما الاهداف غير المباشرة فهي يمكن ان تتضمن تحقيق مستوى من الرفاهية .

3. الاهداف التي تقوم على التوسع (Goals of National Self-Extension) ، وتحاول تغيير الوضع القائم بالتركيز على عامل القوة كأداة لتحقيقه، والاهداف التي تسعى للمحافظة على كيان الدولة (Goals of National Self-Preservation) ، وتحاول الابقاء على الوضع القائم دون تغيير وتركز بدرجات متفاوتة من الاهمية على القوة كاداة لتحقيقه. والاهداف التي تقوم على انكار الذات (Goals of National Self-Abnegation) ، وتتضمن اهداف مثالية مثل العدالة ونشر القيم الحضارية، ولاتعول على القوة كاداة لتحقيقها.

ونظرا لان الدول تسعى الى تحقيق اهداف سياسية متنوعة، ولما شهدناه من تعدد التصنيفات بشانها وكذلك تعدد المعايير، ونتيجة للرغبة في ايجاد معايير اوسع مضمونا واكثر تحديداً، فقد ذهب بعض المختصين الى التمييز بين هذه الاهداف ، اما تبعا لمعيار واحد : كالاهمية، او البعد الزمني، او الطبيعة، واما انطلاقا من مجموعة هذه المعايير متفاعلة. وهو ماوفر امكانية تحديد مجموعتين من الاهداف وكما يلي: اهداف استراتيجية عليا، واهداف استراتيجية متوسطة، وتعد الاهداف الاستراتيجية هي الاعلى من حيث القيمة والاعلى في سلم اهتمامات صانع القرار، وبسبب من ذلك لاتتردد الدول عن التضحية ، مؤقتا، بغيرها من الاهداف من اجل ضمان ديمومتها [18] .

1. الاهداف الاستراتيجية العليا:

ويقصد بها تلك الاهداف التي تحظى بالاجماع او شبه الاجماع على ضرورة العمل على انجازها، وذلك لعلاقة هذه الاهداف بمتطلبات حماية الدولة وعناصر امنها الوطني ، وتبعا لاهميتها تلك فهي غير قابلة للمساومة عليها او التخلي عنها من ناحية ، ولاتمانع الدول من الدخول في حروب من اجل حمايتها او الدفاع عنها من ناحية اخرى [19].

2. الاهداف الاستراتيجية المتوسطة :

وتتمثل في زيادة القدرة التأثيرية، وتحقيق الرفاهية الاقتصادية والاجتماعية ونشر الاهداف القيمية، وتكريس الهيبة والسمعة الدوليين. وهي لذلك تقع في سلم الاولويات والافضليات بعد الاهداف الاستراتيجية العليا، وتتسم بثبات اقل من تلك الاهداف التي تعلوها ، وهي وان تسعى الدول بمثابرة من اجل تحقيقها، فقد لاتجد نفسها مضطرة الى الدخول في حروب مع غيرها لاجل ذلك.

استنادا لجملة ماتقدم وعلى الرغم من اهمية التصنيفات السابقة الذكر للاهداف والمصالح الوطنية، ولمعالجة الاشكال الناجم عن التداخل بين هذه التصنيفات ، سوف نعرض التصنيف الذي قدمه " الدكتور اسماعيل صبري مقلد" بشأن اهم الاهداف الوطنية على النحو التالي [20]:

1. حماية السيادة الاقليمية ودعم الامن القومي باقصى ماتسمح به القدرات والطاقات المتاحة لديها سواء ماتعلق منها بقوتها الذاتية او بهذه القوة مضافا اليها جانب من قوة الدول الاخرى.

ويدخل في صميم هذا الهدف المحافظة على الكيان الاقليمي للدولة وعدم التفريط فيه للدول الاخرى مهما بلغت الضغوط التي تتعرض لها، هذا من ناحية، ومن ناحية اخرى السعي الى التغلب على التهديدات الموجهة ضد القيم او المصالح التي

تعتبر حيوية لامن الدولة او لكيانها القومي، وكذلك المحافظة على النظام السياسي، اذا ماكان هذا النظام يمثل معنى خاصا بالنسبة لشعب هذه الدولة [21].

2. تنمية قوة الدولة الوطنية: وتنبع اهمية هذا الهدف من سعي الدول على ان تكون لها السلطة المطلقة على كل مايتعلق بحقها في تقرير مصيرها بعيدا عن الضغط والتحكم الخارجي، وهو مايتطلب سعيها لتنمية مقدراتها وامكانياتها من القوة التي تمكنها من الحفاظ على نظامها السياسي وكيانها الوطني ضد الضغوط والتهديدات التي قد تتعرض لها من الخارج .

ونظرا لان الدول غالبا، تحتل مواقع مختلفة ومتباينة في الهرمية الدولية وفي الهيكل العالمي لعلاقات القوى ، فان هذا التوزيع النسبي لامكانيات الدول من القوة يحدد بشكل هام سلوكها في البيئة الدولية ، وذلك لان ادراك الدول لحقائق قوتها النسبية هو الذي يجعلها تحدد اهدافها الوطنية على هذا النحو او ذاك، وترتيبها في سلم اهتمامات واسبقيات صناع القرار ، وبما يتفق قدر الامكان مع ماتسمح به مواردها من عناصر القوة الوطنية [22].

3. تنمية مصادر الثروة الوطنية: يمثل هذا الهدف قيمة جوهرية تسعى الدول من خلال صانعي قراراتها الى بلوغها لكي تكفل لابناء شعبها مستوى لائق من المعيشة ، وغالبا ينظر الى الثراء المادي على انه مؤشر لنفوذ الدولة في البيئة العالمية وان ارتفاع مستوى دخل الافراد يمكن ان يكون نتيجة لتنمية مصادر الثروة الوطنية لدولهم.

وتجدر الاشارة الى ان القوة والثروة الوطنية يمكن ان يكمل احدهما الاخرى والى حد كبير، فثروة الدول ممثلة في زيادة دخلها وانتاجها القومي يمكن تحويلها الى قوة فاعلة من الناحية العسكرية، ذلك ان الدولة التي تتمكن من خلق قاعدة للتصنيع الثقيل يمكنها ان تحول هذه القاعدة وقت الضرورة الى الانتاج الحربي، لذا يصعب احيانا القرار حول ما اذا كان الهدف من سلوك دولة ما هو زيادة ثروتها او قوتها

او الحصول على الاثنين معا، بمعنى ان الثراء يمكن ان يفضي الى ركيزة للقوة، والقوة يمكن ان تدعم من مقدرة الدولة على زيادة ثرائها [23].

4. الدفاع عن قيم وايديولوجية الدولة : وهو احد الاهداف التي تنطوي عليها سياسات الكثير من الدول ، انطلاقا من دلالات هذه القيم والمعتقدات الايديولوجية في البيئة الداخلية لصانع القرار وماتعكسه من توجهات على حركته الخارجية، بمعنى ان الامر قد لايقف عند حد تدعيم ايديولوجية الدولة وحمايتها من محاولات الاستهداف والتقويض الموجهة ضدها من الخارج، وانما قد يتعداها الى محاولة ترويج هذه الايديولوجية ونشرها بكل الوسائل في البيئة الدولية. ويبدو في حالات معينة شدة الارتباط بين قدرة الدولة على تدعيم امنها القومي وبين قدرتها على ترويج ايديولوجيتها وفلسفتها وقيمها لدى الدول الاجنبية وخاصة اذا ماكانت لتلك الدول بالذات تأثيرات استراتيجية معينة على ظروفها واحتياجاتها الامنية [24].

5. الاهداف الثقافية والحضارية: بمعنى سعي الدول من خلال صانعي قراراتها ووسائلها المختلفة الى دعم تراثها الثقافي والمحافظة عليه، وذلك لانه يمثل احد المقومات الهامة التي تستند اليها في اثبات وجودها ودورها الثقافي والحضاري في البيئة الدولية.

وتجدر الاشارة الى ان لهذا النمط من الاهداف دور وتأثير في علاقات الدول الخارجية، انطلاقا من محاولتها وعبر وسائلها المتاحة لصيانة تراثها الثقافي والحضاري والمحافظة عليه من احتمالات الغزو الثقافي الخارجي ومحاولات الاستهداف من ناحية، وكذلك محاولة الدول تصدير واشاعة ثقافتها عبر حدودها تمهيداً لفرضها او التأثير من خلالها بما يخدم مصلحة الدولة الوطنية وتطلعاتها في البيئة الدولية.

ثالثا: المعايير التي تحدد اختيار الاهداف الوطنية

قد يصعب بدقة تحديد المعايير التي على وفقها يتم اختيارالدول عموما لاهدافها الوطنيـة، وذلك لتباين امكانيات هذه الدول من حيث القوة والثروة والمكانة والموقع ضمن الهيكلية الدولية لموازين القوى، لـذا فقد ذهب خبراء العلاقات الدولية الى تحديد احكام اجتهادية في هذا الشأن افضت الى التوصل الى ثمة معـايير عمومية يعتقد بانها يمكن ان تتحكم في تقرير الاهداف الوطنية ومن اهم هذه المعايير الاتي:

1. سمات الشخصية الوطنية للدولة :

هناك اراء تذهب الى ان هذه السمات تمثل اقوى المعايير التي تحدد اهداف الدولة الوطنية وتوجهاتها ضمن البيئة الدولية ، وتنطلق هذه الاراء من ثلاثة افتراضات رئيسية هي : [25]

أ. ان مواطني أي دولة تجمعهم خصائص سيكولوجية مشـتركة تجعل لهـم تكوينا نفسيا يختلف عـن غيرهم من شعوب الدول الاخرى.

ب. ان سمات الشخصية الوطنية لاتتغير بسرعة وانما تؤدي خصائصها الاصيلة الى التـأثير في سـلوك صـانعي القرار في الدولة لفترات زمنية طويلة.

ج. هناك صلة مباشرة بين سمات الشخصية الوطنية للامة والاهداف الوطنية.

بتقديرنا ان هذه الفرضيات، وما افضت اليه من مقاربة معيارية، قد جاءت مفرطة في العمومية الامـر الذي قد يضعف من امكانيتها على الصمود امـام مناقشـة دقيقـة ومتعمقـة، فضـلا عـن الاعتراضـات التـي تـرد بشأنها:

أ. اذا صح ماورد بشأن سمات الشخصية الوطنية كمعيار لتحديد الاهداف الوطنية، بالنسبة للافراد، فانـه قد يصعب بالنسبة للملايين من افراد الدولة الواحدة، ذلك لان هناك فئات في المجتمع يمكن ان تكون واقعة تحت تأثير تيارات ثقافية خارجية، مما قد لايؤيد وجود تجانس نفسي تام بالشكل الذي تفترضه هذه الاراء، وفضلا عن ذلك فان الية الربط بين سمات الشخصية الوطنية للدولة وسلوكها في

البيئة الدولية، هي الية اقرب للمثالية منها الى الواقع من ناحية ، وتفتقر للدليل العلمي من ناحية ثانية، وقد تنطبق على عدد من الدول بيد أنها لاتصلح كمعيار لتحديد الاهداف الوطنية بالنسبة لعموم الدول.

ب. ان ماذهبت اليه هذه الفرضيات بشأن حدوث التغيير في سمات الشخصية الوطنية ببطئ ، لهو امر موضع جدل واختلاف، لانه يجافي حقائق كثيرة في العلاقات الدولية، والا كيف يمكن تفسير تحول دول من النزعة العدوانية الى الدعوة للسلام، او من اعتماد سياسة العزلة الى الانغماس في الشؤون الدولية.

ج. تواجه الفرضية الداعية الى وجود علاقة مباشرة بين السمات الشخصية للامة واهدافها الوطنية، تحفظات كثيرة ، وذلك ان رغبات المواطنين في الدولة قبل ان تتحول الى فعل او سلوك جماعي فانها تمر عبر سلسلة من المراحل الوسيطة التي يشارك فيها العديد من الهيئات والمؤسسات ومراكز اتخاذ القرارات، وهو ماقد يغير من تلك الرغبات بشكل كبير وعلى وفق ماترى الاجهزة المسؤولة عن رسم تلك السياسات، اذ ان هذه الاجهزة يمكن ان تزن الامور وتقيمها من زاوية تختلف كثيرا عن تلك الزاوية العامة.

2. متطلبات الامن الوطني:

غالبا تتحدد الاهداف الوطنية نتيجة التزام صناع القرار بالعمل على ضمان متطلبات الامن الوطني الخاصة بدولهم، وهذه المتطلبات يمكن ان تبرزها وتحددها بعض الاعتبارات الجغرافية او الديموغرافية، او الاقتصادية التي تنصرف الى ظروف دولتهم الخاصة، والاستجابة الى هذه المتطلبات يمكن ان تحدث عن طريق الدخول في علاقات معينة مع بعض الدول في البيئة الدولية.

ويرى " هولستي " بان حجم الدولة وتعدادها السكاني وكيفية توزيع مواردها الطبيعية ، ومناخها ، وطبيعة تضاريسها، لها كلها تأثيرات هامة على درجة تطورها الاقتصادي والاجتماعي وفي تحديد متطلبات امنها الوطني واحتياجاتها من الدول

الاخرى، ومن ثم في صياغة نظرتها لمناطق العالم المختلفة، كما ان لهذه المتغيرات نفسها اتصال وثيق بسياساتها العسكرية والدفاعية [26].

يفيد ماتقدم بان الخصائص الجغرافية والطبيعية لبعض الدول قد تخلق مصالح واهداف دائمة في سياساتها في البيئة الدولية، وذلك بغض النظر عن طبيعة الظروف الدولية السائدة، وبغض النظر عمن يشغلون مراكز السلطة والتأثير في الماكنة السياسية وفي مركز ادارة العلاقات الدولية، وان كان من الممكن اختلاف الاساليب وتعدد الوسائل لدعم تلك الاهداف وتحقيقها بفاعلية اكبر [27].

3. المزاج السياسي :

يطلق اصطلاح (المزاج السياسي) للدلالة على الاتجاهات والميول العامة التي تبديها الفئات الواسعة من الرأي العام في دولة من الدول تجاه السلوك السياسي الخارجي لصانع القرار في وقت من الاوقات [28]. وهو في هذا المعنى (أي المزاج السياسي) يمثل احد المعايير التي تسهم في تحديد الاهداف الوطنية، وذلك بالقدر الذي تسهم من خلاله في تعيين حدود البدائل التي يفاضل بينها ويختار منها صانعي قرارات السياسة الخارجية.

وتجدر الاشارة الى ان (المزاج السياسي) او الرأي العام المحلي المبني على البغض والكراهية او عدم الثقة في دولة معينة، - السائد فيها لفترة من الزمن – قد لايمكن انتزاعه وتغييره بسهولة لمجرد ان الظروف الدولية ، في موقف معين قد تغيرت على النحو الذي يبرر اجراء تقارب مع الدول التي يسيطر ناحيتها مثل هذا الشعور. بمعنى ان (المزاج السياسي) ومايفضي اليه من ضغوط يمارسها الرأي العام على الماكنة السياسية وفي بعض مواقف السياسة الدولية قد تضطر الحكومات الى الاستجابة لها بشكل او اخر.

4. القدرات والامكانيات الوطنية :

لاشك في ان القدرات والامكانيات وعوامل القوة الوطنية المتاحة للدولة تمثل نمط متميـز مـن الفواعـل الهامة في تقرير اهدافها الوطنيـة، اذ ان ضـعف الدولـة او محدوديـة قـدراتها وقوتها نسـبيا قـد تكـون حـافزا لخصومها ونظرائها الاقوياء للعمل على توسيع نطاق اهدافهم على حسابها لاسيما اذا ادركوا بان ذلك لـن يلقـى مقاومة تحول دون تحقيقها. وفي احيان اخرى يمكن ان تكون القوة المحدودة رادعـا لتصرفات وخيـارات الـدول التي لاتملك قدرا مماثلا من امكانيات القوة، وفي ضوء ذلك يمكـن القـول ان التسلسـل النسـبي لعلاقـات القـوى الدولية يمثل معيارا لتحديد الممكن من غير الممكن عند تقرير اهداف الدولة الوطنية ولاسيما الخارجية منها.

وغالبا ، يساعد الوقوف على طبيعة الاهداف الخارجية للدولة في تقرير ما اذا كانت قوة هـذه الدولـة في حالة نمو او تدهور ، وفي هذا الصدد يمكن ملاحظة ان اقوى الدول في العالم هي التي تكون شغوفة ومتطلعة الى مد نفوذها خارج حدودها الاقليمية والى نقل اسلوبها في الحياة (Stille of Life) الى غيرها من الدول. وعلـى العكس من ذلك فعندما تتقلص اهداف الدولة وتتراجع عن ذي قبل، فان ذلك يعد مؤشرا على تـدهور قـدراتها واضمحلال قوتها عن ذي قبل، ومدعاة لاتباع سياسات خارجية اكثر تحفظا بالقياس لما اعتادت عليه في الماضي.

واستنادا لما تقدم ، وبوجه عام فان مكانة الدولة في سلم القوى العالمي، وحجـم ونـوع قـدراتها مقارنـا بقوة نظرائها من الدول التي ترتبط بعلاقات معهم ، هو الذي يحدد بدرجة او اخرى ما اذا كـان هـدف الدولـة هو الابقاء على الوضع القائم (Status Quo) في البيئة الدولية او تغيره.

5. الثقافة السياسية والايديولوجية المهيمنة :

لاجدال ان النظام السياسي الذي يتبنى ايديولوجية معينة يتوجه الى الشعب من خلال مفاهيمه وافكاره وقيمه الايديولوجية، واول الوسائل التي يستخدمها في هذا الشأن هو الترويج لمبادئه وجعل اكبر عدد ممكن من الافراد يتبنونها، الامر الذي قد

يدفع بهم في المقابل الى التفاعل ايجابيا مع النظام السياسي واسناده . ومن ثم فان ذلك يسهل عمل النظام ويساعد على استمراره ، غير ان الايديولوجية في التحليل الاخير هي احدى ادوات سيطرة النظام السياسي، والثقافة السياسية التي تنبعث عنها حاملة طبيعتها وسماتها التي تواجه ثقافات سياسية مضادة قد تنبعث عن قوى اخرى خارج السلطة ، او عن هيئات اجتماعية مختلفة تتمسك بثقافات فرعية. ويمكن تصور احتمالين لاحكام سيطرة النظام السياسي عبر الثقافة السياسية او من خلالها، اولهما ان تستخدم القوى السياسية المحركة للنظام جهاز الدولة، بفرضها ثقافة وطنية بصورة رسمية تحت شعار بناء المواطن، اما الاحتمال الثاني فهو اللجوء الى استخدام وسائل اخرى غير الدولة، وذلك يشتمل على مجموع الهيئات الخاصة التي تتوافق مع وظيفة الهيمنة التي تمارسها الجماعة الاجتماعية المسيطرة على كل مجتمع، او بعبارة اخرى الهيئات التي تسعى الى ترويج قيم ومبادئ وافكار القوة السياسية التي تحرك السلطة، ونشرها في الاوساط المختلفة، بواسطة وسائل الاعلام المختلفة والنوادي والهيئات والمنظمات الشعبية وغيرها، واذا كان عنصر الاجبار مرجحا في الاحتمال الاول ، فان عنصر الاقناع هو المتحكم في الاحتمال الثاني ، ولاشك في ان العمل على المستويين مترابط بصورة وثيقة [29].

استنادا لما تقدم فان الثقافة السياسية والايديولوجية المهيمنة تلعب دورا هاما في تقرير الاهداف الوطنية، ذلك ان الايديولوجية هي التي تهيء المناخ السياسي والفكري الـذي يعمـل في اطـاره صـانعي القرار ويقومون بتحديد الاهداف الوطنية في البيئة الخارجية. وفضلا عن ذلك فان الايديولوجيـة المهيمنـة في دولـة مـا يمكن ان تكون من عوامل التنسيق والتعاون بين الدول التي تدين بايـديولوجيات مماثلـة او لهـما رؤى مقاربـة منها، كما قد تكون من عوامل التصارع فيما اذا تباعدت تلك الايديولوجيات في مضمونها واهدافها ، لـذا فان مايمكن استنتاجه في هذا الشأن هو ان الايديولوجيات يمكن ان تقوم بدور يتفاوت تأثيره ومداه بحسب الاحوال في تحديد اتجاهات السياسة الخارجية للدول وتقرير مايرتبط بذلك من اهداف [30].

153

6. الظروف السياسية والامنية السائدة في البيئة الدولية :

لاشك ان نمط النظام الدولي السائد في فترة زمنية معينة، وما اذا كان يقوم على القطبية الثنائية او سيادة تعددية قطبية، او تحكم قوة قاهرة منفردة بموازين القوى العالمية ، له تأثير على تكييف الاهداف الوطنية في اطار السياسات القومية للدول ... فاذا كانت طبيعة النظام الدولي السائد تقوم على وجود تكتلات ومحاور سياسية وعسكرية، فان ذلك قد يدفع صناع القرار في الدول الصغرى محدودة القدرات، الى الدخول في تحالفات لحماية الامن القومي لدولهم، وبما قد يتفق مع تفضيلاتهم السياسية الخاصة، او مع اتجاهات الرأي العام، وبغض النظر عن ماقد يمثله هذا السلوك من خروج على بعض السياسات التقليدية التي اعتادت أي من تلك الدول ان تتبعها في علاقاتها الخارجية.. وان النتيجة المنطقية لهذا الوضع هي رواج سياسات الاحلاف الاقليمية وترتيبات الامن الجماعي وهو ماشاع بين الدول في اعقاب الحرب العالمية الثانية ودفع الكثير من الدول الى الانظمام الى احلاف بدافع الرغبة في المحافظة على امنها في تلك الظروف الدولية السياسية والامنية المتفاقمة.

وفي اطار نفس السياق تذهب اراء الى الاجتهاد بان النظام الدولي اذا لم يكن قائما على اساس المحاور والتكتلات الدولية المتصارعة ، واذا ماكانت هناك دول غير منحازة كثيرة في هذا النظام فان ذلك يمكن ان يكون حافزا على تشجيع النزعات الحيادية لدى الكثير من الدول، وذلك ان اختفاء التكتلات يحد من مظاهر التهديد للامن الوطني لتلك الدول، ومدعاة الى جعلها اكثر تحررا في تكييف اتجاهاتها وعلاقاتها في البيئة الدولية بدرجة اكثر مرونة منه في ظل ظروف المحاور والتكتل والصراع. ومن ناحية اخرى يذهب " الدكتور اسماعيل صبري مقلد " الى ان الاهداف الخارجية قد

تتحدد كرد فعل لبعض التطورات والاحداث التي تقع في الخارج مثل بروز احدى محالفات القوى الجديدة، او نشوب حرب اهلية في دولة خارجية لها اتصال بالمصالح القومية للدولة صاحبة تلك الاهداف ، او حدوث انقلاب عسكري في دولة اخرى او اندلاع حرب اقليمية او دولية لها مساس مباشر بوضعها او امنها [31].

رابعا:صياغة الاهداف والمصالح الوطنية

تعد عملية صياغة الاهداف الوطنية من الفعاليات الدقيقة والمعقدة التي تتطلب خبرات غير تقليدية واتقان لعملية الموازنة بين القدرات والمقومات والوسائل من ناحية والاهداف من ناحية ثانية بما في ذلك مراعاة القيود والروادع التي قد تفرضها البيئة الدولية أي (النظام السياسي الدولي او احد نظمه الفرعية) من ناحية اخرى، وذلك لان الكيفية التي يصاغ بها الهدف ذات تأثير مهم في امكانية تحقيقه.

ويذهب بعض خبراء العلاقات الدولية الى الاجتهاد بان الكيفية التي يسلكها صناع القرار في صياغة قراراتهم تأخذ اما صيغة اهداف محددة واهداف عامة، او اهداف معلنة واهداف حقيقية ويمكن ايضاح مضمون اجتهادهم على الوجه التالي: [32]

1. الاهداف المحددة والاهداف العامة :

الاهداف المحددة هي التي تكون واضحة من حيث الكيفية التي تصاغ بها ، وان وضوحها لايمثل مثلبة عليها ولايعيق تنفيذها لذا فهي بغير حاجة للتعويم، ولاتترك مجالا للاجتهاد او التخمين . وعلى العكس من ذلك ، تنطوي الاهداف العامة على جانب من الغموض والضبابية وذلك بهدف التمويه والتضليل وان هذا الغموض يمثل جزء من خطة اعدادها واحد العناصر الجوهرية في صياغتها، بهدف تأمين المباغتة اللازمة لتحقيقها بعيداً عن محاولات الخصوم لتعويقها بل جعلهم في حالة من الارباك والتكهن وعرضة للتفسيرات المتضاربة للنوايا المقصودة من وراء هذه الاهداف . يضاف الى ذلك ان الاهداف العامة يمكن ان تقلص الاختلافات والتباينات داخل الدولة

155

بدرجة اكبر مما تفعل الاهداف المحددة، كما ان الاهداف المحددة هي اهداف وطنية ضيقة قد تنطوي على استفزاز الدول الاخرى ولذا فان صياغتها بهذه الطريقة المحددة قد تثير معارضة وربما مقاومة من جانب تلك الدول، وعليه فان الاهداف التي تتم صياغتها بطريقة تنطوي على قدر من العمومية يمكن ان تخدم بطريقة افضل في كثير من مواقف العلاقات الدولية، ومع ذلك يبقى هناك تحفظ على الاهداف العمومية ينبغي اخذه على محمل الجد ولاسيما بشأن الافراط في التعميم، لان ذلك الافراط قد يجعل الدولة عموما او صانعي قرارتها على وجه الخصوص يبتعدون نسبيا عن الاهداف المحددة لسياساتهم واكثر الوسائل فعالية لتحقيقها، كما ان الدول عموما لايمكن ان تقيم علاقاتها مع نظرائها دون ان يكون لها اهداف محددة من وراء هذه العلاقات ، والا اتى سلوكها بعكس النتائج التي ترجوها منها [33]. والخلاصة المنطقية لما تقدم يقدمها "اوركانسكي" اذ يقول ان الاهداف العامة تكون امرا مقبولا ومرغوبا فيه اذا ماكان هناك انقسام واضح في صفوف الرأي العام وفي البيئة الاجتماعية لصانع القرار داخل الدولة، اما اذا لم يكن هناك انقسام ، فان التركيز على فكرة الاهداف المحددة يصبح الامر المنطقي والواقعي في نفس الوقت [34].

2. الاهداف المعلنة والاهداف الحقيقية :

غالبا ، ان الاهداف المعلنة ليست هي الاهداف التي تسعى الدول من خلال صانعي قراراتها واجهزتها التنفيذية بلوغها، ذلك ان كثير من تصريحات صانعي القرارات وقادة الدول قد تكون تمت صياغتها بطريقة تنطوي على التضليل والتمويه عن النوايا الحقيقية التي تكمن وراء الاهداف الوطنية في سياسات دولهم الخارجية. وان هذا الامر يفرض بالضرورة الاستعانة بقدرات اجهزة متخصصة ووفق اليات دقيقة لمعرفة النوايا الحقيقية للدول والتي حاولت التستر عليها.

وفي سياق ضمان توفير امكانية فرز النوايا والاهداف الحقيقية عن النوايا والاهداف المعدة اساسا للتضليل والارباك، ثمة جملة مسلمات ينبغي الوقوف عندها واخذها بنظر الاعتبار ويمكن ايجازها على الوجه التالي:[35]

أ. تحتوي البيئة الدولية على بعض الدول التي تحترف التضليل فيما يتعلق باهدافها المعلنة واهدافها الحقيقية، فعلى وفق تحليل المنهج السلوكي في العلاقات الدولية، فان السلوك الفعلي لهذه الدول يجب ان يكون مؤشرا لغيرها في ضرورة عدم الاعتماد على ماتقوله، بل يجب ان تبنى توقعاتها وحساباتها على عكس هذه النوايا الظاهرة.

ب. يلاحظ ان الكثير مما تعلن عنه الدولة من اهداف عبر صانعي قراراتها، القصد منها التعبئة الداخلية وربما تضليل الرأي العام الداخلي، بينما يظل ماتعلنه للرأي العام الخارجي في اطار النظام السياسي الدولي يمثل شئ اخر مختلف. ولاجل ادراك حقيقة دوافعها ونواياها ينبغي المقارنة بين ماتقوله الدولة لمواطنيها وبين مايعكسه سلوكها الخارجي وذلك لاجل وضع خطة دقيقة للتعامل معها .

ج. ان التمويه والتستر على الاهداف الحقيقية لدرجة لجوء صناع القرار في الدولة للتضليل عليها بالكشف عن اهداف وهمية، قد يحقق مزايا أنية وذلك لانه يحّول انظار الدول الاخرى عن تلك الاهداف الحقيقية التي يراد التستر عليها، كما انه قد يخدم في عدم اشاعة الاهداف التي لاتحظى بقبول وتأييد شعبي واسع او لاتتساوق مع الثقافة السياسية في البنية المجتمعية، بيد ان هذه المزايا قد تتحول الى عبئ على صناع القرار، ويقابلها ضرر مماثل، اذا ما انكشف التضليل واميط اللثام عن الاهداف والنوايا الحقيقية لسلوك الدولة فقد يكون ذلك مدعاة للتشهير بها في البيئة الدولية والاساءة اليها والى مصالحها، وربما تاليب وتحريض الرأي العام الداخلي على صناع القرار فيها.

هوامش الفصل الخامس

(1)   د.اسماعيل صبري مقلد ، العلاقات السياسية والدولية ، مصدر سبق ذكره ، ص127.

(2)   المصدر نفسه ، ص 128.

(3)   K.J.Holsti, Op cit , P.139.

(4)   د. ودودة بدران، تخطيط السياسة الخارجية ، دراسة نظرية وتحليلية ، السياسـة الدوليـة، العـدد 69 ، القاهرة 1982 ، ص70.

(5)   د. مازن اسماعيل الرمضاني ، المصدر السابق، ص 324.

(6)   A.F.K.Organski, World Politics, (Alfred A.Knopf, New York, 1958), P.72.

(7)   Joseph Frankel, Op cit , P.P.16-17.

(8)   Tomas W.Robinson, National Interest, in James N.Rosenau, International Politics and Foreign Policy, Op cit , P.P.150-180.

(9)   د. مازن اسماعيل الرمضاني ، المصدر السابق، ص ص 318-319.

(10)   انظر:

John Burton , World Society , (Cambridage : Cambridge University Press, 1973), P.P.104-105.

(11)   انظر: Norman J.Padelford, George A.Lincoln , Op cit, P.208

وكذلك : Joseph Frankel , Op cit, P.18

(12)   د. مازن اسماعيل الرمضاني ، المصدر السابق، ص 322.

(13)   المصدر نفسه، ص ص 326-339.

(14)   Hans J.Morgenthau , Op cit, P.71.

(15)   K.J.Holsti, Op cit, P.200

(16)   Robert Osgood, Ideals and self-Interest, in America's Foreign Relations, (The
University of Chicago, Press,Chicago ,1953), p.p 5-8.

(17)   Arnold Wolfers , The Pole of Power and the Pole of Indifference, in James Rosenau,
Op cit, p.p. 175-181.

(18)   د. مازن اسماعيل الرمضاني ، المصدر السابق، ص 325 ومابعدها.

(19)   K.J.Holsti , Op cit , 154.

(20)   د. اسماعيل صبري مقلد ، المصدر السابق ، ص ص 130-139.

(21)   Vernon Van Dyke, Op cit , P.176.

(22)   Ibid, p.p. 186,189.

(23)   A.F.K.Organski, Op cit, P.58.

(24)   Charles Schleicher , International Relation, Cooperation and Conflict, (Pretice Hall
of Indis, Delhi, 1963) , p.p. 87-90.

(25)   د. اسماعيل صبري مقلد ، المصدر السابق ، ص ص 143-144.

(26)   K.J.Holsti, Op cit, P.P.173-175.

(27)   د. اسماعيل صبري مقلد ، المصدر السابق ، ص ص 147.

(28)   K.J.Holsti ,Op cit , P.P. 178-179.

(29)   د. صادق الاسود ، ، مصدر سبق ذكره ، ص ص 337-338.

(30)   K.J.Holsti, Op. Cit, P.169.

(31)   د. اسماعيل صبري مقلد ، المصدر السابق ، ص 154.

(32)   انظر : المصدر نفسه ، ص ص 154 –157.
وكذلك :   A.F.K. Organski, Op cit , P.P. 72-73

(33)   د. اسماعيل صبري مقلد ، المصدر السابق ، ص 55.

(34)   A.F.K.Organski , Op cit , P.73.

(35)   انظر :   Ibid , P.P.73-76
وكذلك : د. اسماعيل صبري مقلد ، المصدر السابق، ص 156-157.

الفصل السادس

مراحل تطور النظام السياسي الدولي

اولا: المرحلة الاوربية

قبل ظهور الدولة الحديثة ذات السيادة كانت الروابط السياسية والاجتماعية دولية اكثر منها قومية . كانت الكنيسة الكاثوليكية ، الرأس الروحي للعالم الغربي، تطالب الاباطرة ورجال الدين والامراء والمدن عبر الحدود والقوميات الولاء لها والخضوع لسلطانها.

فرسان اوربا الاقطاعية قد شكلوا مجموعة دولية من اخوة السلاح، مرتبطين بالامبراطور، وبواسطته ، بمختلف اللوردات (الاسياد) الاقطاعين الكبار بولاء مبني على حيازة الارض، مع الولاء الروحي لرأس العالم المسيحي. بيد ان انحلال الامبراطورية الرومانية وما اصاب الكنيسة من ضعف وما قابل ذلك من ظهور الدولة القومية قد دمر تدريجيا قواعد الولاء القديم ، وباطراد جعل الحكام الجدد مراجع الولاء السياسي والواجبات القانونية، ولم تسهم الثورة البروتستانتية في القرن السادس عشر في تقسيم اوربا المسيحية فحسب بل قوت الحكام السياسيين الصاعدين، واصبحت الكنائس غير الكاثوليكية تقدم السلطة الروحية للحكام المحليين وتحصل على الموافقة والامن منهم. ولكن الامراء الكاثوليك ، بقيادتهم لاصلاح مضاد، اصبحوا اكثر اتصالا بالكنيسة التي عملوا على اعادة سلطتها بحيث احتفظت منذ ذلك الوقت بسلطة سياسية واجتماعية فريدة وبامتيازات في البلاد التي تدين بالكاثوليكية الرسمية مثل اسبانيا والبرتغال والعديد من جمهوريات امريكا اللاتينية . وقد صادقت معاهدة ويستفاليا 1648 على (تأميم) الدين بارغام الرعية على اتباع دين حكامها، والقرون التي تلت قد اثرت ولكنها لم تغير تماما هذا المبدأ بصورة اساسية [1] .

ومنذ نهاية القرن الخامس عشر ، أي منذ ظهور الدول الكبرى المعاصرة لاتزال الحياة الدولية تتسم بخصائص اساسية ، ثابتة اجمالا ، حتى وأن خضع مظهرها

الخارجي لتغيرات سياسية ، واقتصادية، وعلمية ، وتقنية وبالمقارنة، مع المجتمع السياسي الداخلي جدد المجتمع الدولي من بنيته. فبينما يتكون الاول من افراد، فان المجتمع الدولي يتألف من دول سيدة. وهذه الدول تختلف تماما عن بعضها البعض ، وهي غير متساوية في حجمها، وثقلها السكاني، ومواردها الطبيعية، وقوتها العسكرية، كما تختلف بالعقيدة والنظام السياسي او الاقتصادي ، وقوتها العسكرية ، وبالرغم من هذا التنافر، فانها جميعا ، بصغارها وكبارها، فقرائها واغنيائها، تلعب ادوارا على المسرح الدولي [2].

اما السمة الثانية لهذا المجتمع الدولي فهي، عدم اكتماله، وفوضاه، ونقص تلاحمه، فالمجتمعات السياسية الوطنية تتصف بخصائص مختلفة كليا. اذ انها منظمة وتضم من الناحية السياسية ، وبشكل عام ، حكومة وبرلمانا، ومحاكم وجيشا ، وشرطة، والسلطة فيها محددة من الناحية القانونية، وقواعد القانون متسلسلة هرميا : دستور، قوانين، مراسيم، قرارات، بينما لانجد شيئا من هذا القبيل في المجتمع الدولي. لان الدول باعتبارها سيدة لاتقبل أي قانون ، او قاعدة ، او سلطة تعلو على قوانينها وسلطاتها ، الا اذا وافقت على ذلك مسبقا. ولهذا نرى ان السلطة في المجتمع الدولي، غير محددة، وغير مقيدة، لابل انها عنيفة غالبا، اذ لاتتوانى اية دولة، في سبيل الدفاع عن مصالحها الوطنية، عن تحقيق العدالة بنفسها، أي اللجوء الى القوة ، اذا ما اقتضت الحاجة ذلك . ولعل غياب جهة مسؤولة دوليا يعبر بصدق عن هذه الدرجة من اللاتنظيم، وفي هذه الاوضاع ، لابد للنظام القانوني - الضروري بالحد الادني لكل تجمع اجتماعي - من ان يستند الى موافقة الدول الصريحة. لان اللجوء الى الحكم الدولي، وتنفيذ القرارات وتطبيق العقوبات يخضع لارادة الاطراف ، وينجم عن هذا الغياب للسلطات المؤسسية ، وقواعد السلوك العام ، وضع شبه فوضوي ، الامر الذي يمثل الركيزة للتفسير الواقعي للعلاقات الدولية، الذي قدمه المفكرون التقليديون الذين رأوا في العلاقات بين وحدات سيدة (حالة فطرية) ، وليس (حالة اجتماعية) ناتجة عن توقيع العقد الاجتماعي الشهير (لان امراء ورؤساء الحكومات المستقلة الموجودة في الكون هم في حالة الفطرة) . وهذه العبارة تضمنها مؤلف " جون لوك " المعروف

(بحث حول الحكومة المدنية) ، وكأنه كان يريد بذلك التدليل على ان حالة الفطرة ترتكز على علاقات القوة، وانها لايمكن ان تتضمن أي قانون اخر سوى شريعة الغاب. الا ان الدول - شاءت ام ابت - مجبرة على التعايش في الزمان والمكان ، وعلى اقامة علاقات فيما بينها، وهذه العلاقات هي احيانا سلمية، واخرى عدوانية، وتختلف كثافتها باختلاف الظروف والبيئة. ولذلك ففي ظل غياب التضامن القانوني، فان ضرورات العيش المشترك تؤدي الى تضامن واقعي، ومن هنا تتجسد سمة اخرى من سمات المجتمع الدولي. واذا كانت بنية هذا المجتمع لاتزال اساسا على حالها، فان السياق التاريخي الذي يقوم فيه تغير كثيرا .. واذا كان يصعب القول بان هذا السياق قد تطور جدا خلال ثلاثة قرون - أي بالاجمال منذ مطلع القرن الخامس عشر وحتى الثورة الفرنسية 1789-1799 ، فأن كل شيء بدأ يتحرك منذ القرن التاسع عشر، اذ تضاعفت الاختراعات العلمية، وانتشر استخدام الالة، ونسجت المواصلات بين القارات والمحيطات علاقات وثيقة اكثر فاكثر بين الشعوب، كما عرفت الدول الاوربية القديمة ثورة صناعية، واقامت امبراطوريات استعمارية في افريقيا واسيا ، وازدهر التعاون الدولي والعلاقات الدبلوماسية والقنصلية مع ولادة المعاهدات والاتفاقيات الدولية الاولى التي اصبحت شريكا قانونيا جديدا وبالتالي طرفا في اللعبة [3].

لقد سار النظام الدولي الكلاسيكي سيرا سلسا مابين نهاية مؤتمر فينا عام 1815 وقيام الامبراطورية الالمانية عام 1872 ، وكدليل واضح للسياسة الدولية في عقود هذه الفترة هو ان كل دولة كانت جزءا من نظام دولي يلزم جميع الدول المكونة له العمل سوية على دوامه، وكان قانون المدينة والسلوك المتحضر - الذي كان يسميه البعض الشعور المعقول - يحكم العلاقات العدائية، وان كل حكومة كانت تلعب دورها بوحي من قناعتها بضرورة دوام هذا النظام الدولي مهما ساءت احواله [4].

لعل مايمكن استنتاجه مما تقدم هو ان النظام السياسي الدولي بالشكل الذي نعرفه اليوم، قد انبثق من النظام السياسي الاوربي الذي ظهر في اعقاب انهيار الاقطاع في اوربا، وقد ساعد على ظهور نظام الدولة القومية، بكل احتياجاتها واطماعها وتطلعاتها، المناخ السياسي العام الذي هيأ له عصر النهضة وما اعقبه من محاولات

للاصلاح الديني وهي الاحداث التي هزت الفكر السياسي الاوربي من جذوره وادت الى فصل سلطة الدولة عن سلطة الكنيسة بعد ان كانت قد سيطرت الاخيرة في السابق سيطرة سياسية تكاد تكون بلا حدود [5].

يضاف الى ذلك ، فقد اسهمت التطورات التي حدثت في طرق الاتصال والمواصلات ، وكذلك الثورة التجارية التي عرفت مرحلة تطورها بالمرحلة الماركنتيلية ، في تدمير القواعد التي ارتكزت عليها سيطرة نظام الاقطاع في العصور الوسطى، كما ادت الى بلورة المفهوم السياسي للدولة القومية بشكل لم يكن معروفا من قبل ، واصبحت الدولة القومية تعبر عن قيم وافكار جديدة من اهمها اطلاق فكرة القومية التي اصبحت نواة الاستقطاب بالنسبة لولاءات الافراد وانتماءاتهم السياسية والعاطفية واحدى القوى الاساسية المحركة للسلوك الدولي في مختلف مظاهره واشكاله وسواء كانت وجهته التعاون او الصراع ، او ينتهي الى الحرب او السلام [6].

ومن القرن السادس عشر الى اوائل القرن العشرين اصبحت الدول القومية التي تشكلت من وحدات صغيرة وكبيرة من اقاليم كان يملكها الدوقات والامراء وجمهوريات المدن ، اصبحت بشكل متزايد المصدر الوحيد للسلطة الشرعية والمرجع المختص الوحيد للولاء السياسي . وقد شاعت الفلسفات السياسية التي عبرت عن ادانة واضحة لاي استقلال ذاتي تتمتع به جماعة ضمن الدولة، لذا فقد انكر على الكنائس والنقابات التجارية أي حق بالمطالبة بالكيان القانوني او الولاء الا ما كان باذن صريح من الدولة وخاضعا لشروط ذلك الاذن . وقد سيطرت هذه الفلسفات خلال القرنين التاسع عشر والعشرين على المجموعات القانونية في الدول ولازالت [7].

لذا يمكن القول بان بروز الدولة القومية قد هيأ الاساس نحو قيام النظام الدولي الاوربي ، وهو النظام الذي تبلورت معالمه وتحدد اطاره العام في معاهدة ويستفاليا والتي انهت الحروب الدينية في اوربا مبتدئة بذلك حقبة جديدة في تاريخ العلاقات الدولية ، وحتى مطلع القرن العشرين او بالتحديد الى مابعد الحرب العالمية الاولى مباشرة كانت السياسة الدولية ليست الا مرادفا للسياسة الاوربية ولاجدال ان هذه

المرحلة قد شهدت المراحل الاولى لتطور النظام السياسي الدولي ، وتمخضت عن عدة اتجاهات وخصائص: [8]

أ. كانت الدول القومية تمثل وحدها وحدات التعامل الدولي الاساسية، وعلاقات هذه الدول ببعضها كانت تتم على المستوى الرسمي أي على مستوى الحكومات وليس على أي مستوى اخر.

ب. غلبت على الدولة القومية مسلمات اساسية تمثلت، بمبدأ السيادة القومية، ومبدأ عدم التدخل في الشؤون الداخلية للدول الاخرى، ومبدأ الولاء القومي.

ج. كانت امكانيات التأثير بين الدول محدودة، ومقصورة على اطراف بعينها، واتخذ هذا التأثير في الغالب مظهر الضغط الخارجي بشقيه الدبلوماسي والعسكري.

د. كانت الصراعات والتوترات الداخلية محصورة في نطاق الدولة ، ولم يشهد النظام الدولي في هذه المرحلة عمليات تدويل لهذه النزاعات الداخلية، وفضلا عن ذلك فان مصالح الدول لم تكن قد اتسعت وتشابكت الى الحد الذي يكون فيه لهذه الصراعات والتوترات أي مساس مباشر او غير مباشر بها ، كما ان بطء وسائل الاتصال الدولي كان يفضي الى ضعف الحساسية لهذه الظواهر والتطورات الداخلية، يضاف الى ذلك سيادة مظاهر الالتزام بمبدأ عدم التدخل في الشؤون الداخلية للدول السالف الذكر .

هـ. لم تكن الصراعات التي كانت تتم بين الدول ذات طبيعة ايديولوجية ، وانما في معظمها كانت ترجع الى الصراع بين العائلات المالكة.

و. لقد اسهم اسلوب التفاوض في تسوية صراعات المصالح التي كانت تثور بين الدول، وفي الاحوال التي كان يتعذر فيها تسوية مثل هذه الخلافات بطريقة ودية فانه كان ينظر الى الحرب على انها الحل الطبيعي لها.

ز. نتيجة لمحدودية الانتشار الثقافي بسبب محدودية وسائل ترويجها، لم تكن الادوات الثقافية في التأثير السياسي الخارجي قد تبلورت بعد.

ح.   كانت العلاقات بين الدول اما علاقات حرب واما علاقات سلام ، والتفرقة بين الحالتين واضحة لالبس
     فيها، اذ لم يكن هناك ما يمكن تسميته بنصف سلام او حرب باردة كما تطور الحال فيما بعد.

ط.   هناك ثمة خصائص تتعلق بالحرب او بالصراع المسلح كانت الدول مضطرة الى مراعاتها كقواعد ينبغـي
     عليها عدم تجاهلها ومن بين هذه الخصائص: (9)

(اولا).   ان القدرة على الهجوم المفاجئ محدودة.

(ثانيا).   الضربة الاولى التي توجـه للعـدو لـيس بالضـرورة ان تفضي الى تـدميره او نسـف مقدرتـه عـلى الـرد
         والمقاومة ، وكان الصراع المسلح يستمر الى نهايته.

(ثالثا).   المزايا الناتجة عن الهجوم المسلح ينظر اليها على انها مؤقتة وان في مقدور الدولة المدافعة تعبئة قواها
         الاقتصادية والعسكرية وان تدير دفة المعركة الى صالحها.

(رابعا).   هناك تناسب طردي بين قوة الدولة العسكرية واحساسها بالامن .

(خامسا).   رغم اليقين بفظائع الحرب واهوالهـا، فـان اثارهـا التدميريـة لم تصـل الى الدرجـة التـي تجعـل الـدول
          تستبعد الحرب كأداة لتحقيق الاهداف الوطنية.

ثانيا: مرحلة الصراعات الكونية والحرب الباردة

يمكن القول بأن القرن التاسع عشر هو قـرن الرأسـمالية المنتصرة، والاستعمار، والمـؤتمرات . لان اوربـا
فرضت قانونها – او بالاحرى قوانينها – على العالم الخارجي، واثبتت تفوقا لاريـب فيـه : سياسـيا ، واقتصـاديا ،
وتقنيا ، وعسكريا، وثقافيا.

لقد كانت الحرب العالمية الاولى اخر حرب اوربية اسهمت فيها قوى اوربية ذات ثقل دولي، ونتج عنها
قيام توازن قوى هش في اوربا سرعان ما ادى الى الحرب العالمية الثانية ، وكانت المسألة الالمانية في صلب الصراع
الجديد، وان لم تشكل العنصر الوحيد الذي ادى اليه، فقد باتت الكيانات الجديدة في اوربا ومعظمها ضعيف

تزخر بالصراعات الثنائية التي افرزتها نتائج الحرب العالمية الاولى واججتها موجات الحماس القومي.

وبتصاعد الطموح الالماني نحو السيطرة بدأ كل شيء يتغير ، فلقد بدأت النزاعات بين الدول تتحول الى صراعات بين الشعوب، كما اصبح هدف العمل القومي ليس تحقيق حصيلة انتصارات صغيرة باسم (المصلحة الوطنية) وانما بدلا من ذلك لاثبات وجود تمثيل قومي شامل مع تقويض اركان اية دولة تجرأ على الرفض، وهذا الابتعاد في وسائل العمل الدولي عن تقاليده واهدافه التاريخية الضابطة، والدور الجدي الذي اخذت تلعبه القوة كانا شاهدين ناطقين للايذان بتحطيم الرصيد السلمي للعلاقات السياسية الدولية . ففي النظام الكلاسيكي كانت القوة المسلحة ينظر اليها كاخر حل تقدم اليه الدول لاقناع عدوها بالعدول عن نواياه ، وكان اللجوء الى العنف يتم بنسب واساليب تتناسب واهمية الوضع ومستوى المقاومة من الطرف المقابل، الا ان النظرية الجديدة في الخلافات بين الدول قد عملت على اعتبار مثل هذا التمييز غير ضروري، لسبب ان الهدف من الخلاف هو التدمير الشامل للعدو ، اضف الى ذلك ان التكنولوجيا الجديدة في الحروب قد جعلت من استخدام القوة الكلية امرا ضروريا من الناحيتين المبدئية والفعلية.

وبتسارع التاريخ بشكل ملحوظ مع بدايات القرن العشرين، راحت التغيرات تمس ابعاد المسرح الدولي ، ونقاط ثقله ، وبمعنى ، الاجزاء التي تكونه . واصبح العالم واحدا . ومنذ 1919 ، واثناء تكوين عصبة الامم ومنظمة العمل الدولية، لوحظ بأن (زمن العالم الزائل قد بدأ) . ووصفت حروب 1914-1918 و 1939-1945 ، عمدا (بالعالمية) من جانب المؤرخين.

وخلال هاتين الحربين ومابينهما ساد النظام السياسي القائم على استخدام القوة، وقد تحول الى نظام تكون فيه القوة اداة لتدمير الاقطار والشعوب والثقافات، ولكن دون تحقيق اية اهداف سياسية ذات قيمة ، ومع ان الحرب العالمية الثانية قد صدت الطموح النازي نحو السيطرة الا انه من الصعب القول ان تلك الحرب كانت تنطوي على اهداف مبدئية من جانب الحلفاء، ومهما توافر من منطق لدعم تعريف النصر الذي

حققه الحلفاء، فانه نصر قام على اساس منطق ساحة المعركة وليس على اساس من المفاوضات والحلول السلمية، وما بين 1939 و1945 كانت الحرب الى حد كبير منفصلة عن السياسة .

لقد حل محل النظام القديم انواع مختلفة من التكتيكات الجديدة مبتدئة باتفاق للتنظيم الدولي الذي احتضنته الامم المتحدة، الى قمة التكتيكات العملية ، التي مارسها الاتحاد السوفيتي في سياق ثورة دائمة، ولم يكن لا لامريكا ولا للاتحاد السوفيتي عام 1945 تجارب غنية او اية ثقة كبيرة بالمبادئ والممارسات السياسية الدولية التقليدية، اذ اندفع كل منهما ذاتيا وعقائديا نحو اقامة مبادئ واستراتيجيات جديدة، اما الدول الاقدم التي كانت قد استخدمت ذكاءها للعيش في عالم قد اختفى ، فانها وجدت نفسها لاحول ولاقوة تجاه مايجب عليها القيام به في جو ما بعد الحرب [10].

وسرعان مابدأ الحقل الدبلوماسي يتحد ويتطابق مع حدود الكوكب الارضي، واصبحا يشكلان كلا واحدا، أي نظاما عاما مؤلفا من انظمة اقليمية صغرى متداخلة بكل عناصرها ببعضها البعض، وقد أدت تطورات التكنولوجيا الكبرى، والاستراتيجية، والمبادلات، لجعل الدول والافراد اكثر تضامنا فيما بينهم في كل الميادين، حيث اتخذ التعاون، اشكالا جديدة وامتد الى عدة قطاعات لم تكن معروفة في حقل العلاقات الدولية، زراعة ، صحة ، عمل ، ذرة ، نقد ، تلوث ، ... الخ واصبح تناول المشاكل السياسية المعاصرة (عالميا) وقد صاحب مجمل عملية التطور تغيرات استراتيجية في توزيع محاور القوى والسيطرة انعكست عموما على هيكل توزيع القوى العالمي، اذ بعد افول اوربا على اثر (معاهدة فرساي) برز الاتحاد السوفيتي، والولايات المتحدة، اللذين بعد تحالفهما خلال الحرب العالمية الثانية اصطدما مباشرة ، فيما بعد ، في (الحرب الباردة) ، أي ان الامبراطوريات الاستعمارية القديمة انهارت ، وادى انهيارها الى ولادة دول جديدة، وشهدت مرحلة مابعد الحرب العالمية الثانية ولادة (كتل) اجتماعية - ثقافية - تضم في الشرق، الدول الاشتراكية ، وفي الغرب ، الدول الرأسمالية تحت قيادة موسكو وواشنطن، كما وقد حفل المسرح الدولي بزيادة عدد

المنظمات الدولية بشكل ملحوظ ، وظهور القوى عبر الوطنية: جمعيات ، نقابات ، احزاب ، شركات ذات رساميل متعددة الجنسيات [11].

لقد بدأت الحرب الباردة بالخطاب الذي القاه " ونستون تشرشل" عام 1947 ، تركز خطابه على ازالة الستار الحديدي عن الاتحاد السوفيتي ومن ثم احاطة الصين بستار من الخيزران [12]. وليس ثمة تعريف مقبول للحرب الباردة ولكنها بصريح العبارة مختصر للعلاقة العدائية التي تطورت بين الولايات المتحدة وحلفائها من جهة ، والاتحاد السوفيتي والمنظومة الاشتراكية الحليفة معه من جهة اخرى. وقد اعطى "هنري كيسنجر" افضل الاوصاف للحرب الباردة اذ قال (ان القوتين العظميين غالبا ماتتصرفان كما لو انهما شخصان اعميان مسلحان باسلحة ثقيلة يتلمسان طريقهما حول غرفة ويعتقد كل منهما بانه في خطر قاتل صادر من الشخص الاخر الذي يفترض (الاول) بانه يتمتع ببصيرة كاملة، ويتصرف كل منهما لان ينسب للاخر ثباتا وبعد نظر وتماسكا تكذبه تجربته الخاصة (او يتناقض معها) وبالطبع يستطيع حتى مثل هذين الاعميين، وبمرور الوقت ان يؤذي احدهما الاخر ايذاءا شديدا ناهيك عما يحدث للغرفة)[13].

وماهو جدير بالذكر هو ان الحرب الباردة قد قلصت بصورة فعلية المسافة الاستراتيجية بين موسكو وواشنطن في كل من الناحيتين التكنولوجية والمبدئية. ذلك ان موضوع العلاقات الامريكية - السوفيتية لم تكن بذات اهمية لاي من الطرفين قبيل ارتباطهم الفجائي بالحرب العالمية الثانية، وقد كان بسبب هذه الحرب ان وجدا نفسيهما مضطرين الى العمل سوية اثناءها واثناء فترة الاعداد للسلام . وفي الوقت الذي كانت فيه الحرب الباردة قد بدأت، كان مصير كل منهما مرتبطا ارتباطا وثيقا بالاخر، اذ لم يعرف أي منهما انذاك ماسيعمل الاخر.

وعلى المستوى العقائدي يبدو ان التصادم لامد غير محدود كان جوهريا بحيث ادى ظهور الولايات المتحدة والاتحاد السوفيتي كمركزين عالميين للقوة بعد عام 1945، ان كلا من الشيوعيين والرأسماليين قد الزموا انفسهم في ان يعملوا من اجل مايعتقده

هو الصحيح فكانت الحرب الباردة المنفذ الوحيد الذي وجدوا انفسهم وقد رموا اليه في مجابهة صميمية في كل مكان من انحاء المعمورة.

لقد جعلت كل من الايديولوجية والتقديرات الاستراتيجية الخارجية الحرب الباردة امرا لامفر منه. وقد اضيف الى ذلك عامل اخر : الا وهو توسيع مصالح القوتين الكبيرتين، ذلك انه لم يكن لاي منها حتى عام 1939 أفاق كونية كتلك التي كانت لبريطانيا وفرنسا وحتى المانيا. وما ان دخل عام 1945 الا ووجدت هاتان القوتان امامهما مسؤولية تحمل تركة طويلة عريضة من القضايا في كل زاوية من زوايا العالم. فلقد نالا مركزيهما كقوتين عالميتين فجأة تقريبا بحيث وجدا نفسيهما ملزمين بتطبيق سياسات فعالة في مناطق كثيرة لم تكن بالنسبة لهما ذات شأن سابقا ، ناهيك عن قلة خبرتهما فيها لقد بان امام كل فريق ان أي اتجاه يتجه اليه ، فانه سيجابه بكل تأكيد باتجاه مقابل من قبل الطرف الاخر، وهذا ماكشفت عنه السنون الاولى من الخلاف التي ظهر فيها الطرفان وهما يقفزان على الخارطة من نقطة الى اخرى.

ان المصالح العالمية، خاصة حين تتواجد في جو مشوب بالخلاف تصبح مهمة صعبة لمن يتخذ القرار بشأنها، ذلك لان أي مشكلة لايمكن عزلها عن الافق العقائدي الكلي في النزاع، لقد وجد كل من الخصمين نفسه مضطرا الى بناء نظريات للخلاف تكاد تبتعد كل البعد عن الجو الخاص بذاته.

لقد كان المصدر المغذي لتصادم الرؤوس مع بعضها بعد الحرب مباشرة يعود في حقيقته الى التخريب الجغرافي السياسي الذي تركته الحرب. فالدعوة الى السلام كانت امرا مستحيلا لاسباب كثيرة، الا ان التفسير الرئيسي الذي يكمن في الاعماق حول لماذا تحولت الحرب العالمية الثانية الى حرب باردة هو عدم امكان توفر أي وقت لايجاد قواعد تحل محل النظام العالمي التقليدي السائد ووسائله الميكانيكية الخاصة بالقيود والمراقبة. لقد بدأ كل من الولايات المتحدة والاتحاد السوفيتي يمثلان النظام العالمي عام 1945 ، منذ ان أخذ كل منهما يعمل بطريقته الخاصة كقوة ثورية ، من دون ان يكون هناك امامهما نظام ينسق العلاقات بينهما من الناحتين النظرية والعملية(14).

وبينما كان " بسمارك " يمثل المصدر غير المجاهر به لاستراتيجية الفكر السوفيتي، فأن " وودرو ولسن " هو الاب لسياسة الحرب الباردة الامريكية، ان دور القوة الكبرى الذي اتخذته الولايات المتخدة لنفسها للتصدي لخلافها مع الاتحاد السوفيتي يتطابق مع الصورة التي تخيلها " ولسن " للسياسة الدولية. لقد كان " ولسن " نفسه يعتقد ان التاريخ قد دعى الولايات المتحدة لتخلق ثورة كبرى في النظام الدولي ولتكون حامية للدول الاقل امكانية امام نظام القوة الطائش وان مثل هذا الدور سيعطي للافكار الامريكية تأثيرا كونيا ومتخطيا للولايات المتحدة كوحدة سياسية. ولقد كان هذا التفكير هو التفكير الكلي السائد لدى الولسونيين منذ العقد الثاني من القرن العشرين ولايزال هذا التفكير يشكل العنصر الرئيس في استراتيجية الفكر الامريكي.

ويمكن القول ان نموذج الولايات المتحدة الاستراتيجي قد اكد على احراز النصر في المعارك، بينما ركز النموذج السوفيتي على احراز النصر في الحروب، ان النصر القائم على تجميع القوة التدريجي هو على مايظهر الطريق الذي حددت فيه الولايات المتحدة مشكلتها، بينما النصر بالنسبة الى السوفيت ينظر اليه على اساس وحدة العمل وتماسكه. لقد اختارت الولايات المتحدة استراتيجية استغلال الفرصة، بينما اختار السوفيت العمل النهائي.

ان بالامكان النظر الى الحرب الباردة بانها نموذج من الاستراتيجية المتداخلة. وهذا يعني ان كل فريق يعتمد على بعض المبادئ الاساسية التطبيقية في تقرير المشكلات وفي اتخاذ التدابير المستجيبة لها ، فكل مشارك يقرر سلوكه وفق مخطط استراتيجي يعمل من خلاله في الوقت المعين . ومن خلال الاحتكاكات التي تنشأ نتيجة تطبيق كل فريق لاستراتيجيته يظهر مضمون الحرب الباردة.

وفي ضوء ماتقدم فقد سار كل من الاتحاد السوفيتي والولايات المتحدة خلال مرحلة الحرب الباردة وحتى وقت قريب من نهايتها، نحو اهداف متعاكسة تماما . فلقد فضحت السياسة السوفيتية اثناء فترة الحرب الباردة جميع علاقات الاستراتيجية التوسعية : كالدعوة للانخراط في صفوفها والتمرد في تثبيت العلاقات ، والتوسع المستمر

في الاهداف اكثر من متطلبات الحد الادنى، وتعريفها المحافظ لتحمل المجازفة، وانه في ظل هـذه المفـاهيم قـد سارت المجابهة الرئيسية في الحرب الباردة[15].

وقد اتسمت هذه المرحلة من تطور النظام السياسي الدولي بعدة خصائص سوف يتم اجمال ابرزهـا بايجاز على النحو التالي[16] :

أ. زيادة عدد الدول الاطراف في النظام نتيجة لتحرير الكثير منها من السيطرة الاستعمارية وحصولها على الاستقلال السياسي، واصبح لهـذه الـدول تـأثيرات متزايـدة ازاء مايتخـذ في داخـل النظـام الـدولي مـن قرارات.

ب. امتدت الحدود الجغرافية للنظام الدولي لتشمل العالم كله، واصبح مايقع في أي منطقة من العالم يولد سلسلة من ردود الفعل في الاجزاء والمناطق الاخرى.

ج. حصول تغير جذري في هيكل توزيع القوة علـى الصعيد العالمي، ومـن ضـمن القـوى الجديـدة التـي انبثقت خارج اوربا الغربية، الولايات المتحدة والاتحاد السوفيتي والصين.

د. لقد ظهرت العديد من المنظمات الدولية غير الحكومية التي تؤثر في اوضاع المجتمع الـدولي بصـورة لم تكن تعرفها المرحلة السابقة من تطور النظام السياسي الدولي.

هـ تطور سلطة وكيان ومسؤوليات التنظيم الدولي، وهو التنظيم الذي بـدأ بعـد انتهاء الحـرب العالميـة الثانية ممثلا في الامم المتحدة والوكالات الدولية المتخصصة المنبثقة عنها.

و. لم تعد الدولة القومية كما كانت في المرحلة السابقة تمثل المصدر الوحيد للسلطة في النظام الـدولي، فالمنظمات الدولية والاقليمية تعتبر مصادر جديدة للسلطة في هذا النظام ، لـذا فـان الـدول لاتتمتـع اليوم بالسيادة المطلقة كما كان مفترضا في السابق.

ز. لقد فقدت والى حد كبير المبادئ الرئيسية التي تحكمت في عمل النظام السياسي الدولي الذي ساد ابان المرحلة الاوربية، وهي مبدأ السيادة، ومبدأ عدم التدخل ومبدأ الولاء القومي، اهميتها وتأثيرها بصـورة واضحة.

ح. تنوع ادوات التأثير الدولي المتبادل وبخاصة في مجال التأثير الـداخلي حيـث انحصرت ادوات التـأثير – كـما اتضح سابقا – في النطاقين الدبلوماسي والعسكري . واتخذت طابع الضغط الخارجي فقط، امـا في ظل مرحلة مابعد الحرب العالمية الثانية فقد حدث نوع من التكامل المنسق بين ادوات التأثير الداخلي وادوات التأثير الخارجي، ومن هـذه الادوات: المعونـات الاقتصادية والفنيـة، والمسـاعدات العسـكرية ووسائل الحرب الاقتصادية والنفسية والدعائية.

ط. لم يعد ينظر الى القوة والتأثير والنفوذ في المجتمع الدولي على انها مجرد التفوق في امكانـات العنف المسلح كما كان الحال في المرحلة الاوربية من تطور النظام السياسي الدولي، وانما اصبحت هـذه بمثابة المحصلة النهائية لعدد كبير من العوامل المتداخلة، منها ذات طابـع مـادي، مثل القوة الاقتصادية او التطور الصناعي في حين ان البعض منها ليس له هذه الطبيعة المادية، مثل كفاءة الاجهزة الدبلوماسية وكفاءة التنظيم السياسي ، والدعاية والحرب النفسية.

ي. تزايد تأثير الرأي العام على حركة السياسة الخارجية.

ك. بروز اهمية الايديولوجيات والمعتقدات السياسية كعوامل لها قدرة علـى التـأثير في السياسـة الدوليـة بشكل لم يعرفه المجتمع الدولي في المرحلة السابقة.

ل. الصراعات والنزاعات الداخلية اصبح لها دلالات دولية، أي ان نطاق التأثير والاهتمام بها اصبح يتعدى الحدود القومية للدولة الى الدول الخارجية، وتصاعد اتجاه الدول الى محاولة التدخل في هذه النزاعات المحلية واستغلالها في خدمة سياساتها ومصالحها.

م. لقد تغيرت خصائص الصراع المسلح عما كانت عليه في المرحلة السابقة من تطور النظام ، وشـمل هـذا التغير عدد من الجوانب الاساسية: [17]

(اولا). اصبحت القدرة على الهجوم المفاجئ ذات اهمية كبيرة في حسـم نتـائج الصراع، ويكـاد الوقـت الـذي يستغرقه التحذير لايتعدى ثوان او دقائق.

(ثانيا). الدولة التي تتعرض لهجوم ساحق قد لاتجد وقتا لتعبئة قواها العسكرية والسياسية.

(ثالثا).   معدل التطور والتغير في الاسلحة سريع جداً وجذري.

(رابعا). لم يعد ممكنا – على الاطلاق – الادعاء بان الزيادة في القوة العسكرية للدولة لابد وان يتبعها بالضرورة زيادة في الشعور بالامن القومي خلافا لما كان عليه الحال في السابق.

(خامسا). ساهمت القوة التدميرية للاسلحة التي تمتلكها الدول الكبرى في جعل المواجهة العسكرية بينما امرا غير مرغوب فيه .

وخلاصة لما تقدم يمكن القول ان سني الحرب العالمية الثانية قد شهدت اضمحلال الدور الاوربي على المسرح الدولي لحساب القوتين الكبيرتين اللتين كانتا مؤهلتين ذاتيا وموضوعيا للعب الادوار القيادية – امريكا والاتحاد السوفيتي . ويمكن القول ايضا ان الولايات المتحدة الامريكية خلال المرحلة التي سميت بالحرب الباردة قد استطاعت وعلى رأس معسكر حلفائها في الغرب، استنزاف المعسكر الاخر اقتصاديا وفلسفيا وصولا الى انهياره التام كاعلان عن انتهاء مرحلة كاملة من مراحل الصراع الكوني من اجل القوة والسيطرة ، والبدء بمرحلة جديدة من مراحل تطور النظام السياسي الدولي.

اما اهم وابرز حادث شهدته تلك الفترة فقد كان سقوط جدار برلين ذلك الهيكل المميز الذي كان رمزا لانفصال العالم الى كتلتين مختلفتين ، وثمة حادث مهم اخر الا وهو قمة مالطا التي انعقدت بين الرئيسين الروسي "غورباتشوف" والامريكي "جورج بوش" عام 1990 ... وربما ان اللحظة الحاسمة التي حددت نهايتها قد تمثلت في اجتماع باريس الذي ضم رؤساء حكومات مؤتمر الامن والتعاون في اوربا (CSCE) في التاسع عشر من تشرين الثاني / نوفمبر عام 1990 وتمخض ذلك الاجتماع عن التوقيع على اتفاقية الاسلحة التقليدية في اوربا (CFE) التي وضعت اطار العمل لتدمير القدرات العسكرية التي شكلت خطرا كبيرا على السلام الدولي لاربعة قرون خلت.

ثالثا: مرحلة مابعد الحرب الباردة

لم تنته الحرب الباردة في صورة نشوب حريق عسكري هائل كما انتهت فيه معظم النزاعات التي سبقتها ... فلم تشهد تلك المرحلة التوقيع على اتفاقية للسلام ، كما ان مؤتمر لفينا اولفرساي اويالطا ، لم يضع نهاية لذلك العصر اذ ان نهايتها قد جاءت على نحو مفاجئ وربما (سري) ايضا ورغم ان احد الطرفين قد ادعى تحقيق النصر، الا ان واقع الحال يشير الى ان كلا الطرفين عانا كثيرا من هذا النزاع الطويل، بيد ان واحدا منهما كان قادرا على تحمل الخسائر ، اما الاخر فقد انسحب من مسرح الاحداث بارادته دون حتى ان يكون قادرا على وضع خطة لمعركة .

فعندما بدأت مرحلة الانهيار تلوح في الافق السوفيتي [18] ، بدأ الحديث عن امكانية قيام نظام عالمي يدخل الانسانية في عهد جديد سمته الرخاء والتكافل والديمقراطية. وقد اعلن الجانب المنتصر بثقة عن ظهور نظام دولي جديد خال من خطر الارهاب قادر على مزاولة تحقيق العدالة والسلام، عصر تستطيع من خلاله دول العالم العيش بازدهار وتآلف [19]، وبينما انتشر استخدام النظام العالمي (الجديد) وتم تداوله من قبل الكثير من الباحثين والكتاب (عرضا وتحليلا - نقدا او تأييدا) [20]، ذهب فريق اخر منهم الى ان هذا الاصطلاح ماهو الا تزييف للواقع وخداع للذات، حيث يرى هذا الفريق انه لم تحدث تغيرات جوهرية في النظام الدولي، وان النظام المزعوم من وجهة نظرهم مازال يعتمد على معيار توازنات القوى والمصالح بين القوى المهيمنة في النظام الدولي الذي هو في المرحلة الحالية نظام امريكي في المقام الاول ، غربي في المقام الثاني ، وتستخدم في سياقه الشرعية الدولية كغطاء لعملية اعادة صياغة المبادئ القديمة في ثوب وشكل جديدين [21].

وبين وجهتي النظر هاتين تأتي رؤية فريق ثالث - نتفق معها - ترى ان هناك مجموعة من التحولات والتغيرات التي يشهدها العالم في الوقت الراهن سيكون من شأنها بلورة نظام عالمي (جديد) الا ان هذا النظام لم يتبلور بصورة نهائية بعد ، فهي مرحلة انتقالية يتداعى خلالها النظام الدولي القديم ويتشكل نظام جديد في ظل عوامل ومتغيرات مختلفة تدفع في هذا الاتجاه [22].

وقد اورد " هنري كيسنجر " في صدد مشابه مايشير الى ان كل من " بوش الاب وكلينتون" لم يصيبا عندما تحدثا عن النظام العالمي الجديد كما لو انه طوع البنان، بينما يشير الواقع ، والقول " لكيسنجر " ، الى انه لايزال في طور التكوين ولن يتاح رؤية معالمه النهائية الا بعد ولوج القرن المقبل (ويقصد القرن الحادي والعشرين) ولفترة غير قصيرة [23].

واذا كان من المسلم به ان التغيير الحادث في النظام الدولي في مرحلة مابعد الحرب الباردة سوف يؤدي بالضرورة الى اعادة ترتيب الاولويات التقليدية ويدخل موضوعات جديدة في بؤرة الاهتمام الدولي، فاننا نجد ضرورة التفرقة بين مفهومين مختلفين للنظام الدولي: [24]

المفهوم الاول يعبر عنه مصطلح (International System) وهو يعني وجود نسق معين من التفاعلات بين الفاعلين الدوليين على مستوى العالم ككل ويقوم تحليل النظام الدولي بهذا المعنى انطلاقا من تحليل شبكة التفاعلات الناجمة عن احتكاك هؤلاء الفاعلين.

اما المفهوم الثاني فيعبر عنه مصطلح (International Order) وهو يعني وجود نمط معين من القيم وقواعد السلوك التي تحكم التفاعلات بين وحدات النظام، ويقوم تحليل النظام الدولي بهذا المعنى انطلاقا من تحليل قيم وقواعد السلوك التي تنتهجها اطراف النظام بغية التعرف على نمط القيم وقواعد السلوك السائدة.

ويبدو ان التحولات الجارية في النظام الدولي حاليا لاتعكس فقط تحولا في هيكل النظام الدولي وشبكة تفاعلاته ، وانما تعكس ايضا وعلى وجه الخصوص تحولا في نمط القيم وقواعد السلوك، ومعنى هذا اننا قد لانكون ازاء عملية تحول او تغير موازين القوى الفعلية بين وحدات النظام بقدر مانحن بصدد تحول او تغير في موازين قيم وسلوك هذه الوحدات او بعضها، ولهذا الوضع بالطبع انعكاساته المختلفة على قضية الاولويات في النظام الدولي لان اعادة ترتيب الاولويات قد تنجم في هذه الحالة عن تغير في منهج واسلوب معالجة القضايا الدولية وليس نتيجة لتغير في درجة الاهتمام الدولي بهذه القضايا.

وبينما وصف النظام العالمي (الجديد) بكونه افضل من سابقه الذي وجد عقب الحرب العالمية الثانية، وانه يبشر بعدة مزايا كالخلاص من الرعب النووي والسلام والرفاهية والحرية والعدالة وحكم القانون والقدرة على انجاز اهداف عالمية تتعلق بالقانون الدولي والسلام العالمي .. فان هناك من يرى ان هذا النظام لن يكن الا شعارا سياسيا تم وضعه للحصول على التأييد لسياسات الولايات المتحدة ولاضفاء الشرعية على توجهاتها الكونية بعد الانتصار الذي حققته على الاتحاد السوفيتي . ومهما كانت شعارات الدولة المهيمنة، فلن يعنى المهيمنون الا بمكانتهم في النظام العالمي وبمصالحهم وهم يتبعون قواعد لعبة (Zero Sum Game اللعبة الصفرية) ، ويدعمون قدراتهم تحسبا لمنافسة قوى اخرى تحاول الحلول محلهم على المدى المتوسط او البعيد [25].

وما الفوضى السائدة في عالم اليوم الا عنصرا اساسيا في بنية مايوصف بكونه نظاما عالميا (جديدا) وانعكاسا له حيث ان ابقاء العالم في حالة الازمة، وتفجير ازمات متتالية يمثل هدفا استراتيجيا للولايات المتحدة وشرطا للمحافظة على مكانتها المهيمنة على شؤون العالم .

لذلك فاليقينيات التي اقترنت بانهيار الاتحاد السوفيتي ونهاية الحرب الباردة سرعان ماتبددت ، ولم يعد من السهل على البعض اليوم كما كان في عامي 1989-1990 ان يزعم ان التاريخ قد انتهى بانتصار حاسم ونهائي للديمقراطية الليبرالية على سائر الايديولوجيات . وبينما ذهب " فرنسيس فوكوياما" الى الحديث عما اسماه نهاية التاريخ قاصدا بذلك انتصار الليبرالية ومعبرا عن سيادة النموذج الامريكي بشقيه السياسي والاقتصادي، ففي مقابل ذلك يتعرض الفيلسوف الفرنسي " بودريلارد " في كتابه (وهم النهاية) الى فكرة نهاية التاريخ مؤكدا انها خيال ينسجه الايمان بان التاريخ البشري يتحرك في خط مستقيم ، فالتاريخ المعاصر لايتقدم في خط مستقيم بل يعود الى الوراء قاضيا بحركته هذه على بعض الملامح التي سادت المجتمع البشري في القرن العشرين [26].

كما ويكاد يكون مستحيلا ان يجادل المرء اليوم بان البشرية تحيا او توشك ان تحيا في ظل نظام عـالمي (جديد) يوفر السلام والازدهار ويقوم على احترام الشرعية الدولية، وكفالة حقوق الانسان للجميع . وبـدلا عـن ذلك نجد انفسنا ازاء عالم تتفاقم كل يوم ازمته الاقتصادية ومآسيه الاجتماعية وفوضـاه السياسـية، ويسـود فيـه عنف بالغ يبدو في كثير من الاحيان بحسب " برتراند بادي " مستعصيا على الفهم " [27]. وفضلا عن ذلك فقد بـدأ يتطور في العالم اتجاه لعولمة القيم الغربية في السياسة والاقتصاد وتسخير كل الوسائل المتاحة لتكريسها كمبادئ وقيم للنظام الدولي الجديد.

هوامش الفصل السادس

(1)   ولفغانغ فريدمان ، تطور القانون الدولي ، ترجمة لجنة من الاساتذة الجامعيين، (بيروت، دار الافاق الجديدة، 1964) ، ص ص 27-28.

(2)   دانيال كولار ، مصدر سبق ذكره ، ص 5.

(3)   المصدر نفسه، ص 6.

(4)   تشارلس او.ليرتش ، الحرب الباردة ومابعدها ، ترجمة د. فاضل زكي محمد، (بغداد ، دار الحرية للطباعة ، 1975) ، ص 18.

(5)   د. اسماعيل صبري مقلد ، العلاقات السياسية الدولية، مصدر سبق ذكره ، ص45.

(6)   Charles Schliecher ,Op cit, P.P.19-29.

(7)   ولفغانغ فريدمان ، مصدر سبق ذكره ، ص 28.

(8)   د. اسماعيل صبري مقلد ، المصدر السابق ، ص ص 47-52.

(9)   المصدر نفسه ، ص ص 51-52.

(10)   تشارلس اوليرتش ، مصدر سبق ذكره ، ص 19.

(11)   دانيال كولار ، مصدر سبق ذكره ، ص 7.

(12)   D.Banerjee, A New World Order , Trends For the Future, (Strategic Analysis , VolX Vll. No.2 , May , 1994) , P.143.

(13)   K.P.Fabian , Some Aspects of the Cold War and of the Post – Cold War World , Asouthern Point of View (Strategic Analysis, VolX Vll, No.4, July , 1994), P.P. 390-391.

(14)   تشارلس او. ليرش ، مصدر سبق ذكره ، ص ص 23-28.

(15)   المصدر نفسه، ص 46.

(16)   د.اسماعيل صبري مقلد ، المصدر السابق ، ص ص 52-58.

(17)   المصدر نفسه، ص 58.

(18) لمزيد من التفصيل ، انظر : ارنست ماندل ، الاتحاد السوفيتي في ظل غورباتشوف، ترجمة بولا الخوري، (بيروت، دار الوحدة للطباعة والنشر، 1991).

(19)   US.Department of State,Current Policy Document , No,. 1298.

(20) لمزيد من التفصيل حول فهم اشكالية النظام العالمي الجديد ، انظر: د. سعد حقي توفيق، اشكالية فهم النظام الدولي الجديد ، مجلة العلوم السياسية ، العدد 13 ، بغداد ، 1995.

وكذلك ، د. حسنين توفيق ابراهيم ، الفكر العربي واشكالية النظام الدولي الجديد، مجلة شؤون عربية، العدد 69 ، القاهرة ، 1992 ، ص ص 49-69. وكذلك د. عبدالمنعم سعيد ، مابعد الحرب الباردة ، النظام الدولي بين الفوضى والاستقرار، كتاب العرب في الاستراتيجيات العالمية، عمان، مركز الدراسات الاستراتيجية ، 1994 ، ص 29 ومابعدها.

(21) انظر: د. جمال قنان، نظام عالمي جديد ام سيطرة استعمارية جديدة، مصدر سبق ذكره . وكذلك د. ميلود المهذبي ، قراءة مغايرة لمصطلحات معاصرة، النظام العالمي الجديد والشرعية الدولية، المستقبل العربي، العدد 61، بيروت، م.د.و.ع ، 1992.

(22) انظر: د. باسل البستاني (محررا) النظام الدولي الجديد ، اراء ومواقف، مجموعة مؤلفين ، (بغداد ، دار الشؤون الثقافية العامة ، 1992).

(23) هنري كيسنجر ، الدبلوماسية من الحرب الباردة حتى يومنا هذا ، ترجمة مالك فاضل البديري، (عمان ، الدار الاهلية للتوزيع والنشر، 1995) ، ص 527.

(24) د. حسن نافعه، الاولويات الدولية المتغيرة والوطن العربي، كتاب الوطن العربي والمتغيرات الدولية، مجموعة باحثين ، (القاهرة، معهد البحوث والدراسات العربية، 1991) ، ص ص 94-95.

(25) الصغير الرحماني ، النظام العالمي الجديد ، رؤية نقديـة ، المجلـة العربيـة للدراسـات الدوليـة، (المعهـد العربي للدراسات الدولية، ربيع صيف 1992)، ص ص 6-7.

(26) انظر : فرنسيس فوكوياما ، نهاية التاريخ والرجل الاخير، ترجمة وتعليق حسين الشـيخ، ط1، (بـيروت ، مكتبة دار العلوم العربية، 1993).

وكذلك :

Jean Baudillard , The Illusion of the End , Cambidge Ploity Press, 1994.

(27) برتراند بادي، نهاية الاقاليم – دراسة حول اللانظام الدولي وحول المنفعة الاجتماعية للاحترام ، نقلا عن عمر الشافعي ، المستقبل العربي، العدد 222، بيروت ، م.د.و.ع ، 1996 ، ص 166.

الفصل السابع

الاصول النظرية والخصائص المعاصرة

اولا: مفهوم النظام السياسي الدولي

ثمة اتفاقا في الرأي بين خبراء العلاقات الدولية على ان النظام السياسي الدولي لايخرج عن كونه نتاجا لانماط في التفاعلات الحاصلة بين العديد من الوحدات السياسية التي يتشكل منها ، فهو يعكس تلك الانماط السلوكية الناجمة عن عملية التفاعل بين تلك الوحدات، وبمعنى اخر فان بنية النظام هي محصلة لسلوك الوحدات الذي غالبا مايكون محكوما بالكيفية التي يتم بها توزيع مصادر القوة والنفوذ ومايمكن ان يترتب عليها من تأثير في صياغة انماط السلوك الدولي [1]. والنظام السياسي بحسب " ديفيد ايستون " هو عبارة عن هيكل مفتوح لاستقبال مدخلات (Inputs) من المحيط الخارجي او البيئة الخارجية، وتميل المدخلات عادة الى ايجاد حالة من التوازن بينها وبين العناصر البنائية داخل النظام. وعملية التفاعل بين المدخلات والعناصر البنائية داخل النظام ينتج عنها متغيرات تعرف بالمخرجات (Outputs) ، وهذه تفضي الى ترتيب نتائج محددة على الوحدات التي يتشكل منها النظام من ناحية وعلى الاطار الذي تنتظم فيه من ناحية اخرى [2]. وفضلا عن ذلك فقد اورد خبراء العلاقات الدولية والقانون الدولي الكثير من الدراسات التي اهتمت بتوصيف وتحليل النظام السياسي الدولي. وقد ركزت هذه الدراسات على جوهر النظام ومضمونه والعناصر الفاعلة فيه التي تمنحه الهوية والاستمرارية بوصفه نظاما دوليا، وتضمنت هذه الدراسات محاولات لتعريف النظام السياسي الدولي وتحديد مفهومه، فقد عرفه " هولستي " بانه تجمع يضم هويات سياسية مستقلة، قبائل ، مدنا ، دولا ، امما ، او امبراطوريات، تتفاعل فيما بينها بتواتر معقول ووفقا لعمليات منتظمة [3]. اما " موريس ايست " فقد عرفه على انه يمثل انماطا من التفاعلات والعلاقات القائمة بين الفواعل السياسية ذات الطبيعة الارضية (الدول) خلال وقت محدد [4].

وعرف " مورتون كابلان " النظام الدولي بأنه مجموعة من الوحدات المترابطة فيما بينها والمتميزة عن محيطها ، وتستند هذه الوحدات على قواعد سلوكية تميز العلاقات القائمة فيما بينها ، وتعتمد على مجموعة من المتغيرات الخارجية [5].

وقد ركز البعض في تعريفهم للنظام الدولي على الابعاد السلوكية المتفاعلة التي تسمى اممـا او دولا والتي يضاف اليها احيانا بعض المنظمات فوق القومية كالامم المتحدة ، ويمكن ان توصف كل وحدة مـن هـذه الوحدات السلوكية بانها مجموعة من الفواعل او المتغيرات التي يفترض وجود علاقات فيما بينها [6].

والنظام الدولي بهـذا المعنى يمثل هيكلا بنيويا تشـكله وحدات متعددة (دول، منظمات، شـركات متعددة الجنسية) تتفاعل على وفق انماط سلوكية منتظمة وترتب جملة نتائج، بعضها علـى البعض الاخر مـن ناحية ، وعلى الاطار الذي تنتظم فيه من ناحية اخرى ، وعلى ضوء هـذا التوصيف فـان مفهـوم النظام يعنـي امرين : [7]

الامر الاول : نمط او انماط من التفاعلات السائدة بين الوحدات المختلفة المكونة لبنائه ...

الامر الثاني: ان هذه التفاعلات تعكس علاقة تأثير وتأثر كل وحدة من وحدات النظام بعضها بـالبعض الاخر من ناحية، وبالنظام ذاته من ناحية اخرى.

وغالبا فان هذه التفاعلات بين وحدات النظام الدولي تجري على وفق مجموعة من القواعد تـتحكم في صياغتها وتحديد مضمونها، وهذه القواعد يمكن ان تكون محددة وواضحة، كما يمكن ان تكون ضـمنية تتبلـور في مدركات صناع القرار من خلال ماجرت عليه الاعراف وتقاليد التعامل الدولي.

ثانيا: اتجاه النظام السياسي الدولي في مرحلة مابعد الحرب الباردة

1. **وجهة النظر الاولى** : تطرق لها " فرنسيس فوكوياما " وتنطلق من فرضية مفادها ان العالم قـد شـهد نهاية الجدل الايديولوجي الكبير بـين الديمقراطيـة والدكتاتوريـة وذلك بالهزيمـة الكبيرة التي لحقـت بالاخيرة، وقد اسفر ذلك بدوره عن نهاية النزاع الذي نشب في الدول المتطورة، بيد ان الـدول الناميـة التي ماتزال تراقب نهاية هذا الجدل سوف تستمر في التعرض الى الحروب.

2. **وجهة النظر الثانية:** تطرق لها " صموئيل هنتنغتون" ، ومؤدى فرضيته هو ان المصدر الاساسي للنزاع في العالم الجديد لن يكون اقتصاديا بالاساس، فالانقسامات الكبيرة بين بني البشر والمصدر الغالب للنزاع سوف تكون حضارية، وستبقى الدول ذات القومية الواحدة بمثابة اللاعبين الاقوى في شؤون العالم، غير ان الخلافات في السياسة الكونية ستحدث بين الامم ومجموعات من حضارات مختلفة، وسيهيمن تصادم الحضارات على السياسة العالمية وستغدو خطوط التداخل بين الحضارات خطوط قتال في المستقبل وسيتحدد شكل العالم الى حد كبير بحكم التفاعلات بين (سبع او ثمان حضارات رئيسة) وتتضمن هذه الحضارات ((الغربية، الكونفشيوسية، اليابانية ، الاسلامية، الهندوسية، الارثذوكسية السلافية، والامريكية اللاتينية ومن المحتمل الافريقية))، وان اهم نزاعات المستقبل ستقع على خطوط التداخل الثقافي التي تفصل الحضارات بعضها عن البعض الاخر [8].

3. **وجهة النظر الثالثة:** تطرق لها الاستاذ الامريكي " ماكس سنكر" الذي شارك في تأليف كتاب (نظام العالم الحقيقي مناطق السلام - مناطق الاضطراب) ، ويمكن ايجاز اطروحته على الوجه الاتي : ان العالم مقسم الى منطقتين ، واحدة تتسم بالسلام والديمقراطية والاخرى بالاضطراب واشكالات التنمية، وتنتمي منظمة التعاون الاقتصادي والتنمية (OECO) الى المنطقة الاولى ، فيما ينبغي على البلدان في المنطقة الثانية ان تفكر بشأن بقائها، وفي حين انه يمكن استبعاد الحروب بين البلدان في المنطقة الاولى، لايمكن ان يؤثر مايحدث في المنطقة الثانية بشكل خطير على استقرار وازدهار البلدان في المنطقة الاولى ، وسوف تزداد الثروة في المنطقة الاولى ولكن بلدان المنطقة الثانية تحتاج الى نصف قرن من الزمن حتى تجاري المستوى الحالي لليونان او البرتغال ويحتمل او لايحتمل ان تنتشر الديمقراطية لتصل المنطقة الثانية ...

ويتألف جدول اعمال السياسة الخارجية الخاص بالمنطقة الاولى بصورة نسبية من مسائل لاتتعلق بالبقاء، بينما تحتل الانانية العرقية حيزا واسعا في فرضية "سنكر" بالنسبة لشعوب الجنوب (شعوب المنطقة الثانية) ولايقدم أية وعود بامكانية الانتقال الى منطقة المنعمين بالسعادة [9].

وتكمن حدود الخلاف بين "فوكوياما" و "هنتنغتون" بحسب فرضية الاخير فيما يمكن تسميته بمغالطة (النظام البديل) ، اذ ان البديل عن الدكتاتورية او الشيوعية هو ليس الديمقراطية الليبرالية، وليس من الضروري ان تتمخض نهاية الاول عن ظهور الثاني، وبدلا من ذلك ، وكما تجلى بوضوح كبير ظهرت العديد من اشكال الدكتاتوريات القومية ، كما ان هناك العديد من البدائل الدينية التي اتخذت محل الايديولوجيات ولم تسر على نهج الطريق العلماني [10].

في حقيقة الامر نحن لسنا على وشك مشاهدة نهاية الامم وبداية ظهور (عالم واحد) او تجمعات قومية تمتاز بشكل كلي بسيادة دولة، فليس بالامكان ادراك هذه القوميات بصيغ حضارية وفي الكثير من الحالات تنعدم الحدود الواضحة بين الحضارات ... وفي عدة اجزاء من اسيا اندمجت الحضارات بشكل مطلق مع بعضها البعض ... ولم تظهر (الكونفشيوسية) ماعدا في جوانب اقتصادية، فعلى سبيل المثال لا الحصرـ تعتبر اليابان دولة وحضارة ايضا، والهندوسية ليست دينا بطابعها المتشدد وعليه فان تأثيرها الحضاري لاسيما في مجال الخلافات لايمكن دعمه بسهولة [11]. وتأسيسا على ذلك فان المفهوم الشامل للنزاع الحضاري الذي يلفت الانتباه لايطرح بشكل كامل العديد من التناقضات السائدة في العالم هذه الايام كالمفاهيم المختلفة للديمقراطية وحقوق الانسان، وتناقض الثقافات ، والتناقضات بين النماذج المتضاربة لانظمة السوق، والتناقضات حول قضايا البيئة.

وثمة سمة اخرى يتسم بها عالم اليوم تتمثل في ظهور العرقية، فالسكان العرقيين كانوا يستقرون دائما في الحدود الدولية سواء كان ذلك في اوربا او اسيا ، فالحدود الاقليمية لدولة ما ، كانت تتماهى مع التركيبة العرقية لمواطنيها. كما ان الحرب الباردة لم تكشف الى حد ما عن النزاعات الانفصالية العرقية .. وعلى نحو

مفاجئ تظهر العرقية الى الوجود كمصدر فاعل للنزاع الانفصالي مع احتمالات نشوب اعمال عنف كثيرة بسببها [12].

كما ظهرت في نفس الوقت مبادئ جديدة للتدخلية، وتم تبرير حالتين للتدخل اولهما ما اطلق عليه مصطلح ((حروب المصلحة)) والهدف من هذه الحروب يكمن في احكام السيطرة على الموارد الحيوية التي تحتاجها الدول المتقدمة ، على نحو عاجل، فاذا احكمت الانظمة او الدول في عالم الجنوب ، سيطرتها على مثل هذه المناطق الاستراتيجية او الموارد، فان ذلك سوف يستدعي القيام برد فعل سريع.

اما الحالة الثانية فتكمن فيما يسمى ((بحروب الوعي)) حيث ان انخفاض المستويات المعيشية او الصعوبات الطبيعية او حصول انتهاكات متعمدة ربما تستدعي تدخل عسكري مباشر لاسباب انسانية ومع ذلك لم يظهر اجماع حول هذا النوع من التدخل والسبب في ذلك يعود بشكل رئيسي الى انها لاتحظى باهمية ستراتيجية على العموم ، وعندما يكون مستوى العنف كبيرا والقوات المتنازعة مسلحة بشكل جيد فان التدخل قد يثير مصاعب جمة بيد انه في الدول النامية والتي غالبا ماتسود مشاكل عرقية في مجتمعاتها، فكلف التدخل اقل وان كانت لاتبلغ جوهر اهدافها المقصودة احيانا [13].

ان مبدأ التدخلية يمتد الى مبدأ حق التدخل، واتسعت تبريراته لتشمل حماية الاقليات والحيلولة دون تقليص المشاركة في عملية صنع القرار داخل الدولة، الحيلولة دون حصول انتهاكات شديدة لحقوق الانسان، الحيلولة دون الحصول على اسلحة كثيرة او نفقات عسكرية او محاولة الحصول على او تطوير اسحلة دمار شامل.

ثالثا: النظام الدولي الجديد - تحديات الاصطلاح والمضمون

ان تحليل مصطلحات مفاهيم النظام الدولي الجديد يساعد على فهم العلاقات الجدلية بين ماينبغي من حيادية المصطلح المفترضة واستراتيجية السياسة الدولية.

1. مفهوم ((النظام)) :

ان المفهوم الاصطلاحي لكلمة النظام يفيد مجموعة من القواعد التي تحكم ظـاهرة او مجموعـة مـن الظواهر الاجتماعية او السياسية او الاقتصادية ، او الثقافية ، وهو وفقا لمفهوم القانون الدولي المعـاصر ونظريـة العلاقات الدولية يشترط توفر عدد من الاركان : (14)

أ.   اشخاص معترف لهم بالشخصية القانونية ، في محيط المجتمع الدولي، بمعنى التعـدد في مصـدر صنـاعة القرار والالتزام به ، وجماعية الية التفاعل فيه ، بمعنى اخر فأن النظام العالمي لايمكن ان يقوم الا عـلى مجموعة من الارادات.

ب.   نصوص وقواعد واحكام قانونية في شكل معاهدات او اعراف دولية، او احكام محاكم دوليـة وقـرارات لمنظمات دولية تنفيذية، وهذه جميعا لايتصور قيامها الا في ظل تفاعل جماعي تتشـابك فيـه الارادات وتتبلور.

ج.   اجهزة مؤسساتية تتمتع بصفة الديمومة تسهم في التوفيق بين تفاعلات اشخاص المجتمـع الـدولي مـن جهة وبين الاحكام والنصوص الموضوعة لحكم التفاعلات الدولية.

بيد ان واقع المتغيرات منذ عشر سنوات يؤكد بان النظام المـراد ترسـيخه مصـطلحا وواقعـا، هـو ذلـك الذي يرتكز اساسا على احادية القرار المهيمن، أي تجسيد ارادة القطب الرئيس في ان لاتحدث التفاعلات الدولية الا وفقا لارادته، وبعبارة اخرى فان معنى النظام قد اصبح يفضي الى احداث تغيير في مجموعة من الثوابت تبعـا لارادة مركز القرار الجديد وتجسيدا لاهدافه في اضعاف وتفكيك وانهاء جميع انماط المشاركة في صناعة الحـدث او القرار والحد من امكانيات التفاعل ضمن دائرة النظام المراد تثبيته.

ومصطلح (النظام) الذي كـان يفـترض ان يقـوم عـلى الشرعية والمشروعية، وهـي بطبيعتها مفـاهيم ديمقراطية ترسخ لدى بعض المحللين لتعني شرعية ومشروعية (المسيطر) الجديد ، حتى وان كان ذلك يتم بشكل غير ديمقراطي .. كالسعي الى فرض

188

مسألة التعددية على مستوى الحياة السياسية الداخلية في حين ان الحياة السياسية الدولية تئن تحت وطأة احادية الارادة.

2. مفهوم ((الدولي)) :

تطلق صفة الدولي في علم القانون على فرع من فروع علم القانون يحكم العلاقات في المجتمع الدولي ، ويستند مصطلح الدولي على فكرتين جوهريتين:

الاولى : نسبة الى الدولة وهي الشخص الفاعل الرئيس في العلاقات الدولية.

الثانية: نسبة الى طبيعة التنظيم الدولي الذي يستند في اساسه الى الدولة ، فمنظمة الامم المتحدة وفروعها لاتضم الا دولا ، ومحكمة العدل الدولية لايمثل فيها الا قضاة مرشحون عن دول ، والمعاهدات والاتفاقيات الدولية في مجالات متعددة مصدر انشاءها وتدويلها هي الدول (حقوق الانسان، الطيران الدولي، التجارة الدولية) . وهناك من يرى ان من الاجدى لقبول هذا المصطلح اطلاق صفة ((العالمي)) على هذا النظام ليكون اكثر دلالة على الواقع واكثر توجها نحو ديمقراطية القواعد والمؤسسات .. وهو على الاقل سيكون توجها نحو عالمية صناعة القرار والحدث على مستوى العلاقات الدولية [15] .

ولعل الهدف من تأكيد صفة الدولي هو ابراز دور ((الدولة)) الاكثر قوة وهيمنة في العالم في مواجهة الدول الحليفة والدول الصديقة ومحاولة للحد من تنامي دور الفرد في المجتمع الدولي، وقد يفضي ذلك الى تأكيد وتكريس قيم قانونية وسياسية تؤدي في النهاية الى احداث خلخلة في انماط التفكير السياسي في علم العلاقات الدولية وبصورة مدارس منهجية تقر باحادية التفكير ، ونظرية المركز والاطراف ، وظهور قانون دولي اقل ديمقراطية واقل انسانية واقل عدالة، ويبقى من الاهمية بمكان الاشارة الى تفسير ((الدولي)) على انه تأكيد دور الدولة، ينطوي على مفارقات عدة من بينها الاتي:

أ. ان هذا الامر اقل انطباقا على دول العالم الثالث منه في دول العالم الاول، لان مفهوم السيادة في ظل عالم مابعد الحرب الباردة يبدو عرضة للتحدي ، حيث

اصبح للتدخل في شؤون هذه الدول الداخلية (مشروعيات) و (اليات) متعددة ومختلفة.

ب. ان قيم مايسمى بالنظام الـدولي الجديـد تحمـل في جنباتهـا مايسـهم في تهمـيش دور الدولـة في ادارة الفعاليات الاقتصادية ، وتدعوها للتخلي عن مركزيتها وتوزيع جانب كبير من صلاحياتها حتى ظهر من بين الساسة والاقتصاديين من يرى بان الدولة اصبحت عند مفترق طرق.

3. مفهوم ((الجديد)) :

ان غزو الفضاء واكتشاف اعماق البحار والتطور المذهل في عالم المواصلات والاتصالات وانتقال المجتمع الدولي من (عالم المدن) الى عالم (مدينة العالم) ، قد اسهم في حدوث تغير جـذري في طبيعـة العلاقـات الدوليـة، فعندما اشتدت الازمة الاقتصادية العالمية سارعت الامم المتحدة عام 1973 الى الدعوة لتبني النظـام الاقتصـادي العالمي الجديد استجابة لمطلب دول العالم الثالث وشعوبه، وعند اشتداد اوار الحـرب الاعلاميـة الغربيـة وبـروز الهيمنة على وسائل الاتصالات العالمية دعت الامم المتحدة بضغط من دول العالم الثالث عـام 1975 الى مناقشـة تصور بناء نظام اعلامي جديد، ولما افاق المجتمع الدولي على التنبؤات والدراسات العلمية التي تبشر بالامكانات الهائلة في اعماق البحار ، اتفقت دول العالم عام 1982 على وضـع نظـام دولي جديـد في شـكل اتفاقيـات قـانون البحار يكفل توزيعا جديدا عادلا للمخزون الهائل الذي صار يطلق عليه ثروة البشـرية جمعـاء. كـما ان الخطـر الهائل الدائم الذي صار يهدد البيئة، دفع المجتمع الدولي عام 1990 الى صـياغة اتفاقيـة جديـدة لحمايـة طبقـة الاوزون . بيد ان مصطلح الجديد الموصـوف بالقـانون الحـالي لايقصـد بـه حـل المعضلات المسـتجدة للمشـاكل الطارئة وفقا للقواعد الموضوعة سلفا ضمن دائرة ميثاق الامم المتحدة بل يـراد لـه ان يكـون تعبـيرا عـن تصـور الارادة المنفردة لمركز القطب الاحادي وتجسيدا للبنـاء الجديـد المـراد تشـييده، والجديـد لـيس جديـدا في اطـار العدالة والمساواة بين الشعوب، وحقوق الانسان وحق تقرير المصير، وانما في اطار الهيمنة

وفرض الارادة واضعاف ارادة المقاومة في العالم الثالث، فهو اعلان بالانفرادية في صناعة القرار ومؤشر بالصيرورة الى عدم قبول المشاركة في بناء مستقبل البشرية، وقد يعني به ابراز التقابلية والثأرية بين زمن العالم القديم والعالم الجديد المحصن بجبروت القوة العسكرية والتسلح النووي [16]. ويشير البروفسور الايطالي " دمنيكو كالو " (ان امريكا تريد اقامة نظام دولي بزعامتها لايسمح ببروز منافس حتى بين الحلفاء، والنظام الدولي الجديد هو مجموعة افكار لم تطبق بعد ، وهو لايلغي مصالح العالم الثالث فحسب ، بل هو يخضع اوربا واليابان، وان ماهو قائم منذ 1989 هي اوضاع دولية جديدة وليس نظاما دوليا جديداً، وان مشروع النظام الدولي الجديد غير قادر على ضمانة مايسمى (بالنظام) ، والنظام الاحتكاري والامبريالي، لايمكنه ان يرسم مستقبلا واضحا [17].

وفضلا عن ذلك فان النظام القائم ليس بالنظام العملي لان ثلاثة ارباع العالم لم يشملها هذا النظام ولم تستطع ان تجد فيه من يستطيع الاحتكام له، فالمجتمع البشري لايعيش مرحلة تحكمها قواعد منظمة وانما فترة انتقالية يكتنفها العديد من المتغيرات والمستجدات التي قد تقود الى قيام نظام عالمي جديد بالمفهوم المراد تسويقه او قد يشهد مرحلة الدخول في حالة من انعدام الوزن التي هي جوهر اللانظام.

رابعا:وحدات النظام السياسي الدولي

وتمثل تلك العناصر الفاعلة القادرة على ترتيب دورا على المسرح الدولي، وبينما كانت الدول هي الوحدات التي تدور بينها العلاقات الدولية، فقد اصبحت هذه الوحدات في وقتنا الحاضر متنوعة بقدر ماهي متعددة، وسوف نحاول فيما يلي تحديد هذه الوحدات وتحليل ادوارها في اطار العلاقات والتفاعلات الحاصلة في البيئة الدولية.

1. الدولة :

يجمع عدد من خبراء العلاقات الدولية على ان الدولة تمثل وحدة التحليل الاساسية لرصد وتفسير عمليات التفاعل في النظام الدولي، وهي نتيجة لاحتكارها وسيطرتها على مصادر القوة والنفوذ تعد الفاعل الرئيس القادر على احداث الفعل السياسي المؤثر خارجيا وماعداها من كيانات مادية او معنوية وان اتخذت صفة دولية

191

(كالمنظمات الحكومية الدولية، الشركات متعددة الجنسية، القانون الدولي، الرأي العام) ، ماهي الا ادوات بيد الدولة لانجاز الاهداف المناطة بها [18] .

ان هذا التوصيف يستمد مقوماته من معيارين : [19]

أ.   المعيار الموضوعي :

وينطلق في رؤيته للواقع الدولي من حقيقة كونه يضم وحدات سياسية (دولاً قومية) تعد دون غيرها مصدر الفعل السياسي المؤثر وهدفا له في آن واحد ، بمعنى ان مدرك النظام السياسي الدولي يقتصر- حصرا على مفهوم الدولة القومية التي تمثل كيانات سياسية متكاملة وذات تأثير فعال على حركته وانتظام ادائه.

ب.   معيار السيادة القانونية :

ويذهب الى تأصيل فكرة وجود الدولة من الناحيتين السيادية والقانونية ، فالدولة هي الوحدة الاساسية التي تتمتع بسلطة عليا امرة وقاهرة تستطيع من خلالها فرض ارادتها على الاخرين، وهي ميزة تنفرد بها وحدها وتميزها عن باقي اعضاء الهيئة الاجتماعية الموجودين ضمن حدودها والخاضعين لاختصاصها السيادي .

اما من الناحية القانونية ، فالدولة تمثل اعلى الاشخاص القانونيين وانها بهذا الوصف تعد وحدها صاحبة الوجود الحقيقي في مجال القانون الوضعي، وهي صاحب الحق في السيادة. ونظرا لان الدولة من وجهة النظر القانونية كائنا قانونيا قائما بذاته ، فينبغي التسليم لها والحالة هذه بقدرات قانونية تمكنها ليس فقط من اداء اعمال مادية ، بل وممارسة الاعمال القانونية المختلفة.

وتجدر الاشارة الى ان المنطق الذي اعتمدة منهج التحليل التقليدي بشقيه الموضوعي والسيادي القانوني سرعان ما اخذ بالتراجع ليحل محله منهج حديث في التحليل يرى ان النظام الدولي لم يعد مقتصرا على الدول القومية بمحدوديتها ووحدانيتها، وذلك لاتساع عدد الدول في النظام الدولي مما ادى الى زيادة وتنوع وربما تعقد انماط التفاعلات الدولية بمضامينها الاقتصادية والسياسية والثقافية من ناحية ، فضلا عن ظهور كيانات جديدة الى جانب الدول في النظام الدولي.

واستنادا لذلك فان حصر النظام الدولي بالدول وجعله مقتصرا عليها لايتفق مع الحقائق الموضوعية للوضع الدولي المعاصر، وبناء عليه فان النظرة التحليلية الحديثة اخذت تخفف كثيرا من حدة الميل نحو تبني التفسير السيادي ولاتهتم كثيرا بالمعيار القانوني، واخذ التركيز يتمحور حول الصيغة السلوكية او المعيار السلوكي المتمثل بالقدرة على صياغة وتطبيق برامج عمل قادرة على التأثير في مجرى العلاقات الدولية[20].

2. المنظمات الحكومية الدولية :

تمثل هذه المنظمات ظاهرة التنظيم المؤسسي في المجتمع الدولي المعاصر، وتستمد اصولها من نظام المؤتمرات الدبلوماسية كصيغة عمل سادت بشكل واضح القرن التاسع عشر، ومنذ تلك الحقبة ادخل على اسلوب عملها العديد من التعديلات الفنية حيث قادت بشكل تدريجي الى ان تصبح لهذه المؤتمرات صفة الديمومة التي تشكل السمة الرئيسة والمميزة للمنظمات الدولية بالمقارنة مع نظام المؤتمرات الدبلوماسية بصيغة عمله التقليدية .

وتجدر الاشارة الى ان هذه المنظمات لاتمثل ظاهرة مؤسسية فحسب او مجرد منتدى للدول الاعضاء، بل تعد احد وحدات النظام الدولي، ولعل ذلك يعود الى المكانة التي تمارسها والاهداف التي تتوخى تحقيقها . فهي تمارس اختصاصا وظيفيا متعدد المضامين وذا ابعاد دولية، لذا تعد احدى ادوات الضبط والتكييف لحالات التوتر والاضطراب التي تعتري النظام الدولي والتي قد تقود بعض وحداته الى اتباع انماط سلوكية تصارعية ، كما انها تسهم من ناحية اخرى بتعزيز وترسيخ السياسات والانشطة التعاونية في الميادين الاقتصادية والسياسية والاجتماعية والثقافية ، بمعنى ان القضايا التي تهتم بها المنظمات الدولية هي قضايا المجتمع الدولي بكل وحداته السياسية[21].

وتتوزع هذه المنظمات من حيث بعدها الجغرافي ، على منظمات عالمية، مثل عصبة الامم سابقا، ومنظمة الامم المتحدة حاليا، وان سمة العالمية لاتعني انها تتمتع بارادة تعلو ارادات الدول الاعضاء، وانما تعني ذلك التجمع العالمي المفتوح لكافة

193

الدول ولاسيما تلك التي تتوفر فيها شروط العضوية المحددة في ميثاقها. ومن حيث بعدها الوظيفي قد تكون عامة عندما يراد بها تحقيق اهداف سياسية وغير سياسية في آن واحد كالامم المتحدة ، او قد تكون خاصة عندما تسعى الى انجاز اهداف وظيفية (غير سياسية) كالمنظمات العالمية المتخصصة التابعة للامم المتحدة . وفضلا عن المنظمات العالمية يشهد النظام السياسي الدولي ظاهرة انتشار المنظمات الاقليمية وبها يشار عادة الى ذلك التجمع المحدود في تلك الدول التي تنتمي عادة الى اقليم جغرافي معين وترتبط في اغلب الاحيان ، مع بعض بروابط خاصة وتسعى الى تطوير تعاونها الاقليمي في مجالات متعددة. ونظرا لطبيعة ونوعية وظائفها تتوزع المنظمات الاقليمية على نوعين:

اما منظمات ذات وظائف سياسية وغير سياسية في آن واحد ، كجامعة الدول العربية ، ومجلس التعاون لدول الخليج العربية، او منظمات ذات وظائف غير سياسية محددة كما هو الحال مثلا مع المنظمات الاقليمية العسكرية كحلف الاطلسي ووارسو مثلا ، او الاقتصادية، كمنظمة الاوبك. وعلى الرغم من انها تشكل من حيث الكم اغلب المنظمات الدولية بيد انها لاتستوي من حيث الفاعلية[22].

وحول طبيعة دور هذه المنظمات الدولية بنوعيها، تختلف الاراء عموما، فقد جرت العادة على رؤيتها بمثابة ذلك الاطار التعاوني الطوعي بين مجموعة دول ذات سيادة، التي يتميز سلوك اولئك الذين يمثلونها بالحرص الشديد على التعبير عن مصالح دولهم وسياساتها لاغير، ومن هنا اكدت بعض الاراء على ان المنظمات الدولية لاتعدو ان تكون احد الادوات التي تستخدمها الدول الاعضاء لتنفيذ سياساتها الخارجية، وتبعا لذلك فان تاثيرها ضئيل في سياسات هذه الدول.

ومع ذلك فان رغبة الدول كافة النابعة عن حاجتها للتعاون من اجل حل تلك المشاكل الدولية الاقتصادية مثلا التي تتجاوز قدرتها منفردة ، ادت الى ان تكون المنظمات الدولية كوحدات سياسية دولية موضوعية قادرة على ايقاع قدر من التأثير، على الاقل ، في السياسات الخارجية للدول الاعضاء[23].

وينبغي الاشارة هنا الى ان هذا التأثير ينبع من مدى فاعليتها ومن الفوائد التي تحققها للدول الاعضاء ، وهـذه الفوائد غالبا هي التي تدفع بهذه الدول الى توظيفها كأداة للتأثير الدولي لصالحها، وعلى النحو التالي:

أ.   ذهاب الدول الى استثمار المنظمات الدولية التي تنتمي اليها من اجل تأمين مجموعة فوائد مباشرة او غير مباشرة لها.

ب.   تتطلع الدول في اغلب الاحيان الى استثمار المنظمات الدولية كأداة للتأثير الجماعي والمساومة من اجل دفعها الى تبني سياسات داعمة لمصالح هذه الدول.

ج.   ان المنظمات الدولية تتيح للـدول الاعضـاء امكانيـة اسـتخدامها كـأداة للـتخلص مـن تحمـل عـبء مسؤوليات والتزامات محددة لاترغب بها.

د.   تتطلع الدول الى امكانية استخدام المنظمات الدولية لاغراض كسب الرأي العام.

وينبغي الاشارة هنا الى ان المنظمات الدولية وان كانت تتمتع بشخصية قانونية فان هذا لايعطيها سلطة عليا امرة وقاهرة ولايجعل منها ارادة تعلـو عـلى ارادات الـدول المنشئة لهـا وبالشـكل الـذي يعـزز مـن استقلالية الدور الذي تضطلع بانجازه. وفضلا عن ذلك فان المنظمات الدولية وان كانت تمثل وحدات دولية، الا انها في الكثير من الاحيان تبدو غير مستقلة بسبب من خضوعها لقوى البيئة الخارجية التي تشكل بالنسبة لهـا ضغوطا كبرى تؤثر على قراراتها على نحو حاسم، وبمعنى اخر ان اسـتمرار اعتمادهـا عـلى الـدول الاعضـاء التـي اسهمت في تأسيسها يؤثر عمليا على استقلالية الفعل ، تلك الاستقلالية التي تحتاج اليها لكي تقوم باداء وظائفها على الوجه الاكمل وعلى نحو حيادي، في الكثير من الاحيان. ومع ذلك فان الاختصاص الوظيفي الذي تضطلع بـه هذه المنظمات يتيح للدول اطارا دائما لاجراء الحوار والقيام بنشاطات واتصالات دبلوماسية رسمية وغير رسمية للتقريب بين وجهات النظر ، كما انها تعين على تهيئة السبل وايجاد قنوات تعزز من التعاون بين وحدات النظام الدولي وفي مجالات وميادين عدة[24].

3. **القوى غير القومية :**

ويقصد بها تلك القوى التي يترتب على وجودها نوع من النشاطات غير الرسمية، التي تخرج عن نطاق سيطرة او رقابة الاجهزة الحكومية وتتعدى الحدود الوطنية ، وينطبق هذا الوصف في النظام السياسي الدولي على المنظمات غير الحكومية والشركات متعددة الجنسية.

أ. **المنظمات غير الحكومية:**

ويقصد بها تلك التجمعات التي تمارس نشاطات متعددة لاتتحدد بالهوية القومية ، ويتميز دورها في العصر الراهن بالحيوية والاتساع نتيجة للتطور الكبير الذي ظهر في ميدان التجارة الدولية وثورة المعلومات وعالمية الاتصالات وتكنولوجيا المواصلات، مما ساعد على تسارع انتقال الافراد ورؤوس الاموال والافكار والثقافة على نطاق واسع وفي ميادين شتى.

وغالبا ، يتصف النشاط المؤسسي غير الحكومي بسمتين رئيستين :

السمة الاولى : هي ان النشاط يتصف كقاعدة عامة بالتلقائية، فهو ارادي واختياري لايتلقى اية توجيهات او اوامر من السلطات الحكومية المحلية او الدولية. ولكن ذلك لايلغي احتمالات بروز انماط من التعاون بين هذه الاطراف وخاصة عندما تجد في ذلك النشاط مايعين على تحقيق مصالح مشتركة، او عندما تجد الاطراف الحكومية انها غير قادرة وحدها على اشباع كافة احتياجات وتطلعات رعاياها.

السمة الثانية : وتتمثل في التضامن الدولي الذي يعبر عن تلك الرابطة التي تجمع بين اشخاص ينتمون الى هويات وطنية مختلفة ومتعددة تمارس نشاطات تتوخى من ورائها تحقيق اهداف ذات صبغة دولية.

ان مايمكن استنتاجه مما تقدم هو ان شبكة العلاقات عبر القومية يمكن ان تؤدي الى خلق نسيج اجتماعي يزيد من فرص التعاون والتقارب ، ويسمح احيانا باحتواء الصدمات التي قد تحدث بسبب الاحتكاك بين الحكومات ، ويمكن ان يؤدي دورا ما في حالة انقطاع العلاقات باعادة الصلة بين الاطراف المتنازعة. ومع ذلك ينبغي الاشارة هنا الى ان هذه المنظمات لاتتمتع بوضع قانوني دولي يتناسب مع

طبيعتها ومع الوظائف التي ترغب في انجازها، فضلا عن غياب أي اتفاق دولي يعترف بحق هـذه المنظمات في الوجود ويخولها حرية العمل، الامر الذي يجعلها عرضة للدخول في مشاكل مع الدول التي تتعامل معهـا . ذلـك ان الوضع القانوني الوطني او التشريعات المحلية للدول لاتخاطب في الواقع سوى الجماعات الوطنية او المحلية ، وهو مايعيق من حيث المبدأ تعاملها مع الاحتياجات الخاصة بالروابط او الجماعـات التـي يمتـد نشـاطها خـارج الحدود.

ومع ذلك ونظرا لما تتمتع به هذه المنظمات من هامش واسع للحركة من خـلال النشـاطات المتعـددة والمتنوعة التي تضطلع بها ، فهي تمتلك قدرة التأثير على انماط التفاعلات الدولية من خلال الضغط عـلى صـناع القرار او بدفع بعضهم نحو نمط من الحركة يتماشى مع اهدافها.

ب. الشركات متعددة الجنسيات :

تتكون من عدد من الشركات الاجنبية التابعة لها، والتي تستطيع ان توصل انتاج الشركة الام وتسـويقه خارج حدود اية دولة، وهذه الشركات ليسـت فقـط شركـات ضـخمة باسـتطاعتها تسـويق انتاجهـا في الخـارج ، ولكنها شركات تقوم بتصدير رأس المال والتكنولوجيا والقدرات الاداريـة والمهـارات التسـويقية مـن اجـل القيـام بالانتاج في دولة اجنبية وباستطاعتها السيطرة عـلى الاسـواق بسـبب ضـخامة مواردهـا الماليـة وسـيطرتها عـلى التكنولوجيا المتطورة وامتلاكها لانماط متميزة من الانتاج [25].

وقد اطلق كل من " بارنت وموللر " على الشركة متعددة الجنسيات اسم (المشروع الكوني) ، وعرفاهـا ، بانها (اول مؤسسة في تاريخ البشرية مكرسة للتخطيط المركزي على نطاق العالم) [26].

وغني عن البيان، ان هذه الشركات وفروعها تتخذ اشكالا واحجاما مختلفة، وتمـارس انشـطة ووظـائف متباينة، وتتصرف باساليب متغيرة، لذلك فان لكل منها تأثيره الخاص على المناخ العام الذي تمارس فيـه نشـاطها. وهناك ميزة تنظيمية لهذه الشركات، وهي توحيد الانتاج والتسويق على المستوى الدولي بحيث من الممكن ان

يمر الانتاج لسلعة معينة في عدة دول لحين اكتمال الانتاج، وقد يتم تسويق هذه السلعة في دول اخرى.

وبالرغم من ان هذه الشركات قد اتبعت سياسة لامركزية القرارات على المستوى المحلي، فان اتخاذ القرارات الرئيسة التي تتعلق بالنشاطات الخارجية مثل توزيع الانتاج وتوزيع الاسواق وتنويع الدراسات والابحاث والتخطيط طويل الاجل، وخاصة مايتعلق منها بالاستثمارات الراسمالية، يبقى في ايدي الشركة الام [27].

واذا كانت العولمة تتخذ في العادة صورة السوق المشتركة لتحرير التبادل وتدويله، فان الشركات متعددة الجنسيات هي التي تتولى في العادة تدويل الانتاج ورأس المال ليتناسب مع تدويل التبادل [28].

ونظرا لاعتبار الشركات متعددة الجنسيات احد الديناميات المركزية للاقتصاد الدولي في السابق، وفي عالم مابعد الحرب الباردة ، فهي لم تعد قوة اقتصادية فحسب بل اصبحت قوة سياسية تستطيع التدخل والتأثير في مواقف الدول المضيفة وفي سياساتها الاقتصادية والاجتماعية وتوجهاتها السياسية وبيئتها الامنية. ويعد التدويل الذي تمارسه الشركات متعددة الجنسيات اداة فعالة لادخال العادات والافكار والترويج لنماذج وانماط سياسية او اقتصادية معينة، مما يكون له عميق الاثر في النظم السياسية والاتجاهات الثقافية والقيم الاجتماعية السائدة في الدول المضيفة، وبالاضافة الى ذلك هناك عدة اثار سياسية وامنية يمكن ان تترشح عن ادوار هذه الشركات في البيئة الدولية ومن ذلك مايلي:

أ.   تمارس الشركات متعددة الجنسيات ادوارا مختلفة للتأثير على السياسات الوطنية للدول المضيفة ولاسيما من خلال التأثير على التركيب الاجتماعي والعمل على خلق قطاعات او نخب سياسية واقتصادية واجتماعية ، والامر بمجمله يؤدي الى تكوين تركيبة جديدة من الاداريين والتكنوقراط تتخطى في رؤيتها الذاتية حدود بلدانها وتدعو لقيام نظم سياسية واقتصادية معولمة، مما قد يتسبب في تنمية تباينات اجتماعية وفكرية وعقائدية قد تقود الى مزيد من التوترات السياسية والاجتماعية.

ب.‏ ان هذه الشركات تمثل جزءا مهما في عملية صنع السياسة الخارجية لدولها، فهي تقدم المعلومات والتقديرات والمقترحات وتوفر الاغطية للكثير من النشاطات ، وفي بعض الحالات تساعد في تنفيذ السياسات . وكذلك في دفع دولها الام الى اعتماد سياسات معينة خدمة لمصالحها.

ج.‏ واتساقا مع نزعة التدخل لدى حكومات الشركات متعددة الجنسيات في سياسات الدول المضيفة، فان هذه الشركات يمكن ان تعمل على استهداف الانظمة السياسية المناهضة لسياسات حكوماتها، او تسعى الى المحافظة على انظمة سياسية معينة وتثبيتها في السلطة، وقد تتدخل في الانتخابات المحلية من خلال التأثير في الحملات الانتخابية وتسعى للتأثير في القرارات التشريعية بما يخدم اهدافها ومصالحها.

خامسا: الاطار الهيكلي للنظام السياسي الدولي

ويقصد بالاطار الهيكلي تحديدا الشكل الذي يتخذه ذلك النظام من خلال تراتبية الوحدات التي تتألف منها. ويمكن تحليل الهيكل بدلالة الانماط العامة للقوة وطرائق توزيعها وادارتها ، ودرجات الهيمنة والنفوذ بين الوحدات داخل الاطار الذي تنتظم فيه، واستنادا عليه، فان الهيكلية الدولية تمثل الكيفية التي يتم من خلالها توزيع مصادر القوة والنفوذ بين الوحدات التي يتشكل منها النظام السياسي الدولي وعلى نحو يجعل من بعضها قوى متفوقة وتشغل مكانة متقدمة بالقياس مع بقية الوحدات الدولية الاخرى [29].

وبما ان وحدات النظام السياسي الدولي متفاوتة في مصادر القوة الوطنية وحجم ونوعية الامكانيات المتاحة لديها، فان تفاوت قدراتها على احداث الفعل المؤثر عالميا يصبح امرا طبيعيا، فالوحدات التي تملك من عناصر القوة والنفوذ ولديها القدرة على توظيفها ضمن البيئة الدولية تكون اكثر تأهيلا لاداء ادوار عالمية مؤثرة. وفي مقابل ذلك هناك الكثير من الوحدات التي تفتقر الى مثل هذه العناصر والقدرات مما يجعلها موضعا للتأثر والاستجابة. بمعنى ان الادوار التي تؤديها الوحدات السياسية

(الدول) على المسرح الدولي تتباين اهميتها تبعا لتباين قدراتها التأثيرية، ومن هذه الدول ما اصبح يحمل وصف القوة الكبرى او القوة العظمى او القوة القطبية التي بها يتقرر انتظام الرابطة التي تجمع القوى الدولية، لذا فان الاطار الهيكلي للنظام الدولي ومن خلال الكيفية التي يتم بموجبها توزيع مصادر القوة والنفوذ، يعين على تحديد اقطابه الفاعلة والمؤثرة ، أي ان مدرك اقطاب القوة في النظام الدولي قد ساعد بعض خبراء العلاقات الدولية على اشتقاق بعض النماذج التي تتخذها بنيته الهيكلية ووفر امكانية التمييز بين ثلاث انماط من الهرمية الدولية وهي: الاحادي القطبية، والمتعدد الاقطاب ونظام القطبية الثنائية [30].

1. القطبية الاحادية :

تعكس الشكل البنيوي لنظام دولي قائم على اساس القطبية الاحادية ، ذلك النظام الذي تتقرر اليته على وفق ارادة قوة قطبية منفردة تتمركز لديها عناصر القوة والنفوذ على نحو يجعلها وحدة دولية متفوقة بكل مقاييس عصرها على بقية الوحدات الاخرى التي يتألف منها النظام الدولي. وفي ظل هذا النموذج فان النظام الذي يجمع القوى الدولية يتخذ شكلا هرميا تتربع على قمته قوة دولية واحدة تستطيع نتيجة لمكانتها وامكاناتها المطلقة، ممارسة تأثيرها او فرض ارادتها على الاخرين.

يكشف هذا النموذج عن طبيعة تسلطية وان اختلفت درجاتها باختلاف الظرف التاريخي الذي يحكمها. ذلك ان غياب القيود والروادع الخارجية غالبا مايجعل مظاهر السلوك القطبي تفضي- الى حركة غير مقيدة، وتعبر الافعال الصادرة عن هذه القوة القطبية عن ارادة منفردة ومطلقة تسعى الى تكييف الانماط السلوكية المؤسسية على وفق اهدافها وتطلعاتها العامة ، الامر الذي يعكس حالة متقدمة من الاحتكار والتفرد بمقدرات النظام الدولي قوامها من الناحية الثانية غياب او عدم وجود اية قوة دولية يمكن ان تلعب دور القوة المعادلة او الموازنة التي يمكن ان تحد من تطلعات تلك القوة القطبية.

وتمثل الولايات المتحدة في عصرنا الراهن المثال الابرز على نموذج القطب الاحادي، حيث تنفرد دون غيرها نتيجة لتمتعها بمقومات قدرة فائقة في المجالات العسكرية والاقتصادية والتكنولوجية ، بالتربع على قمة الهرم الدولي بعد تفكك وانهيار الاتحاد السوفيتي كقوة عظمى وقطب معادل في التوازن الاستراتيجي الشامل ، ومع ذلك فهناك اراء عديدة تنطلق من دلائل ومؤشرات موضوعية تؤكد بان حالة التفرد والزعامة الامريكية ماهي الا حالة استثنائية، وان النظام الدولي يمر بمرحلة انتقالية، ربما تطول ، ولكنها سوف تفضي الى تعددية قطبية معلنة نهاية الاحادية القطبية.

2. التعددية القطبية :

يحفل النظام الدولي متعدد الاقطاب بوجود عدة دول تحاول بسبب ماتمتلكه من مصادر القوة الوطنية ، الاقتراب من قمة الهرم الدولي، والتأسيس لمد رقعته لاستيعاب عدة دول او قوى دولية [31]. وغالبا تكون هذه الدول متميزة عن غيرها ومتكافئة نسبيا او متعادلة تقريبا مع بعضها ، ولدى أي منها مصادر قوة ونفوذ تؤهلها لهذه المكانة، وليس لتجاوزها. ثم تأتي في المرتبة الثانية دول اخرى اقل قوة منها ولكن لها وزنها في ديناميكية علاقات القوى دون ان تكون قادرة على فرض مواقف قيادية في البيئة الدولية. ثم اخيرا دول اعضاء في النظام تتحدد علاقاتها مع القوى الاخرى على ضوء ماتقرره القوى القطبية . وتتحدد معالم النظام الدولي في ظل هذا النموذج بتعددية القوى القطبية وغياب حالة التفاوت الحاد للابعاد التأثيرية الناجمة عن مصادر القوة والامكانيات التي بحوزتها،فهي تلتقي عند حدود متقاربة الى حد ما لعناصر قوتها ومصادر تأثيرها [32].

وينبغي الاشارة هنا الى ان النظام الدولي متعدد الاقطاب وان كان يحفل باتساع حجم مشاركة وحداته في التفاعلات السياسية الدولية، بيد ان تلك المشاركة وحسب ماتقدمه الوقائع من شواهد تاريخية وموضوعية، كانت غالبا محدودة وفي نطاق بيئة جغرافية معينة ومستوى عددي محدد ، ذلك ان عدد القوى القطبية كان محدودا بخمس او ست قوى وهي الدول الاوربية الكبرى، الامر الذي يدفع للقول ان النظام

الدولي وبشكله القطبي المتعدد كان نظاما اوربيا يجسد ارادة تلك الاقطاب ويصف انماط التفاعلات بينها ومايتقرر على ضوئها من افعال وردود افعال سلوكية [33].

3. القطبية الثنائية:

هذا النموذج ساد النظام الدولي في اعقاب الحرب العالمية الثانية وقد عرف في مراحله الاولى بنظام القطبية الثنائية المحكمة ثم تطور فيما بعد الى مايعرف بنظام القطبية الثنائية المفككة ، وقد ساعد على بروز هذا النموذج من القطبية ثلاثة عوامل رئيسة هي بالتحديد : التقسيم الثنائي لامكانات القوة الدولية ، وتفاقم الصارعات الايديولوجية، وحيازة القوتين العظميين لنسبة ساحقة من قدرات الحرب النووية في المجتمع الدولي، وعليه فقد عرفت القطبية الثنائية بانها النظام الذي توزعت فيه امكانات العالم الفعالة من القوة بين كتلتين متنافستين ، وقد اتخذ هذا التوزيع اطارا هيكليا تمثل في شكل حلفين رسميين هما حلف شمال الاطلسي ، وحلف وارسو اللذين تسلطت عليهما بصورة تكاد تكون مطلقة، الولايات المتحدة والاتحاد السوفيتي [34].

وفي ظل هذا الواقع الدولي تتخذ علاقات القوة اشكالا مختلفة لعل من ابرزها عملية الاستقطاب (Polarization) ، أي تجمع القوى الكبرى والمؤثرة حول مركزين قياديين، وقيام علاقات تنافسية – صراعية بينهما ... وتتضمن عملية الاستقطاب الدولي في هذا النموذج ، ثلاث عمليات جوهرية وهي بالتحديد : تكّون مركزين للقوة يقوم بينهما نوع من التوازن النسبي مع وجود تناقض نشط بينهما يبرز تنافسهما على السيطرة العالمية، كذلك وجود علاقات واضحة للاستقطاب عادة ماتتخذ شكلا ايديولوجيا سياسيا [35].

ان التغير الذي ترتب على طريقة توزيع القوى على المستوى العالمي في ظل هذا النموذج من القطبية قد افضى الى جملة نتائج سوف نجملها على الوجه التالي:

أ. دخول الدول الاوربية في اطار التحكم والسيطرة والتوجه الذي تمارسه قوتان تقعان خارج نطاق اطارها الجغرافي هما الولايات المتحدة والاتحاد السوفيتي ، ولاول مرة في تاريخ النظام السياسي الدولي.

ب. برزت ضرورة اللجوء الى سياسة التحالف الذي يتخذ ظاهرة الكتلة (block).

ج. الية الاحلاف في ظل التعددية السابقة للثنائية القطبية ، كانت لاتعمل الا في اوقات الحرب دون اوقات السلم، اما ظاهرة الكتلة في ظل القطبية الثنائية فانها دائمة التشكل وتتصف بالاستمرارية بسبب من دوام التصارع الايديولوجي وتبعا لظاهرة استمرار العداء بين القوتين العظمتين.

د. ان الحلف في الكتلة يعمل بزعامة دولة قطبية واحدة تواجه كتلة الدولة الثانية، في حين لم تكن الدول الاطراف في الاحلاف القديمة تأتمر بأمر دولة تتزعم الحلف.

هـ. ان فاعلية اسلوب الردع في ظل نظام دولي تحكمه قوتان عظمتان لديهما امكانات هائلة من اسلحة الدمار الشامل ، اكتسب مضامين واليات جديدة، ذلك ان التوازن الاستراتيجي قد اصبح قائما على اساس قدرات عسكرية نووية غير تقليدية، وعليه فان مفهوم الردع النووي المتبادل المتمثل بقدرة كل من القوتين العظمتين على تدمير الاخر تدميرا كاملا ونهائيا في حالة وقوع حرب نووية بينهما وتحت أي ظرف من ظروف المبادأة [36].

4. هيكل القوة المحتمل :

لقد اختفى عالم ثنائي القطبية ولم تحل محله قوة عظمى مفردة. اذ ان تراجع احد القطبين الدوليين اللذين سادا خلال مدة الحرب الباردة عن دائرة التنافس الاستراتيجي لايعني تربع قطب واحد في الهرم الدولي، وان مفهوم عالم احادي القطب ماهو الا مفهوما بسيطا وغير واقعي [37]. أي ان حسابات الواقع تنبئ بدحظ اطروحة " فوكوياما" حول نهاية التاريخ المغرقة بالمثالية والمسيسة لصالح الولايات المتحدة والغرب الليبرالي. فالولايات المتحدة تعد قوة عالمية لكنها لم تعد تتمتع بذات القدرة على فرض نفوذها بمفردها على العالم، وتم اتخاذ العديد من القرارات العالمية المهمة خارج واشنطن وموسكو، وافضت التطورات مجددا الى بروز اليابان والمانيا قوى اقتصادية مهمة، وقد بدأت قوى اقليمية اخرى باظهار نفسها في مناطق مختلفة ، ومع

انه من المبكر استبعاد الولايات المتحدة كقوة مهمة ومؤثرة لعقود قادمة، لكن ذلك لم يكن بمعزل عن بروز مراكز اخرى للقوى سوف تتحدى هيمنتها على الصعيدين الاقليمي والدولي.

ومن هنا اصبحت تتزايد المحاولات الرامية الى تصنيف هيكل القوى العالمية الى هيكل عسكري ، واخر سياسي، وثالث اقتصادي، باعتبارها ثلاث اقطاب مهمة للقوة وضمن هذا السياق تعد بعض الدول بمثابة قوى سياسية بارزة بينما تتصدر دول اخرى ميدان الاقتصاد واخرى ميدان القوة العسكرية، وانطلاقا من ذلك فان النظام العالمي البديل سوف يشهد تعددية نووية بفارق نووي لصالح الولايات المتحدة ، وتعددية سياسية بفواعل سياسية ، وتعددية اقتصادية بفارق اقتصادي لصالح اليابان، وانسجاما مع هذا الانتشار الواسع للقوى العالمية فان محيط مراكز القوى المنفصلة بدأ بالظهور بشكل واضح، ونزولا عند طبيعة النزاعات والاتجاهات الحالية ، فأن مراكز القوى تتجاذب مع التجمعات الاقتصادية الرسمية ولاسيما التي ظهرت مؤخرا ومنها : اتفاقية التجارة الحرة و (النافتا) بزعامة الولايات المتحدة ، والاتحاد الاوربي بزعامة المانيا ، ومنطقة اسيا بزعامة اليابان ، مع قبول دور محوري للصين. وتبعا لذلك يمكن القول ان من يتوافر على القوة الاقتصادية يستطيع امتلاك غيرها وبالتالي ممارسة دور سياسي دولي فاعل، ومع ان هذا القول ينسحب لفترة قادمة على الولايات المتحدة باعتبارها القوة العسكرية العظمى الوحيدة حاليا التي لها القدرة على التواجد العسكري المكثف في أي منطقة من العالم، بيد انه يمكن ان ينسحب كذلك على اليابان والمانيا والصين باعتبارها قوى اقتصادية صاعدة، فنوعية امكانياتها الاقتصادية قد تدفع بها مستقبلا الى بناء قوة عسكرية وتوظيفها من اجل دورسياسي فاعل [38].

وتوجد مخططات نظرية مختلفة ومحتملة لهذا التفاعل ، ومن المرجح ان تكون هذه المخططات ضمن التصنيفات الاتية :

أ. مخطط للتنافس والتعاون بين التجمعات الثلاثة.

ب. احتمال تغيير التحالفات بتعاون مجموعة من اخرى ضد ثالثة بطريقة مواجهة متزايدة.

ج. ترتيب شراكة بين جميع التجمعات مع منح الافضلية للولايات المتحدة واعتبارها شريكا بارزا.

د. شراكة متكافئة بين جميع التجمعات الثلاثة.

هـ اوربا ازاء مخطط المحيط الهادي مع وجود حالة من التنافس شرطا رئيسا.

و. منطقة الشرق حيال مخطط الغرب مع وجود حالة من التنافس عنصرا رئيسا.

وبغض النظر عن المجموعات الاقتصادية الواسعة الثلاثة انفا توجد بدائل محتملة اخرى لعل ابرزها : هو هيكل قوة خماسي يشمل بالاضافة الى المجموعات الثلاثة على روسيا والصين، اذ لايمكن استبعاد احتمال بروز روسيا من جديد ، بيد ان مدة بروزها غير معلومة او واضحة، ومن غير المحتمل بروزها قبل (10-15) سنة اخرى ، لكن بروزها قد يكون مؤكدا .. اذ ان القوة العسكرية لموسكو امر لايمكن تجاهله ، وترسانتها النووية بعد اتفاقية (ستارت 2) سوف تظل قائمة وهائلة.

اما بالنسبة للنمو الاقتصادي للصين فان دخل الفرد الواحد سوف يزيد بحلول عام (2025) بنسبة ملفتة للنظر، اذ ان الناتج القومي الاجمالي سوف يحتل المرتبة الثانية عالميا بعد الولايات المتحدة . وفي الوقت نفسه ، يشهد العالم بروز قوى اقليمية لاسيما في اسيا وافريقيا وامريكا اللاتينية ، اذ لاتوجد حواجز كبيرة مابين الاقاليم واحتمالات التكتل واردة ومسوغة ، ومع ان ماسوف تكون عليه القوى الاقليمية وتأثيراتها والوصف الذي سيطلق عليها غير واضحة بما فيه الكفاية حاليا ، الا ان حقيقة القوى المتنفذة التي تقع بمرتبة ادنى من قوى عالمية والنفوذ الستراتيجي الذي تمارسه في مناطق نفوذها لايمكن تجاهله، فهذه القوى سوف تكتسب قدرات اضافية وربما تمارس في مناطق اهتمامها نفوذا بارزا ، وما وراء هذه المناطق سوف تتفاعل مع الدول المجاورة لها بطريقة نافعة ومهمة الى حد كبير، ان هذا الامتداد على الصعيدين الاقتصادي والاستراتيجي يمكن اعتباره تطورا مهما يحفل به النظام السياسي الدولي المعاصر وسوف يرتب تغيرات جوهرية في اطاره الهيكلي.

سادسا: خصائص وسمات النظام السياسي الدولي المعاصر

ينطوي النظام السياسي الدولي المعاصر بهيكليته الراهنة على العديد من الخصائص و السمات ، التي تميزه عن المراحل السابقة .

1. ابرز خصائص النظام الدولي المعاصر : [39]

أ. اشكالية الضبط والتنظيم :

ان المعضلة التي غدت تواجه النظام الدولي تتمثل بتنازع الاختصاص السيادي بين وحدات النظام الاساسية (أي الدول) ومؤسساته المختصة بالحفاظ على استقراريته... والتجربة التاريخية للمنظمات الدولية لاتشفع بتقديم دلائل وافية تؤكد استقلاليتها نتيجة لما تتمتع به من سيادة تعلو على الدول الاعضاء، وحتى ميثاق المنظمة وقواعد القانون الدولي غالبا ما تخضع للتكييف الاعتباري عندما تتعارض مع المصالح الوطنية او الحيوية للوحدات الرئيسة الفاعلة في النظام الدولي. وعلى هذا فان المنظمة الدولية ماتزال تعاني، وبسبب من معضلة السيادة وهيمنة مصالح القوى العظمى والكبرى ، من جوانب القصور في ادائها الوظيفي ، واصبحت نتيجة ذلك قاصرة عن توفير قدر عال من الامكانيات الانضباطية والتنظيمية الامر الذي اصبح يدعو الى القول بان امن النظام مايزال معتمدا على قاعدة المصالح الوطنية، والتوازنات الدولية اكثر مما يعتمد على قيام سلطة فوق دولية تأخذ على عاتقها انجاز مهام الضبط والتنظيم والتكييف، لذا فان معضلة الاداء التي تتسم بها الية السلطة الدولية المؤسسية تعد احد الخصائص المميزة للنظام السياسي الدولي المعاصر.

ب. خاصية اللاتجانس :

الحقيقة الموضوعية التي تحكم النظام الدولي تتمثل بكونه نظاما غير متجانس، سواء كان ذلك على صعيد الوحدات التي يتشكل منها ، او على صعيد العلاقات وانواع التعاملات التي تجري بينها ، وهذه الخاصية تتخذ مظاهر عدة، اذ لايمكن ان نلاحظ انه على الرغم من تعددية الوحدات المساهمة في النظام الدولي فان الخاصية التي تحكم وجودها تتمثل بحالة من التباين الشديد فيما بينها من حيث الحجم والقوة، رغم تمتعها

نظريا بالسيادة والمساواة امام القانون، ومما عزز من هذه الحالة غياب التضامن الذي يسمح باعادة تصحيح مايحدث من خلل وعدم توازن لانماط التفاعلات القائمة بينها.. فهناك فجوة دائمة ومتأصلة تفصل بين الدول في مجالي توزيع الثروة والقوة.

ج. الاعتمادية :

ان احدى الخصائص التي يتميز بها عالم اليوم هي كونه عالما تتشابك فيه المصالح وتتنوع فيه الحاجات، وتتداخل الى درجة اوجدت نوعا من الاستحالة في ان تعيش وحداته بمعزل عن الاعتماد على الاخرين، ونتيجة للتقدم العلمي والتطور النوعي في وسائل النقل والاتصالات التي برزت على نحو مكثف وبشكل غير مسبوق ، فقد برز ميل قوي لدى وحدات النظام الدولي الى اشباع الحاجات المتزايدة والمتنامية لدى شعوبها في ميادين عدة دفعت بها الى الدخول في تفاعلات تعاون وظيفي وبالاتجاه الذي جعل اعتماد بعضها على البعض الاخر يأخذ شكلا تصاعديا.

2. ابرز سمات النظام الدولي المعاصر:

أ. تغيير شكل النزاعات :

ان صيغة النزاعات المستقبلية قد تتجذر ، اذ لم يعد بالامكان تصور نزاعات كونية على وفق الفرضيات التي كانت سائدة ابان مدة الحرب الباردة، فالصراعات سوف تكون اما بينية ، او ضمن الدولة وفي كلا الحالتين تدع مجالا واسعا للتدخل الخارجي ، وتشجع اطرافا متعددة على الافادة من استمرار الظاهرة الصراعية واستثمارها متنفسا لاقتصادياتها ودبلوماسيتها وعلى حساب مفهومات اخلاقية تتعلق بالامن والسلم والتنمية .

ب. الاحلال التدريجي للجغرافية الاقتصادية محل الجغرافية الاستراتيجية :

تضطلع الاقتصاديات وعلى نحو متزايد باهمية كبيرة في العلاقات الدولية، فالتنافس بين الدول يمكن قياسه الان بالناتج القومي الاجمالي سواء كان ذلك باسعار صرف قابلة للتحويل او بتعادل القوة الشرائية، ففي عالم اليوم حلت الجغرافية

الاقتصادية على نحو كبير محل الجغرافية الستراتيجية مقياسا لقوة البلاد وهناك على الاقل ثلاث جوانب واضحة للتباين بين الاثنين :

(اولا). في الوقت الذي اعتبرت فيه الجغرافية الستراتيجية دائما مسألة الحدود على انها غير منفذة للماء ، مقدسة الى حد بعيد ولايمكن تجاوزها ، فانها اصبحت مفتوحة في الجغرافية الاقتصادية، فالبضائع والاشخاص يعبرون من خلالها بسهولة كبيرة، أي انها اصبحت ذات شأن ضعيف ، فأوربا اندمجت في اطار الاتحاد الاوربي، وشكلت معاهدة (النافتا) مجموعة تجارية ضخمة ، ويسعى المؤتمر الاقتصادي لدول اسيا والمحيط الهادي الى ادخال الاقتصاديات الاسيوية عبر المحيط الهادي.

(ثانيا). تنظر الجغرافية الاقتصادية الى الجيران على انهم اصدقاء، ويتزايد الحديث عن دوائر ومثلثات - النمو ورباعي اضلاع النمو ، التي تتجاوز الحدود الوطنية بدعوى ان هذه العلاقة الاقتصادية يمكن ان تذلل من العداءات التقليدية.

(ثالثا). في الوقت الذي يكون فيه تفاعل الجغرافية الستراتيجية بشكل رئيس بين الحكومات ووكالاتها، فان الجغرافية الاقتصادية يمكن ايجادها على نحو كبير بين الافراد والمتعهدين والسياح والعلماء ورجال الاعمال.

ج. بروز منطقة اسيا والمحيط الهادي :

ان هذه المنطقة لديها من الامكانيات الكامنة لتغيير ميزان الكرة الارضية برمته، انها تشهد في الوقت الحاضر تحولا كما هو الحال بالنسبة الى العديد من الدول الاخرى، وهناك من اخذ يتنبأ بأن القرن 21 لابد له ان يرتبط بهذه المنطقة [40]. وان كانت ثمة مشاكل رئيسة تلوح في الافق ، وهي فضلا عن الخلافات حول جزر الكوريل، وجزر سبارتلي، والخلافات الحدودية ومشاكل الانفصال والاندماج في اقاليم متعددة التطلعات المتباينة في الاسلوب لكل من الصين واليابان، فان جلها يتجسد فيما يلي:

(اولا). شعور الصين بخطر التهديدات الامريكية المتمثلة فيما يأتي:

- سعي الولايات المتحدة الى تحقيق تقدم سلمي في الصين كما حدث في الاتحاد السوفيتي بما ينطوي عليه ذلك من اختراقات غربية للمجتمع الصيني.
- محاولات الولايات المتحدة في دعم الخصوم الاقليميين للصين والتلويح للاخيرة بالحظر التقني وفرض العقوبات التجارية.
- سعي الولايات المتحدة للاندفاع نحو الشرق بغطاء حلف شمال الاطلسي وعبر البوابة التركية.

(ثانيا). تزايد احتمالات تعرض التعاون الستراتيجي بين الولايات المتحدة واليابان للتوتر وذلك بسبب تآكل فرضية الخطر المشترك، لاسيما بعد تراجع الاتحاد السوفيتي عن موقعه التنافسي في قمة الهرم الدولي، والفجوة الاقتصادية المتفاقمة بين اليابان والولايات المتحدة ، اذ ان التقدم الاقتصادي لليابان في السنوات الاخيرة قد خلق منافسة قوية وحادة، وتسيسا متزايدا لعلاقات التجارة والاستثمار بين البلدين، واصبح الفائض التجاري والرأسمالي لليابان مصدر قلق وتوتر للولايات المتحدة، وقد اثار النزاع التجاري بين الطرفين مشاعر معادية لليابانيين بين الامريكيين ، ومشاعر معادية للامريكيين بين اليابانيين [41]

وعلى أي حال فان تفاعلا اكثر تعقيدا في طور التكوين في المنطقة ولايشمل اليابان والصين فحسب بل يشمل دولا اخرى، فكوريا الموحدة على سبيل المثال (والتي يمكن ان تصبح نووية) ، وتمتع الهند بالهيمنة الاقليمية في جنوب اسيا، فضلا عن مواصلة اليابانيين لخططهم بالحصول على قدرات نووية تطلق من الغواصات خلال القرن الحالي، ويبقى من الاهمية بمكان القول ان نزعة المنافسة والتطلع التي يشترك فيها كل من اليابان والصين والولايات المتحدة ، واستمرار احتفاظ روسيا بقدرات عسكرية هائلة ، واندفاع بقية الدول نحو زيادة وتحديث قدراتها العسكرية، سوف تزيد من عوامل عدم الاستقرار في المنطقة ، وتستهلك بعض عائدات التنمية والازدهار، وقد تستبعد احتمالات تشكيل هيكل امني قابل للبقاء.

هوامش الفصل السابع

(1)   د. عبدالقادر محمد فهمي ، النظام السياسي الدولي، (بغـداد ، دار الشـؤون الثقافيـة العامـة ، 1995)،
ص5 .

(2)   David Easton, System Analysis of Political Life, Op cit, p.57.

(3)   K.J.Holsti , Op cit, P.9.

(4)   Mauric A.East , The International System Perspective and Foreign Policy, eds, Why
Actions Act, (Beverly Hills, Sago publications, 1978), P.145.

(5)   John Wiley, International Politics, and Sons, New York, 1962, P.11.

(6)   Kenneth G.Boulding, Conflict and Defense, Ageneral Theory , (New York, Harber Tourch
Books, 1967), P.7.

(7)   د. عبدالقادر محمد فهمي ، مصدر سبق ذكره ، ص ص 9-10.

(8)   Sammel P. Hantington , The Clash of Civilization, (Foreign Affairs, Vol. 72 . No3 ,
Summer , 1993) , P.P.22-49.

(9)   Max Singer , (International Herald Tribune, September , 2. 1993).

(10)   Sammel P.Hantington, If No Civilization, What ?, (Foreign Affairs, November –
December, 1993) , P.P. 191-192.

(11)   Fouad Ajami , The Symmoning, On the Clash of Civilization , (Foreign Affairs, September
– October, 1993) , P.4.

(12)   D.Banerjee, Op cit, P.P. 146-147.

(13)   The Economist , London , September , 5 , 1992.

(14) ميلود المهذبي ، قراءة مغايرة لمصطلحات معاصرة ، النظام العالمي الجديد والشرعية الدولية، مصدر سبق ذكره ، ص ص 30-31.

(15) انظر : المصدر نفسه ، ص 33.

وكذلك :

Richard Stubbs and Geoffrey R.D.Under Hill (eds), Political Economy and the Changing Global Order , (London , Macmillan, 1994).

(16) المصدر نفسه ، ص 34.

(17) دومنيكو كالو، النظام الدولي الجديد بين الهيمنة الامريكية وتهميش الامم المتحدة، ترجمة مالك الواسطي، شؤون سياسية، العدد 2 ، مايس 1994 ، ص 61.

(18) Arnold Wolffrs, The Actors in International Relation , in Theory and Practice of International Relation, Edited by , Fred A.Sonderma, (N.J. Prentice Hall Inc, 1979), P.20.

(19) د. عبدالقادر محمد فهمي ، مصدر سبق ذكره ، ص 23.

(20) المصدر نفسه ، ص 25.

(21) المصدر نفسه ، ص 26.

(22) د. مازن اسماعيل الرمضاني ، مصدر سبق ذكره ، ص ص 264-266.

(23) المصدر نفسه ، ص 267.

(24) د. عبدالقادر محمد فهمي ، مصدر سبق ذكره ، ص 28.

(25) جون ادلمان سبيرو، سياسات العلاقات الاقتصادية الدولية، ترجمة خالد قاسم، (عمان ، الشركة المركزية المتحدة ، 1987)، ص 114.

(26) R.Parnet and R.Muller , Global Reach , The Power of Multinational Corporations, (New York, 1974) , P.14.

(27) جون ادلمان سبيرو ، مصدر سبق ذكره ، ص 115.

211

(28) د. ثامر كامل محمد ،التحولات العالمية ومستقبل الدولة في الوطن العربي ، مصدر سبق ذكره ، ص 280.

(29) Robert O.Keohan and Joseph S. Nye , Power Interdependence , World Politics in Transmision , (Little Brown , 1977), P.14.

اورده ، د. عبدالقادر محمد فهمي ، مصدر سبق ذكره ، ص 46.

(30) لمزيد من التفصيل انظر : المصدر السابق ، ص 27 ومابعدها.

(31) د. ثامر كامل محمد ، ادارة القوة في النظام العالمي البديل ، دراسات دولية، العدد 12، بغداد ، مركز الدراسات الدولية، نيسان ، ابريل 2001 ، ص 137.

(32) د. عبدالقادر محمد فهمي ، مصدر سبق ذكره ، ص ص 39-40.

(33) المصدر نفسه ، ص 40.

(34) د. اسماعيل صبري مقلد ، الاستراتيجية والسياسة الدولية ، مصدر سبق ذكره ، ص 40.

(35) انظر : د. عبدالقادر محمد فهمي، المصدر السابق، ص ص 42-43.
وكذلك : د. محمد السيد سعيد، المتغيرات السياسية الدولية واثرها على الوطن العربي، (القاهرة ، معهد البحوث والدراسات العربية ، 1991)، ص 59.

(36) المصدر نفسه ، ص 44.

(37) Ted Galen Carpennter , The New World Disorder , (Foreign Policy, Fall. 1991) , P.4.

(38) D.Banerjee, Op cit , P.149.

(39) د. عبدالقادر محمد فهمي ، مصدر سبق ذكره ، ص ص 139-140.

(40) ريتشارد نيكسون ، الفرصة السانحة ، ترجمة احمد صدقي مراد ، (القاهرة ، دار الهلال ، 1992)، ص 99.

(41) Sukhwant Singh Nannan, The Japanese American Relationship, (Strategic Analysis, Vol. 15, No.2, April – May , 1992).

الفصل الثامن

القوة وادارة القوة في النظام الدولي

المقدمة :

القوة هي احد المفهومات المفتاحية في التقليد الكبير للفكر الغربي الخاص بالظاهرات السياسية ، وانها في ذات الوقت مفهوم يفتقر بالرغم من تاريخه الطويل، افتقارا واضحا، على المستويات التحليلية، الى اتفاق في اراء المفكرين حول معناه المحدد، وحول مزايا متعددة للاطار العام للمفاهيم حيث ينبغي ان يوضع [1]، وذلك بسبب من ان عبارة سياسة القوة تنطوي على عدد غير قليل من الافكار [2]. غير ان هناك قلبا معقدا لمعناه أي علاقته بمقدرات الناس، افرادا وجماعات على القيام باعمال قياما فعالا ، وعلى الخصوص عندما تقف في سبيل تحقيقهم لاهدافهم وغاياتهم معارضة انسانية او مقاومة، وتقود مشكلة التغلب على المقاومة الى مسألة الدور الذي تقوم به وسائل الاكراه... وعلاقة الاكراه بمظاهر الطوعية، والاتفاقية في الانظمة القووية [3].

وتعتبر قوة الدولة من العوامل التي يعلق عليها اهمية خاصة في ميدان العلاقات الدولية ، وذلك بالنظر الى ان هذه القوة هي التي ترسم ابعاد الدور الذي تقوم به الدولة في المجتمع الدولي، وتحدد اطار علاقاتها بالقوى الخارجية في البيئة الدولية [4].

اولا: مفهوم القوة

يمكن تعريف القوة الوطنية للدولة على انها المقدرة على التأثير في سلوك الدول الاخرى بالكيفية التي تخدم اغراض الدولة الممتلكة لها، وبدون هذا فقد تكون الدولة كبيرة او غنية او عظيمة ولكنها ليست قوية [5].

ويتفق مع هذا التعريف الاستاذ " Singer " الذي عرفها على انها القدرة على التأثير [6]، وكذلك الاستاذ الهندي " ماهندرا كومار " الذي يعطي للقوة مفهوما مرادفا للتأثير فيعرفها بانها القدرة او القابلية للسيطرة على الاخرين [7].

وتمثل قوة الدولة حجر الزاوية في تحديد ابعاد الدور الذي تؤديه على مسرح الحياة السياسية الدولية ، والحكم على طبيعتها يختلف من موقف الى اخر حسب الايدي التي تمسك بزمام هذه القوة والهدف الذي توجه اليه، فبعض الدول تستخدم قوتها الوطنية كاداة لاملاء اوضاع اقليمية معينة، او لفرض نمط سياسي او مذهب بالذات على الدول الاخرى، في حين هناك دول اخرى امكنها ترويض هذه القوة وتهذيبها والتحكم فيها والسيطرة عليها في الحدود التي يقتضيها الدفاع عن امنها القومي ومصالحها الوطنية [8].

ومما لاشك فيه ان هناك فجوة بين القوة الفاعلة في السياسة الدولية أي (القوة العملياتية) وبين مفهوم القوة مفاهيميا، ويعود ذلك الى ان القوة ظاهرة كلية متكونه من جملة متغيرات متداخلة متفاعلة [9]. كما ان مفهوم القوة قد ارتبط بمحك اختباره وهو التعامل المباشر في الميدان.

ولاجل اضفاء مزيدا من الضوء على مفهوم القوة بهدف تحديده وتأطيره نظريا وعملياتيا سوف نحاول تاليا استعراض اراء ثلاثة من الكتاب يعبر كل منهم عن اتجاه او مدرسة معينة في العلاقات الدولية وهم " Edward Hallett Carr " ممثلا عن المدرسة التقليدية، و " Hans J Morgan thau " رائد المدرسة الواقعية ، و " Robert A.Dahl " ممثلا عن المدرسة السلوكية:

1.   مفهوم القوة لدى " ادوارد كار" (المدرسة التقليدية):

لقد ضمن افكاره في كتابه الموسوم (The Twenty Years Crisis 1919-1939) وقسم القوة السياسية في المحيط العالمي التي ثلاثة اقسام هي القوة العسكرية والقوة الاقتصادية، وقوة التحكم بالرأي، ويرى بان هذه الاقسام متداخلة كليا مع بعضها ولكنها نظريا منفصلة.

وقد ركز على القدرات العسكرية ومركز الدولة في توزيع القوة واعتبر ان الشيء المهم للادارة العسكرية يكمن في حقيقة ان الشوط الاخير للقوة في العلاقات الدولية هو الحرب ، واعتبر عمل الدولة في مجال القوة يؤدي مباشرة الى الحرب، ونظر للقوة العسكرية على انها عنصر اساسي في حياة الدولة وهي ليست اداة فقط بـل غايـة بحد ذاتها ... وتوصل الى ان الحروب التي تبدأ نتيجة لدوافع الامن تصبح بسرعة حروب عدوانية [10].

اما القوة الاقتصادية فهي في نظره احـد ادوات القوة السياسية وهـي مرادفـة او متحدة مـع الارادة العسكرية، وكثيرا ما استخدم السلاح الاقتصادي اداة للسياسة الوطنية، ولكسب القـوة والتـأثير الخـارجي ويـأتي ذلك حسب رأيه عن طريق مبدأين:

أ. تصدير رأس المال.

ب. السيطرة على الاسواق الخارجية.

وفيما يتعلق بقوة التحكم بالاراء (Power Over Opinion) فهو ينبه الى ضرورة ادراك ان التعامل يـتم مع تصورات واعتقادات ومشاعر الانسان وهذه امور قد لاتخضع لقيـاس دقيـق ، بـل ولايمكن التنبـؤ بامرهـا ، ويؤكد على دور الدعاية والاعلام حيث يلعبان دورا بارزاً في مجال السيطرة على الاراء ... وقد ربـط بـين وسـائل الدعاية والتطور التقني الاقتصادي والعسكري لكي يوضح العلاقة بـين الاشـكال الثلاثـة للقـوة السياسـية، واعتـبر الدعاية اداة من ادوات السياسة وتحقيق الاهداف الخارجية.

2. مفهوم القوة لدى "هانس جي موركنثاو" (المدرسة الواقعية):

حاولت المدرسة الواقعية واكدت على فهم وتفسير السياسات الدولية كما هـي عليـه لا كـما يجـب ان تكون عليه. انها تدرس المتغيرات والقوى الحقيقية الفاعلة في السياسة الدولية، وبذلك اعتبرت التاريخ وشواهده مادة اساسية لتأكيد صحة تشخيصها وترسيخ القناعة بان هناك جوهر للسياسات الدولية يتم الوصول اليه عـن طريق واحد هو القوة [11].

215

أي انها تستقي مادتها الخام من التاريخ لتصل الى تعميمات حول السلوك الدولي وهي تتميز عن المثالية في هذه الناحية ، أي الاستناد الواسع للتاريخ [12] . فالعالم في نظر " موركنثاو" ينطوي على مصالح متضاربة، ويسود الصراع فيما بينها، ولايمكن ادراك المبادئ الاخلاقية بصورة كاملة، وقد يحدث توازن مؤقت للمصالح لكن تسوية الصراعات على الدوام غير مستقرة [13] .

وان مفهوم المصلحة يؤمن الصلة بين اسباب ومحاولات فهم السياسة الدولية والحقائق التي يجب ان تفهم ، وهو يعتبر السياسة مجال فعل مستقل، مثل المجال الاقتصادي، الدين ، الاخلاق.

ويعتقد الواقعيون ان المصلحة هي المعيار الدائم والتي تحكم بواسطتها الافعال السياسية وتوجه، ولاتمنح الواقعية مفهومها الاساسي للمصلحة التي تعرف كقوة معنى ثابت دائما... ففكرة المصلحة في الواقع هي جوهر السياسة ولاتتأثر بظروف الزمان والمكان ، ومع ذلك فان نوع المصلحة الذي يقرر الافعال السياسية في فترة معينة من التاريخ يعتمد على القرينة السياسية والثقافية التي تصاغ ضمنها السياسة الخارجية.

ومن خلال الواقعية السياسية يفسر " موركنثاو " السياسة الدولية على انها صراع من اجل القوة، ويصف العلاقات الدولية من خلال ترتيب المصالح والنشاطات المختبئة وراء مفهوم القوة ... ولكن السياسة الدولية كجزء من كل تتحدد من خلال الاهمية المركزية للمصلحة لذا فهو يؤكد على انها تتمثل بالصراع من اجل القوة بين الدول القومية.

فكل قومية مشغولة بالصراع وكل قومية يجب ان تسوي او تنظم اعمالها نحو متطلبات القوة ، واستنادا على الموقف الذي له صلة بالقوة والتوزيع الاجمالي للقوة في النظام الدولي فان خيارات الدول الاساسية ضمن النظام تتحدد في مايلي:

أ. المحافظة على الوضع القائم ، أي المحافظة على التوزيع القائم للقوى في لحظة تاريخية معينة.

ب.   التوسع او الامبريالية ، أي السعي الى قلب الوضع القائم بما يحقق ويعزز ضمانات ومصالح اضافية ، وباستخدام الوسائل العسكرية او الاقتصادية او الثقافية.

ج.   تحقيق الهيبة ، بمعنى اشعار الاخرين بتفوق القوة الفعلية التي تمتلكها عن طريق الدبلوماسية بالمعنى الواسع للمصطلح او عرض القوة العسكرية او كلاهما معا.

3.   مفهوم القوة لدى " روبرت دال" (المدرسة السلوكية) :

يقول "دال" ان فكرتي البديهية عن القوة اشبه بما يلي : ان للطرف (أ) سلطة على الطرف (ب) للحد الذي يدفع به للاتيان باشياء لايقوم بها من غير (القوة) ويحدد بعض الحالات اذا ماتوفرت فانه يكون هناك لاعب وتحدث علاقة قوة وهي : [14]

أ.   المصدر ، الميدان ، القاعدة ، قوة اللاعب.

ب.   الوسائل او الادوات التي تستخدم من قبل اللاعب.

ج.   المقدار او حدود قوة اللاعب.

د.   نطاق او مجال قوة اللاعب.

وهو في تحديد القوة كعلاقة اجتماعية يحاول تعميم هذه الظاهرة الى السياسة الدولية من خلال تعميم تحليله الاجتماعي على مصير الافراد الى المجال الدولي وجعل الدولة تحل محل الفرد ... فكل مايؤثر بالفرد يؤثر بالدولة وكل مايعتمد عليه الفرد من موارد وفرص واشياء تكون مصادر قوة للدولة، وكذلك الوسائل ونطاق القوة فهي عند" دال" على صعيد الافراد والمجتمع ولكن يمكن استعارتها في المجال الدولي فتكون القوة علاقة بين دول معينة.

ان القوة بحسب " دال " هي علاقة بين طرفين او اكثر ، فهي القدرة على الزام الاخرين ليسلكوا وفقا لاهداف من يمارس هذا الفعل ، والقوة توجد عندما تتواجد ثلاث عوامل هي :

أ.   ان يكون هناك نزاع على اهداف معينة.

ب. ان يوافق احد الطرفين على مطالب الطرف الاخر ولو على كره منه.

ج. تفترض علاقة القوة ان احد الطرفين قادر على انزال عقوبات يعتبرها الطرف الاخر كفيلة بالحاق اضرار بالغة ولابد ان يكون ثمن عدم اذعانه لمطالب الاخر اكبر مما سيفقده نتيجة اذعانه.

لقد نظرت هذه المدارس الى القوة من زوايا مختلفة، واشارت الى عدة تعريفات بشأنها ، وهو ماقد يشكل فائدة لايمكن الاستغناء عنها في رسم الفواصل بين المفاهيم المتقاربة والمتداخلة بشأن ادراك معنى القوة، على الرغم من تضمن كل مفهوم بعضا من عناصر المفاهيم الاخرى. وان مايمكن استخلاصه هو ان القوة تمثل علاقة تشمل الامور التالية : [15]

1. منافسة او نزاع بين مصالح وقيم طرفين او اكثر.

2. يهدد طرف طرفا اخر بتلقي العقاب اذا لم يمتثل لاراء الاول.

3. يدرك الطرف المهدد (بفتح الدال) نتائج التهديد فان اطاع فانه سيتجنب خسائر جمة يسببها عدم انصياعه. اما اذا رفض فان على الطرف الاول ان يوجد لنفسه علاقة قوة جديدة. وتكون عادة باستخدام القوة بالفعل أي قوة الاجبار الفعلية.

4. وهذا مايميزها عن القوة بالمعنى العام . اما التأثير فيختلف عن الاثنين وذلك لان (أ) يتمتع بنفوذ عند (ب) فيتجاوب سلوك (ب) مع رغبات (أ) ليس بسبب توقع الحرمان والعقاب من استخدام القوة الفعلية من جانب (أ) ، بل لان (ب) يتجاوب لانه يرى اغراض (أ) مغرية وذلك لان (أ) يعرض مكاسب تقنع (ب) فتدفعه الى الامتثال . اما السلطة فهي الحالة التي يجد (ب) ان التركيب الكلي لافعال وقيم (أ) مايدفعه الى الامتثال الى اوامره ، ليس خشية العقاب او طمعا بالنفع بل لاقتناعه بشرعيتها.

ويتضح من ذلك بان القوة تشكل جانبا رئيسيا في أي علاقة، ولايمكن عزلها عن كل النواحي المتصلة بهذه العلاقة، فالقوة تتأثر بطبيعة العلاقة وكذلك بكل تغيير يطرأ على أي جانب من جوانبها.

ثانيا: طبيعة العلاقة بين امكانات الدولة الوطنية وسلوكها الدولي

لاشك ان هناك علاقة جوهرية، وغالبا طردية بين قوة الدولة الوطنية وماتنطوي عليه من مصـادر وموارد نوعية قابلة للتوظيف، وبـين درجـة حرية الحركة التي يتمتع بها صـانعي قراراتها وطبيعة مواقفها وتوجهاتها السياسية في البيئة الدولية . ولدراسة هذه العلاقة واحتمالاتها تحاول بعض التحليلات تقسـيم الـدول الى فئات متميزة على وفق امكانياتها من القوة، وان تسوق نماذج مختلفة من السلوك الذي يعبر بشكل او اخر عن حقيقة هذه القوة ، ويصنف " الدكتور اسماعيل صبري مقلد " هذه الفئات على النحو التالي: [16]

1.   فئة الدول القوية والقانعة :

تعتقد هذه الدول بوصولها الى درجة الرضا – بالمقاييس التي تضعها لنفسها – بين حجم امكانياتها من القوة من جانب وبين مستوى النفوذ ودرجة التأثير الذي وصلت اليه خارجيا في البيئة الدولية من جانب آخر ، أي ان مثل هذه الدول لاترى فجوة تفصل بين امكانيـات القـوة المتاحـة لـديها وبين الاهـداف التـي تسـعى الى تحقيقها خارجيا. وهذا التماهي بين حجمي الامكانيات والقدرة على التأثير الدولي بفعالية ، الامر الذي يفضي الى تكريس قدر من الشعور بالقناعة والحرص على استمرار الاوضاع القائمة دون تغيير، لان التغيير من وجهة نظرها يمكن ان يؤثر بشكل سلبي على علاقة التناسب المطلوب المحافظة عليها.

على مايبدو ان تقييم الدول لعلاقة التناسب هذه ، والاقتناع بها، وماتفضي اليه من نتائج ، تعزز الرغبة لديها في المحافظة على الوضع القائم وحمايته ضد محاولات التغيير، انما هي حالة تنطوي على قدر مـن المثاليـة، وهي عملية نسبية بحتة وتتوقف غالبا على جملة اعتبارات منها على سبيل المثال لا الحصر مايلي:

أ.   طبيعة الاهداف الوطنية للدولة المعنية ومستوى ونطاق اتساعها.

ب. تقيم الدولة لامكانياتها من القوة مقارنة بامكانيات غيرها من الـدول ، وهـذا التقيـيم والمقارنـة، هـي التي تغذي الاحساس لديها بالقناعة او بالرغبة في التغيير.

ج. نظرة الدولة واحساسها باحتمالية تعرضها للتهديد من عدمه مـن جانـب طـرف او اطـراف في النظـام الدولي، لان احساسها بعدم تعرضها للتهديد يجعلها احـرص عـلى الـدفاع عـن الوضـع القـائم منهـا الى محاولة تغيره [17].

2. فئة الدول القوية وغير القانعة :

هذه الدول تستشعر وجـود فجـوة بـين امكانياتهـا الذاتيـة مـن القـوة الوطنيـة وبـين مسـتوى التـأثير السياسي الفعلي الذي تمارسه في علاقاتها بغيرها من الدول، وبمعنى اخر انها تشعر بفقدان التناسب بين مسـتوى امكانياتها، ومدى تأثيرها خارجيا ، الامر الذي يحفز الدوافع لديها الى تغيير الواقع الدولي في الاتجاه الذي يحقـق هذا التناسب لكي تشعر بقدر من الرضا عن الوضع الجديد.

وتجدر الاشارة هنا الى ان الفجوة التي استشعرتها الدولة بين مستوى امكانياتها الوطنية ودرجة تأثيرها خارجيا، قد تكون واضحة في مخيلة الدولة التي لم يكن يرضيها الوضع الـذي كـان قائمـا قبـل تغيـيره، بيـنما قـد لاتكون هذه الفجوة واضحة في مدركات الدول الاخرى، ومرد ذلك يعود بطبيعة الحال الى التفـاوت والتبـاين في نوعية المعايير المستخدمة في عمليات القياس والمقارنة ، وعموما يتوقف هذا الامر على جملة اعتبارات منها على سبيل المثال لا الحصر مايلي:

أ. احساس الدولة بوجود دول تقل عنها من حيث مستوى الامكانيات ومع ذلك درجـة تأثيرهـا السـياسي الدولي وحجم مصالحها كبير نسبيا بالقياس الى ماتسمح به امكانياتها.

ب. شعور الدولة بتطور امكانيات القوة لديها بشكل ملحوظ دون ان يصحب ذلك زيادة في درجة تأثيرهـا الخارجي او اتساع دائرة مصالحها الوطنية، وهذا

الشعور ولد لديها ادراك بان احد طرفي المعادلة قد تغير، ومع ذلك بقي الطرف الاخر من دون تغيير.

ج. حدوث تطور في مستوى ونوعية اهداف الدولة، وفي شعورها بان لديها من القدرات الوطنية مايساعدها على دعم هذا التطور ومواجهة احتمالات بروز مقاومة دولية.

د. النزوع نحو احداث التغيير استجابة لبعض التطلعات الوطنية الضاغطة في اتجاه رفض مضمون الوضع الراهن والعمل على تغيره.

3. فئة الدول الضعيفة والقانعة :

ينطوي تحت هذا الوصف دول كثيرة ذات امكانيات محدودة من مقومات القوة الوطنية، وتنطوي على احساس بان درجة ومستوى تأثيرها الحالي في العلاقات الدولية يتناسب مع محدودية امكانياتها، ولايمكنها الارتقاء بمستوى تأثيرها واهدافها ومصالحها، دون ان تعرض نفسها لمخاطر تعود عليها بالضرر اكثر مما تعود عليها بالنفع. لاشك ان ادراك الدولة بان مستوى امكانياتها سيظل على ماهو عليه دون الارتقاء الى مستوى افضل هو الذي يولد لديها الشعور بالقناعة والرغبة في استمرار الوضع القائم، حتى وان كانت تلك الدولة لاتملك المقدرة على الحيلولة دون انهيار ذلك الوضع او حدوث تغييرات فيه لغير صالحها [18].

4. فئة الدول الضعيفة وغير القانعة :

هذه الدول تدرك ضعف مستوى امكانياتها من القوة مقارنة بالامكانيات المتفوقة للدول الاخرى. ومع ذلك تكون في حالة من عدم القناعة او عدم الرضا ازاء الوضع الدولي القائم ، وربما تشعر هذه الدول بالظلم والحيف الشديد نتيجة استغلال الدول الاقوى منها لها، الامر الذي يجعلها متحفزة الى التغيير على الرغم من انها تفتقد كل مقدرة فعلية على اجراء هذا التغيير، لذا تستعيظ عن ذلك بانحيازها الى جانب دول كبرى غير راضية عن استمرار الوضع القائم ، على اساس انه اذا ماقدر لتلك الدولة

الكبرى ان تتحدى الوضع الدولي بنجاح ، لاعتقادها بان ذلك ربما ينعكس عليها بميزات جديدة كانت تفتقر اليها فيما سبق [19].

ثالثا: اشكاليات تقييم مستوى القوة الوطنية للدولة

1. اشكالية حصر المتغيرات المادية والمجتمعية :

غالبا ، يصعب حصر هذه العناصر ، واعطاء وزن نسبي لكل متغير على حدة. وان مرد هذه الصعوبة يعود الى كثرة تلك العناصر وتباينها واختلاف طبيعتها، كما ان تحديد وزن نسبي لكل متغير يعد عملية تقديرية محضة ، وخاصة بالنسبة للمتغيرات المجتمعية، وذلك لان طبيعتها اللامادية قد لاتتيح الفرصة لاجل الوصول الى نتائج دقيقة او تقريبية في هذا الشأن، فعوامل الثقافة السياسية او الايديولوجيا، او الروح المعنوية مثلا تعجز المقاييس المادية عن حسابها بدقة وموضوعية عند استخلاص الوزن النهائي لقوة الدولة في ظرف من الظروف، والاشكالية لاتتوقف عند هذا الحد او بمعنى أخر لاتشتمل فقط على صعوبة التقييم بالنسبة للمتغيرات اللامادية، وانما هناك بعض المتغيرات المادية الاخرى كدور المتغير الجغرافي ولاسيما مايتعلق بالموقع او المساحة، تعكس هي الاخرى احدى الاشكاليات التي تواجه عملية التقييم.

2. اشكالية السيطرة على التفاعلات الدينامية بين المتغيرات :

هذه الاشكالية تختلف عن سابقتها في ان الاولى ذات طابع كمي في الاساس، اما الثانية فيغلب عليها الطابع الكيفي بشكل ملحوظ، وبهذا فان مهمة القائم بالتقييم لاتتوقف عند التعرف على هذه المتغيرات، وانما يجب تجاوزها للوصول الى تصور دقيق حول الكيفية التي تمتزج بها وتتفاعل لتفضي في النتيجة الى حجما او كما من القوة الوطنية. وفضلا عن ذلك فان تحديد الطبيعة الكيفية لهذه التفاعلات الدينامية المعقدة والدائبة التغيير في نفس الوقت انما هي عملية لاموضوعية ، ومن الجائز ان تختلف بشأنها الاحكام والاراء اختلافا قاطعا، ومثل هذه الاشكالية تحول دون توفير صورة دقيقة ومحددة لحقيقة القوة الوطنية لدولة من الدول في وقت من الاوقات [20].

3. اشكالية اختيار ادوات القياس والتحليل:

هذه الاشكالية ناجمة عن صعوبة تحديد انسب الادوات وكذلك عن صعوبة تحديد المستويات المسؤولة عن تقرير طبيعة الادوات التي يمكن ان تستخدم في تحليل المتغيرات كل على حدة. فمثلا اذا كان المكلف بالتقييم بصدد تحليل اهمية ودور الثقافة السياسية فما هي الادوات التي يستخدمها في قياس ذلك الدور وتلك الاهمية، ومن هو المسؤول عن تحديد واختيار تلك الادوات، هل المستويات السياسية ام عناصر لها تجربة ميدانية او نظرة اكثر تخصصا وادق تصورا؟ واذا كان المتغير الذي يتناوله التحليل هو الروح المعنوية، فالسؤال هنا ماهي الادوات التي تستخدم لقياس درجة ارتفاع الروح المعنوية والتحقق من النتائج التي يمكن الانتهاء اليها في هذا الشأن ، ثم من الذي يقوم على تطبيق هذه الادوات والمقاييس ؟ ومثلما تبدو هذه الاشكالية واضحة بالنسبة للدولة وهي تجري تقيما لقواها، فانها بلا شك اكبر نسبيا بالنسبة للدول الاخرى حين تقوم بعمل تقييم لقوة بعضها البعض [21] .

4. فجوة المعلومات:

هذه الاشكالية ترتبط بمدى ونوع الامكانيات المتوفرة لدى الدولة من اجهزة جمع المعلومات، ومدى الكفاءة التي تعمل بها تلك الاجهزة، ذلك لان التقييم الدقيق للمتغيرات ودور كل متغير في اضفاء الفاعلية على قوة الدولة الوطنية وتوفير حرية حركة اضافية على اداء صانع القرار في البيئة الدولية، يجب ان يبنى على اساس قوي من الحقائق والمعلومات الموثقة والمصنفة، والا اصبح التقييم بلا جدوى كافية ولايوفر الارضية للتعامل الموضوعي الهادف. ولما كانت عوامل القوة الوطنية للدولة في حالة من الدينامية والتغير المستمر، لذا فانه مالم تتوفر لاجهزة جمع المعلومات المقدرة اللحظية على تتبع هذا التغيير وتحديد مداه واهميته بالنسبة لكل عنصر، فان التحديد الكمي لوزن العناصر التي تسمح طبيعتها بذلك ، وكذلك التحديد الكيفي لتفاعلات العوامل والمتغيرات كلها، تصبح امرا يصعب ادراكه، او غير معبر عن الواقع،

223

وعليه فان مستوى الكفاءة التي تعمل بها اجهزة جمع المعلومات له علاقة تأثيرية مباشرة بكل مايرتبط بعملية التقييم [22].

5. مدى موضوعية وحياد التقييم :

هذه الاشكالية ناجمة عن القلق من مدى حياد وموضوعية التقييم لان التحيز يجعل التقييم يفتقد للنزاهة والموضوعية.

وهناك من يرى في اشتراط الموضوعية لتقييم متغيرات يفتقر الكثير منها الى الطبيعة الموضوعية لهو امر قد يبدو مجافيا للمنطق . لذا فان العملية عادة تتعلق بالحدود التي يمكن ان يصل اليها التحيز في التقييم، فان تجاوز الحد المعقول الذي يسمح به تفاوت الاحكام ، يؤدي ولاريب الى اخفاق التقييم وتفريغه من كل مضمون ذي قيمة [23].

6. الاخطاء الشائعة عند التقييم :

احيانا ينظر الى قوة الدولة على انها غير مقيدة ومطلقة، وليست نسبية بالمقارنة مع قوة غيرها من الدول . هذه النظرة التقييمية المطلقة تضعف التقييم وتبعده عن واقع علاقات القوى الموجودة في وقت من الاوقات. لذا يعد من الاخطاء الجسيمة النظر الى قوة دولة معينة على انها ثابتة، وذلك لان علاقات القوى في المجتمع الدولي تتميز بالدينامية والتغيير .

ومن الاخطاء المصاحبة للتقييم احيانا، والتي يجب التنبه لها توخيا للدقة والموضوعية، ذلك الخطأ الذي ينبع من الوهم بان بعض مكونات القوة الوطنية تتمتع بطبيعة دائمة، ومن ثم فانها تستمر في اداء نفس الدور تحت كل الظروف ، وبغض النظر عن التغيير الذي ينتاب علاقات القوى القائمة بين الدول الاخرى.

وهناك خطأ اخر ناجم عن الافراط في التركيز على متغير نوعي واحد من متغيرات القوة الوطنية، الامر الذي قد يؤدي الى غلبة متغير واحد على كافة جوانب

التقييم. وتجدر الاشارة الى ان التقييم السليم هو الذي يأخذ بعين الاعتبار كل العناصر التي تؤثر في القوة الوطنية للدولة التي يجري هذا التقييم بشأنها. [24]

رابعا: ادارة القوة في النظام الدولي

غالبا ، يحفل أي موقف او ظرف دولي بوجود عدد كبير من الدول الاطراف ذات الاهداف والمصالح المختلفة، وكل طرف يحاول ان يؤثر في باقي الاطراف بالطريقة التي تخدم مصالحه واهدافه، ولعل ذلك يعني ان علاقات المجتمع الدولي ليست علاقات ثنائية محدودة الاهداف، وانما علاقات جماعية متشعبة ومتشابكة، وقد تلتقي فيها الاهداف وقد تتقاطع او تتصادم الامر الذي يضفي مزيدا من التعقيد على الكيفية التي تدير بها كل دولة قوتها الوطنية في البيئة الدولية، ولتتبع النمط السلوكي لدولتين بينهما نزاع حول موضوع معين سوف نجد ان دولة (أ) تحاول ان تتصرف في النزاع بطريقة معينة لتؤثر في سلوك الدولة (ب) ، وتحاول الدولة (ب) من جانبها تبني سلوكا يلغي من تأثير الطرق التي تستخدمها الدولة (أ) في مواجهتها. ودولة (أ) في هذه الحالة تجد نفسها امام اربعة انماط من السلوك في مواجهة الدولة (ب) وهي: [25]

1. عن طريق اقناع (ب) بالاهداف التي تتوخاها من سياستها في النزاع بينهما.
2. عن طريق تقديم اغراءات تجعل (ب) في حالة تقبل لهذه الاهداف.
3. عن طريق التهديد بتوقيع العقاب على (ب) فيما اذا اصرت على الرفض.
4. عن طريق اللجوء المباشر الى القوة المسلحة لارغام (ب) على التسليم بتلك المطالب.

ومع ذلك تجدر الاشارة الى ان شكل النزاع في عالم اليوم قد يتجذر ، ولم يعد بالامكان تصور نزاعات كونية وفق الفرضيات التي كانت سائدة خلال مرحلة الحرب الباردة، فالصراعات اليوم اما (بينية) او ضمن الدولة وفي كلا الحالتين تدع المجال واسعا للتدخل الخارجي، وتشجع اطرافا متعددة على الاستفادة من استمرار الظاهرة الصراعية واستثمارها كمتنفساً لاقتصادياتها ودبلوماسيتها وعلى حساب مفهومات اخلاقية تتعلق بالامن والسلم والتنمية ... الخ .

وفي ضوء مجمل ماتقدم ، فهل نحن بحاجة الى قوة نديرها لترتيب عالم مستقر؟ ام امام عالم غير مستقر يحتاج الى قوة وادارة لجلب الاستقرار؟ وفي كلا الحالتين (وان اتحدت الغاية) يتطلب الامر ادارة فاعلة للقوة تحقق الهدف باقل كلفة وجهد ووقت، وباقل ذاتية... فهل هي من خلال المحفل العالمي ؟ (أي عن طريق الامم المتحدة) ، ام من خلال المحفل الفردي ؟ (أي تعتمد القدرات الكونية لدول بعينها) ام من خلال تحالفات اقليمية ؟ هذا ماسوف نحاول استعراضة وتحليلة تاليا:

1. المحفل العالمي :

لقد افسح المجال للتساؤل عن امكانية قيام امبراطورية عالمية واحدة او متعددة الرؤوس ام قيام نظام تعددي بديل بالكامل وطرحت التطورات الدولية تحديات جديدة حول الامم المتحدة، ودورها الجديد كحجر زاوية في نظام فعال للامن الجماعي.

ومن اهم الافكار التي اشاعها النظام الدولي الجديد ووعد بتحقيقها هي حمل المجتمع الدولي على مقتضى الشرعية الدولية التي تمثلها الامم المتحدة، باعتبارها المنظمة القيمة على حراسة النظام الدولي والارتقاء بها وتعزيز دورها على نحو يمكنها من الاسهام بفعالية في تنظيم العلاقات الدولية السلمية . لقد شهد مفهوم الامن والسلام الدوليين تطورا فكريا كبيرا ففي الفترة الاخيرة امتدت حدوده وكثرت تفرعاته لتشمل ابعادا جديدة، لقد اوكلت (المادة 16 من الميثاق) لمجلس الامن تعريفا محددا ومكتوبا لهذه العوامل في الميثاق فان خطر النزاعات والصراعات والمواجهات المسلحة بين الدول كان دائما هو المعيار ولكن هذا التفسير البدائي استبدل مؤخرا بتعريف اخر اكثر تطورا وشمولا ، لقد وصف بيان لمجلس الامن في القمة المنعقدة في 31 كانون الثاني/ يناير 1992 التفكير في امكانية توسيع مفهوم السلام (ان غياب الحروب والنزاعات العسكرية بين الدول لايعني بالضرورة استتباب الامن والسلام العالميين ، لقد اصبحت المصادر غير العسكرية لعدم الاستقرار تشكل تهديدا فعليا للسلام والامن الدوليين وتلك المصادر تتمثل في المجالات الاقتصادية والاجتماعية والانسانية والبيئة ، لقد بدأ مجلس الامن عملية اعادة تفسير العوامل التي تشكل تهديدا

للسلام والامن الدوليين كما اكد وجود مايهدد السلام والامن بالفعل رغم غياب النزاعات الحدودية والتي تعتبر العامل الرئيس لتلك التهديدات).

ان رد فعل الامم المتحدة اذا ماتعرض السلام الدولي لاي تهديد يتراوح بين المراوغة والادانة الشفهية ، والتحذير ، والوساطة وفرض العقوبات الاقتصادية، والاغاثة عن طريق المساعدات الانسانية والاجراءات العسكرية، او ببساطة الاهمال الحميد، وتتدخل عدة عوامل في تحديد رد الفعل والامر يعتمد على ظروف كل قضية[26].

وفي حزيران 1992 اقترح الامين العام السابق للامم المتحدة " د. بطرس غالي" في برنامجه للسلام تشكيل جيش للامم المتحدة وفي وقت لاحق سعى الى ايجاد قوات احتياطية للامم المتحدة لنشرها بصورة فورية في مناطق التفجير ، وقد عارضت الولايات المتحدة ودول اخرى كثيرة هذه الفكرة [27]، وفي مقالته الموسومة (نحو دور اقوى للامم المتحدة) التي نشرت في وقت واحد في مجلتي السياسة الدولية والشؤون الدولية " Foreign Affairs " عدد شتاء 1992، 1993 وفيما يتعلق بعملية الاستجابة السريعة للامم المتحدة اشار " د. بطرس غالي " الى ان (من الدروس المستفادة من التوسع الهائل الذي حدث مؤخرا في انشطة الامم المتحدة لحفظ السلام، الحاجة الى الاسراع بنشر العمليات الجديدة، ففي ظل الاجراءات الحالية يمكن ان تنقضي ـ ثلاثة اشهر او اربعة بين صدور اذن مجلس الامن بالمهمة وتنفيذها الفعلي في الميدان، ويلزم العمل على ثلاث جبهات : التمويل والافراد والمعدات) [28]. والقضية الرئيسة ماتزال مطروحة وهي متى وتحت أي ظروف يمكن للامم المتحدة ان تتدخل ؟ بخصوص التوقيت فان ميل مجلس الامن نحو توسيع مفهوم مايشكل تهديدا للسلام يعطي للمجلس فرصة اكبر للتدخل.

لقد تقدم وكيل الامين العام السابق لعمليات حفظ السلام "سيربراين واركوهارت " مؤخرا باقتراح يدعو فيه الى انشاء جيش من المتطوعين للامم المتحدة يمكنها ان تعبئه في أي وقت بصورة مباشرة .. وقد كتب مؤخرا (ان النزاعات الداخلية للدول التي تواجه الامم المتحدة والعزوف الطبيعي لبعض الحكومات عن توريط قوات بلادها في مواجهة اعمال عنف ونزاعات داخل دولة لاتربطها بها أي مصالح او امن مشترك

يؤكد الحاجة الشديدة لجيش دولي من المتطوعين المدربين احسن تدريب لمواجهة مظاهر العنف والصراعات في مراحلها الاولى... واضاف ان هذه القوة لن تكون بديلا للدبلوماسية الوقائية او لقوات حفظ السلام التقليدية او القرارات الالزامية واسعة النطاق التي تتخذها الامم المتحدة طبقا للفصل السابع من الميثاق) [29].

وقد شخص " د. بطرس غالي " التحديات التي تواجه الامم المتحدة وتعيقها في اداء بعض ادوارها ومهامها بما يلي : [30]

التحدي الرئيس الاول: يتمثل في القيادة والتنسيق والتي تتطلب قوة عسكرية فعالة ومؤثرة .

التحدي الثاني : يتمثل في امكانية تنفيذ عدة عمليات ميدانية ناجحة في آن واحد.

التحدي الثالث: يكمن في الطبيعة المتغيرة للنزاع ... فالنزاعات والمواجهات التي تحدث اليوم ضمن حدود دولة ما تعتبر اكثر شيوعا من الحروب التي تندلع مابين الدول، وليس بمستطاع الامم المتحدة ولايتعين عليها التدخل بالنيابة عن أي طرف من اطراف النزاع، اذ ان ميثاق الامم المتحدة يحظر عليها ضمنا التدخل في الشؤون الداخلية للدول ، لاسيما مايتعلق منها بالتشريع الرسمي للدولة .

ان هذه التحديات بالاضافة الى اشكاليات التمويل والافراد والمعدات ، وقيود الولايات المتحدة وبعض الدول التي تعارض تشكيل جيش للامم المتحدة وتسعى لمصادرة بعض الياتها احيانا ولاستخدامها كوسيلة لانصياع الدول التي تحاول الخروج (على الارادة الجديدة) ، ولاضفاء صفة الشرعية الدولية على سياساتها وممارساتها في احيان اخرى ، هي بلاشك لاتجعل من نظام الامن الجماعي الذي تحاول اشاعته ، بالقدر الكافي من الفعالية لتحقيق اداء منسجم ومتوازن يعفيها من (الاتهامات الحقيقية) المتمثلة بازدواجية المعايير، او استغلال صلاحيات الفصل السابع في قضايا لايتطلب حلها الالزام. هذا فضلا عما يوجه لفكرة الحكومة العالمية من نقد ينطلق من كونها تتجاهل ديناميات الصراع الدولي الذي تفرزه مختلف التناقضات الدولية وكذلك من صعوبة تصور الكيفية التي تستطيع بها ان تخلق قاعدة للاتفاق العام كاساس لقراراتها،

وافراط بعض مؤيدي فكرتها في المقارنة بين السلطة التي تمارسها الدول على رعاياها وسلطتها على الدول، والتباين بين اهدافها وامكانياتها [31].

ولايجب ان نستخلص مما تقدم بان الامم المتحدة عديمة الجدوى والا لما اندفعت الدول للانضمام اليها، الا ان امن النظام لايزال يعتمد في مجمله في الواقع على قاعدة التوازن اكثر مما يعتمد على قيام سلطة فوق الدولة بوظيفة رجل بوليس في العالم. والتوازن السائد هو غير التوازن الذي كان سائدا ابان الحرب الباردة، بل هو في الوقت الحاضر بين الاهداف المعلنة والمصالح الاستراتيجية ومديات الاستجابة المتحققة او المحتملة.

ونخلص مما تقدم الى انه من المتعذر الارتكاز على المنظمة الدولية كجهة اساسية لادارة القوة والسيطرة عليها في الوضع الدولي الجديد بل هي في احسن الاحوال سوف تكون اداة مساعدة ، ففي التشريع والقرار سوف تكون موجهة ناهيك عن انها كذلك في التنفيذ ايضا .

2. المحفل الفردي :

وفيه تعتمد الدولة بشكل عام على امكانياتها الذاتية من مقدرات القوة الوطنية لمجابهة ما تعتقد بانه تحديات لاهداف استراتيجيتها العالمية.

والان وبعد ان تراجعت قدرات الاتحاد السوفيتي السابق تحررت التوجهات الاستراتيجية للولايات المتحدة فهي اضحت الدولة الوحيدة القادرة على الوصول بجيشها الى أي مكان في العالم [32]، وترى ضرورة الاحتفاظ بقدر كبير من القوة التقليدية والنووية بما يتيح لها المحافظة على مكانتها الريادية في الوضع الدولي الجديد وردع جميع الخصوم المحتملين حول العالم.

وبالرجوع قليلا الى الوقائع التاريخية القريبة يمكن ملاحظة ان هذه المرة الثالثة التي تقوم فيها القيادة الامريكية بجهود استثنائية لاقامة نظام عالمي جديد، كانت المرة الاولى في زمن الرئيس " وودرو ولسن " وكانت محاولة فاشلة حيث هاجم العالم الاقتصادي البارز " جون منيار كينز" النتائج الاقتصادية التي تمخضت عنها معاهدة

فرساي، وقدم تحليله بشأن اسباب الكساد الاقتصادي الكبير ومعالجاته وقد كان له تأثيره في المفاوضات والاتفاقيات في (بريتون وودز) فيما يتعلق بالاقتصاد التجاري العالمي الرأسمالي ، وكما فعل " ولسن" قام " روزفلت" بمحاولة لاقامة عالم يضم ديمقراطيات رأسمالية ليبرالية تعيش في ظل نظام شامل من القانون الدولي، وقد فشل هو الاخر وبسرعة بسبب بدأ فترة جديدة من الحرب الباردة وفتح الباب امام مشروع " مارشال" ومبدأ " ترومان " كأساس لعلاقات استراتيجية واقتصادية وثيقة بين الدول الغربية والولايات المتحدة لخلق دعامة تحد من انتشار الشيوعية في اوربا الغربية.

ومع نهاية الحرب الباردة وتحلل الاتحاد السوفيتي السابق انطلقت الولايات المتحدة معلنة عن عزمها على صياغة نظام عالمي جديد.

وقد قامت الادارة الامريكية قبل السابقة " ادارة بوش" بتوظيف حرب الخليج كدرس افتتاحي للنظام الدولي الجديد [33].

ويتساءل " بريجنسكي" في الجزء الثالث من كتابه (Out of Control) هل ان القيم التي تحملها الولايات المتحدة تنسجم ورسالة النظام العالمي الجديد؟ ويركز عند اجابته وعلى امتداد عدة صفحات على قوتها وعناصر هيمنتها على النظام الدولي الجديد واسباب انفرادها به ومضامين دورها المحلي والعالمي (وامتلاكها ميزة الجاذبية في التأثير على الاخرين تلك الميزة التي سعت الى ايصال نتائجها من خلال اعتماد العديد من الاساليب السياسية والاعلامية والاجتماعية المؤثرة للغاية والتي تلقى اعجاب وتقليد الاخرين الا انه يستدرك واصفا دورها في الشؤون العالمية خلال العقد الاخير من القرن العشرين بالتناقض وعدم الانسجام ويقول في هذا الصدد انها في الوقت الذي تهيمن فيه على القمة دون منافس لقوتها فان هناك عدة عوامل تهدد دورها بالانهيار وهذه هي عوامل التغير الاجتماعي الديناميكي المتصاعد والتي تنطوي على مضمون رسالتها التي تريد ايصالها الى العالم) ، مشخصا المشاكل التي تعانيها على الصعيد الداخلي [34].

ان اطروحة " بريجنسكي" وان كانت تظهر الدعوة الى تجاوز اشكاليات وتناقضات المجتمع الامريكي ولكنها تنطوي على التشكيك بامكانية انفراد الولايات

المتحدة بقيادة العالم. وتؤكد حقيقة ان اية دولة مهما بلغ شأنها وامكانياتها ليس بوسعها السيطرة على كل دهاليز اللعبة الدولية او بالاحرى، قدرتها على فرض ارادتها ومصلحتها في جميع الظروف على الدول الاخرى [35].

كما ان القيادة الامريكية بالرغم من وفرة المزايا لديها لم تحقق نجاحات كاملة في ميادين اختبارها فهي تريد ان تكون القيادة للامريكان دائما سواء في العمليات العسكرية او في عمليات حفظ السلام ... وان اصرارها على القيادة لاشك يؤدي الى توسيع دورها اكثر مما ينبغي في شؤون العالم ولكنه في نفس الوقت سوف يكشف عن قصور في التزامها في حل الازمات وببساطة يمكن ان نخلص مما تقدم الى ان ادارة القوة عالميا في جميع الظروف والمواقع من خلال المحفل الفردي امرا متعذرا ، وأي تفكير بعكس ذلك ربما يضيف مغالطة جديدة للنظام الدولي الجديد.

وهذا هو احد وجوه الاخفاق وربما يتماثل الوجه الاخر مع ذلك المايسترو الذي يحاول توجيه فرقة غير متجانسة او عدة فرق في آن واحد ، والسؤال هنا الا يدرك الامريكان هذه الحقائق ؟ هل ثمة شرك ينصبوه لانفسهم؟ لادراكنا بان جميع ماورد يمثل مدركات ابتدائية لدى الامريكان فما علينا اذن الا انتظار المتغيرات والتي اطرها النظرية قد تأسست ... ويمكن تلمسها في اطروحة " هنتنغتون" ودراسة " بريجنسكي" (خارج دائرة التحكم) ، وربما في دراسة " شوفنمان" انا وحرب الخليج ، وفي اطروحات الامين العام السابق للامم المتحدة " د.بطرس غالي" ، وان كان يميل الى تأكيد دور اكبر للامم المتحدة ... وغيرهم كثيرون بلا شك.

3.   المحفل الاقليمي :

في غياب وجود منظم موضوعي على المستوى الكوني تعم ظاهرة الاضطرار التكتلي ، ومن مقومات التكتل هو الاقليم (ارض مشتركة، عادات وتقاليد مشتركة او متقاربة، قرب جغرافي ، مصالح متبادلة) والاقليمية تواكب وتنسجم مع البيئة الدولية الراهنة، والسؤال هنا لما لاتتعاون الدول المتقاربة ؟ طالما انها بين خيارين عصيين هما (الخيار العالمي ، الخيار الفردي) وكلاهما سبق وان بينا مثالبهما، اذ ان البديل

المقبول هو الاقليمية تعفيها من الهيمنة العالمية وربما تحررها من مدرك العدائية. والاقليمية ابان الحرب الباردة قد احتمت خلف مبررات امنية – ايديولوجية (حلف وارسو وحلف الاطلسي ـ) ، والسبب في ذلك كان وجود الضاغط الخارجي، والضغط الان اصبح من الداخل (الداخل العرقي ، الداخل الطبقي، الداخل الديني، الداخل الاثني) وهنا تأتي الاقليمية لتخفف من شدة الضاغط الداخلي على الوحدات وهذا التخفيف بان ينتمي الجزء الى كل اكبر يقطع التداخلية بدافع الرغبة في التكاملية ومن هنا فالاقليمية تنطوي على المزايا التالية:

أ.   تحاول ان تخلق ميكانزمات متكافئة للمعالجة.

ب.   ترتضيها جميع الاطراف في مواجهة المتاعب الداخلية.

ج.   انها شرط للانماء .. والانماء معطل للاضطرابات .. لذلك فالاقليمية تساوي الاستقرار.

وفي نطاق الاقليم يقوم كل تحالف بتكتيل امكانيات القوة لاعضاءه وتركيزها في محور قوى جماعي يستطيع من خلاله ان يقاوم الضغوط التي تواجهه بها تحالفات القوى المنافسة [36] .

ويتوقع " بريجنسكي" في الفصل الرابع من كتابه (Out of Control) ان تكون خارجة العالم في القرن الجديد على النحو التالي : [37]

أ.   دول امريكا الشمالية :

وتقع تحت سيطرة الولايات المتحدة المباشرة عن طريق توقيع اتفاقيات تجارية (Nafta) وفق مبدأ السوق الحرة ، لتشكيل قوة اقتصادية عالمية.

ب.   اوربا الموحدة :

من خلال الاتحاد الاوربي وهي تدرك اهمية نجاح اهداف الاتحاد لوقف تنامي الصراعات العرقية في اوربا الشرقية.

ج. دول شرق اسيا:

سوف تخضع هذه المجموعة للسيطرة اليابانية الاقتصادية، ولانها لاتمتلك قوة عسكرية ضاربة تمكنها من الدفاع عن اراضيها، فان احتمال نشوب صراعات جانبية بين دول المنطقة وارد جدا بعد بروز الصين كقوة سياسية واقتصادية .

د. دول جنوب اسيا:

وهي مجموعة دول متجاورة غير معرضة للوقوع تحت سيطرة قوى سياسية خارجية بسبب وجود الهند بوزنها الدولي والحضاري والتي تمثل بيضة القبان.

هـ. دول الهلال الاسلامي:

تمتد من شمال افريقيا ، الشرق الاوسط - ماعدا اسرائيل - دول الخليج ، العراق ، ايران ، دول اسيا الوسطى التي تمتد بحدودها الى تخوم الصين .. انها مسافات واسعة يجمعها الدين الاسلامي... واحتمالات ورود صراعات سياسية فيها امر وارد جدا ... وهذه المنطقة هي التي يطلق عليها المستطيل الاسلامي او اقليم الوصل ⁽³⁸⁾ .

و. مجموعة الدول الاورو - اسيوية:

هي مجموعة حكومات ومجتمعات كانت منصهرة ومنسجمة ضمن الايقاع السوفيتي ، الا انها دول مفككة عن بعضها البعض يقع البعض منها في قارة اوربا ، بينما يقع البعض الاخر في القارة الاسيوية ويجد الجزء الثالث من هذه التركيبة ضالته تحت راية الاسلام.

والسؤال هنا هل ستغدو خطوط التداخل بين هذه المجموعات خطوط قتالية كما عبر عنها " هنتنغتون" في اطروحة تصادم الحضارات، وهل تتوفر لجميع هذه المجاميع مستلزمات وعناصر الصراع؟ سواء بوجه عام ام على حد سواء.

مثلما جاءت اطروحة "فوكوياما" (نهاية التاريخ) مغرقة في الانحياز والذاتية، جاءت اطروحة " هنتنغتون" مفرطة في التجريد وهي جزء من مشروع معهد جون أولين للدراسات الاستراتيجية بخصوص (المحيط الامني المتغير والمصالح القومية الامريكية) .

ان مرحلة صيرورة النظام العالمي الجديد وكيفية ادارة القوة فيه تبدو مرهونة بجدلية تنافس في الغايات وتباين في الاستراتيجيات بين مراكز القوى الاساسية [39]. وبما ان الصراعات المحتملة هي صراعات بينية وداخلية وغالبا ماتلعب التدخلات الخارجية ادوارا معجلة بتصعيدها وتازيمها واطالة امدها ... فالا قليم هو اجدر بمعالجتها وتقليص كلفها ، الامر الـذي يحـتم التنبه المبكر الى ضرورة الاسراع بعقد التراتيب الامنية الاقليمية ، ولعل المعالجات في هذا الصدد يمكن ان تكون على الوجه التالي:

أ.   عقد اتفاقيات بناء الثقة الامنية الاقليمية.

ب.   التوازن على مستوى واطيء مـن الانفـاق العسكري والاستعدادات العسكرية بطريقتين ، اما بنـزع تدريجي للسلاح او عدم سباق التسلح.

ج.   انشاء مؤسسات اقليمية لفض الخلافات الاقليمية.

د.   تقريب الاراء والمدركات الامنية بين الفئـات والنخب وصنـاع القرار عـن طريق المعاهـد المتخصصـة، الندوات والحوارات الهادفة، وتبادل الاراء ورفد صناع القرار بعدد اوفر من البدائل والخيارات.

وينبغي ايجاد الية للسيطرة لضبط احتمالات تحول هذه التراتيب الامنية الاقليمية الى تلك الاداة التـي غالبا ماتعمل مجموعة من الدول الى توظيفها بهدف تنسـيق نشـاطاتها العسكرية والامنيـة تحقيقـا لاهداف مشتركة ليس بوسع أي منها تحقيقها بامكانياتها المنفردة ... وتبعا لـذلك يمكن ان تكون هـذه التراتيب اطارا مناسبا لتنظيم المصالح الاقتصادية والثقافية المتبادلة، فضلا عن ضرورة تنسـيق الـرؤى السياسية تجـاه القضايا السياسية الجوهرية وكذلك المواقف على الصعيدين الاقليمي والدولي.

هوامش الفصل الثامن

(1) د. ملحم قربان، قضايا الفكر السياسي - القوة - ط1، (بيروت، المؤسسة الجامعية للدراسات والنشر، 1983م)، ص115.

(2) ادوارد م. بيرنيز ، النظريات السياسية في العالم المعاصر، ط2، ترجمة د. عبدالكريم احمد ، (بيروت، دار الاداب ، 1988)، ص 382.

(3) د.ملحم قربان ، مصدر سبق ذكره ، ص115.

(4) د. اسماعيل صبري مقلد ، العلاقات السياسية الدولية ، مصدر سبق ذكره ، ص 163.

(5) Charles O.Lerche , Concepts of International Politics, (Printice Hall , Inc, N.J., 1969) , P.P. 61-62.

(6) David Singer , International Influence, Aformal Model, the American Political (Science Review , Vol 51 , 1987), P.420.

(7) Mahendra Kumar, The Orentical Aspects of Intranational Politics, (Shivalal Agarwala and Company Sindeal , 1972), P.176.

(8) د. اسماعيل صبري مقلد ، المصدر السابق، ص 163.

(9) د. كاظم هاشم نعمة ، مصدر سبق ذكره ، ص 163.

(10) Edward H.Carr, The Twenty Years Crisis, (Macmillan and Co., limited, London , 1942), P.P. 132-144.

(11) Frederick H.Hartmann, World in Crisis,3rd.ed, (The Macmillan Company, 1967), P.19.

(12) جيمس دورتي، روبرت باستغراف، النظريات المتضاربة في العلاقات الدولية، ترجمة د.وليد عبد الحي ، (الكويت ، كاظمة للنشر والتوزيع، ط1، 1985)، ص 59.

(13) هانس جي موركنثاو ، السياسة بين الامـم، ترجمـة خـيري حـماد ، (القـاهرة ، الـدار القوميـة للطباعـة والنشر، 1964) ، ص ص 24-38.

(14) Robert Dahl , The Concept of Power Behaviour, (Science Reivew, vol, 2, 1957), P.P.200-202.

(15) د. اسماعيل صبري مقلد ، المصدر السابق ، ص167.

(16) المصدر نفسه ، ص ص 169-172.

(17) A.F.K.Organski, Op cit, P.P.326-327.

(18) د. اسماعيل صبري مقلد ،المصدر السابق، ص 172.

(19) المصدر نفسه ، ص 172.

(20) المصدر نفسه ، ص 194.

(21) المصدر نفسه ، ص 194.

(22) المصدر نفسه ، ص 195.

(23) المصدر نفسه ، ص 195.

(24) المصدر نفسه ، ص ص 195-197.

(25) المصدر نفسه ، ص 200.

(26) د.نبيل العربي، الامم المتحدة والنظام العالمي الجديد، (السياسة الدولية، العدد 114، القاهرة ، مؤسسة الاهرام ، 1994) ، ص ص 151-152.

(27) O.N.Mehrotra, Clinton's Foreign Policy in New World . Entropy,(Strategic Analysis, VolXVI, No.3, June,1994 , P.314.

(28) د.بطرس بطرس غالي، نحو دور اقوى للامم المتحدة ، (السياسة الدولية، العدد111، القاهرة ، مؤسسة الاهرام ، 1994) ، ص 8.

(29) د. نبيل العربي، مصدر سبق ذكره ، ص 153.

(30) Taward Warkable International System, (International Herald Tribune, November ,2, 1994).

(31) د.اسماعيل صبري مقلد ، نظريات السياسة الدولية – دراسة تحليلية مقارنة، (الكويت ، منشورات ذات السلاسل ، 1987)، ص ص 393-395.

(32) بول كيندي ، الاستعداد للقرن الواحد والعشرين، ترجمة مجدي نصيف، (القاهرة، مكتبة مدبولي، 1994).

(33) جان بيير شوفنمان ، انا وحرب الخليج، ترجمة حياة الحويك وبديع العطية، (عمان، دار الكرمل، 1992)، ص93.

(34) لمزيد من التفصيل انظر :

Zbigniew Brezeziniski, Out of Control,(New York, 1993), P.P.100-170.

(35) مارسيل ميرل ، مصدر سبق ذكره ، ص 482.

(36) د. اسماعيل صبري مقلد ، الاستراتيجية والسياسة الدولية ، مصدر سبق ذكره ، ص 96.

(37) Zbigniew Brezeziniski, Op cit , P.P.170-200.

(38) د. كاظم هاشم نعمة، مستقبل توزيع القوة في النظام العالمي الجديد، في باسل البستاني واخرون ، مصدر سبق ذكره ، ص104.

(39) المصدر نفسه ، ص ص 88-89.

الفصل التاسع

اشكاليات الصراع والحرب في العلاقات الدولية

اولا: تحليل ظاهرة الصراع الدولي

تعد ظاهرة الصراع في العلاقات الدولية مـن الظـواهر المعقدة، وهـي مرحلـة متقدمـة عـلى التنـافس ولكنها دون الحرب، ومرد تعقيد هذه الظاهرة يعود الى اتسـاع نطـاق ابعادهـا وتـداخل مسبباتها ومصادرها ، وتعدد مدخلاتها وتشابك تفاعلاتها وتأثيراتها المباشرة وغير المباشرة. وتتفاوت درجـات الصراع مـن حيـث المـدى وسعة او محدودية النطاق، او مستوى العنف، او نوع ومساحة التأثير .

وتعكس ظاهرة الصراع تلك التقابليـة الحـادة بـين الارادات الوطنيـة، الناتجـة عـن تقـاطع المصالح والاهداف الوطنية، وربما تباين واختلاف الدوافع والتطلعات والقـدرات، وسعي الوحـدات القراريـة الى اعتماد مواقف دولية، او رسم سياسات في اطار رؤية مختلفة وعلى نحو يعـزز ارضية الصراع اكثر مـن تـدعيم ارضية الاتفاق.

وقـد ينطـوي الصراع عـلى مظهـر واحـد ويشـمل ميدانـا بعينـه، كـأن يكـون سياسيا او اقتصاديا او ايديولوجيا او اعلاميا او حضاريا، وقد يشمل اكثر من ميدان ويمكن ان يكـون كليـا ولكـن دون مرحلـة الحـرب المسلحة . وبحسب شدة الصراع وتعدد ميادينه تتحدد ادواته، وتتحدد كـذلك درجـة فاعليتهـا ، وهـذه الادوات يمكن ان تأخذ اكثر من سبيل وتتراوح بين التفاوض والاغراء والمساومة والضغط والاحتـواء والحصار والترهيـب والعقاب والتخريب والتآمر وتعزيز تحالفات الاضداد.

ونظرا للاهمية التي حظيت بها ظاهرة الصراع في العلاقات الدولية فقد تعددت وتنوعت النظريات والاختصاصات التي بحثت فيها الامر الذي ادى الى تعدد

التفسيرات بشأنها، وسوف نحاول تاليا التركيز على بعض من هذه التفسيرات وكما يلي:[1]

1. التفسير السياسي :

الفرضية التي يقوم عليها هذا التفسير هي (ان وجود التكتلات والمحالفات الدولية كفيل بالتمهيد او التسريع بوقوع الحرب) . وذلك لان أي خلل في طبيعة العلاقة المتوازنة نسبيا بين هذه المحالفات سوف تنجم عنه مظاهر قلق تتباين في حدتها وفي طريقة التعبير عن نفسها عاكسة تفاعلات تصعيدية ومؤشرات تقود الى الصراع [2]. ويعتمد هذا التفسير في تعزيز فرضيته على متغيرين يحسب ان لهما دورا في مظاعفة حدة التوتر والصراع الدولي وهما :

أ. المتغير الايديولوجي الذي ينتج عنه تقسيم الدول الى محاور وكتل متصارعة وهذه المحاور لاتعفي او تسهم في استقطاب معظم الدول الرئيسة لكي تكون اطرافا فيها.

ب. سياسات توازن القوى المعتمدة في ادارة الكتل والتحالفات. وهذه السياسة بقدر ماتنطوي عليه من مظاهر وعوامل كابحة للصراع (سوف نتطرق اليها لاحقا) فهي تسهم ايضا في زيادة حدة التوتر والصراع الدولي ، وذلك لان هذه السياسة غالبا لاتستطيع ان تعفي نفسها من الحاجة الى حشد الامكانيات العسكرية لكل كتلة او محور في مواجهة بعضها، او تبني سياسة تفضيلية للدول الداخلة في التحالف عند منح المعونات الاقتصادية او الفرص على حساب دول اخرى، فضلا عن القيود التي يمكن ان تفرضها الدول في الحلف على حرية التجارة والانتقال على دول في التحالف المضاد، وهذه العوامل كلها ، يضاف اليها سعي بعض الدول الى تحقيق اختراقات امنية او سياسية للانظمة السياسية في دول تقع في التحالف المضاد ، تسهم في اشاعة جو من التوتر في البيئة الدولية وتوفر الارضية لنشوء مظاهر الصراع الدولي.

2. التفسير الاقتصادي :

الفرضية التي يقوم عليها هذا التفسير ترجع في اساسها الى النظرية الماركسية والتفسير المادي للتاريخ، والتي ترجع عوامل التغيير بما فيها ظاهرة الصراع الدولي الى دوافع اقتصادية، وترى بان هذا التفسير مثلما هو صالح في نطاق النظام السياسي واطروحة الصراع الطبقي بين طبقتي البرجوازية والبروليتاريا الممهد السبيل لدكتاتورية البروليتياريا، فهو يصلح ايضا بين الدول وذلك لدوافعها الرأسمالية وتحت الضغط الشديد للمنافسة الممهدة للحروب المسلحة.

ومن ناحية اخرى، وفي اطار نفس التفسير الاقتصادي فان الدول في دوامة سعيها المتواصل لرفع مستوى امكانياتها بالحصول على موارد اضافية لمعالجة الاعباء الاقتصادية الداخلية قد تكون مدفوعة بدوافع العدوان على غيرها او الابتزاز مما يسهم في تصعيد مظاهر الصراع في علاقاتها مع الدول الاخرى وبما يشيع مظاهر التوتر في البيئة الدولية.

3. التفسير الجيوبولتيكي :

يفترض هذا التفسير وجود علاقة بين الضغوط الناجمة عن البيئة الجغرافية وعملية الصراع من اجل البقاء والنمو . بمعنى ان هذا التفسير يعتبر الدولة مثل الكائنات الحية وحدة عضوية، تتوقف مقدرتها على النمو بحسب طبيعة الحيز المكاني الذي تتحرك في نطاقه وتتفاعل .

ان التفسير الجيوبولتيكي يجد اساسه النظري في ماذهب اليه الالماني " راتزل " بشأن الدولة العضوية والحدود القابلة للحركة والتغيير ، الذي ركز على ان عدم ثبات الحدود يعد الضامن لحيوية الدولة، وانه في صالح الدولة الاكثر حيوية، واكد في هذا الصدد بأن الحدود كثيرا ماتؤدي الى قيام الحروب الدولية لسبب طبيعي وهو ان الحدود اذا نظر اليها على انها نهائية ودائمة ، فانها بذلك تكون عائقا امام نمو الدولة، وقد ارتبطت بهذه النظرية فكرة المجال الحيوي التي تبنتها المانيا النازية وكانت احد اسباب الحرب العالمية الثانية (3).

هذا الفهم الذي كان يعكس جوهر النظريات الجيوبوليتيكية التقليدية كان قد وجد له صدى مؤثر في مخططات صانع القرار الالماني ان لم تكن النظريات قد صممت على وفق اهوائه وتطلعاته، ولاضفاء الشرعية النظرية على سلوكه في البيئة الدولية. وان النظريات المعاصرة في هذا الصدد في الوقت الذي اكدت هي الاخرى اهمية المجال الحيوي كقوة اساسية دافعة للصراع الدولي ، بدلالة سعي القوى الكبرى الى توسيع مناطق نفوذها ودائرة مصالحها في العالم ، ولكن هذه النظريات قد ادركت ضرورة استعادة وسائل صراعية دون الحرب لان وسائل الحرب قد تطورت بدرجة لو اندلعت عندها سوف لاتبقي ولاتذر ، لذا اكدت على ضرورة تطويع العوامل المساحية في اطار علاقات واستراتيجيات تنسيقية او تعاونية بين القوى الدولية المختلفة.

4.   التفسير المتعلق بحماية وتنمية المصالح الوطنية:

الفرضية الاساسية التي يقوم عليها هذا التفسير تركز على ان حجر الزاوية في توجهات صناع القرار وعلاقاتهم مع بعض في البيئة الدولية، يتمثل في سعيهم المستمر نحو حماية وتنمية مصالحهم الوطنية. وقد ساد الاعتقاد لردح من الزمن ولايزال نسبيا، بان هذا السعي لايمكن ان يكلل بالنجاح دون تدعيم مصادر القوة الوطنية، ولذلك كانت المدرسة الواقعية تقرن بين المصلحة والقوة وترى بانه لايمكن حماية وتنمية المصالح الوطنية للدولة دون بلوغها مرتبة متقدمة من القوة توهلها الى تحقيق اهدافها. وعليه فان الصراع من اجل القوة يمكن ان يكون ابرز دوافع سلوك الدولة الخارجي لحماية مصالحها الوطنية وهذه المعادلة بين ظاهرة الصراع الدولي من اجل القوة، وسعي الدول لحماية مصالحها ليست مطلقة بل نسبية، لان القوة ليست بالضرورة ان تقتصر على الادوات العسكرية بل يمكن ان تشمل انماط متعددة من القدرة على التأثير السياسي الدولي كالدبلوماسية والحرب النفسية والضغط الاقتصادي . لهذا يؤكد "ريمون ارون" ان الدول لاتسعى الى القوة كهدف مستقل بحد ذاته ، وانما كوسيلة للوصول الى بعض الاهداف الاخرى كالسمعة او الهيبة او فرض السلام او للتأثير في اتجاهات النظام السياسي الدولي [4]. ومع ذلك هناك من خبراء العلاقات الدولية من يصر على

ان الصراع وليس التعاون ، هو السمة المعبرة عن حقيقة العلاقات الدولية، وان مصالح الـدول الوطنيـة تعكـس رغبتها في البقاء التي تمثل هدف اساسي لسياستها الخارجية ، وهذا الاتجاه يؤكد على ان حدود الدول هـي التـي تعكس علاقات القوة النسبية فيما بينها. وهناك من ينظر للموضوع من زاوية اخرى، ويرى ان الدول تعتمـد في حماية مصالحها وتنميتها على وسيلتين الحرب والمفاوضات. وان السـلوك الـدولي غالبـا، ونتيجـة لتبايـن مصالح واهداف الدول واصرارها على تحقيقها، يبعث على الشك وعدم الثقة، وذلك يعود الى عـدم اليقـين النـاجم عـن عدم مقدرة الدولة السيطرة على تصرفات الاخرين او التنبؤ بها بدقة، لذا فهـي غـير متأكـدة ممـا سـوف يكـون سلوكهم ازاءها ، الامر الذي يدفعها الى توقع الاسوء، ولكي تحمي مصالحها واستقلالها لاتـتردد عـن الـدخول في منافسات مع الاخرين، والعمل على مقاومة ومواجهة أي تهديـد او اسـتهداف يوجـه لهـا مـن خصومها، وهـذا المنطق هو الاخر يركز على ضرورة تأمين امكانات قوة كافية للدولة لكي تتمكن مـن تحقيـق هـذا الهـدف باقـل صعوبة.

5. التفسير المتعلق بسباق التسلح:

يفترض هذا التفسير بان سباق التسلح هو المصدر الاساسي للصراع بـين الـدول، ويقـدم اصحـاب هـذا التفسير عدة استنتاجات في اثبات فرضيته وعلى الوجه التالي:

أ. لقد اسهمت التطورات في ميدان تقنية الاسلحة ونظم التسليح في احداث ثورة كمية وكيفية في المنتج من الاسلحة وجعلها اكثر فتكا وتدميرا، وان ارتفاع معدلات هذه التطورات قد تسبب في حدوث فجوة وتباين في مقتنيات الدول وشعرت بعضها بتراجع نظم الامن الخاصة بها بالمقارنة مـع غيرهـا، وهـذا الوضع كان مدعاة للتصعيد من ناحيتين، الناحية الاولى : من بعض الدول التي تقيم الموقف وتتوصل الى ضرورة المبادأة بشن حروب وقائية لتقليص الفجوة الناجمة عن اختلاف توزيعات القوة بين اطراف متفوقة واخرى ترى بانها باتت مهددة نتيجـة تفـوق الاخريـن . والناحيـة الثانيـة ، مـن الـدول التـي حققت تفوقا

243

في تسليحها مما حفز لديها الرغبة في الصراع قبل فقدانها تفوقها في مواجهة غيرها من الاطراف.

ب. تلجأ بعض الدول احيانا نتيجة لشعورها بالتفوق العسكري، الى الاقدام على تنفيذ فعاليات استعراض للقوة والتلويح بها لدعم موقف تفاوضي او بدافع اظهار وتعزيز الهيبة والمكانة وهذا الامر بقدر او باخر يعكس نمط او انماط من التهديد الباعثة على تأزيم الموقف واشاعة اجواء الصراع .

ج. غالبا ، لايساعد سباق التسلح على تصفية المنازعات السياسية واحتوائها، بل على العكس يمكن ان يفاقهم من احتمالات الصراع، وذلك لان هذا السباق - كما اسلفنا - يبعث على الشك والخوف المتبادل ، ويولد شعورا من عدم اليقين ولاسيما في ظل التغير المستمر في علاقات القوة بين مختلف الاطراف.

د. تطور تقنيات التسلح كما ونوعا وعند مستويات متقدمة، عادة ، يصب في مصلحة الجماعات المرتبطة بميدان الصناعات العسكرية ، وفي الوقت الذي تتمتع فيه هذه الجماعات بنفوذ نتيجة لمستوى الثراء الذي تحققه صناعتها ، او لقربها ، او درجة تأثيرها في صناع القرار، تعمل على استغلال نفوذها وتأثيرها بالضغط المتواصل على الوحدات القرارية واجهزة صنع السياسة الخارجية لكي تبقي بعض الصراعات الدولية ساخنة ومفتوحة النهايات ، لان ذلك يضمن لها دوران عجلة انتاجها وتطوير صناعاتها وزيادة ثرائها [5].

6. التفسير المتعلق بطبيعة انظمة الحكم :

الفرضية التي يقوم عليها هذا التفسير تذهب الى ان انظمة الحكم، ونتيجة لعقيدتها ، وطبيعة الدوافع التي تحركها ، والاهداف التي تتوخى تحقيقها، ونوع الاساليب التي تعتمدها، تعد احد الاسباب التي تعمل على اشاعة عدم الاستقرار في البيئة الدولية، وتسهم في تفعيل ظاهرة الصراع في المجتمع الدولي [6] ، ويستنتج انصار هذا التفسير وجود علاقة سببية بين الدكتاتورية والصراع الدولي، ذلك ان الدكتاتورية ترفض أي قيد على تصرفاتها الا اذا اجبرت عليه سواء بالضغط او القوة ،

وتدعي حرية التصرف المطلق لنفسها لاجل تحقيق اهدافها. وفي صدد مشابه فان الصراع الذي تخوضه الانظمة الشمولية في البيئة الدولية يقوم على دافع غريزي ويهدف الى اخضاع الاخرين في نظام دولي يؤمن لهذه الانظمة السيطرة المطلقة، لذا فان نزعة الهيمنة والتسلط والرغبة في التوسع بما في ذلك العدوان تمثل اهم دوافع الانظمة الشمولية وهي بذات الوقت تمثل الارضية الصالحة لاشاعة الفوضى والصراع في البيئة الدولية.

ثانيا: مراحل تطور ظاهرة الصراع في العلاقات الدولية

1. اتجاهات الصراع الدولي :

يذهب " الدكتور اسماعيل صبري مقلد " الى ان الصراعات الدولية عند تطورها سلبا او ايجابا تسير في احد الاتجاهات التالية : [7]

أ. التصعيد.

ب. التناقص.

ج. الاستقرار.

د. الانتهاء

والتصعيد ببساطة يعني اتساع نطاق الصراع وارتفاع درجة التوتر فيه بينما تناقص الصراع يعني انخفاض حدة التوتر والانكماش في نطاق او مدى الصراع، وان الحكم على الصراع والمرحلة التي هو عليها وما اذا كانت في أي من الاتجاهات سابقة الذكر يتوقف على دقة رصد وتحليل العوامل التالية : [8]

أ. الحدود الجغرافية للصراع.

ب. عدد الاطراف المشاركين فيه.

ج. حجم الموارد والامكانيات المخصصة له.

د. نوعية الاسلحة والادوات المستخدمة والتي يحتمل استخدامها في الصراع.

هـ نوعية ومستوى الاهداف التي تنشدها الدولة من وراء الصراع.

من الواضح ان هذه العوامل تمثل معايير كمية للقياس لاتوفر اداة وافية لتحليل طبيعة الصراع ومصادره، والتي تتطلب ادوات تحليل كيفي توفر رؤية وتقييم موضوعي عن دوافع ونوايا الاطراف الاخرى الداخلة في الصراع. والتحليل الكيفي يركز على مدى التطرف في الاهداف او المرونة، ومستوى الثقة او عدم الثقة المتبادلة بين اطراف الصراع، فاذا انتهى التحليل والتقييم الى ان نوايا واهداف الاطراف الاخرى دون التطرف ولاتنطوي على مبالغات مقصودة، فعلى الطرف الذي اجرى عملية التحليل والتقييم بعد ان يدقق ويمحص النتائج التي توصل اليها، ان يقدم على عمل تنازلات لتجنب تصاعد الصراع وتطوره الى مرحلة خطيرة، وعلى خلاف ذلك اذا جاءت نتائج التحليل والتقييم مفضية ومؤكدة وجود تطرف ومبالغة في اهداف الطرف او الاطراف الاخرى، فان هذه النتيجة تكون بلاشك باعثة على التصعيد في الموقف وتأزمه. وفيما يتعلق بمستوى الثقة وعدم الثقة المتبادلة بين اطراف الصراع ، فيرى " Scott " بان تصعيد حدة الصراع يمكن ان يكون نتيجة لعدم الثقة بين اطرافه، كما ان تناقص الصراع يمثل نتيجة لوجود الثقة، بمعنى ان عدم الثقة تترسخ في التصورات ومن ثم تسهم في تغليب الطابع العدائي عليها، وهذه التصورات العدائية قد تكون نتيجة لانعدام الثقة، وقد تكون باعثا على المبالغة في تقدير نوايا واهداف الطرف الاخر، والامر بمجمله والرأي موصول لـ " Scott " يمكن ان يشيع عدم المرونة ويدفع باتجاه التصعيد لتشديد الضغط واظهار المقدرة على مواجهة التحدي [9] ويمهد الارضية للصراع الدولي.

2. عوامل تصعيد الصراع :

أ. قيام احد طرفي الصراع بتصعيد الصراع وتطويره من – جانبه – الى مستوى اعلى مـن الخطورة ، الامـر الذي قد يـدعو الطرف الاخرى الى الاستجابة بتصعيد الموقـف لاشعار الطرف الاول بـان أي اجـراء تصعيدي نظري او عملياتي من جانبه سوف يواجه بمقاومة اشد واعنف.

ب. تنامي ادراك لدى احد طرفي الصراع، بان تصعيد حدة الصراع وتفاقمه في مرحلة لاحقة يمكن ان يلحق خسارة بمصالحه الامر الذي يجد لزاما عليه اللجوء للتصعيد اعتقادا منه بان ذلك سوف يقلل من احتمالات الخسارة الناجمة عن تجميده لامكانياته في التصرف عند النقطة التي يسيطر فيها عليه ذلك الشعور بالخوف.

ج. شعور احد طرفي الصراع بان التنافس مع نظيره وما يترتب عليه من احتمالات تصعيد الصراع كفيل بتحقيق بعض المزايا له . لاسيما اذا ماتوفر قدر من الادراك بان الطرف الاخر سوف لن يخاطر بتصعيد الموقف ابعد من نقطة معينة.

د. الضغوط التي يمارسها الرأي العام المحلي في بيئة صانع القرار يمكن ان تدفع به الى تصعيد الموقف، بغض النظر عن ما اذا كان هذا الطرف يرغب في التصعيد من عدمه.

هـ. قيام احد طرفي الصراع بتصعيد الموقف ، استجابة للضغط الذي يمارسه عليه طرف ثالث خارج دائرة الصراع المباشر.

3. عوامل تهدئة وانقاص الصراع:

أ. ادراك احد طرفي الصراع للمخاطر التي يمكن ان تنتج عن التصعيد ، اذا ما استجاب وعمد الى تصعيد الصراع هو الاخر، وما عليه في هذه الحالة الا ممارسة ضبط انفعالاته وردود افعاله، على خلفية اعتقاد منه بان هذا التحفظ يمكن ان يدفع بالطرف الاخر الى التعقل وتغيير سياساته.

ب. تولد القناعة لدى احد طرفي الصراع بان تصاعد الطرف الاخرى بالتوتر في الصراع، لازال دون مستوى الاستفزاز والعدائية التي تقتضي الرد عليه بتصعيد مماثل.

وتبعا لما ورد اعلاه فان الصراعات الدولية يمكن ان تنتهي وتتلاشى بفعل واحد او اكثر من العوامل الاتية :

(اولا).   تلاشي المبرر الذي كان قد تسبب في نشوء ظاهرة الصراع.

(ثانيا).   تحقيق احد اطراف الصراع للهدف الذي من اجله دخل ذلك الصراع.

(ثالثا).   ادراك احد طرفي الصراع بان استمرار الصراع لم يعد امرا مرغوبا فيه، وذلك نتيجة لقيامه باعادة تقييم وتحليل مصالحه على نحو مختلف عن تلك التي بدأ من عندها.

(رابعا). تراجع واستسلام احد طرفي الصراع واستجابته الكاملة لمطالب الطرف الاخر.

ثالثا: الحروب والمنازعات الدولية

1.   تصنيف الحروف والمنازعات الدولية:

ان مايعنينا هنا هو مسألة النزاعات المسلحة الدولية، وليس النزاعات المسلحة غير الدولية، ذلك لان الاولى تحصل بين اشخاص القانون الدولي وحيث تكمن السيادة ومسوغات اتخاذ القرار عند الاطراف المتنازعة، في حين ان المنازعات في الحالة الثانية لاتنطوي على هذه الخصائص وتقتصر في العادة على طرفين احدهما على الاقل لايتمتع بالسيادة ويفتقر للشرعية او الاهلية [10].

ومن الامور التي ينبغي التنويه لها ، هي انه كثيرا مايقع الخلط بين مفهومي الصراع والحرب، وبالشكل الذي يحمل معه بعض الدارسين او المحللين الى اعتبارهما مترادفين ، وربما يعود ذلك احيانا الى تداخل الدوافع والاسباب والاهداف لدى صانعي القرار في حالتي الصراع والحرب، بيد انه لابد من الاقرار باختلاف الوسائل والنتائج والاثر الاستراتيجي على النظام الدولي في كلا الحالتين . ذلك ان الحرب لايمكن ان تتم الا على منطق التصادم الفعلي بوسيلة العنف المسلح حسما لتناقضات جذرية لم يعد يجدي معها استخدام الاساليب الاكثر لينا او الاقل تطرفا، لذا يمكن القول بان الحرب تمثل نقطة النهاية في تطور بعض الصراعات الدولية، وهي متى وقعت لاتترك امام اطرافها الا الخيار بين الاستمرار او الاستسلام بين المقاومة او الاذعان، بين النصر او الهزيمة، وعلى العكس من مايحدث في ظروف الصراع ، ذلك انه في خلال كافة

المراحل التي تسبق وقوع الحرب هناك ثمة مجال اوسع لادارة الصراع والتكيف مع ضغوطه في اتجاه او اخر مع الاحتفاظ بالمقدرة النسبية على الاختيار من بين البدائل العديدة المتاحة امام كل طرف من الاطراف الداخلة فيه [11].

وتتباين زوايا الرؤيا الى الحرب ولاسيما من النواحي القانونية او الاستراتيجية او الاخلاقية، فمن الزاوية القانونية يمكن النظر للحرب على انها الوضع القانوني الذي يجيز لطرفين او اكثر من الجماعات المتعادية ممارسة الصراع بالقوة المسلحة [12] اما من الزاوية الاستراتيجية فينظر الى الحرب على انها عمل من اعمال العنف يستهدف اكراه طرف دولي على تنفيذ ارادة الطرف الاخر [13].

ومن الزاوية الاخلاقية ينظر الى الحرب على انها ليست افة او داء عضال وانما هي اعراض ذلك الداء [14].

يتضح من ذلك ان الكتاب يتباينون في اعتماد المفاهيم والمعايير عندما يصنفون الحرب، فمنهم من ينظر الى الحرب نظرة اخلاقية وفلسفية ويشجب الحرب كظاهرة ويرفض الاخذ بانها امر لابد منه، وعلى الرغم من هذا الفهم يتعاطف بعض منهم مع صنف معين من الحرب وذلك لان الغرض من ورائها هو عمل انساني اخلاقي وذلك في اطار اطلاق صيغة الحرب العادلة والحرب اللاعادلة. وكذلك يمكن تصنيف الحرب على وفق الافق الجغرافي الذي تدور احداثها عليه، وبالتالي تكون الحرب اما محلية او اقليمية واما غير محدودة اقليميا.

ويمكن اعتماد تصنيف الحرب على وفق عدد الاطراف المسهمة فيها ، الى حرب شاملة وحرب محدودة . اما في حالة اعتماد معيار الوسائل القتالية ودرجة التدمير القائمة او المحتملة، فيمكن تصنيف الحروب الى تقليدية وهي التي تستخدم الاسلحة التقليدية، واخرى حروب نووية وهي التي تجند فيها القوة التدميرية النووية.

وهناك معيار يعد اكثر موضوعية في تصنيف الحروب في العلاقات الدولية حيث وصفها بانها حروب دفاعية او هجومية، ودفاعا عن النفس او عدوانية، ذلك ان الحرب الدفاعية هي الحرب التي تدافع فيها الشعوب عن مصالحها في وجه هجوم تشنه جبهات طامعة وتوسعية تسعى لاستثمار ميزات القوة لديها، والحرب الدفاعية هي

اقرب من حيث المعنى، الى حرب الدفاع عن النفس. ويمكن ان تكون حرب الدفاع عن النفس هجومية أي انها تأخذ المبادأة في الهجوم، عندما تتعرض دولة الى تهديدات وضغوط غير مشروعة من جانب دولة او مجموعة دول، وتجدر الاشارة الى ان ثمة فارق بين الحرب الهجومية وحرب المبادأة بالهجوم ، فالاولى يمكن ان تعبر عن حالة عدوانية مشحونة سياسيا واخلاقيا وقانونيا، بينما تمثل المبادأة في الهجوم صيغة قتالية فنية، يرجع تقديرها الى اعتبارات ستراتيجية [15].

2. اسباب الحروب والمنازعات الدولية :

القانون الدولي لم يحرم جميع اشكال الحروب، وانما اجاز بعضها ولكن بصورة مقيدة، وقد اخذ (عهد) او ميثاق عصبة الامم بحق الدول في اللجوء الى صيغ غير سلمية لوضع نهاية للمنازعات القائمة بينها، في ظروف معينة. اما ميثاق الامم المتحدة فقد ذهب الى تحريم التهديد باستعمال القوة او استخدامها بالفعل بالشكل الذي يتعارض ومقاصد الامم المتحدة، واشار على سبيل المثال لا الحصر الى الحالات التي يعتبر فيها استخدام القوة امرا مشروعا . وهي : اولا الدفاع عن النفس سواء كان ذلك عملا عسكريا فرديا او بصورة جماعية ، كما ورد في نص (المادة 51) من الميثاق. وثانيا مسألة مجابهة دول المحور لافساد نتائج الحرب العالمية الثانية، وثالثا قد تجد الامم المتحدة نفسها ملزمة على اتخاذ اجراء يعتمد القوة ضد دولة او اكثر. وكما ورد في نص الفقرة الاولى من المادة الاولى والفقرة الخامسة من المادة الثانية فان على الامم المتحدة ان تتخذ التدابير المشتركة الفعالة لمنع كل مايهدد السلم ولازالته ، وكذلك يتوجب على الدول الاعضاء ابداء كل عون للامم المتحدة لتنفيذ تدابيرها [16].

وقد شغل موضوع الحروب والمنازعات الدولية في النصف الاول من القرن العشرين، عدد كبير من الباحثين والكتاب، حتى ساقت احدى اللجان التي عنيت بدراسة اسباب الحرب ونتائجها اكثر من مائتي سبب للحرب عموما، واقرنت هذه الاسباب بعناوين سياسية واقتصادية واجتماعية ونفسية.

أ.   الاسباب السياسية :

تنطوي تحت هذا العنوان مجموعة كبيرة من اسباب متباينة ومتداخلة، من بينها: الاضرابات الداخلية، طبيعة النظم الحاكمة وخاصة الشمولية منها ، والدكتاتورية، الاحلاف ، اختلال توازن القوى، خلافات الحدود ، سباق التسلح ، فالاحلاف يمكن ان تؤدي الى تعاظم في قوة مجموعة من الدول، مقابل تناقص في قوة مجموعـة اخرى، وهو ماقد يشجع احد الاطراف الى المخاطرة بالحرب. ويعد سباق التسلح ايضا عنصر ـ فاعـل في تسبب الحرب، وهو فضلا عن كونه يرهق الاقتصاد ويعيق التنمية، يولد ضغوطا متفاقمـة علـى صـناع القرار، كمـا ان التوجس والخوف من تفوق الخصم يمكن ان يدفع الى المغامرة [17].

ب.   الاسباب الاقتصادية :

كذلك ، يمكن ان تنطوي تحت هذا العنوان جملة عوامل. اذ يمكن ان تندلع الحروب نتيجـة الضغوط الاقتصادية ، او نتيجة الركود الاقتصادي، او بسبب السعي والتنافس على الاسواق الجديدة لتصريف المنتجـات، او السعي وراء الموارد الاولية، او السعي لايجاد فرص لتوظيف رأس المال المتراكم.

وتجدر الاشارة الى انه في احيان كثيرة لايكون التفسير الاقتصادي صالحا لجميع انواع الحروب، ذلك ان العجز الاقتصادي يمكن ان يكون سببا في تجنب الحرب، اذ ان اكلافها الباهضة فوق طاقـة القدرات الاقتصادية والعسكرية لكثير من الدول . كما ان هناك دول تجد نفسها في وضع مالي متين ومع ذلك لـن تـتردد في الـدخول الى حروب لاشباع رغبة دوافع اخرى لديها.

ج.   الاسباب الاجتماعية والنفسية:

ينصب الاهتمام هنا على دراسة ومتابعة الجوانب الفردية والنفسية لشخصية صناع القرار ولاسيما المؤثرين منهم في اتخاذ قرار الحرب، والاستنتاج الرئيس هنا هو ان قسما كبيرا مـن الاراء والتصورات في اذهـان صناع القرار مردها سوء فهم وتقدير وتعامل مع الحقائق، بمعنى ان البيئة النفسية لصناع القرار لم تتطابق مـع البيئة

الفعلية. وكان ذلك مدعاة لسوء تقدير الموقف وخوض غمار حروب وتحمل اعباء مواقف ذات عواقب وخيمة ... كما ان فكرة امتصاص التوتر الداخلي يمكن ان تكون مدعاة لشن الحروب، وعندما عقدت الجمعية الانثروبولوجية في الولايات المتحدة عام 1967 حواراً بشان الحرب ، فمن بين اعضائها من اكد ان الحرب توفر للدولة اوضاعا تعزز قدرتها الحفاظ على السلطة في حالة تعرضها للضغوط الداخلية [18].

3. السياسات البديلة للحروب والمنازعات الدولية :

أ. المعاملة بالمثل :

حينما تكون العلاقات الثنائية بين دولتين غير ودية بما فيه الكفاية، لسبب ما، قد تقوم احدى هاتين الدولتين بالتعبير عن استياؤها من مواقف واعمال الدولة الاخرى باللجوء الى القيام باجراء على نطاق محدود وله دالة معينة دون ان تظهر بمظهر المعتدي او العازم على خوض منازعات، وانما في نيتها الحاق ضرر مادي او ادبي بتلك الدولة والافادة من نتائج عملها غير الودي المترجم بطريقة لاتخضع لادانة القانون الدولي، بسبب من كونه لاينطبق عليه وصف تهديد الامن والسلم الدولي، وبمعنى اخر ان الدولة التي تختار اسلوب المقابلة بالمثل، انما تسعى للضغط على الطرف الاخر للكف عن عمل او موقف يجلب الضرر عليها او لاتراه عملا او موقفا وديا. ونظرا لكثرة عدد الدول في النظام الدولي وتداخل علاقاتها كما ونوعا ، فلم يعد بالامر الغريب ان يتردد في الانباء بين الحين والحين حدوث فتور في العلاقات الثنائية بين دولتين، وان الدولة (أ) قد طلبت من الدولة (ب) تقليل عدد دبلوماسيها العاملين في مقر بعثتها العاملة في الدولة (أ) ، او ان الدولة (ب) قد اعتبرت احد دبلوماسيي الدولة (أ) شخص غير مرغوب فيه وعليه مغادرة اراضي الدولة (ب)، مستفيدة من مبدأ المعاملة بالمثل ومتذرعه بان اجرائها قد جاء رد فعل على اجراء الدولة (أ) لانها طردت احد دبلوماسيي الدولة (ب) واعتبرته شخص غير مرغوب فيه. وتصل الحالة احيانا الى سحب السفراء او قطع العلاقات الدبلوماسية ... وان مبدأ المقابلة او المعاملة بالمثل هو اجراء قابل للتطبيق في المجال الاقتصادي وخاصة عندما تنهج احدى الدول سياسة

الحواجز التجارية، فقد تدرك او تجتهد احدى الدول بأن بضائعها تخضع لقيود او تحجب عن التمتع بمزايا اسواق دولة اخرى بسبب الحواجز التجارية العالية، لذلك تلجأ هي الاخرى الى فرض حواجز مماثلة او اكثر على الدولة التي شرعت بفرض الحواجز ، وليس من الضروري ان تكون الاجراءات الاقتصادية لدولة من الدول ردا على اجراء اقتصادي وانما يمكن ان تكون جزء من سلسلة عمليات متداخلة دبلوماسيا، سياسيا، واقتصاديا [19].

ب.   سياسة الانتقام :

تعبر هذه السياسة عن عمل تتخذه دولة ، في مقابل عمل قامت به دولة اخرى ونجمت عنه مضار. ومع ان الاتهام يبدو متطابقا مع سياسة المقابلة بالمثل، الا ان هناك بعض الفوارق، ولاسيما ان سياسة الانتقام تمثل ردا على سياسة غير قانونية او لايمكن تبريرها، في حين ان المقابلة او المعاملة بالمثل هي رد على عمل غير ودي. ولذلك يحرص على ان لاتكون بمثابة اختراق للقانون الدولي. كما ان سياسة الانتقام في الواقع تعتبر من قبيل الاعمال غير القانونية.

يتضح بان سياسة الانتقام من السبل المرغمة، لذلك يتوجب على الدولة التي تلجأ الى استخدامها ان لاتعمد على توظيف وسائل من شأنها ان تلحق بالطرف المقابل اضرارا بالغة، وبصورة لاتتناسب والقصد من الانتقام. وبعبارة اخرى ، اذا كان الغرض تطويق الخلافات او احتواء ازمة ، فان الحرص على التقيد بالمستوى الذي ينفذ عنده الانتقام شرط رئيس . لان الانتقام غير المقيد يمكن ان يدفع الى تصاعد الخلافات وبالنتيجة قد يؤول الى الحرب، في حين ان الانتقام هو احد البدائل لتجنب خيار الحرب.

وعلى الرغم من ان سياسة الانتقام هي اجراء للرد على عمل غير قانوني ، فان مقتضيات التعامل الدولي وفقا للقانون الدولي ان تستنفذ الدولة التي تسعى الى نهج سياسة الانتقام ، مالديها من الوسائل قبل اللجوء للانتقام ، كأن تطلب من الدولة المتجاوزة تصحيح الموقف بالصورة التي يمكن ان تقتنع بها الدولة المتضررة، او منح

الدولة المتجاوزة مزيدا من الوقت وربما بعض الحوافز لدفعها الى التفكير بتصحيح موقفها لاحتواء رد الفعل الذي سوف يجسده الانتقام.

وبما ان الانتقام لايستثني العمليات العسكرية ضد مصالح الدولة وحرمة اراضيها، فان احتمال توسيع سياسة الانتقام الى سياسة عدوانية حقيقة ماثلة في الانتقام.

ج. سياسة الحصار :

تختلف سياسة الحصار في النظرية عما هي عليه في التطبيق. فبينما تبدو لاول وهلة الدولة او الدول التي تفرض الحصار قادرة على الحاق افدح الاضرار بالدولة المحاصرة، لكن في حقيقة الامر ان تجارب الحصار الذي فرضته عصبة الامم على ايطاليا اثر اعتداءها على الحبشة 1934 ، وحصار الحلفاء على دول المحور، كلها تدل على الاخفاقات والتعقيدات التي تلازم الحصار، من النواحي السياسية والقانونية ، والاقتصادية . فمن الناحية السياسية هناك مسألة تجاوب الدول الاخرى مع تعهدات تنفيذ الحصار ، وهناك عدد من الدول احيانا تقوم باختراق الحصار المفروض على احدى الدول ولدوافع متعددة ، رغم موافقة هذه الدول على قرار فرض الحصار.

والامور يمكن ان تغدو اكثر تعقيدا من الناحية القانونية، اذ يصنف الحصار عادة الى حصار في ظل الحرب المعلنة، والحصار في ظل السلم. وبينما يعتبر الحصار اسلوبا تلجأ اليه الدول كي لاتضطر الى خيار الحرب، يصبح اداة حرب اقتصادية صرفة. وتجدر الاشارة هنا الى ان الامم المتحدة قد اجازت لمجلس الامن بموجب (المادة 42) من الميثاق ، ان يختار الحصار وسيلة للحفاظ على الامن والسلم في العالم.

وهناك ثمة مسألة جديرة بالتوقف عندها في هذا الصدد الا وهي مسألة موقف الطرف المحايد ، فهل يجوز له ان يتعامل اقتصاديا مع الدولة المحاصرة وهل من صلاحية الدولة التي تفرض الحصار ان تمنع الطرف المحايد بالقوة على التعامل مع المحاصر؟ الرأي الراجح في الفقه الدولي بهذا الخصوص هو ان الدولة التي تفرض الحصار لاتستطيع الادعاء بان من حقها الافادة المركبة من منافع الحصار في حالتي

الحرب والسلم في آن واحد ، بمعنى اخر ، ان في حالة غياب الحرب الفعلية ، لايجوز للدولة التي تفرض الحصار ان تفرض شروط الحصار على طرف ثالث محايد [20].

د.   سياسة التدخل :

توضح حركة العلاقات الدولية في النظام الدولي خلال سنوات القرن العشرين بان اساليب التدخل من قبل دول في شؤون دول مستقلة اخرى ، كثيرة ومتنوعة ، لذا فقد ورد في نص (الفقرة 7 من المادة الثانية (المباديء) من ميثاق الامم المتحدة) مانصه (ليس في هذا الميثاق مايسوغ للامم المتحدة ان تتدخل في الشؤون التي تكون من صميم السلطان الداخلي لدولة ما، وليس فيه مايقتضي الاعضاء ان يعرضوا مثل هذه المسائل لان تحل بحكم هذا الميثاق على ان هذا المبدأ لايخل بتطبيق تدابير القمع الواردة في الفصل السابع [21]. وحاولت الجمعية العامة للامم المتحدة عام 1966 ان تضع معايير لتحديد التدخل، وقررت في هذا الصدد (لايجوز لاية دولة التدخل بصورة مباشرة او غير مباشرة، ولاية حجة مهما كانت ، في الشؤون الداخلية والخارجية لدولة اخرى، وبالتالي يشجب التدخل المسلح وكل اشكال التدخل او محاولات التهديد ضد شخصية الدولة او مقوماتها السياسية والاقتصادية والحضارية) [22]. وقد انقسمت الاراء الى عدة اتجاهات ، حول عبارة (ولاية حجة مهما كانت) ، اذ يرى اغلب الكتاب ان التدخل يقصد به (التدخل القوي والحاسم) في شؤون دولة اخرى من اجل الابقاء او الاطاحة بالنظام القائم، وليس أي نمط من انماط التدخل، وهناك من يرى ان التدخل فعل لايقره القانون الدولي، بمعنى شجب التدخل بصورة مطلقة، وايضا هناك من يؤكد ان الافعال التدخلية يمكن ان تبرر بحجج يباح تطبيقها على حالات معينة، وبذات الوقت يحرم على غيرها [23].

وقد شهدت البيئة الدولية ولازالت انماط مختلفة من التدخل في شؤون الدول الاخرى، سنحاول تسليط الضوء على بعض هذه الانماط:

(اولا).   تدخل الدولة (أ) في النزاعات الحاصلة بين فئات في الدولة (ب) ، اما لصالح الفئة الشرعية او المناهضة.

255

(ثانيا).   تدخل الدولة (أ) لصالح الدولة (ب) ضد الدولة (ج) او مجموعة من الدول.

(ثالثا).   تلجأ الدولة (أ) الى التدخل ضد الدولة (ب) في محاولة لتصحيح وضع كانت قد تضررت منه الدولة المتدخلة. وصيغة التدخل في هذه الحالة يمكن ان تأخذ النمط التأديبي وطابع الانتقام.

(رابعا).   احيانا تتدخل الدولة (أ) تنفيذا لبنود اتفاقية معقودة مع الدولة (ب) تجيزللاولى حق التدخل.

(خامسا).   اذا كانت الشؤون الخارجية للدولة (أ) تخص الشؤون الخارجية للدولة (ب) ففي حالة قيام الدولة (أ) التصرف من طرف واحد اختراقا للمصالح المتبادلة فان الطرف (ب) يجد ان من حقه التدخل.

(سادسا) .   في حالة تعرض رعايا الدولة (أ) الى سوء معاملة والحقت بهم اضرار من قبل الدولة (ب) ، فان من حق الدولة المتضررة ان تلجأ الى مبدأ المعاملة بالمثل.

(سابعا).   لقد اجاز ميثاق الامم المتحدة كما اسلفنا حق التدخل من قبل المنظمة الدولية نيابة عن الاسرة الدولية.

(ثامنا).   في حالة توجيه حكومة الدولة (أ) الدعوة الى حكومة الدولة (ب) للتدخل لتصحيح وضع داخلي بما يحقق مصلحة حكومة الدولة صاحبة الدعوة.

وبالاضافة الى هذه الانماط من التدخل فقد شهدت العلاقات الدولية ممارسات تدخلية تتعارض مع قواعد القانون الدولي والشرعية الدولية ممثلة ببنود ميثاق الامم المتحدة . ومن ذلك على سبيل المثال، استغلال الدول الكبرى لقدراتها الاقتصادية والاعلامية والتقنية للتدخل في الشؤون الداخلية للدول الاخرى من خلال ممارسة الضغوط السياسية والدبلوماسية، وكذلك استغلال مشكلات الاقليات العرقية او الدينية كمادة صالحة للتدخل لدفع هذه الاقليات الى تحدي الحكومات الشرعية. وكذلك تمرد معارضة ما على النظام السياسي الحاكم، وسعيها لطلب دعم قوى دولية ليست على وفاق مع ذلك النظام مما يحفزها على الاستجابة بالتدخل لصالح المعارضة ضد النظام الحاكم.

رابعا: الطرق الدبلوماسية والسياسية لتسوية المنازعات الدولية

النزاع الدولي ، هو الخلاف الذي ينشأ بين دولتين حول موضوع قانوني او حادث معين، او بسبب وجود تعارض في مصالحهما السياسية او الاقتصادية او العسكرية [24].

وقد درج الفقه والتعامل الدولي على التمييز بين نوعين من المنازعات الدولية، المنازعات القانونية، والمنازعات السياسية. النوع الاول يمكن ان يقع في اختصاص محكمة دولية، محكمة تحكيم، او محكمة عدل ، للنظر فيه طبقا لقواعد القانون الدولي، اما النوع الثاني فقد لايصلح لان ينظر في محكمة دولية، ولذا يمكن الرجوع بشأنه الى طرق التسوية الاخرى كالوساطة او التوفيق. وتبعا لذلك فان طريقة تسوية المنازعات تختلف بحسب كل منها. فالمنازعات القانونية تحل عادة بالتحكيم او القضاء الدوليين على اساس قواعد القانون الوضعي، في حين ان المنازعات السياسية لايمكن حلها الا بطرق دبلوماسية او سياسية يراعي فيها بالدرجة الاولى التوفيق بين مختلف المصالح المتضاربة [25].

وقد اكدت المواثيق الدولية على تسوية المنازعات بالطرق السلمية ، اذ الزم ميثاق الامم المتحدة (الفقرة الثانية والفقرة الرابعة من المادة الثانية) الدول الاعضاء جميعها بفض منازعاتهم بالوسائل السلمية على وجه لايجعل السلم والامن والعدل الدولي عرضة للخطر . وبالامتناع في علاقاتهم الدولية عن التهديد باستعمال القوة او استخدامها ضد سلامة الاراض او الاستقلال السياسي لاية دولة او على أي وجه اخر لايتفق ومقاصد الامم المتحدة . وتناول الميثاق تعداد تلك الوسائل السلمية فقد ورد في نص (المادة 33) منه على انه (يجب على اطراف أي نزاع من شأن استمراره ان يعرض حفظ السلم والامن الدوليين للخطر ان يلتمسو حله بادئ ذي بدء بطريق المفاوضة والتحقيق والوساطة والتوفيق والتحكيم والتسوية القضائية، او ان يلجأوا الى الوكالات والتنظيمات الاقليمية او غيرها من الوسائل السلمية التي يقع عليها اختيارها).

1. الطرق الدبلوماسية :

أ. المفاوضات : [26]

المفاوضات هي عملية تتم بين جهات لها اراء ومطالب مختلف عليها يحاولون حلها من خلال المساومات والتنازلات المشتركة للوصول الى اتفاقية مقبولة لكليهما [27].

لذا فهي الحوار المنظم الذي يتم بين طرفين او اكثر لهما شخصية قانونية محددة كاسلوب متفق عليه لحل الخلافات بينهما، او التوصل الى حلول او اتفاقات للمسائل ذات الاهمية المشتركة، وهي اسلوب للتفاعل العقلي بين طرفين يستخدمان مالديهما من مهارات الاتصال اللفظي لتبادل الحوار الاقناعي ايضا ليصلا الى تحقيق مكاسب مشتركة [28].

ويذهب " مايك بدلر M.Pedler " الى ان اكثر تعاريف المفاوضات انتشارا هو الذي يشير الى ان التفاوض هو التباحث مع طرف اخر بهدف التراضي (Compromise) او الاتفاق (Agreement) [29].

وتقوم المفاوضات على الاتصالات المباشرة بين الدولتين المتنازعتين بغية تسوية النزاع القائم بينهما عن طريق اتفاق مباشر.

والمفاوضات عادة تجري بين وزراء خارجية الدول المتنازعة وممثليها الدبلوماسيين، او من يوكلون اليهم القيام بتلك المهمة وتنطوي المفاوضات الدبلوماسية غالبا على المرونة والكتمان ولذلك فهي عملا يمكن ان يسود في مختلف انواع المنازعات واغلبها باستثناء المنازعات العسيرة، الا ان فعالية المفاوضات الدبلوماسية تعتمد على توافر حد ادنى من تكافؤ القوى السياسية بين الطرفين المتفاوضين والا وقعت الدولة الضعيفة تحت رحمة الدولة القوية في المفاوضات الجارية بينهما.

ب. المساعي الحميدة :

المساعي الحميدة هي العمل الودي الذي تقوم به دولة ثالثة حيال الدولتين المتنازعتين ، بقصد التخفيف من حدة الخلاف بينهما، وايجاد جو اكثر ملائمة لاستئناف المفاوضات والوصول الى تفاهم فيما بينهما تفاديا لنشوب نزاع مسلح، او حل النزاع

الدولي حلا سليما، بمعنى ان المساعي الحميدة تهدف الى وضع حد لحرب قائمة او محتملة.

ج. الوساطة :

الفرق بين المساعي الحميدة والوساطة هو ان الدولة التي تقوم بالمساعي الحميدة تكتفي بالتقريب بين الدولتين المتنازعتين وحثهما على استئناف المفاوضات لتسوية النزاع دون ان تشترك هي في ذلك ، بينما تشترك الدولة التي تقوم بالوساطة في المفاوضات التي تتم بين الطرفين المتنازعين، وتقوم ايضا باقتراح الحل الذي تراه مناسبا للنزاع اذا رأت ان ذلك يساعد اطرافه على الوصول الى نهاية موفقة في اتصالاتهم. بمعنى ان الوساطة تمثل مسعى ودي تقوم به دولة ثالثة من اجل المساعدة في حل نزاع قائم بين دولتين.

وتتسم الوساطة بانها اختيارية، أي ان الدولة التي تتوسط في حل النزاع تقوم به متطوعة، وكذلك تكون الدول المتنازعة حرة في قبول الوساطة ، او رفضها ولاتعد بذلك مخالفة للقانون الدولي، وان كان الرفض يعد عملا غير ودي [30].

والوساطة كالمساعي الحميدة تستخدم اما لمنع نشوب حرب، واما لوضع حد لحرب قائمة بين دولتين.

ومن اجل تجنب الضغط السياسي الذي تمارسه الدولة الوسيطة على الطرفين المتنازعين او تحيز الدولة الوسيطة، برزت ضرورة الالتجاء الى شخصية مستقلة مؤهلة للقيام بدور الوسيط.

د. التحقيق :

لعل في الحالات التي يكون اساس النزاع فيها خلافا على وقائع معينة ، يكون من المفيد والمرغوب فيه ان تعين الدولتان المتنازعتان لجنة تحقيق دولية تعهد اليها بفحص وقائع النزاع والتحقيق فيها ، وقد اشارت الى ذلك (المادة 9) من اتفاقية لاهاي الاولى لسنة 1907 . وعادة يكون تكوين لجنة التحقيق بناءا على اتفاق خاص بين الدولتين المتنازعتين ، يتضمن هذا الاتفاق الوقائع المطلوب التحقيق فيها والسلطة المخولة للجنة في ذلك ومكان اجتماعها ، والاجراءات التي تتبعها، وكيفية تشكيلها.

259

وعند عدم اتفاق الدولتين على تشكيل خاص للجنة انتخبت كل دولة عضوين اثنين واختار الاربعة العضو الخامس . وتتولى لجنة التحقيق مهمتها من خلال جلسات غير علنية وتتخذ قرارها بالاغلبية وتحرر به تقرير تسلم نسخة منه لكل من ممثلي الطرفين في جلسة علنية، ويتناول هذا التقرير سرد الوقائع المطلوب التحقيق فيها وبيان ماظهر للجنة بشأنها، من غير ان يتضمن التقرير أي حكم في المسؤولية بل يترك لطرفي النزاع كامل الحرية في ان يستخلصا من تقرير اللجنة الاثر الذي يريانه، وبعد ايضاح حقيقة الوقائع المختلف عليها على النحو المدرج في التقرير السابق الذكر يصبح من الايسر على الطرفين تسوية النزاع بالمفاوضات الدبلوماسية او التحكيم.

هـ التوفيق :

تتميز طريقة التوفيق بثلاث خصائص :[31]

(اولا). تنظيم لجان التوفيق ، وهذه تخضع لمبدأين : مبدأ الجماعية ، ومبدأ الدوام، أي ان كل لجنة تتكون من ثلاثة اعضاء او خمسة ، وانها لاتتكون لحل خلاف معين، وانما تنشأ مقدما بموجب معاهدات تنص عليها.

(ثانيا). صلاحية لجان التوفيق: اذ ان الغرض من طريقة التوفيق هو تسوية المنازعات المتعلقة بالمصالح المتبادلة للدول، ولهذا فان مهمة اللجنة تنحصر في دراسة النزاع وتقديم تقرير عنه الى الاطراف المتنازعة يتضمن الاقتراحات التي تراها مناسبة لتسوية النزاع، الا ان هذا التقرير ليس له صفة الزامية.

(ثالثا). الاجراءات التي تتبعها لجان التوفيق: فهذه اللجان تجتمع بصورة سرية، وجميع قراراتها تتخذ بالاغلبية ، وهي ليست مجبرة على نشر تقرير لها .

2. التسوية السياسية :

بمقتضى عهد عصبة الامم عام 1919، انشأت هذه الطريقة في تسوية المنازعات الدولية، وظلت مستمرة حتى عام 1939 ، واعيدت مع ميثاق الامم المتحدة عام 1945 ، ثم بعد ذلك تطور هذا النمط في التسوية عندما أخذت المنظمات الاقليمية

تقوم بدور مهم في هذا الجانب وسوف نستعرض تاليا نشأة هذه الطريقة وتطورها وكمايلي:

أ.   تسوية المنازعات الدولية كما وردت في عهد عصبة الامم: [32]

لقد عالج (ميثاق) عهد عصبة الامم هذا الموضوع في (المواد 12-15) ، وجاء النص على ضرورة تسوية جميع المنازعات بالطرق السلمية. وفرضت (المادة 12) على الدول الاعضاء اختيار احدى الطريقتين التاليتين :

الطريقة الاولى : عرض منازعاتهم على التحكيم او القضاء الدولي أي على محكمة العدل الدولية الدائمة.

الطريقة الثانية: عرض منازعاتهم على مجلس العصبة، الذي يعمل عند ذلك كوسيط محاولا حمل الطرفين على التفاهم او الوصول الى تسوية، واعداد تقرير يعرض على التصويت فاذا نال الاجماع – باستثناء اصوات الدول المتنازعة – اكتسب صفة القانون واصبح ملزما للدول المتنازعة .

اما اذا حصل على الاغلبية فلا يكتسب اية صفة الزامية، وتصبح الحرب ممكنة من الناحية القانونية.

ب.   تسوية المنازعات الدولية كما وردت في ميثاق الامم المتحدة [33]:

تبنت (المادة 33) من الميثاق، المبدأ القاضي بوجوب اللجوء الى احدى وسائل التسوية السلمية ، وترك الدول الاعضاء لكي تختار بحرية الوسيلة التي تعتقد بانها مناسبة (من مفاوضات ووساطة وتحقيق وتوفيق وتحكيم وتسوية قضائية) . اما (المادة 34) فقد منحت لمجلس الامن الحق في التدخل المباشر في حالة وجود نزاع او موقف يهدد السلام العالمي وعلى النحو التالي:

(اولا).   استنادا الى قرار يصدره مجلس الامن (المادة 34).

(ثانيا).   استنادا الى طلب يتقدم به أي عضو من اعضاء الامم المتحدة (المادة 35).

(ثالثا).   استنادا الى طلب السكرتير العام للامم المتحدة (المادة 99) .

وعادة تختلف السلطة التي يتمتع بها مجلس الامن في هذا الشأن باختلاف درجة حساسية المشكلة المعروضة عليه ودرجة خطورتها. ففي حالة ما اذا كان الامر

261

يتعلق بمجرد تهديد للسلم، فان مجلس الامن لايملك الا اصدار توصيات (Recommandations) يدعو فيها اطراف النزاع الى حل خلافاتهم بالطريقة التي يرانها مناسبة لهما ، او يقوم مجلس الامن نفسه بتحديد الطريقة الواجب عليهما اتباعها، او يقترح عليهما الحل المناسب، ويمثل ذلك جوهر ماتناولته (المواد من 33-38) من ميثاق الامم المتحدة.

وفي الحالات التي يكون فيها النزاع متصاعد للدرجة التي تمثل تهديدا مباشرا للسلم، فان المجلس لايكتفي بالتوصية بل يصدر اوامره بفرض تدابير مؤقتة كايقاف القتال، او سحب القوات، وله ايضا ان يامر بتطبيق الجزاءات الاقتصادية والعسكرية المنصوص عليهما في الفصل السابع من الميثاق.

وفي حالة عجز مجلس الامن عن القيام بالمسؤولية السابقة على الوجه المناسب فأن الجمعية العامة للامم المتحدة هي ايضا تملك هذه الاختصاصات، وذلك بالاستناد الى القرار 377 الصادر في 3 تشرين الثاني / نوفمبر 1950 والمعروف باسم قرار (الاتحاد من اجل السلام) [34].

ج. تسوية المنازعات عن طريق المنظمات الاقليمية :

لم يغفل ميثاق الامم المتحدة هذه الناحية، فقد اشار باللجوء الى المنظمات الاقليمية لتسوية المنازعات الدولية، اذ ورد في (المادة 33) منه (يجب على اطراف أي نزاع من شأن استمراره ان يعرض حفظ السلم والامن الدولي للخطر ان يلتمسوا حله بادئ ذي بدء بطريق المفاوضة والتحقيق والوساطة . والتوفيق والتحكيم والتسوية القضائية ، وان يلجأوا الى الوكالات والتنظيمات الاقليمية او غيرها من الوسائل السلمية التي يقع عليها اختيارها). كما وشدد الميثاق على وجوب لجوء الدول الى التنظيمات الاقليمية قبل عرض أي نزاع نهائيا على مجلس الامن . وفي هذا المعنى جاء نص (الفقرة2 من المادة 52) (يبذل اعضاء الامم المتحدة الداخلون في مثل هذه التنظيمات او الذين تتألف منهم تلك الوكالات كل جهدهم لتدبير الحل السلمي للمنازعات المحلية عن طريق التنظيمات الاقليمية او بواسطة هذه الوكالات الاقليمية وذلك قبل عرضها على مجلس الامن) . وفضلا عن ذلك فقد اوجبت (الفقرة الثالثة من المادة 52) (على

مجلس الامن ان يشجع على الاستكثار من الحل السلمي لهذه المنازعات المحلية بطريق هذه المنظمات، سواء كان ذلك بناء على طلب الدولة المعنية، او عن طريق الاحالة اليها من مجلس الامن).

كما ان مواثيق كل المنظمات الاقليمية تقريبا تحتوي على نصوص لتسوية المنازعات التي تقوم بين الدول الاعضاء فيها بالطرق السلمية، وكمثال على ذلك جاء في نص (المادة الخامسة) من ميثاق جامعة الدول العربية (لايجوز الالتجاء الى القوة لفض المنازعات بين دولتين او اكثر من دول الجامعة. فاذا نشب بينهما خلاف لايتعلق باستقلال الدولة، او سيادتها، او سلامة اراضيها ، ولجأ المتنازعون الى المجلس لفض هذا الخلاف، كان قراره عندئذ نافذا وملزما، ويتوسط المجلس في الخلاف الذي يخشى۔ منه وقوع حرب بين دولتين من دول الجامعة وبين أي دولة اخرى من دول الجامعة او غيرها للتوفيق بينها).

هوامش الفصل التاسع

(1) د. اسماعيل صبري مقلد ، العلاقات السياسية الدولية ، مصدر سبق ذكره ، ص 223-259.

(2) Bernard Brode , War and Politics , Macmillan , N.Y., 1973), P.336.

(3) د. اسماعيل صبري مقلد ، المصدر السابق، ص 235.

(4) Raymond Aron, Op cit.

(5) Frederick Hartmann The Relations , of Nations, Op cit, P.149.

(6) د. اسماعيل صبري مقلد ، المصدر السابق، ص 238.

(7) المصدر نفسه، ص 244.

(8) المصدر نفسه ، ص 245.

(9) Andrew Scott,Op cit , P.163.

(10) د. كاظم هاشم نعمه ، مصدر سبق ذكره ، ص 186.

(11) د. اسماعيل صبري مقلد ، المصدر السابق، ص 224.

(12) Q.Wright , , Changes in Conception of War, the Ajil, Vd.18, 1924, 760.

(13) فون كلاوزفيتز، الوجيز في الحرب، المؤسسة العربية للدراسات والنشر، 1974، ص 74.

(14) E. Reves, The Anatomy of Peace, Harper and Raw, New York , 1945.

(15) د. كاظم هاشم نعمة ، مصدر سبق ذكره ، ص ص 189-191.

(16) Charter of the United Nations and Statute of the International Court of Justic, United Nation, New York.

(17) د. كاظم هاشم نعمة ، مصدر سبق ذكره ، ص ص 187-188.

(18) المصدر نفسه ، ص 188.

(19) المصدر نفسه ، ص 193.

(20) المصدر نفسه ، ص 195.

(21) Charter of the United Nations, Op. cit.

(22) U.N.Doruments , General Assembly, Res . 1131-1965, and 2225-XX1-1966.

(23) Summer Welles, Intervention and Interventions, (Foreign Affairs, Vol, 26, 1947), P.P 118-131.

(24) د. عصام العطية ، القانون الدولي العام ، ط5، مصدر سبق ذكره، ص 423.

(25) المصدر نفسه، ص 424.

(26) لمزيد من التفصيل انظر: د. ثامر كامل محمد ، الدبلوماسية المعاصرة واستراتيجية ادارة المفاوضات، مصدر سبق ذكره ، ص 289 ومابعدها.

(27) السعيد السيد شلبي، خصائص واستراتيجيات التفاوض، (القاهرة، مركز ابروماك، 1980) ، ص 53.

(28) د. نادر احمد ابو شيخة، اصول التفاوض، (عمان ، دار مجدلاوي للنشر والتوزيع، 1997) ، ص 13.

(29) M.Pedler , Negotiation Skills (Jornal of Europen Industrial . Tranning , Vol, 1, P.t. No. 4 – No- 5 , 1977), P.18.

(30) د. عصام العطية ، المصدر السابق ، 430.

(31) المصدر نفسه ، ص 435-436.

(32) د. عبدالعزيز محمد سرحان ، (القانون الدولي العام ، القاهرة ، 1969) ، ص 434.

(33) المصدر نفسه ، ص 435.

(34) د. عصام العطية ، المصدر السابق ، ص 440.

الفصل العاشر

توازن القوى في العلاقات الدولية

اولا: ماهية توازن القوى في العلاقات الدولية

لاشك ان هناك اختلافات في القوى النسبية للدول، ومرد هذه الاختلافات يعـود الى تبـاين مـاهو متـاح لكل دولة من المصادر والمكونات والموارد المادية وغير المادية التي تدخل في تركيب هذه القوة. وقد دفعت هذه الحقيقة المتعلقة بالتفاوت في توزيع امكانات القوة بين الدول ، بالكثيرين الى محاولة تفهم العلاقات الدولية من خلال مايسمى بنظرية او نظام تـوازن القـوى Balance of Power الـذي يعتبرونه قانونـا اساسيا يحكم هـذه العلاقات. وهناك من يضيف بقوله ان الالمام بالفرضيات النظرية التي يبنى عليها هـذا النظام وادراك الحقـائق الرئيسة التي تحيط بتطبيقه في الواقع، يساعد الى حد كبير في توضيح بعض الاعتبارات الهامة ذات الصلة بدوافع السلوك الدولي (1). لذلك ولتأثير واقع العلاقات الدولية في القرنين الثامن عشرـ والتاسع عشرـ حظـي ، موضـوع توازن القوى باهتمام اكاديمي واضح (2).

1.   مفهوم توازن القوى في العلاقات الدولية:

يحفل ادب العلاقات الدولية بمعاني متعددة لمفهوم توازن القوى، ويستخدم في اكثر من شكل ومعنـى، بينما يراد به شيئا معيناً، ذلك لكونه يعكس ظاهرة لاتقتصر على العلاقات الدولية، بل هي موجودة في الطبيعـة والعلاقات الاقتصادية والاجتماعية. وتبعا لذلك عبرت عنه مجموعة مفاهيم ونظريات متنوعة ومتعددة ومتباينة مما يوضح بان دعاته وحسب " سوليفان Sullivan " لم يكونوا يفكرون بعقل واحد (3).

267

ويشير " سدني فاي Sidney Fay " بان توازن القوى يعني التوازن الحق بين دول اعضاء العائلة الدولية والقادرة على منع اية منها من ان تصبح قوية بما فيه الكفاية لتفرض ارادتها على الاخرين [4]. بمعنى انه المبدأ الذي يضع ترتيب الشؤون الدولية بالشكل الذي لايتيح لدولة واحدة لكي تكون بدرجة من القوة لتتمكن من السياسة المطلقة والهيمنة على الاخرين [5].

وقد تناول " ماثين Mathisen " توازن القوى بعدة معاني انطلاقا من شموليته عليها بمجملها فاعتبره [6]:

أ. تغير في نمط وتوزيع القوى.

ب. مجموعة من الدول المستقلة بعد صراعها لفترة طويلة تسعى الى تطوير انظمة احلاف وموازين قوى.

ج. هو مصلحة استراتيجية تهم الدول الكبرى وتدفعها للعمل من اجل توازن القوى لمصالحها.

د. هو تمحور القوة عند قطبين يدلل على انه لايوجد في واقع الامر طرف ثالث لديه من القوة الكافية للحافظ على التوازن.

وقد عقب " رينولدز Renolds " على هذه المعاني بقوله (تعني العبارة الاولى وضع توزيع القوة ، اما الثانية فتشير الى السياسات الموجهة نحو ايجاد تعادل، اما الثالثة فتعني الحساب في المصارف على ان يكون هناك رصيد ايجابي للمودع، اما الرابعة فمعناها ان التوازن يحتاج الى حامل للميزان [7].

ووجد " ارنست هاس Ernst Hass " ، ايضا ، بأن توازن القوى قد استخدم بعدة معاني بعضها متباينة، وعدة استعمالات، فتوازن القوى بحسب رأيه يدلل على مايلي: توزيع القوة ، توازن القوات، عدم التوازن، التفوق، الاستقرار، عدم الاستقرار ، السلم ، الحرب ، سياسة القوة، سنة التاريخ، مرشد للسياسة الخارجية [8].

وتبعا لتعدد استعمالاته ذهب " انس كلود Inis Claude " الى تصنيف توازن القوى ثلاثيا اما كحالة او سياسة او نظام [9]. وتوازن القوى كسياسية اريد به على مر الزمن ضمان استقرارية الخصائص البنيوية للنظام السياسي الدولي، وذلك من خلال

الحيلولة دون تطلع احدى القوى المؤثرة الى زيادة قوتها بنسب اعلى من قوة غيرها، وبالاتجاه الذي يتيح لها السيطرة على النظام السياسي الدولي القائم وتحويله، بعد ذلك، الى نظام اخر. ومن اجل ديمومة هذه السياسة، فهي تفترض ان تتصرف القوى المؤثرة حيال بعض في هدى مجموعة قواعد محددة [10]. وان كانت هذه القواعد لاترتقي الى سمة القانون العام الذي يحدد انماط السلوك السياسي الدولي. ومع ذلك يمكن فهم التوازن الدولي (بمعنى تلك الحالة التي تتميز بالتوزيع المتوازن او شبه المتوازن للقوة والتأثير بين القوى الاساسية داخل النظام السياسي الدولي (او نظمه السياسية الفرعية) فقط، واثر ذلك في بناء التكافؤ في العلاقات المتبادلة فيما بينها ، وفي هذا الفهم ترتبط مسألة تنطوي على قدر من الاهمية، وهي ان توازن القوى لايستدعي ان تكون القوة موزعة بين الاطراف الاساسية توزيعا متوازنا مطلقا، وانما نسبيا، ويعتمد هذا الرأي على بعض الوقائع التاريخية لتأكيده، وينطلق من ان مفردات القوة لم تكن يوما موزعة بين القوى الاساسية ، عالميا او اقليميا، بصيغة ترتقي الى التعادل المطلق ، ففي بعض الفترات كان احد الاطراف متفوقا على غيره، ولكن من دون ان يؤدي ذلك الى الاخلال باستقرارية النظام الدولي. بيد ان الذي يؤدي الى الاخلال بالتوازن وتكافؤ العلاقة بين القوى الاساسية في النظام الدولي هو اما تناقص قوة احد طرفي معادلة التوازن او تزايدها بصيغة تهدد استمرارية هذه المعادلة وديمومتها [11].

2. الية توازن القوى في العلاقات الدولية :

يتضح مما تقدم بان الفكرة الكامنة في جوهر توازن القوى في العلاقات الدولية هي ان الطابع المميز لهذه العلاقات هو الصراع، وهذا الصراع لاتمليه عوامل الاختلاف في المصالح القومية للدول فحسب، وانما ينبع في الجانب الاكبر منه من محاولة كل دولة زيادة قوتها القومية على حساب غيرها من الدول، ويترتب على ذلك انه اذا امكن لدولة واحدة ان تحصل على تفوق مطلق في قواها، فان هذا سيدفع بها الى تهديد حرية الدول الاخرى واستقلالها، وهذا التحدي هو الذي يدفع الدول المحدودة

القوة الى التحرك لمواجهة القوة بالقوة عن طريق التجمع في محاور او ائتلافات قوى مضادة. وبمعنى مماثل فان محاور القوى المضادة، المتعادلة او شبه المتعادلة ، لاتمكن دولة او مجموعة من الدول من الاعتداء على غيرها تحت وهم الاعتقاد بانها تتمتع بالتفوق الذي يتيح لها مثل هذه السيطرة [12].

وفي اطار ذات الفهم يزعم انصار سياسة القوة ان العلاقات الدولية هي صراع ومنافسة وتعاون بين الامم في النظام السياسي الدولي. ولما كانت الدول شديدة الحرص على تبوء مراتب عليا في سلم القوة، فلا سبيل الى ذلك دون الصراع من اجل القوة وعن طريق القوة. اذ ينبغي النظر الى النظام السياسي الدولي من زاويتين للتأكد من ان كل مرحلة فيه هي ضرب من الاستقرار طالما ان ثمة ممارسة لسياسة القوة جارية بين الدول، وان الدولة الرئيسة لاتعتمد سياسة تفسد فاعلية النظام ... وبالوقت نفسه تكون هذه المرحلة فترة تهيئة النظام الى حالة من اللا استقرار... وذلك لان الاستقرار في النظام لايخدم مصالح جميع الدول بالتساوي، الا اذا اجمعت على الابقاء على الوضع الراهن. ولكن هذا الامر يتناقض مع الغرض الاساس في نظرية سياسة القوة. بمعنى ان النظام السياسي الدولي يتضمن دولا تدعو الى الوضع الراهن واخرى تعمل على تغييره، وعليه فان انصار سياسة القوة يرون في نظام توازن القوى عملية انتقال من حالة استقرار الى لا استقرار، وبالعكس [13]. أي عند استخدام مصطلح السلم ليكون مرادفا الى الاستقرارية، ومصطلح الحرب ليكون مرادفاً الى اللا استقرارية فان ذلك يفضي الى استنتاج ان التوازن هو الوضع الذي تغيب عنه الحرب بين الاعضاء، وبالتالي فان اللا استقرارية هي وضع له وجهان متلازمان، الاول هو وجه التهيؤ للافادة من التوازن على حساب الطرف الاخر، بما فيها الاعداد للحرب، والوجه الثاني هو الحرب عينها [14]. وتجدر الاشارة هنا الى ان الصراع من اجل القوة ليس من الضروري ان يقود الى الحرب، فثمة حالات للتوازن تأخذ صيغة سباق في التسلح او الحد منه، ونظرا لان الدول تتوازن في مجمل قدرتها، فليس من الميسور تحديد معيار القدرات المتوازنة سواء كانت في مجال التسليح او في مجال نزع السلاح، وبالتالي ينجم عن ذلك توازن يحمل معنى التساوي او التكافؤ او التعادل في القوة، كما يحمل

معنى عدم التساوي وعدم التكافؤ وعدم التعادل. والامر المهم في التوازن هنا هو ليس حالة تطابق القدرات، وانما تقدير الفارق بين قوة الدول المتوازنة، أي هل ان رصيد القوة لصالح خصمك ام لصالحك. وحتى لو كان الرصيد لاحد الطرفين فان ذلك لايبطل التوازن . لان الفارق لن يكون بصورة الاطلاق، وبالتالي فانه لايقود الى اخلال عملية التوازن . كما ان الرؤية الموضوعية لاتستطيع ان ترى النظام الدولي وكذلك نظمه الفرعية كانه لايقوم على أي نوع من انواع التوازن المستقر او غير المستقر، ذلك ان الواقع الدولي يؤكد ان الدول تحرص على تحقيق حالة من التوازن في علاقاتها، كلما اتضح لها ان هذه الحالة تتجه نحو تغيير طبيعتها وذلك تطلعا منها نحو التخلص من التوتر الناجم عن حالة عدم التوازن.

ويبقى من الاهمية بمكان معرفة متى تتحرك الدول حيال بعضها البعض باتجاه بناء حالة التوازن فيما بينها وفي ظل أي نوع من الظروف والسياسات يتم ذلك.

لتحقيق هذه الغاية تم اعتماد نموذج بنيوي مجرد للعلاقات بين الدول ينطلق اساساً من مفهوم التوازن داخل الجماعات الصغيرة، وهو نموذج التوازن الهيكلي Structural Balance وجوهر ماينطوي عليه هذا النموذج يتمثل في الية الحركة التالية: [15]

ان نوعية العلاقة السائدة (سواء كانت علاقات تعاون ايجابية او علاقات صراع سلبية) بين طرفين او اكثر ، او نوعية علاقاتهما المتبادلة مع طرف ثالث هي التي تحدد حالة التوازن بينهما او تلغيها . فالتوازن في العلاقة الثنائية ، يتحقق عندما تكون ايجابية او سلبية في جميع القضايا ، وكذلك يتحقق التوازن في العلاقة الثلاثية، عندما تتميز اما بطابعها الايجابي او عندما تكون ايجابية بين طرفين ، وسلبية بينهما وطرف ثالث.

وعلى العكس من شروط التوازن الهيكلي، تكون العلاقة غير متوازنة هيكليا في حالتين اساسيتين :

الحالة الاولى : وتتمثل في تبادل جميع الاطراف العلاقة السلبية مع بعض.

الحالة الثانية : وتتمثل في تبادل طرفين يرتبطان بعلاقة سلبية مع بعض، وبعلاقة ايجابية مع طرف ثالث.

ولكن هذه العلاقة غير المتوازنة تصبح متوازنة عندما تتغير الظروف التي ادت اليها. ففي الحالة الاولى يتحقق التوازن عندما تتجه الاطراف جميعا الى التعايش مع بعض، او عندما يتجه طرفان منها الى التعايش مع بعض على حساب طرف ثالث. واما في الحالة الثانية فحالة عدم التوازن تتحول الى حالة التوازن عندما تتوتر علاقة الطرف الثالث باحد الطرفين المختلفين مع بعض .

وفي صدد مشابه ذهب " سوليفان " [16] الى ان مضمون التوازن الهيكلي يمكن التعبير عنه بمدى البعد، او المسافة التي تفصل بين مواقف طرفين حيال طرف ثالث وانعكاساتهما، سلبا او ايجاباً، على نوعية علاقاتهما المتبادلة، ويحاول توضيح وجهة نظره باستخدام المثال النظري التالي: اذا كان (أ) يرى (ج) سلبا بنسبة 80% ، وان (ب) يرى (ج) سلبا بنسبة 30% ، فالمسافة بين الاثنين تكون 50% . وكلما زادت المسافة التي تبعد (أ) و(ب) عن (ج) ، صارت العلاقة بينهما سلبية. والعكس كذلك صحيح . وبعبارة اخرى كلما تضاءلت المسافة بين الاثنين حيال طرف ثالث، ادى ذلك الى ان تكون العلاقة بينهما ايجابية (او متوازنة) .

3.   تأثيرات وانماط ومتغيرات توازن القوى :

يرى " اوركانسكي Organski " ان توازن القوى يرتب اثرين هامين في العلاقات الدولية، يتعلق اولهما بحفظ السلم الدولي، بينما يتعلق ثانيهما بحماية الاستقلال للدول الاعضاء التي انضوت في اطار محاور وتكتلات [17].

لذا فان سياسة توازن القوى تعتمد على مقومين اساسيين: [18]

أ.   الدول الاطراف في تجمعات ومحاور القوى المضادة يجمعها هدف واحد هو الابقاء على الاستقرار السائد في علاقات القوى وردع العدوان.

ب. في أي موقف دولي، فان التوازن يتحقق عن طريق قدرة نظام توازن القوى على توليد ضغوط متعادلة ومتعاكسة، وبذلك يمكن تفادي أي اختلال في علاقات القوى في توزيعاتها القائمة.

ويصنف المختصين في حقل العلاقات الدولية توازنات القوى تقليديا الى نمطين:[19]

أ. توازنات القوى البسيطة Simple Balance وهي التي تتكون اما من دولتين متعادلتي القوى او من مجموعتين من القوى المضادة والتي هي في حالة من التعادل او التكافؤ النسبي.

ب. توازنات القوى المعقدة او المتعددة Multiple Balance وهي التي تتكون من مجموعات قوى كثيرة وتعمل هذه المجموعات على موازنة بعضها البعض، وليست هناك حدود قصوى على تلك المحاور والتجمعات في ظل النظام المتعدد لتوازن القوى، وكان كل توازن يشتمل على عدد من الدول الصغرى.

ثانيا: اوضاع توازن القوى التقليدي

هناك اتجاه بين المختصين يحاول دراسة اوضاع توازن القوى التقليدي على ضوء ثلاثة متغيرات هي : الوحدات المتفاعلة في النظام ، وطبيعة العلاقات المتفاعلة والمتداخلة فيه، واهداف الوحدات المتفاعلة [20].

1. الوحدات المتفاعلة في النظام :

غالباً ، يمكن تحديد عدد الوحدات المتفاعلة في النظام على المستوى النظري، بقوتين او كتلتين كحد ادنى تتطلبه فاعلية نظام توازن القوى. وهناك متغيرات كامنة وظاهرة لاتجعل من فاعلية التوازن بين قوتين فقط ، امرا ممكنا بالشكل المطلق في فترة ماقبل العصر النووي، وذلك لانه من غير الممكن اطلاقا ان تخضع جميع الاطراف الاخرى الى هيمنتها التامة، وعليه فان اقتصار عدد الدول الفاعلة على اثنين قد يبدو في الظاهر ممكن وليس في الواقع، وفضلاً عن ذلك فان الوحدات المتفاعلة في

النظام ينبغي ان تكون دولا وطنية ذات سيادة ، ترتبط فيما بينها بوشائج سياسية او عسكرية او عقائدية، مع امكانية ترجيح رابطة دون اخرى وفقا لطبيعة التحالف وطبيعة الظروف مكانا وزمانا. ففي القرن التاسع عشر ـ كان التحالف يتم على اسس سياسية وعسكرية، اما بعد الحرب العالمية الثانية فان الاحلاف اصبحت تعقد على اسس عقائدية اضافة الى الاسس الاخرى.

وقد استخلص " مورتون كابلان Morton Kaplan " من خلال دراسته لنظام توازن القوى، بان فاعليته مناطة بعدد الوحدات (الدول) ، وفي ضوء قراءته لتجارب القرن التاسع عشر، ترشح لديه اعتقاد مفاده ان الحد الادنى لعدد الوحدات التي يتكون منها نظام توازن القوى هو خمسة دول قومية اساسية والى جانبها دول صغرى، وان المبدأ الذي اعتمده في تصنيفه للدول القومية الاساسية هو مبدأ اهمية انسحاب او انهيار احداها على عملية النظام، وذلك لان استمرار النظام واستقراره يتأثران بموقف الدولة الاساس على العكس من الدول الصغرى التي تأثيرها غالبا محدود على استمرار واستقرار النظام [21] .

2. العلاقات المتفاعلة المتداخلة :

من هذه الزاوية ، يمكن تشخيص ثلاث حالات لنظام توازن القوى التقليدي نظريا :

الاولى: حالة الاستقرار المطلق .

يفترض ان تخلو هذه الحالة من الازمات، ولاترى الوحدات المساهمة بان مصلحتها تتقيـد وتتضرر بالحفاظ على الوضع الراهن. بمعنى ان النظام باستطاعته توفير الفرص للدول للاستفادة مما متوفر من الاساليب السلمية لحسم خلافاتها. وهذا يعني ان هذه الحالة أي الاستقرار المطلق لاتفض المنازعات كليا بين الـدول ، بـل تجعل من حلها يتم دون تعرض النظام الى التصدع، ويكاد لايحفل النظام بدالة واقعية تعزز من فرضية ان نظام توازن القوى قد بلغ حالة الاستقرار.

الحالة الثانية: حالة الانهيار في النظام .

وقد تحدث حالة الانهيار في نظام توازن القوى التقليدي عندما تتغير طبيعة السياسة الدولية بفضل اعتبارات جديدة، ومع ذلك ليس من دليل واقعي على ان نظام توازن القوى قد انهار كليا واستبدل بغيره . وبينما اتاحت الحرب العالمية الاولى امام الدول المنتصرة فرصا لتجربة جديدة وهي تجربة نظام الامن الجماعي، وكذلك عندما بدأ الانهيار السوفيتي، بدأ الحديث عن امكانية قيام نظام عالمي جديد يدخل الانسانية في عهد جديد سمته الرخاء والتكافل والديمقراطية، ولكن الواقع يؤكد بان المقومات الموضوعية واللاموضوعية الملزمة لفاعلية هذا النظام الجديد لم تكن قائمة انذاك [22] وما الفوضى السائدة في عالم اليوم الا عنصرا اساسيا في بنية مايوصف بكونه نظاما عالميا جديدا وانعكاسا له [23].

يتضح مما تقدم مايؤكد بان نظام توازن القوى مقترن بدرجة وثيقة مع نظام الدولة القومية ذات السيادة، ومهما طرأ من تعطيل لفاعليته بسبب الحروب او ادخال بوادر نظام جديد كعصبة الامم المتحدة ، فان النظام مايزال يفعل ولكن بصيغ متنوعة، الامر الذي يعزز من مقولة ان القوة ماتزال هي العصب الاساس في العلاقات الدولية، وان التعاون لم يكتسح بعد ساحة المنافسة والصراع بين الامم، وحتى عندما شاع التفاؤل بأن عصر القوة التدميرية النووية سيرغم الدول الاساس في النظام على التخلي عن سياسة القوة، فان نتائج وادلة وافرة حول هذا الامر لم تتحقق لحد الان، وهذا الامر يجعل شعوب العالم مدعوة الى تنسيق علاقاتها في اطار يعتمد التعاون بدلا عن الصراع من اجل القوة [24].

الحالة الثالثة: اللا استقرار .

هذه الحالة تفترض وضعية مستمرة من اللا استقرار، وهذا هو الحال الذي تسير عليه العلاقات الدولية منذ ان اقر مؤتمر فينا عام 1815 مبدأ نظام توازن القوى، ففي الوقت الذي اسهمت فيه كل من بريطانيا والمانيا وفرنسا والنمسا وروسيا في نظام توازن القوى في منتصف القرن التاسع عشر- وابان المرحلة الاوربية من تطور النظام

الدولي، وتمسكت هذه الدول بشروطه واستخدمت اساليبه في تصريف سياستها الخارجية. فليس بوسع احد القول ان النظام كان مستقرا، وفضلا عن نشوب الحرب العالمية الاولى عام 1914 في البيئة الاوربية اساسا مما يؤكد بان النظام يعاني من اللااستقرار، فان حالة اللا استقرار كانت واضحة على عدة مستويات وكما يلي:

المستوى الاقليمي: فقد شهد النظام الحرب البروسية النمساوية عام 1864، والحرب الفرنسية البروسية عام 1870 والحرب الروسية اليابانية في 1904-1905.

المستوى الاستعماري: شهد النظام ذلك التوسع الفرنسي والالماني في افريقيا ومناهضة بريطانيا له.

مستوى التسليح: شهد النظام مهاجمة المانيا بحريا . مما اربك توازن القوى العسكري ودفع الالمان الى تعزيز وتطوير اسطولهم البحري.

لعل ماتقدم يفيد التحليل بان مايبدو من استقرار وان كان مدعوما بجهود عدد من الدول الاساسية القومية، انما هو في الواقع حالة تسبق انهيار او تعطيل فاعلية النظام ، وهذا التحليل يقود الى استنتاج مفاده ان هذه الحالة غير المستقرة قد تفضي الى الحرب وهذا الاستنتاج مدعوم بشواهد تاريخية تؤكد مصداقيته، كما حدث في الحربين الكونيتين 1914 و1939 . وقد ينتهي الامر باخماد حدة التوترات الاوربية وتصريفها بشكل حروب على المستعمرات او بشكل حروب بالانابة ، او حروب تشترك فيها دول اساسية تحت مسوغات مختلفة ومتنوعة.

3. اهداف الوحدات المتفاعلة :

غالبا، يتحدد سلوك الوحدات المتفاعلة في نظام توازن القوى بالاهداف التي تنشدها ، والقدرات المتاحة لها ، والوسائل المتاحة في النظام. والسؤال هنا ماهو مدى علاقة اهداف الدولة بنظام توازن القوى؟ ان نمط بسيط من الاجابة على هذا السؤال يمكن تحققه اذا ماتم تصنيف الدول الى دول ساعية للابقاء على التوازن أي الدول المحافظة، ودول تتطلع الى تغييره أي الدول الرافضة او الثورية. وان تحديد الدول

لهذه الاهداف في الاتجاهين ، ودرجة الحماس لتحقيقها سواء باتجاه الابقاء على التوازن او تغيره، يتوقف على قدراتها العسكرية، فضلا عن امكانياتها في عقد التحالفات او ممارسة التهديد، وكذلك قدرتها على ادارة المفاوضات.

وفي معرض تحليل ادوار الوحدات (الدول) في نظام توازن القوى ، اورد "كابلان" ستة ادوار على الدول ان تتبعها لتبقي على فاعلية النظام عند مستوى الاستقرار المقبول وهي :[25]

أ. عدم التلكؤ في زيادة القدرات، مع تفضيل سبيل التفاوض على سبيل الحرب لصد محاولة دولة تريد التغيير.

ب. لاتدع فرص زيادة القدرات تمر من غير الاستفادة منها حتى وان استدعى الامر تحمل مخاطر الحرب.

ج. ينبغي على الدولة المحافظة ان توقف الحرب اذا كانت النتيجة تهدد بالقضاء على قوة دولة رئيسة.

د. يتوجب على الدولة المحافظة ، التصدي لكل محاولة للهمينة من قبل عضو اخر في النظام.

هـ العمل على اعاقة أي محاولة لانشاء منطقة عالمية تنخرط فيها الدول الرئيسة.

و. العمل على ارجاع دولة رئيسة مدحورة الى ادوارها السابقة في النظام، وان يكون التعامل بين الدول بصيغة الشركاء.

وقد صنف " دويتش Deutsch " ادوار الدول في النظام على وفق ثلاث عناوين هي : العقلانية، وصيانة الممثلين في النظام ، وصيانة النظام [26].

يتضح من جملة ماتقدم بان الحكم على النظام حول طبيعة استقراره من عدمها، يقتضي التعرف على مسببات عدم الاستقرار ، وما اذا يمكن ان تفضي الى حالة من اللا استقرارية عند درجة اعلى من مستويات الحد الادنيى، وكما يلي:

أ- ان اول مسببات عدم الاستقرار ناجمة عن ان قدرات الدول المتفاعلة في النظام لاتتصف بالثبات، لان الدول غالبا تسعى الى زيادتها، الامر الذي قد يفضي- الى حدوث فوارق في القدرات وجعل اطراف تتقدم واخرى تتأخر في

سباق التسلح. بمعنى ان كل دولة في النظام تعيش تحت هاجس ضغط مصحوب بالمخاوف ، مما قد يدفع الى اتباع سياسة لاتنسجم ومستلزمات الاستقرارية في النظام . وذلك لان الدول المتفوقة في القدرات سوف تعاني من قضية حسم تعدد الخيارات بين المحافظة على دورها كمشارك في النظام، وسعيها للهيمنة عليه، وغالبا ، ترجح الخيار الثاني لادراكها بان الدول المشاركة الاخرى سوف تعمل على تصحيح الفوارق في القدرات بطرق شتى في محاولة لتحقيق الهيمنة على النظام لصالحها.

ب-   ثاني المسببات تتعلق بحاجة النظام لضمان استمرار فاعليته، الى مستوى متقدم من الاتصالات بين اطرافه، لتوضيح المواقف والمقاصد واحتواء احتمالات سوء الفهم والتقدير في حساب الاعتبارات ، وان هذا الامر غير مضمون تحققه بالدقة المطلوبة، ذلك ان اساليب الاتصال وقدرات جمع المعلومات ونماذج القناعات والتقديرات حول مواقف الاخرين عادة مفعمة بالشك اكثر منها لليقين.

ج-   ثالث المسببات ، تتعلق بالادوار الستة التي اوردها " كابلان " حيث انها تتطلب ظروفا لايمكن حصرها بشكل دقيق، كما انها قد لاتتوافق من حيث المزامنة والمصلحة، ومن المحتمل ان ينجم تناقض بين بعضها، اذ ليس كل دولة مشاركة في النظام ترغب في ضم طرف خصم الى النظام ومنحه صفة مشارك.

ثالثا: وسائل تحقيق توازن القوى في العلاقات الدولية

تتبع الدول عادة عدد من الوسائل والسياسات تجاه غيرها او خصومها على وجه التحديد لضمان المحافظة على نظام توازن القوى التقليدي، ومن هذه الوسائل:

1.   سياسة التفرقة بين الخصوم:

المقصود في هذه الوسيلة هو سعي الدولة الى بذل ماتستطيع من محاولات للابقاء على الدول المتنافسين معها في حالة من التفكك والانقسام لاضعاف قواهم واقتناص الفرص لخلق الثغرات فيما بينهم للنفاذ من خلالها سواء بصورة مباشرة او غير مباشرة ضمانا لعدم تقاربهم او حدوث تنسيق فعال بين قدراتهم مما يحدث اختلال قوة في غير صالح هذه الدولة... وبعبارة اخرى بقاء الدولة متحفزة لزرع الشقاق بين صفوف وتوجهات واهداف القوى المضادة لها كي لاتلتئهم وتشكل قوة لمجابهة طرفا اخر يتضرر من وحدة صفوف القوى ، الا وهي هذه الدولة .

2. سياسة التعويضات :

لايقصد في هذه السياسة التعويضات المالية بل التعويضات الاقليمية Territorial Compensation ، وقد اعتبرت هذه السياسة وسيلة مقبولة ومشروعة للابقاء على توازن القوى دون تغيير.

وقد استخدمت هذه السياسة في اقرار مبدأ التوازن في القرن الثامن عشر، وطورت في مؤتمر فينا الذي انعقد عام 1815، اذ عين المؤتمر لجنة احصائية تقوم باجراء حصر اقليمي بمقاييس الموقع والامكانيات وتعداد السكان ونوعياتهم، وذلك لتسهيل اسلوب التعويضات الاقليمية بين الدول على اساس من الدراسة الواقعية [27].

وشهدت العلاقات الدولية الاوربية مابين 1870-1914 سلسلة من المساومات الدبلوماسية بين الدول الاوربية الكبرى حول تقسيم المصالح الاستعمارية في اسيا وافريقيا، وتعتبر هذه المحاولات جزء من السياسة الاستعمارية لتخفيف حدة التناقض بين الاطماع الاستعمارية للدول الاوربية الكبرى [28]. ويمكن القول ان سياسة التعويضات والمساومات الاقليمية كانت في وقت من الاوقات من اكثر الوسائل المطبقة في حفظ توازن القوى بين الدول، وهذه التعويضات كانت الشغل الشاغل والهدف الرئيس في المباحثات الدبلوماسية بين القوى الكبرى [29].

3. سياسة التسلح :

احد اهم المعايير لقياس القوة الوطنية هي القدرات ولاسيما القدرات العسكرية، ويتأثر التوازن في نظام توازن القوى بين دولتين تأثرا مباشرا بالتسلح. فالدولة التي تعتقد انها قد تخلفت من حيث القوة عن منافستها سوف تسعى الى تحسين منزلتها النسبية في علاقة القوة بصورة عامة، ويشكل التسلح الوسيلة المباشرة لسد الفجوة في القوة بين الدول. وبعبارة اخرى فان التسلح من الاساليب الشائعة التي استخدمتها الدول اما في الابقاء على توازن القوى القائم او في اعادة تغييره على نحو مختلف.

وذهب البعض الى ان اخفاق نظام توازن القوى يرجع الى عجز دولة اساس عن اللحاق بغيرها في هذا المضمار مما يدفع بالدولة او الكتلة المتفوقة الى الاستفادة من قدرتها العسكرية على حساب الدولة المتخلفة. لذا فان التسليح يمكن ان يكون سببا رئيسيا للاخلال المستمر في توازن القوى، اذ ادى الى سباق بين الدول التي كان يعنيها هذا التوازن. الامر الذي كان يسهم عادة في تعميق الشعور بعدم الامن وعدم الاستقرار وفقدان الثقة فيما بينها، وهكذا فان الدول وجدت نفسها تدور في حلقة من الوهم في ظل شعورها بان توازن القوى ليس اكثر من عملية نسبية مؤقتة [30].

كما ان التسلح في ظل نظام توازن القوى ينطوي على اشكالية غير تقليدية وهي انعدام السقف الذي يقف عنده التسابق، بمعنى انه يتطلب قدرات اقتصادية وتقنية قد لاتكون متيسرة في كل المراحل والظروف لدى بعض الدول وهو ماقد يقود بالنتيجة الى الاخلال بالنظام...

وتذهب اراء الى ان التسابق في التسلح يخلق اجواء عدم الاستقرار في نظام توازن القوى وبذلك يظهر التناقض في دور التسلح، فمن جهة ان تسلح الدولة (أ) لمواجهة تسلح قد قامت به دولة (ب) هو في الاصل رد فعل لفعل غرضه التفوق. ولكن بسبب التسابق يتحول الغرض الاول الى طبيعة اخرى. فبدلا من ان يجلب تسلح الدولة (أ) استقرارا جديدا للميزان يدفعه الى اللا استقرار. لذا فقد اتهم الكثيرون نظام توازن القوى لتشجيعه التسلح وبالتالي تأجيج الحرب العالمية الاولى، وهو ما ادى الى تعالي الدعوات لنزع السلاح ...

وعليه فيمكن وصف توازن القوى في ضوء التسابق في التسلح من اجل التعادل بانه تعادل في حركة دائمة ينتقل من وضع مستقر الى وضع غير مستقر وبالعكس [31].

4. سياسة الاحلاف :

لقد عرف " هولستي " الاحلاف بانها اتفاق رسمي بين دولتين او اكثر للتعاون في قضايا تخص الامن القومي [32]. ونظرا لسعة ودقة مضمونها ووظيفتها في العلاقات الدولية فان الكثير من الكتاب يدرسون الاحلاف على انها مؤسسات، ويعدها بعضهم ضمن نطاق المنظمات الدولية، ويرى فيها اخرون من بين اساليب فن ادارة القوة والسلطة، وهناك اراء تعتبر الاحلاف وسيلة لتحقيق التعادل في نظام توازن القوى [33].

وفي هذا السياق يذهب " لسكا Liska " للقول بان الدول تدخل في احلاف من اجل تقويم قدراتها ... والاحلاف وسيلة لاضعاف تأثيرات دولة خصم ينظر اليها كمصدر للضغط يهدد استقلال الاخرين، وبعبارة اخرى انها وسيلة لمنع تحول غير مرغوب فيه يقود الى تفاقم دور الممثلين الاساس في تركيب النظام [34].

وتقوم التحالفات في النظام السياسي الدولي القائم على مبدأ تعدد وتعهد الدول بالدور الاساسي والاكبر في الابقاء على علاقات توازن القوى ضمن الاطار الذي يحفظ هذا التوازن ويبقي عليه.

ولكي ينشأ أي تحالفا دولي ، ينبغي ان يجمع بين اطرافه منذ البداية حد معين من المصالح المشتركة، وتشكل هذه المصالح غالبا الاساس الذي يقوم عليه بناء التحالف، ويوفر التحالف في هذه الحالة اطارا محددا لهذه المصالح المشتركة ، ويساهم في رسم السياسات واتخاذ التدابير التي من شأنها دعم تلك المصالح وتنميتها والمحافظة عليها ازاء تحديات الاخرين. لذا فأن الدول وقبل الدخول في تحالفات مع غيرها تقارن بين الالتزامات التي ستقع عليها جراء انضمامها الى هذه التحالفات وما قد تجلبه عليها من مخاطر ، وبين المزايا التي سوف تحققها لتعزيز مستلزمات امنها الوطني، وبالتالي، فان الحافز على الدخول طرفا في هذه الترتيبات الدولية قد يضعف وربما

ينعدم كلية اذا ما تأكد لها عن طريق حساباتها وتقديراتها، بان كلفة المخاطر هـي الراجحـة عـن كلفـة المزايا، بمعنى ان حسابات الربح والخسارة هي التي توجه سياسات الـدول في هـذا الصـدد. لـذا يقـول " موركنثـاو" ان الدول عندما تقرر الدخول اطرافا في محالفات دولية من نوع او اخر فهي لاتفعل ذلـك عـن مبـدأ وانمـا تحـت ضغط المواقف والضرورات[35].

وافضل التحالفات الدولية هي التي تتوزع فيها المزايا بين اطرافها على اساس متبادل ومتوازن في نفس الوقت، وان كان ذلك لايمكن ان يتحقق من الناحية العملية الا في الاحوال التي تتكافأ فيها قوة الـدول الاطـراف في التحالف ولاسيما عندما تكون مصالحها متجانسة. وعلى العكس من ذلك فان اسوأ التحالفات هي التي تتوزع فيها المزايا على اساس من احتكار طرف واحد لها في حين تتحمل الاطراف الاخرى اعباء كبيرة دون فائدة موازيـة تجنيها بالمقابل، وهذا يحدث احيانا عندما يكون طرف واحد في مركز التفـوق السـاحق في مواجهـة الاطـراف الاخرى[36].

اما عن خصائص سياسة التحالف وما قد يميزها عن المنظمات الدولية، فان ابرزها يتمثل في الاتي:

أ. عضوية الحلف تقتصر على عدد معين من الدول ، وبهذا فان الاحلاف لاتتطابق مع المنظمات الدولية.

ب. الاتفاق في الحلف محدد زمنيا، وتعتمد صيغ قانونية معينـة لتمديـد الاحـلاف امـا تلقائيـا او بمراسـيم معينة.

ج. الاتفاق في الحلف يتم بشأن قضايا معينـة، وكـذلك تنطـوي مواثيـق المـنظمات الدوليـة عـلى اهـداف ومقاصد محددة.

د. عند عقد تحالفات دولية يكون من السهل تحديد الاطراف الخارجين المستهدفين بهذا التحالف. بيد ان ماقد يصعب تحديده والاتفاق بشأنه احيانا هو نوع السياسات التي يمكن للتحالف ان ينفذها لاجـل بلوغ اهدافه، الامر الذي يقود الى بلورة سياسات وسط يقبلها اطراف الحلف.

هـ   ان توزيع المزايا داخل التحالفات الدولية يعكس كقاعدة عامة، طبيعة علاقات القوة السائدة بين اطراف هذه التحالفات والمركز النسبي لكل طرف فيها.

و.   في كل التحالفات الدولية هناك عادة مجموعة من المبادئ الاخلاقية العامة يعلن عنها المتحالفون وعن تقيدهم بها واستعدادهم للدفاع عنها.

يتضح من جملة ماتقدم بان هناك علاقة وثيقة بين سياسة الاحلاف ونظام توازن القوى في البيئة الدولية، والاحلاف تمثل احد الوسائل الجوهرية لوضع النظام الدولي في حالة الاستقرار او اللا استقرار.

5.   المناطق والدول العازلة [37]:

ان جوهر فكرة المناطق او الدول العازلة ، كوسيلة للمساعدة في تحقيق سياسة توازن القوى بين طرفين دوليين تتسم علاقتهما بالتنافس الاقليمي او الدولي، هو العمل على وضع منطقة او دولة محايدة كمنطقة فاصلة بينهما Buffer Zone ، بحيث لاتمثل خطرا على امن ومصالح أي من الطرفين المتنافسين . وتنحصر وظيفتها في تقليل احتمالات الاحتكاك او التصادم بينهما من خلال وجودها كمنطقة فاصلة. ويعود فحوى قدرة الدولة العازلة على الاحتفاظ باستقلالها ، الى ادراك القوتين المتنافستين او المتصارعتين ان هيمنة احداهما على هذه الدولة سوف يضعف الاخرى ويخل بالتوازن القائم، الامر الذي لـن تقبله الدولة الاخرى، وستقاومه للاحتفاظ بعلاقة القوى الموجودة على ماهي عليه.

لذلك فان من مصلحة هاتين القوتين ان تتفقا على جعل هذه المنطقة على الرغم من اهميتها لكليهما، بعيدة عن سيطرتهما وبذلك تؤمنان قيام علاقات سياسية بينهما الى جانب ماتنطوي عليه الخيارات الذاتية لاي منهما تجاه المنطقة العازلة.

اذن ان تقبل هذه الحقيقة من قبل الدولتين المتنافستين نابع بلا شـك مـن ادراك المخاطر التـي قـد تترتب على محاولة تغييرها ... وهذه النتيجة يمكن ان تكون في صالح الدول او المناطق العازلة من الناحيتين السياسية والوطنية .

بمعنى اذا تعهدت الدولتان المتنافستان او المتنازعتان بحماية استقلال ووحدة اراضي الدولة العازلة فهذا سيعينها على تحاشي التورط في منازعات.

بيد ان الامر لايخلو من حالات اخرى يكون فيها الاستقلال السياسي للمناطق العازلة امرا متعذرا، وذلك عندما ترتبط فكرة المناطق العازلة بالنظرية الامنية للقوتين المتنازعتين وتكون مبعث اطماع لكليهما، فالامر كفيل بظهور تعقيدات سياسية واقتصادية وعسكرية للمنطقة العازلة. هذا من ناحية ومن ناحية اخرى يتفاقم تعقيد الموقف ويكون استقلال الدولة او المنطقة العازلة مهددا اذا ما اتفقت القوتين الدوليتين على اقتسام هذه الدولة وتوزيعها الى مناطق نفوذ بينهما، وهذا الامر بلا شك يقود الى انهيار الكيان الوطني والسياسي لهذه الدولة (العازلة) ، وذوبانه في البنية الكيانية للدول المتنافسة.

6.   وسيلة التدخل :

سبق وان اشرنا الى ان تبعية التدخل في القانون الدولي قضية معقدة، والامر الذي يعنينا هنا هو كيف يستخدم التدخل كوسيلة في عملية التوازن داخل نظام توازن القوى.

وهذا الامر يبدو اكثر وضوحا عندما تبرز بعض الحالات التي لاتثق فيها بعض الدول في ولاء ونوايا دول اخرى تدخل معها كاطراف في علاقات تحالف اعتقادا منها ان هذه الدول قد تكون مدفوعة بتأثير مصالحها الذاتية الى البحث عن علاقات تحالف جديدة او محاولة استغلال بعض اوضاع وعلاقات القوى بين التحالفات المختلفة لصالحها، الامر الذي يدفع بعض الدول الكبرى الى التدخل في الشؤون الداخلية للدول التي اصبح ولائها او سلوكها موضع شك وريبة، للتأثير بقصد ضمان وجود نظام سياسي موالي لها في الحكم ولاشائبة على ارتباطه وولاءه الى هذا التحالف. وذلك في محاولة لمنع مظاهر الضعف والانهيار التي قد تبدو على التحالف، وبما قد يقود الى اخلال بالتوزيع القائم لعلاقات القوة [38].

يتضح مما تقدم بان سياسة التدخل هنا يمكن ان تتم على احد الوجهين التاليين:

أ. اما بهدف الاحتفاظ بتوازن القوى كما هو ، ويطلق على هذه السياسة التدخل الدفاعي، وجوهر هذه السياسة يتمثل في اصرار دولة على عدم تغيير توازن القوى في اتجاه لايلائم مصالحها اذا ما حدث تغيير في النظام السياسي الداخلي لدولة من الدول، ولذلك سوف يكون هدف تدخلها هو احباط هذا التغيير واسترجاع الوضع السياسي الى ماكان عليه .

ب. او بتغيره في اتجاه او اخر ، ويطلق على هذه السياسة التدخل الهجومي، وجوهر هذه السياسة يتمثل في العمل على اسقاط حكم معين وتغييره كوسيلة لتبديل توازن القوى القائم في اتجاه اكثر تلاؤما مع مصالح الدولة التي كانت وراء هذا التدخل .

رابعا: تقييم سياسات توازن القوى في العلاقات الدولية(39)

1. الجوانب الايجابية :

أ. استطاع طوال فترة تطبيقه ان يحول دون انفراد دولة واحدة بالهيمنة العالمية وبفرض نفوذ مطلق على عموم البيئة الدولية، وتبعا لذلك فان نظام توازن القوى منح الدول فرص مرونة كافية لتكييف اوضاعها وعلاقاتها مع غيرها بما يضمن لها حماية كيانها الوطني واستقلالها السياسي.

ب. نتيجة لسيادة فكرة التفوق من اجل التكافؤ فكان الهاجس الاساس هو تحقيق التوازن المتكافيء لعلاقات القوى لادراك مفاده ان هذا التوازن يمكن ان يكون رادعا قويا ضد نشوب الحروب بين الدول وخاصة الاساسية في النظام، ويتواصل مع هذا الادراك قناعة مفادها ان عدد الحروب التي كان يمكن ان تقع في المجتمع الدولي اضعاف مضاعفة لما وقع منها فعلا.

ان مايمكن ان يؤخذ على ماتقدم مما يحسب ايجابيات لسياسة توازن القوى، هو ان هذا النظام لايوفر أي ضمانات فعالة او حقيقية لصيانة السلم الدولي، وفضلا عن ذلك فان من المضامين التي تسبغ على توازن القوى هي السيادة او الهيمنة ، ولعل ثمة تناقض ظاهر لاول وهلة ، ولكن كشفا للتاريخ السياسي والعالمي يؤشر بوضوح

ان الدبلوماسيين ورجال الدولة يتطرقون الى توازن القوى وهم يريدون من وراء ذلك وضعا يمكن دولهم من الهيمنة على البيئة الدولية او الانفراد بامتيازات معينة في العلاقات الدولية ، فالقوة في هذه الحالة لايمكن ان تعتبر ضمانا اكيد لتحقيق الامن.

2. **الجوانب السلبية** [40]:

أ. عنصر عدم التيقن في سياسات توازي القوى، وبهذا الصدد يمكن الاشارة الى ان فكرة وجود عـدد مـن الدول لاتستطيع احداها ان تبلغ مرتبة القوة التي تتمكن معها من احداث اختلال في اوضـاع التـوازن الموجود، هي عملية الية اكثر من أي شيء اخر، وقد اعتمدت علـى ان حسـابات الـدول وردود افعالهـا ازاء تصرفات بعضها البعض تتم بطريقة الية دقيقة وعلى نحو يتيح في كل مرة اعادة توزيـع القـوى او تجميعها بطريقة متكافئة لتستمر معها حالة التوازن الدولي بشكل او بآخر.

ونظرا لعدم وجود مقياس للحساب الكمي يمكن ان يعتمد دوليا في تقيـيم القـوة النسـبية لكـل دولـة ولكل تحالف ومقارنتها على نحو يحقق التعادل الذي يفرضه هذا النظام، كما ان القوة القوميـة للـدول تنطوي على عدة عوامل لايمكن قياسها كميا، لـذا فـان التخمـين والتقـدير كـان هـو الاسـاس في اجـراء حسابات القوة والتي كان يبنى عليها التحرك نحو التكافؤ . ولهذا السبب ثمـة اراء تـذهب للقـول بـان التكافؤ الذي ينسب الى تحالفات القوى، هو تكافؤ غير دقيق اكثر مـن كونـه تكـافؤ فعلـي او حقيقـي [41]

ب. ان المنطق الـذي اقيمـت عليـه حتميـة التـوازن واليتـه في مجتمـع متعـدد الاطـراف ومعقـد المصـالح والعلاقات ، وفي ظل ديناميكية التغيير الذي يمس الكثير من اوضاعه وجوانبه بصفة مسـتمرة، يجعـل منه في اعتقاد البعض امرا نظريا، وهو اذا كان بالامكان قبوله حتى نظريا لتـأطير العلاقـات الدوليـة في المجتمع

الدولي فيما مضى، فيصعب تقييم العلاقات الدولية في الواقع الدولي المعاصر على وفق ادوات التحليل التي كان يعتمدها.

ج. ان الاخذ بمبدأ التوازن في النظرية الاقتصادية وعلم الاجتماع وبعض العلوم التطبيقية وحتى على صعيد النظم السياسية يمكن ثبوت قيمته تطبيقيا، بيد ان ذلك لايعني ان له نفس القيمة في دائرة العلاقات الدولية .

د. ان الفرضية التي تقوم عليها نظرية توازن القوى والتي مؤداها ان الدول في حالة حركة مستمرة مدفوعة في ذلك باعتبارات القوة وانها لاترتبطها ببعضها علاقات دائمة، تواجه انتقادات بشأن درجة واقعيتها، وذلك لان عامل القوة لايمكن فصله باي حال عن غيره من الاعتبارات ولاسيما الاقتصادية كما ان تعقد العلاقات الاقتصادية وتداخلها بين الدول يجعل من التحلل منها والانفراد باتخاذ قرار خاص بدخول بعض الدول في تحالف ضد غيرها عملية صعبة وغير عملية.

كما ان انتقال الدول من علاقة تحالف الى علاقة تحالف اخر هي الاخرى تتطلب جهود لاقناع الرأي العام في البيئة الداخلية بالدوافع والاسباب ، لذلك الانتقال ، فضلا عن ماينجم عنها من اهتزاز مصداقية صناع القرار في الدولة سواء على مستوى البيئة الداخلية او البيئة الدولية. ومع تزايد ارتباط الدول وتعقد وتداخل مصالحها سياسيا واقتصاديا وعسكريا، فان عملية الانتقال تصبح مكلفة وبالغة الصعوبة.

هوامش الفصل العاشر

(1)   انظر :

Inis Claude , Power and International Relations, (Random House, New York , 1962) ,
P.P.13.

(2)   ترجع الجذور التاريخية لسياسة توازن القوى الى دول المدينة اليونانية. فـالحرب بـين اسبارطة واثينـا نجمت عن تطلع الاولى نحو منع الثانية من زيادة قوتها، وكان " ميكافيلي" من بين الاوائـل في تطويـع مفهوم التوازن لدراسة النظام الاوربي في عصر النهضة.

F.H.Hinsley , Power and the Pursuit of Peace, Cambridge , 1963, P.167.

ثم اولى الحقوقيون والمفكرون المفهوم اهتماما ملحوظا، ويكاد الرأي يتفق على ان الفـترة الممتـدة بـين معاهدة ويستفاليا 1648 والثورة الفرنسية 1789 تعد بمثابة الفـترة التقليديـة لسياسـة تـوازن القـوى ونظامها. وتم التركيز على اهمية ظاهرة التوازن في العلاقـات الاوربيـة خـلال القـرنين الثامن والتاسـع عشر، وكان رجال السياسة الاوربيين وعلى وجه الخصوص البريطانيين منهم يهتدون بمفهـوم التـوازن في نهجهم السياسي.

انظر: د. مازن اسماعيل الرمضاني، السياسة الخارجية ، مصدر سبق ذكره ، ص 258.

وكذلك : د. كاظم هاشم نعمة ، مصدر سبق ذكره ، ص 204.

(3)   Michael P.Sullivan, OP.cit, P.173.

(4)   Sidney B.Fay, Balance of Power Encyclopedia of Social Macmillan, 1927, P.395.

(5)   د. كاظم هاشم نعمة ، مصدر سبق ذكره ، ص 203.

(6)   T.Mathisen , Methodology in the Study of International . Relations, Macmillan, 1959 , P.P.80, 98, 126, 144.

(7)   P.A.Reynolds , An Introduction to International Relations, Longman , London, 1971, P.201.

(8)   Ernst B.Hass, The Balance of Power : Prescription , Concept or Propaganda, in : William Oslan and Fred Sondermann, eds., The Theory and Practice of International Relations, (Cliffs. New York, Prentice Hall , Inc., 1966) , P.P. 89-99.

(9)   Inis Claude , Op cit, P.P.11-18.

(10)   د. مازن اسماعيل الرمضاني ، المصدر السابق ، ص ص 258-259.

(11)   المصدر نفسه ، ص 260.

(12)   د. اسماعيل صبري مقلد ، العلاقات السياسية الدولية ، مصدر سبق ذكره ، ص265.

(13)   د. كاظم هاشم نعمة ، در السابق ، ص ص 204-205.

(14)   المصدر نفسه ، ص 205.

(15)   د. مازن اسماعيل الرمضاني ، المصدر السابق ، ص ص 262-263.

(16)   Michael P.Sullivan , Op cit , P.P. 226-227.

(17)   A.F.K. Organski , Op cit, P.P. 272-274.

(18)   د. اسماعيل صبري مقلد ، المصدر السابق ، ص 266.

(19)   المصدر نفسه ، ص ص 266-267.

(20)   د. كاظم هاشم نعمة ، مصدر سبق ذكره ، ص ص 12-18.

(21)   Morton Kaplan , Some Problems of International Systems Research on the International Politics Systems ed. By Naomi Rosenbaum, Prentice – Hall, 1970.

(22)   Inis Claude , Swords in to Plawsheres, (Random House, New York , 1958) , P.14.

(23) د. ثامر كامل محمد ، التحولات العالمية ومستقبل الدولة في الوطن العربي ، (عمان ، مركز المستقبل للدراسات الاستراتيجية ، 2000)، ص 246.

(24) د. كاظم هاشم نعمة ، مصدر سبق ذكره ، ص 214.

(25) Morton A.Kaplan, Varianton Six Models of the Internationl System , in J.V.Rosenau, OP cit, P.292.

(26) Karl W.Deutsch , Op cit , P.P. 170-172.

(27) د. اسماعيل صبري مقلد ، المصدر السابق ، ص 268.

(28) د. كاظم هاشم نعمة ، مصدر سبق ذكره ، ص 233.

(29) A.F.K.Organski , Op cit, P.275.

(30) د. اسماعيل صبري مقلد ، المصدر السابق ، ص 269.

(31) د. كاظم هاشم نعمة ، مصدر سبق ذكره ، ص 235.

(32) Ole R.Holsti , P.T.Hopmann, and J.D.Sullivan, Unity and Disintegration in International Alliances : (Comporative Studies, New York , 1973), P.P. 4-6.

(33) Edwin H.Fedder, The Concept of Alliance , in D.S.Mclellan ed. The Theory and Practic, Macmillan , 1970, P.377.

(34) George Liska, Nations in Alliance, Baltimove, 1962, P.26.

(35) د. اسماعيل صبري مقلد ، المصدر السابق ، ص 271.

(36) المصدر نفسه ، ص 273.

(37) انظر : المصدر نفسه ، ص 273 -275.

وكذلك : د . كاظم هاشم نعمة ، مصدر سبق ذكره ، ص 247.

(38) المصدر نفسه، ص 276.

(39) Vernon Van Dyke, Op cit, P.P. 239-244.

(40) د. اسماعيل صبري مقلد ، مصدر سبق ذكره ، ص ص 279-280.

(41) Frederick Hartmann, World in Crisis, Op cit, P.174.

الفصل الحادي عشر

التنظيم الدولي ونظام الامن الجماعي

المقدمة :

لاشك ان من ابرز جوانب الاختلاف الرئيسة بين عصر التنظيم الدولي والعصر السابق عليه ، انما يتمثل في تباين النظرة والموقف من ظاهرة الحرب، ومن الشروط الواجب توافرها لاقامة السلام وتحقيق الامن.

لقد كانت الحرب في العصر السابق على انشاء المنظمات الدولية المتمثلة في عصبة الامم عام 1919 وفي الامم المتحدة عام 1945 ، ظاهرة تكاد تكون مشروعة ، ولم يال فقهاء القانون الدولي التقليدي جهدا في محاولـة تنظيمها . ومع ذلك شهد النصف الثاني من القرن التاسع عشر نشاطا واسعا في مجال الدعوة الى السلام تكلـل في عقد مؤتمر بروكسل عام 1874 ، ومؤتمر لاهاي الاول للسلام عام 1899 ، ثم مؤتمر السلام الثاني بلاهاي ايضا عـام 1907 ، بيد ان هذه الجهود الدولية انصرفت فقط الى وضع القواعد القانونيـة التـي تحكـم تنظيـم سـير القتـال دون ان تتعرض بالبحث او الدراسة الى مشروعية ظاهرة الحرب ذاتها.

ولايعكس التحول الى عصر التنظيم الدولي معنى انتهاء ظاهرة الحرب او التهديد بـاللجوء اليهـا كـأداة فعالة لتحقيق الاهداف القومية للدول ، فقد انشئت عصبة الامم كجزء من التسـوية الاوربيـة لمـا بعـد الحـرب العالمية الاولى، ثم حلت محلها الامم المتحدة في اعقاب نهايـة الحـرب العالميـة الثانيـة ، ولكـن لم تنتـه ظاهـرة الحرب كاداة لتحقيق المصالح الوطنية للدولة. وثمة رأي راجح يؤكد بان الدلالة الحقيقية لعصر التنظيم الـدولي انما تكمن في الانتقال من نظام الدولة الى النظام الدولي والذي تتوفر لديـه مجموعـة مـن القواعـد التـي تـنظم انماط التفاعلات بين اطرافه من الدول وغيرها من الفاعلين الدوليين، كما يقـوم كـذلك عـلى وجـود قواعـد عمـل تسمح لغير الدول من ان تعمل وتتفاعل بعضها مع البعض ومع الدول على حد سواء [1].

اولا: مفهوم الامن الجماعي

يقصد بنظام الامن الجماعي ، العمل الجماعي المشترك بين اعضاء التنظيم الدولي من اجل المحافظة على السلام الدولي [2]. ويهدف الى الحيلولة دون تغيير الواقع الدولي او الاخلال بعلاقاته او اوضاعه على نحو غير مشروع، وذلك عن طريق تنفيذ تدابير دولية جماعية كقوة ضاغطة ومضادة لمحاولات التغيير تلك ، ونظام الامن الجماعي لايلغي التناقضات القائمة في مصالح الدول او في سياساتها، وانما يستنكر العنف المسلح كاداة لحلها ويركز بدلا من ذلك على الوسائل السلمية [3].

والامن الجماعي كفمهوم يفترض ان يقوم على قدر عال من الحياد والنزاهة في التعامل الدولي [4]. وان يمثل جميع المحاولات المبذولة على الصعيد الدولي والرامية الى ضمان الامن الخارجي لمجمل الدول المعاصرة، وهو مايجعل مهمة حفظ السلام الكونية مهمة جوهرية واساسية كانها قضية قومية [5]. وبهذا المعنى يتعين على امن الجزء ان يكون مرتبطا عضويا بامن الكل، ومن ثم فعندما يتعرض الجزء للتهديد او العدوان فان مسؤولية ردع هذا التهديد او دحر ذلك العدوان تقع على عاتق الكل وليس الجزء وحده.

لذا تتمثل الفكرة التي يبنى عليها نظام الامن الجماعي، في ان احباط العدوان او ردعه في المجتمع الدولي، لايمكن ان يتحقق بالاحتكام الى المنطق او الاخلاقيات الدولية، وانما يكون بوضع العدوان في مواجهة قوى متفوقة عليه، فهذا التفوق هو الذي ينتج من الاثار الرادعة مايضمن الابقاء على الوضع الدولي القائم دون تغيير، هذا الى جانب ان نظام الامن الجماعي يقوم على ردع العدوان ايا كانت مصادره، وايا كانت القوى التي يتحرك في اطارها. وبذلك فانه لايستهدف مصادر محددة بالذات، او تقييد بعض الاطراف دون البعض الاخر، وانما يطبق هذه التدابير العقابية في مواجهة أي دولة تلجأ الى الاستخدام غير المشروع للقوة في علاقاتها الدولية [6].

وبذلك فالامن الجماعي يمثل التعاون الطوعي بين الدول المستقلة في اعمال تنفيذية مشتركة وتوسيع افق المصلحة الذاتية والقومية وانما التفاهم الدولي [7]. ويشتمل

مفهوم الامن الجماعي على شقين الاول وقائي (سلبي) ويتمثل في الاجراءات الوقائية التي تحـول دون وقوع العدوان او التهديد للامن الدولي، والثاني علاجي (ايجابي) ويتمثل في الاجراءات اللاحقة علـى وقـوع العـدوان [8].

يتضح تقليدياً بان التطبيق الفعال لنظام الامن الجماعي يلغي او يقلل من احتمالات استخدام العنف المسلح في العلاقات الدولية، ذلك ان مجرد التهديد باستخدام قوة المجتمع الدولي ضد أي دولة تفكر في اقتراف العدوان سيجعلها تتردد عن الدخول في مخاطرات تعلم مقدما انها ستكون الخاسرة من ورائها [9].

في ضوء ماتقدم فان الالية التي يعمل على وفقها نظـام الامـن الجماعـي تقـوم علـى جملـة افتراضـات يتمثل ابرزها بما يلي:

أ.   بعد الاتفاق على تحديد مصدر العدوان يقوم المجتمع الدولي باتخـاذ الاجراءات الكفيلـة بردعـه علـى نحو سريع وفعال بهدف احتواءه وتلافيا لاتساع نطاقه واثاره.

ب.   ان هدف مقاومة العدوان يعد واجبا اخلاقيا على الدول الاعضاء في المجتمع الدولي.

ج.   ان مشاركة الدول في التدابير الجماعية التي من شأنها مواجهة المعتدي تكون تبعـا لارادة هـذه الـدول وما تتمتع به من حرية ومرونة في هذا الشأن.

د.   الضغوط والاجراءات الجماعية الفعالية ومايصاحبها من تدابير، كفيلة بتأمين القـدرة علـى رد العـدوان وافشاله.

هـ   هذا الموقف الدولي الجماعي الحاسم المزمع على مواجهة العدوان يهدف في جانب منه الى اشاعة الادراك لدى صناع القرار في الدولة العازمة على تنفيذ العدوان بانها لن تستطيع ان تقاوم رد فعل المجتمع الدولي وان مغامرتها لن تعود عليها بالنتائج التي ترجوها بل قد تلحق بها هزيمة محققة.

ثانيا: الاطار النظري للامن الجماعي في ظل التنظيم الدولي

مامدى اهتمام التنظيم الدولي بمفهوم الامن الجماعي؟ وماهي الوسائل التي يرى ضرورتها لتحقيقه والحفاظ عليه؟

يلاحظ في هذا الصدد ان عهد عصبة الامم على الرغم من اهتمامه وبدرجة ملحوظة بوسائل فض المنازعات بالطرق السلمية وبتنظيم عملية اللجوء الى الحرب لم يذكر مفهوم الامن ضمن المواد المنظمة للعمل داخل العصبة. وقد نصت (المادة 11) من عهد العصبة على ان : ((يعلن اعضاء العصبة بان أي حرب او تهديد بها، سواء كان ام لم يكن له تأثير في أي عضو من اعضاء العصبة ، يعتبر مسألة تهم العصبة جميعا، اذا وقع مثل هذا الطارئ ، ويقوم الامين العام بناء على طلب أي عضو في العصبة بدعوة المجلس للاجتماع فورا. كما يعلن اعضاء العصبة بان من حق كل عضو في العصبة ان ينبه الجمعية العامة او المجلس الى أي ظرف له تأثير على العلاقات الدولية على نحو يهدد بالمساس بالسلام الدولي او حسن التفاهم بين الامم الذي يعتبر اساسا للسلام)) .

بيد ان الامم المتحدة كانت سباقة على الدول في استخدامها لمصطلح الامن الدولي، حينما نص الميثاق في (المادة الاولى الفقرة الاولى) على ان من بين مقاصد الامم المتحدة ((حفظ السلم والامن الدولي، وتحقيقا لهذه الغاية تتخذ الهيئة التدابير المشتركة الفعالة لمنع الاسباب التي تهدد السلم ولازالتها، وتقمع اعمال العدوان وغيرها من وجوه الاخلال بالسلم، وتتذرع بالوسائل السلمية ، وفقا لمبادئ العدل والقانون الدولي. لحل المنازعات الدولية التي قد تؤدي الى الاخلال بالسلم او لتسويقها)) . والامم المتحدة تستخدم مفهوم الامن الدولي لتعني به في الواقع اجراءات الامن الجماعي[10]. وذلك لان الامن الدولي يعني حالة الامن التي يتمتع بها الفاعلون الدوليون وكذلك النظم الفرعية، فهو يعني حاصل جمع مقدار مايتمتع به كل طرف دولي من امن، كما يعني ايضا مدى الحد من معدل ومستوى العنف او الصراع بين تلك الاطراف. وهكذا فان الامن الجماعي يتمثل في الجوانب الاجرائية لمفهوم الامن الدولي والتي يمكن للامم المتحدة وغيرها من المنظمات التي تضم الدول في عضويتها

ان تقوم بها حفاظا على السلم ودرءا لمخاطر تهديد الاستقرار والامن. ولذلك هنـاك مـن يعـد الامـن الجماعـي الوظيفة الرئيسة للمنظمة الدولية والباعث الاساس على قيامها او المبرر لوجودها.

وقد وردت في عهد عصبة الامم وميثاق الامم المتحدة عدة نصوص لمـواد وفقـرات تتعلـق في جملتهـا بتحقيق الامن الجماعي لاعضاء التنظيم الدولي، وفي هذا الصدد وفي محاولة لتوفير البيئة الدولية الملائمة لتحقيق الامن والحفاظ عليه، اثير الكثير من النقاش حـول تحديـد العـدوان Aggression الـذي يشـكل تهديـدا للسلم والامن الدوليين، ثم ادوات درء العدوان، ومسألة التسوية السلمية للمنازعات، وخفض التسلح واخيرا العقوبـات التي يمكن توقع على الدولة التي تخل بالسلم والامن [11]:

1. العدوان وتهديد الامن الجماعي :

اعتبر عهد عصبة الامم الحرب مسألة تهـم العصبة جميعـا ، ولكـن لم يحـدد المقصـود بالعدوان، وفي اعقاب الحرب العالمية الاولى جرى العمل على التمييز بين نوعين من الحرب حرب العـدوان مـن جانـب وحـرب الدفاع من جانب اخر ، اذ نص مشروع المعونة المتبادلة الذي وضعته عصبة الامم عام 1923 عـلى اعتبـار حـرب الاعتداء جريمة دولية، وعلى تعهد الدول الموقعة عليه بالامتناع عنها، ومع ذلك فان هـذا المشروع لم يحـدد المقصود بالعدوان، وقد وصف بروتوكول جنيف عام 1924 العدوان بانه جريمة دوليـة ووصف حـرب العـدوان بانها الحرب التي توجهها دولة طرف في البروتوكول ضد دولة اخرى طرف فيه اخلالا منهـا بمـا نـص عليـه مـن واجب حل منازعاتها بالطرق السلمية. اما ميثاق باريس الذي صدر في 27 اب / اغسطس 1928 ووقعه منـدوبو خمس عشرة دولة فقد نص في ديباجته على نبذ الحرب باعتبارها اداة سياسية قوميـة، كـما نصـت المـادة الاولى منه على تأكيد استنكار الالتجاء الى الحرب لتسوية الخلافات الدوليـة... ومـع ذلـك لم يتوصـل هـذا الميثـاق الى تحديد معنى العدوان، ولذلك لم يتوصل الى اقامة نظام لرقابة تنفيذ نصوصه [12].

وقد جاء في المادة الاولى لميثاق الامم المتحدة ... ان حفظ السلم والامن الدولي يتطلب – ضمن اشياء اخرى – قمع اعمال العدوان وغيرها من وجوه الاخلال بالسلم، ولكنها لم تحدد معنى العدوان ، حتى احالت الجمعية العامة الموضوع الى لجنة القانون الدولي التابعة لها والتي انشأت لجنة خاصة لهذا الامر عام 1951 ولجنة اخرى عام 1952 مكونة من خمسة عشر عضوا لدراسة الانواع المختلفة من العدوان ، وهذه اللجنة اشارت الى ثلاثة انواع من العدوان هي العدوان المسلح ضد الوحدة الاقليمية للدولة، والعدوان الاقتصادي الذي يستهدف ممارسة الضغط الاقتصادي، والعدوان الايديولوجي ومايرتبط به من حروب الدعاية والحرب النفسية، واستمرت المناقشات بهدف تحديد تعريف للعدوان حتى الدورة 29 للجمعية العامة والتي اصدرت قرارها رقم 3314 بتاريخ 18 كانون الاول/ ديسمبر 1974 والذي عرف العدوان كمايلي:

أ.   العدوان هو استعمال القوة المسلحة من قبل دولة ما ضد سيادة دولة اخرى او سلامتها الاقليمية او استقلالها السياسي او باية صورة اخرى تتنافى مع ميثاق الامم المتحدة وفقا لهذا التعريف.

ب.   المبادأة باستعمال القوة من قبل دولة ما خرقا للميثاق تشكل بنية كافية مبدئيا على ارتكابها عملا عدوانيا، لمجلس الامن طبقا للميثاق ان يخلص الى انه ليس هنالك مايبرر الحكم بان عملا عدوانيا قد ارتكب وذلك في ضوء ملابسات اخرى وثيقة الصلة بالحالة بما في ذلك كون التصرفات محل البحث او نتائجها ليست ذات خطورة كافية، اما فيما يتعلق باشكال العدوان فيمكن الاشارة الى الصور التالية:

(اولا). الغزو والاحتلال العسكري لدولة ما من جانب دولة اخرى.

(ثانيا). القصف العسكري لاقليم دولة ما ، وحصار موانئ وسواحل دولة باستخدام القوة المسلحة لدولة اخرى.

(ثالثا). تورط الدول في اعمال التخريب وذلك باستخدام جماعات مسلحة او قوات وجنود غير نظاميين او مرتزقة.

وعلى الرغم من الجهود الدولية التي ساهمت في التوصل الى هذا التعريف للعدوان، لكنها ليست كافية ولاتشتمل على كل مظاهر التهديد للامن الدولي ، فظاهرة عدم العدالة في التبادل الدولي والكيل بمكيالين وازدواج المعايير قد تؤدي الى صور من التوتر لاتقل خطورة عن الغزو العسكري، كما ان قيام دولة ما بتشجيع وتأييد اقليات او جماعات داخلية ضد اخرى او ضد النظام السياسي المعترف بحكومته دوليا، وبما ينطوي على تهديد الامن ويدفع بالتالي الى مزيد من التوتر وعدم الاستقرار، وهناك مسألة اخرى على قدر عال من الاهمية وهي ان هذا التعريف يعاني من المسألة الاجرائية المتعلقة برؤية كل دولة على حدة لما يعتبر عدوانا وتبنيها موقفا قد لايتفق كليا او جزئيا مع مايذهب اليه التعريف.

2. تسوية المنازعات الدولية بالطرق السلمية :

سبق وان تم التطرق الى هذا الموضوع عند الحديث عن الوسائل الدبلوماسية والسياسية في تسوية المنازعات والصراعات الدولية، وعموما فقد نصت (المادة الثانية الفقرة 3) من ميثاق الامم المتحدة على ان (يفض اعضاء الهيئة منازعاتهم الدولية بالوسائل السلمية على وجه لايجعل السلم والامن والعدل الدولي عرضة للخطر) . ولكن حل المنازعات الدولية بالطرق السلمية وعدم الالتجاء للقوة كوسيلة لفض المنازعات بين الدول انما يتوقف في المجتمع الدولي على حسن النية من جانب اعضاء التنظيم الدولي، واذا ماتعارضت حسن النية مع المصلحة الوطنية للدولة، او اذا كان تحقيق اهداف الامم المتحدة يتعارض مع رؤية الدولة لامنها القومي ، وانه ليس هناك مايلزم الدول بحل منازعاتهم بالطرق السلمية ويمنعهم من التصعيد الى حد الصدام المسلح، كما ان حق الدفاع الشرعي الذي كفله الميثاق بموجب (المادة 51) ، قد استخدم مرارا لتبرير العدوان، فالمعتدي كان ولازال دائما يبرر عدوانه بوجود تهديد لامنه وأمن سكانه واستقرارهم، والواقع انه في ظل النظام الدولي المعاصر يصعب التمييز بين النوعين من استخدام القوة، استخدامها كوسيلة للعدوان، واستخدامها بهدف الدفاع الشرعي، حيث ان سلطات التدقيق ومعرفة الحقيقة او البحث فيها لم تزل غائبة

عن العمل الدولي في هذا الشأن، كما ان الذي يحكم مثل هـذه المواقـف هـو ادراك الدولـة لمـا يشـكل تهديـدا لامنها، وليست النصوص كما وردت في الميثاق، ولايستطيع احد ان ينكر الارتباط الايجابي بين عدم استخدام القوة في حل المشكلات الدولية واللجوء بدلا منها للطرق السلمية وبين تحقيق الامن الدولي، ذلـك ان الامن في جانـب منه يقتضي القدرة على مواجهة التهديدات واحتوائها دون ان تنفجر في شكل صراعات وحـروب، وبهـذا المعنـى فقد ارادت الامم المتحدة – ومن قبلها عصبة الامم – ان توفر المناخ الدولي الموائم لتحقيق الامن [13].

ومن هنا فان مقتضيات الامن القومي تستوجب بدرجة كبيرة اهمية وضرورة الامن الجماعي.

3. خفض التسلح :

بالاضافة الى مناشدة الكثير من المفكرين حول ضرورة خفض ميزانيات التسلح كوسيلة للحد من سباق التسلح الذي غالبا يسهم في زيادة حدة التوتر ويغري باللجوء الى مغـامرات في البيئـة الدوليـة ... فقـد حاولـت عصبة الامم وكذلك الامم المتحدة من بعدها ان تضع نظاما لخفض التسلح في محاولة لتقليص احتمالات اللجوء الى السلاح وتهديد الامن الدولي.

وبهذا الصدد يوضح عهد عصبة الامم بان مجلس العصبة بمثابة الجهاز الذي يقوم باعـداد المشروعات الخاصة بخفض التسلح حيث نصت (المادة 8 الفقرة 1) من العهد على اقرار اعضـاء العصبة بـان حفـظ السـلام يتطلب تخفيض الاسلحة الوطنية الى اقل مستوى يتفق مع الامن الوطني وتنفيذ الالتزامات الدولية عـن طريـق القيام بعمل مشترك، ونص العهد على ان يعاد النظر في هذا التخفيض كل عشر سنوات.

بينما ذهبت الامم المتحدة في منحى اكثر تطورا إذ بادرت بعقد مفاوضات بشأن خفض التسلح ونـزع السلاح خصوصا السلاح النووي منذ عام 1946 أي بعد عام واحد على انشائها وبعد عام واحد على قيام الولايات المتحدة بالقاء قنبلة ذرية على كل من هيروشيما ونكازاكي، وقد برزت ثلاثة اتجاهات رئيسة في هذا الصدد :

أ. تحريم تجارب التفجير النووي، حيث تم التوصل الى معاهدة موسكو بشأن حظر اجراء تجارب التفجير الذري في الجو وفي الفضاء الخارجي وتحت الماء، وهذه الاتفاقية تم التوقيع عليها من كل من الولايات المتحدة والاتحاد السوفيتي عام 1963.

ب. منع انتشار الاسلحة النووية ،وقد تم التوصل في عام 1968 الى معاهدة منع انتشار الاسلحة النووية وتم كذلك التصديق عليها.

ج. محاولة الابقاء على بعض المناطق خالية من الاسلحة النوويةNuclear Free Zones ومن اهم تلك المناطق، منطقة وسط اوربا وخصوصا المانيا، وبالاضافة الى ذلك فقد قررت الجمعية العامة للامم المتحدة عام 1969 ان يكون العقد الممتد مابين 1970-1980 عقدا لنزع السلاح ، واوصت الجمعية العامة في قرارها الصادر بتاريخ 7 كانون الاول / ديسمبر 1973 باجراء تخفيض مقداره 10% من الميزانيات العسكرية للدول الخمس الدائمة العضوية في مجلس الامن، وتخصيص هذه المبالغ لمساعدة الدول النامية.

وتجدر الاشارة الى ان أي من تلك المقترحات لم توضع موضع التنفيذ، وذلك نظرا لان كل دولة تنظر الى حجم تسليحها كضرورة تمليها عليها اعتبارات داخلية وخارجية من بينها رؤيتها الذاتية لامنها القومي ولمصادر تهديده، ولكيفية حماية مصالحها الوطنية، دون النظر الى مصالح الاخرين. ويعزز من هذا التوجه ان الامم المتحدة قد فشلت في محاولاتها تكوين قوة مسلحة فعالة تابعة لها، وتحل محل القوات العسكرية الوطنية للدول الاعضاء فيها.

ثالثا: الامن الجماعي في عالم مابعد الحرب الباردة

كما اتضح لدينا، ان موضوع الامن الجماعي لايعد جديدا في النظام الدولي، فقد بدأ تطبيقه في العلاقات الدولية مع قيام عصبة الامم بعد الحرب العالمية الاولى، وجسد ميثاق الامم المتحدة التعبير السياسي والقانوني له ، ولكن الجديد فيه يتمثل في

الوسائل المقترحة التي يفترض ان تعزز منه، وتسعى لفرض احترامها وماعكن توظيفه منها لخدمة طروحات وشعارات الوضع الدولي الجديد - والتي وردت لها اشارات واضحة في البيان الختامي لمجلس الامن الدولي الصادر عن اجتماع رؤساء الدول والحكومات المنعقد في 31 كانون الثاني/ يناير 1992، ومن اهم هذه الوسائل (الدبلوماسية الوقائية، نزع السلاح، والسيادة المرنة المقيدة) ، فما هو مضمون هذه الاصطلاحات؟ وكيف وظفت سواء في اطار نظام الامن الجماعي ، او في اطار تحقيق اهداف ومصالح القوى الدولية المهيمنة على النظام الدولي في عالم مابعد الحرب الباردة.

1. الدبلوماسية الوقائية :

ويقصد بها بذل الجهود والمساعي الدبلوماسية المبكرة بهدف منع وقوع النزاعات، وترجيح وجهات النظر التي تكفل تحقيق السلم والاستقرار ، ويقصد بها ايضا تعزيز قدرة الامم المتحدة من خلال مجلس الامن على معالجة قضايا السلم والامن الدوليين، وان يصرف مجلس الامن جهودا اكبر لا الى معالجة النزاعات المسلحة حيثما تقع (كما يجري في العادة) وانما الى انعاش قدرته على تفادي النزاع المسلح والحيلولة دون وقوعه، ومناقشة الحالات التي تهدد بالانفجار في وقت مبكر [14].

ويتكون اصطلاح الدبلوماسية الوقائية من شقين: اولهما . الدبلوماسية التي تشكل الوسيلة . وثانيهما. الوقاية التي تمثل الغاية او الهدف. ولو امكن تطبيق مبدأ الدبلوماسية الوقائية بنزاهة وعدالة لامكن تجنيب العالم شرور حروب وازمات عديدة فهذا المبدأ بصفته المجردة ينطوي على اهمية بالغة في حفظ الامن وتسوية المنازعات سلميا، ولكنه من المرجح في ظل الوضع الدولي الجديد ان يستقر التفسير على ان الهدف وهو الوقاية من نشوب الصراعات يبرر الوسيلة وبالتالي فليس بالضرورة ان تقتصر على السبل الدبلوماسية [15]، لاسيما وان الامم المتحدة قد ارتضت لنفسها في احيان كثيرة التحول من منظمة لحفظ السلام الى القيام باحلال (السلام) بالقوة العسكرية.

وبما ان مطالب الحرب اكثر من مطالب السلام فان أي من العمليات العسكرية التي شنت لهذا الغرض لم تتم تحت ادارة وسيطرة الامم المتحدة بل تبعا لارادة ومصلحة بعض اعضاء مجلس الامن الدولي وتحت سيطرتهم [16]. وقد اصبح مجلس الامن يعطي لنفسه صراحة سلطة التدخل في مايوصف بالمجالات الانسانية ومشاكل اللاجئين باعتبار ان عدم الاستقرار في هذه الميادين يشكل تهديدا للسلم والامن الدوليين، ويعد ميله نحو توسيع مايشكل تهديدا للسلام دافعا لخلق مزيدا من الفرص للتدخل في الشؤون الداخلية للدول. وبينما انشئ في الواقع لكي يعطي اساسا قانونيا للقرارات التي تسمح بالتدخل فقد وظف مايمكن وصفه بالسبل الوقائية للافلات من الرفض او الرد التقليدي (بان مايسمى بالتدخل الانساني يمكن ان يوفر الفرص للتنافس بين الدول الكبرى) [17]. الامر الذي يعني ازالة المزيد من القيود (المفروضة) على حرية الدول المهيمنة على الوضع الدولي الجديد في التدخل (بشكل قانوني ظاهر) في اية دولة وفي أي منطقة من العالم ليس فقط لرد العدوان او لحماية الديمقراطية او مكافحة الارهاب او لمنع تفجير النزاعات، وهي الذرائع القانونية المستحدثة للتدخل، وانما لتحقيق اهدافها ومصالحها وتبرير مواقفها ازاء انظمة سياسية بعينها.

الامر الذي يعني ان ميثاق الامم المتحدة قد اصبح معدلا تعديلا عرفيا بحيث يعطي لمجلس الامن السلطة الكاملة في ان يكون سيد قراره، يقرر مايشاء وقتما يشاء دون الالتزام باحكام واجراءات الميثاق.

2. نزع السلاح :

ان القلق على الامن غالبا مايدفع الى التسلح، وبما ان التسلح يتطلب كلف ونفقات فان الامن بالنتيجة يستنزف من الموارد، ويقود استنزاف الموارد الى تعطيل او تعويق التنمية ، وتعطيل التنمية يؤدي الى عدم استقرار، وعدم الاستقرار يعني زعزعة الامن ... وتعاد الدورة من جديد ، وتبقى العلاقة عكسية بين الهاجس الامني والتسلح من ناحية، والموارد والاستثمارات والتنمية من ناحية اخرى، لذلك يعد منهج نزع السلاح اساسيا وعالميا في معالجة قضايا الحرب والسلم والامن والاستقرار والتنمية.

وعلى الرغم من ان كل من عصبة الامم والامم المتحدة قد توجهنا بهذا الاتجاه منذ وقت مبكر الا انه لم يرد له ذكر بصورة مباشرة في ميثاق الامم المتحدة ولم تفلح الاخيرة في التوصل بصدده الى قاعدة قانونية ملزمة على المستوى الدولي.

ومع وجود معاهدة دولية تتعلق بحظر انتشار الاسلحة النووية وتحريم استخدام الاسلحة البايولوجية والكيمياوية، ومع ماحققته الاتفاقات والعلاقات الثنائية من تقدم في هذا المجال تبقى سياسة نزع السلاح تنطوي على عدة مآخذ يتمثل اهمها بما يلي:

أ.   هناك الكثير من الدول لم تنظم الى معاهدة حظر الانتشار النووي.

ب.   ان سياسة نزع السلاح لاتجري بالقدر نفسه في جميع الدول، ولاتنطوي على ضمانات كافية بالنسبة لبلدان العالم الثالث، أي انها تطبق بشكل انتقائي، حيث ان تحريما شاملا لانتاج وتخزين الاسلحة البايولوجية والكيمياوية مع اهمال متعمد لموضوع تحريم واستخدام الاسلحة النووية الا على بعض الدول دون اخرى ، يشكل نقصا خطيرا في القواعد القانونية الدولية.

ج.   ان الدول المهيمنة على النظام الدولي الحالي قد ربطت بين التقنية المتقدمة والتقنية لاغراض التسليح، الامر الذي ادى الى حرمان الكثير من الدول ولاسيما في العالم الثالث من حق الحصول على التقنية المتقدمة للاغراض السلمية لتدعيم برامجها الاقتصادية والتنموية بدعوى تقييد فرصها بالحصول على تقنية التسليح.

3.   السيادة المرنة (المقيدة) :

ورد مبدأ السيادة في (المادة الثانية الفقرة الاولى) من ميثاق الامم المتحدة واعلنت جميع الدول تمسكها به وبضرورة احترامه... وهو احد الاعمدة التي يقوم عليها النظام الدولي الحالي، كما يعد من دعائم القانون الدولي التقليدي.

وقد ظهرت في ظل التغيرات العالمية الجديدة العديد من الكتابات التي تمعن في التأكيد على ان مفهوم السيادة ولد منذ البداية عاريا في جوهره في المطلقية الظاهرية التي يتشح بها باعتبار ان المعاهدات الدولية قد رسمت مبكرا رتوش النسبية

على وجه السيادة الوطنية وكذلك فعلت غيرها من المعاهدات متعددة الاطراف الى ان قنن امر نسبية السيادة في اطار المنظمات الدولية [18].

وفي مقالته (نحو دور اقوى للامم المتحدة) اشار الامين العام السابق للامم المتحدة " د. بطرس غالي" (... ان المبدأ السائد منذ قرون، مبدأ السيادة المطلقة والخاصة) لم يعد قائما... ومن المقتضيات الفكرية الرئيسة لزماننا ان نعيد التفكير في مسألة السيادة لا من اجل اضعاف جوهرها ... وانما بقصد الاقرار بانه يمكن ان تتخذ اكثر من شكل وان تؤدي اكثر من وظيفة [19].

وهكذا تعرضت مفاهيم السيادة الوطنية في ظل التغيرات العالمية الجديدة لعملية اعادة تقييم، ولم تعد المفاهيم الاستقلالية من الثوابت بل تحولت الى قضية خلافية تخضع لوجهات النظر المختلفة، ولعل مجرد القاء نظرة على صرح السياسة الدولية يكشف عن مظاهر تآكل مفاهيم السيادة ويؤكد ان عمليات التدخل والاختراق قد اصبحت من ابرز تقاليد الوضع الدولي الراهن [20] وضمن وسائل القوى المهيمنة عليه في التعامل مع الاخرين.

ونظرا الى توافق اراء مختلف المفكرين على ان مبدأ السيادة الخارجية للدولة في مواجهة الدول الاخرى يعد بمثابة المرادف في مجمله لمفهوم الاستقلال الذي ينشئ حقوق الدولة والتزاماتها تجاه الدول الاخرى في اطار مبدأ المساواة بين الدول والاحترام المتبادل لعناصر كل منها، فان أي تأثير يصيب سيادة الدول ينال من استقلالها ومن حريتها في اتخاذ قراراتها وفق ايديولوجيتها ومصالحها.

ان هذا التهميش الواضح لفكرة السيادة (ودور الدولة) يصب في اطار التمهيد لمسوغات التدخل الخارجي، وبما انه لايمس الدول المهيمنة على الوضع الدولي الجديد، فان المستهدف هو بلدان العالم الثالث تحت غطاء العولمة والاعتمادية [21].

ويبقى من الاهمية بمكان الاشارة الى الحقيقتين التاليتين :

الحقيقة الاولى : هي ، ان الاهم من التقنين والتنظيم الدولي في مجال تآكل السيادة الوطنية وتهميشها هو ميزان القوى الدولي بمعانيه الاستراتيجية والسياسية والاقتصادية لاسيما وان التساوي في السيادة بين الدول سواء في عضوية الجمعية

العامة للامم المتحدة او في بروتوكولات التعامل فيما بينها هو مسألة تتعلق بالشكل والمظهر اكثر مما تتعلق بجوهر العلاقات الدولية القائمة على موازين القوى [22].

اما الحقيقة الثانية: فهي تتمثل في ان ميلاد التنظيم الدولي قد عمد الى تأكيد وترسيخ سيادة الدول الفردية في مواجهة الدول الفردية الاخرى من ناحية ، بينما ادى من ناحية اخرى الى تقليص جانب من تلك السيادة في مواجهة التجمع الدولي بهدف الحفاظ على السلم والامن الدوليين والتعاون لتحقيق الرفاه، وقد اتاحت التغيرات الدولية الجديدة مظاهر فعلية لانفراد الولايات المتحدة في زعامة شبه مطلقة وهيمنة على العالم... ولو لفترة وبالتبعية على توجهات المنظمة الدولية وطبيعة قراراتها واولوياتها [23]. الامر الذي يجعل من العولمة والاعتمادية مجرد وسيلتين لتبعية مايمكن وصفها بدول المحيط (الاطراف) لدول المركز، وتحديدا لقيادة المركز أي الولايات المتحدة، وهذه التبعية والتي غدت تسري عند عدد غير قليل من الدول ... تسهم في زيادة شفافية هذه الدول وانظمتها السياسية وانكشافها واضعاف قدرتها على المقاومة، والتجاوز الضمني للسيادة والاستقلال . ولعل مايمكن ان يستخلص من جملة ماتقدم يتمثل في الاتي:

أ. ان فعالية تدخل الامم المتحدة في الازمات الدولية ماتزال تتوقف على مدى ماتمثله هذه الازمات من تأثير على مصالح الدول المهيمنة على مقدرات الوضع الدولي الجديد، وماتوفره من فرص تخدم اهداف وتطلعات هذه الدول.

ب. ان الامم المتحدة ونظرا لعدم امتلاكها قرارها – بالكامل – وخضوعها لضغوط وتأثيرات القوى المتنفذة فيها والمهيمنة عليها وعلى مجلس الامن ، سوف تستمر في استخدام اسلوب انتقائي عند مواجهة (التهديدات) التي توصف بانها تعكر صفو السلام العالمي وتبعا لاهداف ومصالح تلك القوى، وعلى حساب اهداف ومصالح الكثير من الدول.

ج. ان نهج الاسلوب الانتقائي سوف يقود الى ازدواجية المعايير، والى فقدان الامل بعدالة الاجراءات وتطبيقها بعيدا عن الانتقائية والتسيس الدولي، وهو مانشاهده اليوم في عدة مناطق من العالم ، واتجاه العديد من الدول.

د. ان صفات مثل الاستبداد والانتقائية والتسيس الناجمة عن علاقة الولايات المتحدة بالامم المتحدة وهيمنة الاولى على الثانية وتحكمها بخياراتها وتوجهاتها، سوف تمثل اسباب كافية لزعزعة الثقة بنظام الامن الجماعي، وبنزع الثقة عن العديد من ممارسات المنظمة الدولية بعامة والتنظيم الدولي بالنتيجة [24].

رابعا: مجلس الامن والشرعية الدولية

يوصف مجلس الامن بانه الجهاز التنفيذي الرئيس في الامم المتحدة، وقد اولاه ميثاق المنظمة اهمية فائقة تمثلت في كيفية تشكيله وطبيعة المهام الملقات على عاتقه، ونوع الاختصاصات المعهود بها اليه، والوسائل التنفيذية المتاحة له دون غيره من الاجهزة الاخرى. وهو لهذه ولاعتبارات اخرى اكثر عرضة للنقد من غيره من اجهزة المنظمة الاخرى سواء فيما يتعلق بتكوين وصناعة قراراته، والتصويت فيه، او طريقة معالجته لقضايا السلم والامن الدوليين لذلك فان كل دعوة لاصلاح الامم المتحدة تتجه اساسا نحو اصلاح مجلس الامن.

ان دعوات الاصلاح قد تكررت في السنوات الاخيرة وهي منصبة حول مسألتين اساسيتين ، الاولى تركز على نهج جديد يتعلق بوسائل المجلس والياته، والثانية تهتم بالعضوية وتكوين المجلس ومايتصل بهما من اعادة النظر في منظومة القوى صانعة القرار فيه. وماهو جديد ومهم يتمثل في خضوعه في قراراته لموازين القوى العالمية مما قد يجعل من شرعية قراراته موضع نظر وتساؤل.

1. اوجه الخلل في الهيكل التنظيمي القائم لمجلس الامن الدولي:

أ. ان واحدة من اهم النقاط الرئيسة التي توضح الخلل في الهيكل التنظيمي للمجلس تكمن في ان عدد الدول الاعضاء في الامم المتحدة عام 1945 عند التأسيس كانت 51 دولة، وكان عدد اعضاء مجلس الامن في حينه 11 عضوا أي بنسبة تمثيل تبلغ 20% ، اما اليوم وبعد اكثر من نصف قرن فان عدد

الدول الاعضاء في المنظمة الدولية قد تجاوز 190 دولة بينما يبلغ عدد اعضاء مجلس الامن 15 عضوا أي بنسبة تمثيل تقل عن 8%.

ب. ان الهيكل التكويني للمجلس في شكله الحالي لايعكس مصالح الدول النامية مع تزايد حجم عضويتها في الامم المتحدة ، ويمكن ايضاح ذلك كما يلي:

(اولا). ان اسيا التي تضم 43 دولة لاتحظى الا بمقعدين غير دائمين ومقعد دائم واحد للصين.

(ثانيا). افريقيا التي تبلغ دولها 52 دولة لاتحظى الا بثلاث مقاعد من مجموع المقاعد غير الدائمة وليس لها أي مقعد دائم.

(ثالثا). امريكا اللاتينية ومنطقة الكاريبي التي تضم 34 دولة ليس لها سوى مقعدين غير دائميين ولاتحظى هي الاخرى باي مقعد دائم.

(رابعا). دول اوربا الشرقية لها مقعدين غير دائمين ومقعد دائم واحد لروسيا.

(خامسا). دول اوربا الغربية وامريكا الشمالية لها خمسة مقاعد ثلاثة منها دائمة لبريطانيا وفرنسا والولايات المتحدة.

يتضح مما تقدم بان نسبة الدول الممثلة بمقعد واحد غير دائم في المجلس حسب المناطق الجغرافية حاليا هي : 22 الى 1 في حالة اسيا ، 17 الى 1 في حالة افريقيا، 17 الى 1 في حالة امريكا اللاتينية ، 12 الى 1 في حالة اوربا الغربية وامريكا الشمالية، 10 الى 1 في حالة اوربا الشرقية. وفضلاً عن ذلك فان الدول الصناعية بصفة عامة والدول الاوربية بصفة خاصة تصبح باندماج اوربا الشرقية والغربية معا ممثلة تمثيلا زائدا بشكل لافت للنظر، بالاضافة الى ان لها اربعة من المقاعد الدائمة الخمسة.

ج. ان الاختلال في الهيكل التنظيمي لمجلس الامن يغدو اكثر وضوحا حين اخذ عدد السكان في الاعتبار وكمايلي:

(اولا). ان دول اسيا وافريقيا وامريكا اللاتينية والكاريبي يبلغ عدد سكانها اكثر من اربعة مليارات نسمة بالمقارنة مع اكثر من مليار نسمة في اوربا وامريكا الشمالية، أي ان نسبة تمثيل سكان الشمال في مجلس الامن الحالي تبلغ مقعد

واحد لكل 125 مليون نسمة . بينما نسبة تمثيل سكان الجنوب في مجلس الامن تبلغ مقعد واحد لكل 600 مليون نسمة.

(ثانيا). ان دول الشمال لها اربعة مقاعد دائمة من بين مقاعدها الثمان أي بنسبة تمثيل سكانية تبلغ مقعد واحد لكل 250 مليون نسمة، بينما سكان دول الجنوب لهم مقعد دائم واحد من بين المقاعد السبع، أي بنسبة تمثيل سكانية تبلغ مقعد واحد لكل اربعة مليارات نسمة.

(ثالثا). متوسط فترة الانتظار لمشاركة الدول في العضوية غير الدائمة لمجلس الامن تبلغ 42 سنة بالنسبة لدول اسيا ، 33 سنة بالنسبة لدول افريقيا، 32 سنة بالنسبة لدول امريكا اللاتينية 18 سنة بالنسبة لدول شرق اوربا، 22 سنة بالنسبة لدول غرب اوربا.

وعلى اساس بيانات الارقام السابقة وتباينها يمكن تلمس الخلل في الهيكل الحالي لمجلس الامن، والنتيجة الحتمية لذلك هي ان تصبح فرصة المشاركة في المجلس نادرة بشكل متزايد وهو ماينتقص من مبدأ اساسي من مبادئ الميثاق وهو مبدأ المساواة بين الدول في السيادة .

2. الدعوات الرامية الى توسيع نطاق العضوية :

مع حلول العقد الاخير من القرن العشرين والتطلع الى ملامح العالم في القرن الحادي والعشرين، بدأ سباق الكراسي في مجلس الامن يأخذ طابع الجدية والمنافسة والتزاحم اكثر من أي وقت مضىـ وتتعدد الاراء حاليا حول توسيع عضوية مجلس الامن من حيث تركيبته والمعيار الذي ينطلق منه ذلك التوسيع.

لقد شهدت السنوات الاخيرة ترشيحات مختلفة بخصوص الدول المهيئة اكثر من غيرها لشغل المقاعد الدائمة المقترح زيادتها، وان غالبية الترشيحات تسير وفق الاتجاهات التالية:

أ. ترشيح المانيا واليابان لاعتبارات اقتصادية .

ب. في مؤتمر طوكيو للدول الصناعية السبع في تموز / يوليو 1993 تم اقتراح ترشيح البرازيل والهند، فضلا عن المانيا، وذلك لما تتمتع به كل من البرازيل والهند من مزايا اقتصادية وسياسية وثقل سكاني في بيئتيهما الجغرافيتين.

ج. حظر الى طوكيو وزير خارجية نيجيريا مطالبا بترشيح بلده لشغل مقعد دائم عن افريقيا باعتبارها غير ممثلة في المجلس وبوصفها اكبر الدول الافريقية ومن اكثرها سكانا.

د. تتطلع مصر هي الاخرى لشغل مقعد دائم او شبه دائم (بدون حق الفيتو) في مجلس الامن الموسع انطلاقا من وزنها وثقلها السكاني والجغرافي ودورها السياسي افريقيا وعربيا وحتى دوليا، وقد رشحت شخصيات دولية عديدة مصر لشغل مقعد دائم ، فضلا عن ترشيح الجمعية الامريكية للامم المتحدة مصر ونيجيريا لشغل مقعد شبه دائم.

هـ كان لاندونيسيا محاولات في الحصول على مقعد دائم باعتبارها من اكبر دول اسيا.

و. لقد برزت طروحات حول الغاء عضوية فرنسا وبريطانيا لصالح اعطاء مقعد دائم واحد لاوربا الموحدة.

ز. تسعى الارجنتين هي الاخرى بذات الاتجاه منافسة البرازيل في ذلك مسوقة قدراتها وامكانياتها الاقتصادية والعسكرية وثقلها السياسي في امريكا اللاتينية.

ح. في اطار التجمعات الاقليمية فان الدول العربية تفكر في ترشيح احداها عن جامعة الدول العربية، وكذلك فعلت افريقيا وامريكا اللاتينية عندما طلبت زيادة مقاعدها غير الدئمة وتخصيص مقعد دائم يشغل بالتناوب من دولتين، او يترك امر تحديد الدولة التي تشغله الى المجموعة الاقليمية.

ويمكن الاشارة هنا الى ان تمثيل دولة بمقعد دائم عن منظمة دولية اقليمية امر غير مألوف، كما ان شغل اكثر من دولة ذات مقعد دائم في المجلس بالتناوب يعد طريقة غير مسبوقة من قبل، كما ان أي تغيير في هذا الصدد يقتضي تعديل (المادتين

23، 27) من ميثاق الامم المتحدة، وبمعنى اخر ان أي تغيير قد يفتح المجال امام اصلاحات اخرى في مجمل نظام الامم المتحدة.

3. تباين الاراء بشأن الابقاء على حق النقض(الفيتو) او تعديله.

يشير ميثاق الامم المتحدة في (المادة 27) منه الى ان اصدار مجلس الامن لقراراته في المسائل الموضوعية يكون باغلبية تسعة اعضاء مع توفر شرط اساسي هو اجماع الدول الخمس الكبرى ذات العضوية الدائمة في مجلس الامن . بمعنى في حالة استعمال أي من هذه الدول لحقها في النقض لايستطيع مجلس الامن التصرف كاداة تنفيذية لحفظ السلم والامن الدوليين، وقد تم استخدام حق الفيتو من قبل السوفيت والامريكان 279 مرة للفترة من 1946 ولغاية 1986 لغرض عدم السماح للمجلس باتخاذ قرارات ضد مصالحهما ، مما جسد خللا في عمل المجلس واعاق قدرته على اتخاذ الاجراءات الضرورية لتحقيق اهداف الامم المتحدة. وظهرت في السنوات الاخيرة افكار ومحاولات لاصلاح نظام التصويت في المجلس ، لعل اهمها يتعلق بمسألة اجماع الدول ذات المقاعد الدائمة والتي لها حق استخدام الفيتو لوقف صدور القرارات، وفي كل الاحوال ليس هناك اتجاه لالغاءه، بل جل الاراء والسياسات في هذا الصدد تتمثل فيما يلي:

أ. تعديل وتخفيف تأثيرات حق استخدام الفيتو سواء بالحيلولة دون تحكم دولة واحدة في نقض الاجماع او بتقيده بضوابط تحول دون شله لعمل المجلس.

ب. احد ابرز الاتجاهات في هذا الشأن يؤكد على ضرورة عدم اعطاء الدول التي سوف تشغل مقاعد دائمة جديدة حق النقض والاستمرار في جعله قاصرا على تلك الدول الخمس التي سماها الميثاق من قبل، والواقع ان هذه الفكرة ليست كفيلة بحل المشكلة او تخفيفها ولكنها ربما لاتؤدي الى استفحالها.

ج. هناك اتجاه يدعو الى عدم الاعتداد باعتراض دولة دائمة واحدة، لان أي زيادة محتملة في عدد الاعضاء الدائميين لايستساغ معها الابقاء على هذا الحق لدولة بمفردها، بل لابد ان يعزز الاعتراض من قبل اكثر من دولة،

كأن تكون دولتين او ثلاث بحيث يغدو الامر متناسبا والعدد الذي سيؤول اليه المجلس.

د.   التخفيف من الفيتو كمرحلة اولى من خلال اقتصاره على الاجراءات التي يتم اتخاذها بموجب الفصل السابع ... باتجاه الغائه نهائيا.

4.   المشاهد المحتملة لاصلاح مجلس الامن:

أ.   المشهد الاول :

يبقى عدد اعضاء مجلس الامن على حاله ، خمسة اعضاء دائميين وعشرة غير دائميين، وذلك بسبب عدم الاتفاق او الامتناع عن زيادة الاعضاء الدائميين وضم دول جديدة اليه مثل المانيا واليابان ودول اخرى، وربما يكون ذلك بسبب معارضة بعض الدول الكبرى لاجراء أي تعديل في مجلس الامن تحسبا من ان يؤدي ذلك الى

اضعاف تأثيرها في المجلس الموسع لصالح زيادة نفوذ دول اخرى غير ممثلة في المجلس حاليا، ومع تلك الاستمرارية يستمر نظام التصويت في آليته الحالية.

ب.   المشهد الثاني :

زيادة عدد اعضاء مجلس الامن باعطاء المانيا واليابان مقعدين دائميين وبذلك يصبح عدد اعضاء المجلس 17 عضوا بدلا من 15 عضواً، وذلك سوف يكون ممكنا بعد زوال معارضة بعض الدول دائمة العضوية وتطور موقف مؤيد لذلك. وان كنا نعتقد ان الموقف الامريكي لايزال متحفظا بحزم ازاء منح المانيا صفة العضوية الدائمة في مجلس الامن.

ج.   المشهد الثالث:

من الطبيعي ان تعترض دول عديدة على انضمام المانيا واليابان الى العضوية الدائمة في المجلس وباتجاه تصعيد المطالبة بزيادة عدد الاعضاء غير الدائميين وبنفس نسبة زيادة الاعضاء الدائميين ليصبح العدد 21 عضوا وبذلك يتم التوازن في التمثيل للمناطق الجغرافية في العالم.

د. المشهد الرابع :

ينطلق من عدة اعتراضات وتساؤلات حول تمثيل الدول في المجلس، فاذا ما انضمت المانيا الى العضوية الدائمة لمجلس الامن، فسيصبح لاوربا وحدها 4 أعضاء دائميين من اصل 7 أعضاء، بينما لايمثل قارة اسيا الا الصين ولاتتمتع افريقيا وامريكا الجنوبية باي مقعد دائم، واذا ما اخذنا الولايات المتحدة واليابان بالحسبان وهما من الدول الغنية سيكون الاغنياء ممثلين بستة اعضاء بينما لايمثل الفقراء غير الصين وربما روسيا مستقبلا وهذا ما لا تتقبله الدول النامية.

هـ. المشهد الخامس :

من اجل خلق نوع من التوازن في التمثيل في المجلس فمن المتوقع ان تزداد مطالبة الدول النامية بالحصول على عضوية دائمة وذلك باعطاء افريقيا مقعد دائم واخر الى امريكا الجنوبية واضافة مقعد اخر الى اسيا. وبذلك يكون عدد الاعضاء الدائمين 10 اعضاء وهذا يقتضي ايضا زيادة عدد الاعضاء غير الدائميين الى 20 عضوا وبذلك يصبح عدد اعضاء مجلس الامن 30 عضوا.

وثمة مواقف ومشاهد تثور في ظل هذا المشهد تتمثل في اختيار الدول الجديدة ذات المقاعد الدائمة، وهل يمكن تطبيق فكرة التناوب، ومدى فاعلية مطالبة المنظمات الاقليمية كجامعة الدول العربية.

5. سلطات مجلس الامن وشرعية قراراته:

لقد كثر لجوء مجلس الامن في الاونه الاخيرة الى التعامل مع المنازعات الدولية استنادا الى احكام الفصل السابع من ميثاق الامم المتحدة، ولاريب ان هذا الوضع لجدير باثارة الاهتمام حول التعرف على حدود مجلس الامن في اصدار قراراته المتعلقة بحفظ السلم والامن الدوليين، أي التعرف على ما اذا كان للمجلس ان يصدر من القرارات مايشاء دون قيد او شرط ام على العكس، فان ثمة قيود لابد وان يراعيها المجلس عند اصدار قراراته بحيث يستتبع الخروج عليها وصف هذه القرارات بعدم الشرعية.

ونظرا لان ميثاق الامم المتحدة لم يعنى ببيان القواعد القانونية التي ان التـزم بهـا مجلـس الامـن عنـد اصدار قرارته وصفت بالشرعية، فان ذلك يعنـي ان الاجهـزة الدوليـة تسـاهم مـن خـلال ممارسـاتها العمليـة في تحديد الشروط التي ان التزمت بها وصمت قراراتها بالشرعية اما اذا خرجـت عليهـا اصبح مـن الواجـب نعـت هذه القرارات بعدم الشرعية.

أ. الاساس القانوني لشرعية قرارات مجلس الامن :

(اولاً). ان القول بشرعية او بعدم شرعية قرارات مجلس الامن يعتمد بصفة اساسية عـلى مـدى اتسـاق هـذه القرارات وبعض القواعد القانونية.

(ثانيا). خضوع تطبيقها لاشراف رقابة الامم المتحدة . فـتخلي الاخـيرة عـن رقابتهـا واشرافهـا لاحـدى او بعـض الدول الاعضاء قد يغريها على الانحراف بهذه القرارات عن الاهـداف التـي صـدرت مـن اجلهـا، الامـر الذي ينال بالضرورة من شرعيتها.

ب. التقيد بالاهداف الخاصة بمجلس الامن :

يتعين ان يكون الغرض من القرار الذي يصدره احد الاجهزة الدولية تحقيق الاهداف التـي مـن اجلهـا تم انشاء هذا الجهاز ، وعلى ذلك فلو انفصمت العلاقة بين القرار وتلك الاهداف لتعيين القضاء بعـدم شرعيتـه ، وهكذا يتضح ان مجلس الامن غير مطلق اليد في اصدار مايشاء من قرارات، وانما تتقيـد سـلطته في هـذا المجـال بالاهداف التي يلقي بها على عاتقه ميثاق الامم المتحدة، فاذا اخذنا في الاعتبار ان (المـادة 24) مـن الميثـاق قـد عهدت الى مجلس الامن بالتبعات الرئيسة في امر حفظ السلم والامن الدوليين، لاصبح من الواجب على المجلس توخي تحقيق هذا الهدف فيما يصدره من قرارات، حتى يمكن نعتها بالشرعية، امـا اذا اسـتهدف مجلـس الامـن من وراء اصدار قراراته تحقيق اهداف اخرى غير المحافظة على السلم والامن الدوليين فان ذلك يمكن ان يشـكل نوع من الانحراف بالسلطة.

ان انحراف مجلس الامن بالسلطة التي خوله اياها ميثاق الامم المتحدة يمكن ان يترتب عليه نعت القرارات الصادرة عنه بعدم الشرعية.

ج. **الالتزام بالاختصاصات الخاصة بمجلس الامن :**

ان قرارات مجلس الامن تعد غير شرعية اذا ما صدرت بالمخالفة للاختصاصات الممنوحة له صراحة او ضمناً من قبل ميثاق الامم المتحدة، كما ان القول بنظرية الاختصاصات الضمنية لايعني بحال من الاحوال امكان ممارسة مجلس الامن الدولي لاختصاصات مطلقة لاتتقيد باي قيود.

د. **ضرورة التقيد بالقواعد الاجرائية:**

تلتزم اجهزة المنظمات الدولية في العادة باحترام القواعد الاجرائية الخاصة بممارسة اختصاصاتها المختلفة، وبالنسبة لمجلس الامن فان مخالفته لهذه القواعد يمكن ان يترتب عليها القضاء بعدم شرعية مايصدره من قرارات .

6. في اطار اصلاح مجلس الامن :

أ. لقد بات من الضروري اكثر من أي وقت مضى احداث تعديلات على الية عمل مجلس الامن في اطار اصلاح الامم المتحدة بشكل عام، وكيما يتم تعديل الية العمل باتجاه تحسين الاداء، فان الامر يتطلب من الناحية التنظيمية احداث تعديلات في عدد الاعضاء الدائميين وغير الدائميين وبما يتناسب مع الزيادة الحاصلة في عدد الدول، وكذلك لابد من تعديل الية التصويت في المجلس للتغلب على حالة الشلل الذي يصيب اعماله سواء بسبب حق النقض او بسبب محاولات الولايات المتحدة الهيمنة على قراراته وتوجهاته.

ب. لتحقيق ذلك التعديل في نظام العضوية والية التصويت، لابد من ان يكون المعيار المعتمد مرتكزا على تحقيق التمثيل الجغرافي العادل والذي يحقق في الوقت نفسه التوازنات السياسية لمختلف القوى السياسية في عالم اليوم

بمتغيراته الجديدة، اذ ليس من المنطق ان تعرقل دولة واحدة صدور قرار توافق عليه الدول الاخرى.

ج. بغض النظر عن تفاوت المقترحات حول توسيع العضوية وتعديل الية التصويت، فان ذلك اذا ماتم ، سوف يمنح الامم المتحدة بشكل عام واعمالها احترام اكثر، وشرعية اوسع، وفعالية اشد ، بين الدول الاعضاء، ويجعلها قادرة اكثر من أي وقت اخر على تحقيق اهدافها بنزاهة وبقوة وشرعية معترف بها من قبل الدول الاعضاء، وبمعنى اخر ان التعديلات المقترحة لابد ان تأخذ بنظر الاعتبار ضرورة مشاركة دول الجنوب ومنحها فرصة وافرة في صنع القرارات الدولية، بعد خضوعها لاكثر من نصف قرن لتحديات الاخرين والانتهاك حقوقها والاعتداء على سيادتها.

د. يتوقف القول باتفاق قرارات مجلس الامن او عدم اتفاقها والاسس القانونية لمبدأ الشرعية على مدى استجابتها لمجموعة من الشروط التي يطلق عليها شروط الشرعية ، وتتمثل هذه الشروط ، في تقييد مجلس الامن عند اصدار قراراته باهدافه الرئيسة، أي المحافظة على السلم والامن الدوليين، وكذلك التزام هذه القرارات بالاختصاصات الاساسية لمجلس الامن والقواعد الاجرائية التي تتعلق بممارسته لهذه الاختصاصات. فاذا ماجاءت قرارات المجلس مستجيبة لهذه الشروط كان ذلك دليلا على اتساقها والاساس القانوني لمبدأ الشرعية الدولية . واذا كانت هذه الشروط لازمة لوصف قرارات المجلس بالشرعية عند صدورها، فأنه يتعين لبقائها متشحة بهذا الوصف خضوع تنفيذها لاشراف ورقابة الامم المتحدة ... فهذا الخضوع يضمن عدم تجاوز القائمين على تنفيذ هذه القرارات .

هوامش الفصل الحادي عشر

(1) د. عبدالمنعم المشاط ، الامم المتحدة ومفهوم الامن الجماعي ، (السياسة الدولية، العدد 84، القاهرة، مؤسسة الاهرام، 1986)، ص 88.

(2) المصدر نفسه ، ص 89.

(3) د. اسماعيل صبري مقلد ، الاستراتيجية والسياسة الدولية ، مصدر سبق ذكره ، ص220.

(4) د. خليل اسماعيل الحديثي، النظام الدولي الجديد واصلاح الامم المتحدة ، (مجلة العلوم السياسية، العدد 12 ، كلية العلوم السياسية ، جامعة بغداد ، 1994)، ص50.

(5) Qtto Pick and Jalina Gritchley , Collective Security, Op cit , P.23.

(6) د. اسماعيل صبري مقلد ، المصدر السابق، ص 220.

(7) Inis Claude, Op cit, 60.

(8) د. مفيد شهاب ، المنظمات الدولية، (القاهرة ، دار النهضة العربية، 1978)، ص ص 5-10.

(9) د. اسماعيل صبري مقلد ، المصدر السابق، ص 221.

(10) د. عبدالمنعم المشاط ، المصدر السابق ، ص90.

(11) لمزيد من التفصيل انظر ، المصدر نفسه، ص ص 91-94.

(12) هذه الدول هي الولايات المتحدة الامريكية، وفرنسا، وبلجيكا، وايطاليا، والمانيا، واليابان، وبريطانيا ، وايرلندا الحرة، واستراليا ، وكندا ، ونيوزيلاندا ، وجنوب افريقيا، والهند وتشيكوسلوفاكيا، وبولندا ... وبهذا الصدد انظر : صلاح الدين عامر ، قانون التنظيم الدولي، (القاهرة، درا النهضة العربية ، 1984)، ص ص 239-242، نقلا عن المصدر السابق، ص 91.

(13)   المصدر نفسه ، ص 93.

(14)   د. خليل اسماعيل الحديثي ، المصدر السابق ، ص 40 ومابعدها.

(15)   د. اسامة المجذوب، المتغيرات الدولية ومستقبل مفهوم السيادة المطلقة، (السياسة الدولية، العدد
109، القاهرة ، مؤسسة الاهرام، 1994)، ص 119.

(16)   لمزيد من التفصيل انظر :

Mar-rack Goulding, Humanitarian War, The New UN and Peace Keeping (International Affairs,
Vol 69. No.3, July, 1993).

(17)   لمزيد من التفصيل ، انظر :

Christopher Green Wood, Is There Aright of Humanitarian Intervention ? (The World Today
February, 1993).

(18)   احمد عبدالله، السيادة الوطنية في ظل المتغيرات العالمية، (السياسة الدولية، العدد 123، القاهرة،
مؤسسة الاهرام ، 1996) ، ص ص 47-48.

(19)   د. بطرس غالي، نحو دور اقوى للامم المتحدة ، مصدر سبق ذكره ، ص 11.

(20)   د. صلاح سالم زرنوقة ، اثر التحولات العالمية على مؤسسة الدولة في العالم الثالث، (السياسة الدولية،
العدد 122، القاهرة ، مؤسسة الاهرام ، 1995)، ص71.

(21)   بينما تفهم العالمية انطلاقا من سيادة القيم والمبادئ والاليات المشتركة، فان الاعتمادية ينظر اليها
كهيكل وعملية، فهي قوة ذات بعدين .. هيكلي وعملي، فعلى المستوى الهيكلي تضم الاعتمادية
علاقات غير متناغمة بين الدول المهيمنة والدول المستقلة ... اما على المستوى العملي فان العلاقة في
تغير مستمر دون ان تؤثر على المستوى الهيكلي . انظر:

Rakesh Gupta, Interdependance and Security Among State in the 1990's, (Strategic Analysis , Vol.x
Vll, No.1 , April , 1995), P.91. et.s.

(22)   احمد عبدالله ، المصدر السابق ، ص47.

(23)   اسامة المجذوب، المصدر السابق ، ص ص 116-117.

(24)   خليل اسماعيل الحديثي ، المصدر السابق، ص ص 50-51.

الفصل الثاني عشر

الجوانب النظرية لمفهوم الامن القومي

اولا: تحديد مفهوم الامن

ان معظم الدراسات في السياسة الدولية تعتبر الـدول مـن اهـم وحـدات النظـام السياسي ، وان هـذه الوحدات – الدول – تتباين من حيث الامكانيـات الماديـة والبشريـة والحضـارية والاعتباريـة (القـيم) ، وبالتـالي تختلف تصوراتها وتتباين مصالحها الوطنية والقومية، وادوات تحقيقهـا [1]. وبفـعل اخـتلاف التصـورات وتبـاين المصالح واصرار الدول على تحقيقها.. لتأكيد مركزها وهيبتها الدولية، اصبحت حالة اصطراع واصطدام المصـالح السياسية وغير السياسية ، حالة قائمة ومستمرة [2].

اذن الصراع هو السمة التي كانت قد ميزت – ومازالت – البيئة الدولية، لهذا لاتمانع الدول من اللجوء – راغبة او مكرهة – الى القوة كوسيلة نهائية لحسم الصراع، اذا تعـذر تسـويته سـلميا ، وهـي بـذلك لاتحمـي مصالحها وامنها العسكري فحسب... بل قيمها وتقاليدها الاجتماعية واهدافها السياسية والاقتصادية [3].

لذا فان الهدف الاساس من بناء القوة الوطنية للدولة يكمن في توفير الضمانات اللازمـة لـردع مصـادر التهديدات الخارجية القائمة والمحتملة اولا ، ولاستمرار قـدرة فاعلـة عـلى تحقيـق اهـدافها المركزيـة ومصـالحها الاستراتيجية ثانيا.

وتأسيسا عليه تكون العلاقة طردية بين قوة الدولة الذاتية، وبين مدى قدرتها على تحقيق مصالحها.

ولهذا يمكن القول ان الدول المقتدرة اقتصادياً وعسكريا هي القادرة فعلا على حماية مصالحها وتـوفير مستلزمات تحقيقها، اني تكون حتى ولو على حساب الدول

317

الاقل قدرة. ومن هنا تصبح العلاقة ايجابية بين قـوة الدولـة ونطـاق امنهـا. وكلـما تنوعـت وانتشرـت مصـالحها وتعددت ارتباطاتها، اتسع نطاق امنها.

وفي ضوء مدى قدرة الدولة على ردع مصادر التهديدات الخارجيـة - التـي تشـكل عائقـا امـام عمليـة تحقيق المصالح الوطنية والقومية للدولة - بكلفة غير عالية ، يمكن تحديد معنى الامن تقليديا على انه:

حمايـة مصـالح الدولـة الوطنيـة والقوميـة - مـن التهديـدات الخارجيـة التـي تحـول دون تحقيقهـا، باستخدام القوة كوسيلة نهائية لاستئصال مصادر التهديد وضمان استمرارية تحقيق تلـك المصـالح، ولـذلك كـان يفهم امن الدولة على انه امنها العسكري فقط. مما ادى الى ان تلجأ الـدول الاقـل مقـدرة ... الى التحـالف مـع غيرها، لمواجهة الاخطار المحتملة ولضمان الامن الجماعي Collective Security [4]. للدول المتحالفـة. وادى ايضـا بالدول الى السعي نحو زيادة امكانياتها التسليحية ، قناعة منها بان ذلك يزيد من رصـيد قوتهـا، ويضـمن عـدم تهديد مصالحها.

وبعد تحديد المفهوم التقليدي للامـن، مـاهو المفهـوم المعـاصر لـه ؟ ادى انبثـاق الثـورة التقنيـة - الى دخول النظام السياسي الدولي مرحلة جديدة - وذلك بفعل التغـيرات التـي احـدثتها هـذه الثـورة ... في هيكـل النظام وخصائصه وعناصر الصراع بين وحداته التقليدية والمعاصرة، وفي الـدفع نحـو ظهـور مفـاهيم جديـدة ... فقد اتسع هيكل النظام ليضم جميع الدول والمناطق بلا استثناء، الى جانب المنظمات الدولية والاقليمية . ومـرد ذلك حصول العديد من الشعوب التي خضعت للاستعمار على استقلالها السـياسي ، وزوال الفـروق ، نسـبيا بـين المناطق الهامشية والاستراتيجية ، من حيث التأثير في مجمل استراتيجيات الدول . ونتيجة لذلك اتسـعت مصـالح الدول جغرافيا فتداخلت وتشـابكت، وقـد انعكسـت مجمـل هـذه التغيـيرات عـلى خصـائص النظـام السـياسي، فالتعاون حل محل الصراع من حيث الافضلية دون ان يلغيه، وتزايد اعتماد الـدول بعضـها عـلى الـبعض الاخـر، واصبحت الدول غير معزولة عما يحصل من تطورات في مختلف المناطق الجغرافيـة لانهـا لاتـؤثر عليهـا بصـورة مباشرة او غير مباشرة.

وقد انعكس هذا التعاون والتداخل في المصالح الوطنية للدول على ادوات الصراع ، فيما بينها ، وبصورة خاصة بعد دخول العالم في العصر الذري، ودخول الذرة في الصناعات العسكرية والحربية وظهور الصواريخ العابرة للقارات وذات الرؤوس النووية المتعددة وغيرها من وسائل التدمير الجماعي المعقدة التركيب والعمل. وقد اضفت هذه التغيرات مزيدا من العقلانية والترشيد على ادوات الصراع الدولي. وادت الى ظهور مفاهيم جديدة ومتطورة تتماشى مع نوع المتغيرات الجديدة.

ونتيجة لذلك انتقل الحديث برمته ... من حديث عن القوة بمعناها التقليدي، وتوازن القوى، والامن الجماعي... الى حديث عن التعاون والتنمية، وتوازن الرعب النووي، وعدم الانحياز ، والامن القومي والامن الخارجي.

اما من حيث تطور المفاهيم والظواهر الكلاسيكية ، مثل قوة الدولة ، مصلحة الدولة الوطنية، فقد تغيرت هي الاخرى بالمتغيرات الجديدة... فلم تعد قوة الدولة تشير الى قوتها العسكرية فحسب، بل والى قدرتها الاقتصادية والسياسية والجيوستراتيجية، كذلك ، بحيث يمكن القول انها اتخذت مفهومين اخرين، بالاضافة الى كونها اداة حسم عسكري.

الاول: هو اعتبارها اداة سياسية بمقدار التأثير الذي يمكن ان تحدثه في سلوك الاخرين المرتبط بفعل الدولة.

والثاني: اعتبارها دافعاً محركاً تجاه تنمية قدرتها.

وفضلا عن ذلك توسع الافق الجغرافي للمصلحة الوطنية، وتداخلت مع مصالح الدول الاخرى، دون صراع مباشر، بفعل توجهات عناصر النظام السياسي الدولي المعاصر نحو التعاون واللقاء والتعايش [5].

هذه التطورات بدورها انعكست على معنى الامن القومي، فقد تغير معناه بمقدار نوعية ودرجة التغيير الذي اصاب قوة الدولة، ومصالحها الوطنية والقومية بفعل المتغيرات الجديدة.

ومن الجدير بالملاحظة ان المعنى المعاصر للامن، كما سيتضح ، لم ينسخ المعنى التقليدي له، خاصة بالنسبة للدول ذات الايديولوجيات والاستراتيجيات العالمية

والتي تتطلع الى انتشارها والتأثير من خلالها بوسائل عديدة (اقتصادية ، سياسية ، عسكرية ، عقائدية) .

وهذا الاتساع والشمول اثر ، في ان تعددت المعاني المعطاة لمفهوم الامن القومي، وذلك ايضا لاختلاف زوايا الرؤيا ، ونبر التركيز التي انطلق منها الاساتذة والباحثين، لاجل تحديد المفهوم من ناحية، ولكونه ينجز كما هو الحال مع مفاهيم اخرى على قدر من الاهمية كالقوة والمصلحة، وظيفة حيوية لاتتفق الاراء على نوعية وابعاد مضامينها السياسية ، من ناحية اخرى.

كما ان اتساع مجال الاخر ، رتب صعوبة تحديد معنى شامل للدلالة على مفهومه، وادى ذلك الى عدم وضوحه كقاعدة [6]. ومع ذلك ، فان المفاهيم العملية ، والفرضيات، والنظريات، التي جاء بها الاساتذة والباحثون... ساهمت بشكل او باخر ، في ان تكون الدراسة العلمية لمفهوم الامن ممكنة [7].

وحتى نكون اكثر دقة في تحديد مفهوم الامن، سنحاول دراسته من خلال ثلاثة محاور وبواسطة ثلاث دلالات ، وكما يلي:

1. بدلالة التحرر من الخوف ، وانتفاء التهديدات.
2. بدلالة علاقته بالتنمية.
3. بدلالة المحافظة على كيان الدولة ، وحماية قيمها الاساسية.

1. مفهوم الامن بدلالة التحرر من الخوف وانتفاء التهديدات :

تأكيدا لما سبق ، فقد كثرت الاراء حول مفهوم الامن القومي ، وتعددت وجهات النظر ازاءه ، فبينما ذهب " كاوفمان " - كما اشرنا سابقا - الى القول بان اغلب وجهات النظر حول المفهوم، تلتقي في جوهرها عند قاسم مشترك هو ادراكها ان الامن ان دل على شيء فانما يدل عموما على التحرر من الخوف ، يرى كل من " Padelford and Lincolin " بان الامن القومي ، هو مفهوم نسبي يعني ان تكون الدولة في وضع قادرة فيه على القتال، والدفاع عن وجودها ضد العدوان، أي انها تمتلك القدرة المالية والبشرية التي تجعل شعبها يشعر بالتحرر من الخوف ، بما يضمن

مركزها الدولي ومساهمتها في تحقيق الامن الجماعي [8]. وهذا التعريف يتضمن العناصر التالية [9]:

أ. حماية الحياة القومية للدولة ، واستقلاليتها ووحدتها الاقليمية من أي تدخل خارجي .

ب. تحرر الدولة من حالة انعدام الامن.

ج. ضمان مركزها القومي ، وتأثيرها في الشؤون الدولية.

وتأسيسا على ذلك ، فامن الدولة يجسد شعورها بتحررها من احتمالية تعرض كيانها الذاتي ووحدتها السياسية والثقافية ورفاهها الاقتصادي للتهديد الخارجي، أي انه يتجسد في حالة التحرر من الخوف وعدم التيقن [10]. وانعدام او غياب الخوف وانتفاء العوامل التي تؤدي اليه بالنسبة لدولة من الدول، سواء كانت هذه العوامل داخلية ام خارجية ، واطمئنان هذه الدولة الى تحقيق اهدافها الوطنية ، هي تجسيد لحالة الامن.

2. مفهوم الامن بدلالة علاقته بالتنمية :

لايمكن للدولة ان تحقق امنها الا اذا ضمنت حدا معينا من النظام والاستقرار في الداخل ، الامر الذي لايمكن ان يستمر دون حد معين من التنمية ، فالامن الحقيقي للدولة ينبع من معرفتها لمصادر قوتها - أي قدراتها - في الميادين المختلفة ، ثم تنمية هذه القدرات تنمية حقيقية ، فتكون محصلتها المتراكمة لزيادة هذه القوة هي درع الامن الحقيقي لحاضرها ومستقبلها [11].

وتتجسد العلاقة بين الامن والتنمية ، انطلاقا من كون ان كليهما شمولي، وكليهما يهدف الانسان بذاته. وان الانسان هو الذي يتحكم فيهما في الوقت نفسه، وهذه العلاقة الجدلية تتيح فرصة للقول بان تنمية الامن هي في حد ذاتها امن التنمية لنجاحها في وسائلها ونتائجها، فضمانات الامن هي الضمان الابتدائي للتنمية.

وان حالة او مرحلة ماقبل التنمية الاقتصادية والسياسية ، هي نظير لحالة اللامن، وهي حالة تنتج مازق معنوية حادة ان لم يسرع صانع القرار في معالجتها ، وفي هذا الصدد يفضل" Grondona " مصطلح تحت الامن (Under Security) بدلا

من مصطلح اللا امن (Inseurity) وحسب رأيه ان مصطلح اللا امن يتضمن الـدوام والاسـتمرارية، انـه يتضـمن عدم كفاءة بنيوية، بينما مصطلح تحت الامن يشير الى موقف عابر او زائل الى حد كبير [12].

وقد ذهب " مكنمارا " الى التأكيد بان الامن هو التنمية، وبدون تنمية لايمكن ان يوجد امـن، وهـو يعني بذلك ان الامن ينشأ من التنمية [13]. وبالقدر الذي تعالج التنمية مظاهر التخلف وتسهم في القضاء عليـه، فهي تعني التقدم الاقتصادي والاجتماعي والسياسي. انها تعني مستوى معقول للمعيشـة، ومـاهو معقول في المراحل الاولى للتنمية يصبح غير معقول في اية مرحلة تالية، وكلما تقدمت التنمية تقدم الامن . وبعبارة اخرى ان الامن يمكن ان يفهم بدلالة التنمية. ومع ان التنمية شرط ضروري للامن ، لكن اذا وجب ضـمان كـل عناصر واهداف الامن في اية دولة، فان تحقيق التنمية لوحدها، ليس بكـاف لجعلها قـادرة على مواجهـة التحديات. لذلك فمن الضروري تحقيق الوحدة السياسية والانسـجام الاجتماعي واحتـواء الثغرات والانحرافـات في البيئـة الداخلية وكذلك التحديات الخارجية، وبدون ذلك فقد يكون التهديد للامن قائما او محتملا في المستقبل.

3.   **مفهوم الامن بدلالة المحافظة على كيان الدولة وحماية قيمها الاساسية:**

من المعروف ان اهداف السياسية الخارجية لاي قطر من الاقطار، تتـوزع بـين حفـظ اسـتقلال القطر، والمحافظة على امنه اولا، وبين السعي لحماية مصالحه الاقتصادية ثانيا [14] وان أي حكومـة لاتتأخر البتـة عـن حماية اقليمها من الغزو والانتهاك واي شكل من اشكال الالحاق والضم، وذلك لحماية استقلالها وسيادتها مـن التحديات العسكرية و (أو) السياسية واي نمط من التهديد الخارجية، ومعنى ذلك ان الامة بحاجة للامن بالقدر الذي يؤدي الى (حماية السـلامة الاقليمـية خارجيـا، وحمايـة الوحـدة الوطنيـة والاسـتقرار السـياسي والانسـجام الاجتماعي، والسمة الايديولوجية لنظامها داخليا) [15]. فالطبيعـة الدينامية للامـن القـومي تفرض عـلى الدولـة اعداد نفسها عسكريا وسياسيا واقتصاديا لضمان درجة مقبولة من الامن، ولذلك فمن الضروري ان تكون هناك

اجراءات اساسية لابد من ان تتخذها الدولة وفي حدود طاقتها للحفاظ على كيانها ومصالحها في الحاضر والمستقبل مع الاخذ بنظر الاعتبار المتغيرات الدولية.

وعلى سبيل التوضيح يقصد بالامن القومي ، تأمين كيان الدولة ضد الاخطار التي تتهددها داخليا وخارجيا وتأمين مصالحها وتهيئة الظروف المناسبة لتحقيق اهدافها وغاياتها القومية، وهذا المفهوم يفترض ثلاثة اعتبارات رئيسة [16].

الاعتبار الاول : ضرورة تأمين كيان الدولة، والذي يتمثل في المقام الاول في وحدة اراضيها وحماية اقليمها.

الاعتبار الثاني: ان هذا التأمين يكون في مواجهة كافة الاخطار الداخلية والخارجية - القائمة والمحتملة - التي تهدد الدولة .

الاعتبار الثالث: ان هدف الامن هو تحقيق الاهداف العامة للمجتمع التي تتحدد عموما من الاستقرار السياسي والاجتماعي ، والتنمية القومية الشاملة.

وبمعنى اخر ان الامن يعني حماية القيم الجوهرية المكتسبة من قبل، وفي هدفه وموضوعه يعني على التعاقب الاجراءات التي تؤدي الى احتواء التهديدات التي تتعرض لها القيم المكتسبة حيث ان بعض القيم قد تتعرض للتهديد [17]. أي ان الامن لايعني فقط رغبة الدولة في البقاء، بل ورغبتها كذلك في العيش بدون خطر التهديدات الخارجية لمصالحها التي تعتبر حيوية [18].

وفي هذا الصدد يرى كل من " باديلفورد ولنكولن " ان الامن يشير الى بعض درجات الحماية للقيم التي اكتسبتها الامة من قبل وهو يناظر السعادة والرفاهية بالحدود التي تعبر فيها السعادة عن مدى ضمان وامنية اهداف الامة والى الدرجة التي لايكون فيها خطر يؤدي الى التضحية بالقيم الجوهرية [19]. ويؤكد ذلك " ليمان " بقوله، ان الدولة تكون امنه حينما لاتضطر الى التضحية بمصالحها المشروعة لتجنب الحرب، وتكون قادرة على رد التحدي للمحافظة على تلك المصالح بالحرب [20]. وهو بهذا يعكس :

أ. الحفاظ على الوحدة الاقليمية للدولة.

ب. حماية النظام السياسي.

ج.   تحقيق مصالح وقيم الشعب والحفاظ على وحدتها.

ان المعاني المتقدمة لمفهوم الامن تكاد تعكس تصورا واضحا لحقيقة هذا المفهوم، ويمكن ان نستخلص من خلالها الاستنتاجات التالية:

1.   ان مفهوم الامن يتضمن (جانبا سلبيا) يتمثل بغاية الامـن القـومي والتـي تـدور حـول حمايـة القـيم الاساسية التي تكونت وتطورت داخل احدى الدول، لا من التدخل العسكري الخارجي المباشر فحسب وانما من اشكال التدخل الاخرى غير المباشرة.

ويتضمن (جانبا ايجابيا) يعكس اجراءات صانع القرار ومؤسسات النظام السياسي في الدولة... لتحقيق التنمية ، ولضمان عدم تعرض المصالح الاساسية للتهديد أي السعي الى التحرر من الشعور بعدم الامن، وتحقيق الرفاهية والاستقرار.

2.   ان مفهوم الامن يتميز بثلاث خصائص اساسية هي : النسبية ، الدينامية، الانعكاسية. وقد تم التطرق الى مضامين هذه الخصائص في الفصل الثاني عند بحث العلاقة بين العلاقات الدولية والامن القومي.

3.   بأي حال من الصعوبة بمكان ، اتفاق دولتين او عدد مـن الـدول عـلى مفهـوم محـدد للامـن القـومي ، وذلك لاختلاف طبيعة المصالح وحجم القوة وطبيعة التحديات واساليب المواجهة.

وبهذا فعندما يكون بامكاننا التوصل الى معنى يتضمن كافة الدلالات التـي حـددنا مفهـوم الامـن مـن خلالها فسيكون ذلك تعريفا شاملا ، أي اطـارا اسـتراتيجيا متكـاملا للامـن القـومي، يتسـع معنـاه ليشـمل كافـة الاجراءات التي تتعبها الدولة لردع التحديات الخارجية، ومظاهر الاختـراق (السياسي والاقتصادي والعسـكري) واحتواء التهديدات الداخلية القائمة والمحتملة بما يعزز التحرر من الخوف والطمأنينة واليقين، وتحقيـق التنميـة الشاملة – (الاقتصادية والاجتماعية والبشرية) – ويؤمن الوحدة الكيانية للدولة، والقيم الجوهرية لصانع القرار وابناء الشعب، ويضمن للشعب تحقيق وحدة المصـالح والسـعادة والرفاهيـة والاسـتقرار، ويتـيح لصـانع القـرار حرية حركة خارجية،

سياسية واقتصادية -، وعلاقات دولية متكافئة ... بهدف تحقيق اهداف الشعب، وعناصر المصلحة الوطنية والقومية.

ثانيا: اهداف الامن القومي

يتضح من الايضاحات السابقة لمفهوم الامن، بان الامن يعكس هدفا ووسيلة في آن واحد ، أي انه يمكن اعتباره هدفا وسائليا (Instrumental objective) كما يقول " Gohlert " والذي يرى بأن القيم الجوهرية ليست ثابتة، فعندما تجسد بعض القيم الجوهرية هدف الامن، فتحقيقها وحمايتها يجعل منها وسائل لاهداف اسمى.

فالاهداف الامنية الخارجية، وان تبدو ظاهريا، وكأنها الاهداف التي تسعى الدولة الى انجازها دون غيرها الا انها في الواقع ليست كذلك، ففي حقيقتها ليست الا ادوات ترمي الى ترتيب ظروف ايجابية تساعد على تحقيق اهداف متوسطة وبعيدة المدى تشكل جوهر ومضمون الاستراتيجية السياسية الخارجية.

ولــكي نكـــون اكــثر دقـــة فلابـــد مـــن اقــرار حقيقـــة العلاقـــة بـــين اهـــداف الامـــن والوظائف التي ينجزها النظام السياسي [21] واولوية هذه الاهداف في سلم افضليات صانع القرار.

ومن خلال هذه العلاقة يمكن تحديد اهداف الامن القومي حسب اهميتها وكمايلي:

1. الاهداف التي ترتبط بالدفاع عن الكيان المادي للدولة (الامن العسكري) ومواردها الاولية، وتقدمها الصناعي (الامن الاقتصادي) وبنائها الحضاري والايديولوجي (الامن الايديولوجي) ... واذا دققنا في هذه الاهداف ، نجدها تجسد وسائل تهدف الى تحقيق الامن السياسي الذي يتضمن الوحدة الوطنية والاستقرار السياسي.

2. اهداف ترمي الى خلق ظروف تساعد الدولة على اشباع حاجتها من الموارد والمواد المصنعة والتقنية والايدي العاملة ... الخ .

3. اهداف ترتبط بالسعي نحو الحصول على التأييد الدولي والـدعم الخـارجي باشـكاله المختلفـة وخاصـة العسكرية.

4. اهداف تتعلق بالمحافظة على علاقة الدولة بغيرها من الدول وعلى تكافؤ هذه العلاقات.

ولتوضيح هذه الاهداف ، انطلاقا من طبيعة العلاقة بين المستويات الوظيفية للامن ... ووظائف صانع القرار ، فيمكن التوصل الى ان الاهداف تشمل:

1. بناء الدولة : بما يحقق التداخل والتكامل والانسجام في نظام الدولة ومؤسساتها.

2. بناء الامة – الشعب: بما يحقق الالتزام والولاء نتيجة لنشر الثقافة وتعميق التطور الذهني بما ينسجم مع تطور مؤسسات الدولة.

3. المشاركة : أي مساهمة الجماعات الاجتماعية في التأثير في صناعة القرارات بما يحقق مصـالحها ، سـواء ضمن تصورات صانع القرار لتطلعات هذه الجماعات الاجتماعية، او ضمن قدرة هذه الجماعات عـلى التأثير، وفي كلا الحالتين ضمن سياق عملية التطور العام بمـا يحقـق المصـلحة الوطنيـة ويحمـي القيـم الاجتماعية.

4. التوزيع: أي اعادة توزيع الدخل ، وتخطيط الاقتصاد ، بما يحقق الرفاهية الاقتصادية والاجتماعية.

ولعل اهم هدف يتوخى الامن تحقيقه، يتمثل في العمل عـلى ردع هجـوم مبـاشر... او قـد يتمثـل في ردع الاستفزازات العنيفة التي تصدر عن الخصم والتي تقف دون مستوى الهجوم المباشر [22].

وهكذا يبدو واضحا ان سياسة الامن القومي تهدف الى ترتيب ظروف تـؤدي الى زيـادة فـرص النجـاح لاهداف الدولة التي ترمي تلك السياسة الى تحقيقها. واذا كـان ماتقـدم يجسـد اهـداف الامـن القومي فكيـف يكون الامن هدفا بذاته؟

ان واحدة من الحقائق الاساسية التي تخص الامن، تنطلق مـن كونـه هـدفا جوهريـا كـما انـه هـدف متغير، واذا كان الامن كهدف يمتاز بالثبات النسبي، فتبقى

الاجراءات والوسائل التي تتبعها الدولة من اجل تحقيقه ، نسبية ومختلفة، من دولة الى اخرى، بل وقد تختلف في الدولة الواحدة حسب ظروفها الداخلية والخارجية.

وقد يلاحظ بان الامن القومي بذاته والمحافظة عليه ، تشكل هدفا اساسيا ومركزيا من اهداف السياسة الخارجية لاية دولة ، ولاجل تأمين ذلك تسعى الدول الى تلبية المتطلبات الامنية القريبة والبعيدة المدى بجوانبها العسكرية والسياسية والاقتصادية.

وبهذا فان الامن هو الشرط الجوهري (او المطلب الاساسي) للوجود البشري المنتظم، من ناحية ، وانه شيء طبيعي للمواطنين ان يتخذوا الحيطة والاحتراس ضد الخطر من ناحية اخرى ... فمن واجب الحكومات ان تضمن بيئة امنة، تتيح لابناء الشعب امكانية ممارسة وتحقيق الاهداف الاقتصادية والاجتماعية التي يتطلعون لها بدون خوف وقلق [23].

وبكلمة يمكن القول، ان مفهوم الامن القومي يتضمن العديد من الاجراءات لتحقيق او لضمان تحقيق اهداف عديدة ... من ناحية، وهو ايضا هدف اساسي يسعى صانع القرار ومؤسسات النظام السياسي الى تحقيقه.

ثالثا: مستويات الامن

ان الاهمية التي تعطيها اية دولة لاجراءات تحقيق امنها وسلامة مواطنيها هي اهمية كبيرة. فكل دولة تسعى جاهدة في ضوء امكانياتها الى حماية قيمها الاساسية وتطور قدرتها على ردع التحديات الخارجية والتهديدات الداخلية القائمة والمحتملة التي تحاول النيل من تلك القيم. وهذا يعني ان لكل دولة استراتيجية وسياسة امنية خاصة بها، وان هذه الاستراتيجيات والسياسات الامنية قد تلتقي بالاهداف وتتعاون مع غيرها، وقد تتقاطع معها، وذلك بحسب المصالح التي تسعى الدول الى تحقيقها وحمايتها.

ومما تقدم ينبغي عدم الخلط بين مفهوم السياسة الخارجية، ومفهوم الامن القومي. وذلك لوجود اختلاف بين الاثنين في المفهوم والمضمون، ومع ذلك فان الامن القومي بجانب صانع القرار يصبح كل منهما من ناحية معينة اداة من ادوات الربط بين

السياسة الداخلية والسياسة الخارجية، فالعلاقة وثيقة بين الامن القومي والسياسة الخارجية، وانطلاقا من العلاقة بين سياسة الدولة وضمان تحقيق الامن على اعتبار ان ضمان تحقيق الامن يعتبر من الاهداف الاساسية لصانع القرار، وان الامن يجسد ضمانة نسبية لتحقيق بقية اهداف الدولة، فسياسة صانع القرار تتفرع منها استراتيجية سياسية داخلية، واستراتيجية سياسية خارجية.

ويناظر ذلك استراتيجية للامن الداخلي ، واستراتيجية للامن الخارجي ، وتجابه صانع القرار، اثناء تحقيقه اهداف هذه الاستراتيجيات جملة تحديات تنبع من ثلاثة مستويات اساسية:

النوع الاول: ينجم عن حالات عدم الانسجام والتنافر والصراع الاجتماعي السياسي الداخلي . ومع ان نوعية هذه الحالات تختلف من مجتمع الى اخر تبعا لطبيعة القوى السياسية وتأثيرها، الا ان لها دورا لايمكن تجاهلة في زعزعة الوحدة الوطنية والاستقرار السياسي.

النوع الثاني: ينبع خصوصا من نوعية علاقة احدى الدول ومجتمعها بالدول الاخرى ومجتمعها سواء كانت قريبة منها او بعيدة عنها.

النوع الثالث: تجسده نتائج صراع الاستراتيجيات الدولية في البيئة الدولية وانعكاساتها السياسية والعسكرية على امن الدولة.

وفي ضوء هذه الانواع من التحديات ، وبهدف مواجهتها من ناحية ولاجل ضمان تحقيق السياسة القومية للدولة عبر استراتيجيات صانع القرار المتقدمة الذكر من ناحية اخرى، يمكن تحديد مستويات الامن كما يلي:

1.   الامن الداخلي.

2.   الامن الخارجي.

3.   الامن الدولي.

وبما ان الاستراتيجيات السياسية لصانع القرار تعكس سياسة الدولة على اصعدة مختلفة... أي انها تحقق جملة اهداف متباينة لاجل مصلحة عليا واحدة، فكذلك هي استراتيجيات الامن تواجه تحديات متباينة ولكنها بالنتائج ملتقية، لانها تهدف النيل

من سياسة صانع القرار ومنعه من تحقيق اهداف سياسته الخارجية . لذلك فمع تباين مستويات الامن من حيث الفحوى والجوهر، فانها ترتبط من خلال الامن الخارجي بعلاقة تفاعل مستمرة باتجاهين:

التأثير والتأثر سلبا ام ايجابا .

ولهذا يعبر الامن عن التدرج الشامل للمحتوى والمضمون، بمعنى امن الفرد والاسرة والجماعة والمؤسسة ثم المجتمع والدولة - الامة، كل في اطاره وحدوده الذاتية، ثم في اطار الانتماءات الارحب التي تحتويه.

1. الامن الداخلي :

الحديث عن الامن الداخلي مسألة مهمة وحيوية، وغالبا ما اثرت قوة ومتانة الامن الداخلي في مواقف، انتصارات وهزائم بعض الدول اثناء خوضها غمار الحروب، فكثير من الدول دخلت معارك خارج حدودها وسقطت من الداخل قبل ان تسقط جيوشها في المعارك من الخارج، وكثير من الشعوب دخلت دولها في معارك وخسرت المعارك في ساحة الحرب، ولكنها لم تسقط من الداخل، وكثير من الشعوب لم تسقط سقوطا اعتياديا وانما انتحرت انتحارا... بأن قضت على نفسها قبل ان يقضي عدوها عليها... ومن هنا تجد حكومات الدول بان من ابرز اهتماماتها حماية الامن الداخلي في بيئتها الوطنية.

وان مفهوم الامن الداخلي - تقليديا - يتضمن احتواء عناصر عدم الامن، او مكافحة التمرد والعصيان، والهدم الداخلي، والتجسس واعمال التخريب [24]. والامة تكون متطورة او ذات امن كامل عندما تكون التحديات الداخلية قد تمت السيطرة عليها من قبل مؤسسات المجتمع المدني والاجهزة الامنية عند الضرورة، بدون اتلاف او اضعاف المبادئ ، او بنى ومؤسسات النظام السياسي [25].

وتتجسد دوافع الامن لدى المواطنين من خلال مظهرين:

أ. مظهر مادي : يتمثل في الجوانب المادية التي من شأن توفرها ان تؤدي الى اشباع حاجة الانسان الى الامن ، ومنها ميله الى سكن دائم مستقر ومورد رزق دائم. وكذلك حاجته الى الاطمئنان على حياته من عدوان الاخرين.

ب.   مظهر نفسي: ينصرف الى حاجة الفرد الى ان تعترف به البيئة الاجتماعية المحيطة وان تعترف بـدوره في محيط الجماعة.

فالتحديات الاقتصادية ومعوقات التنمية ومحاولات زعزعة الاستقرار السياسي والانسجام الاجتماعي والوحدة الوطنية والنيل من فرص التقدم والعدالة والازدهار كلها عوامل تعكس تحديات لمنظومة القيم الاساسية وهي تستهدف الامن المجتمعي قبل الامن السياسي وهذه التحديات غالبا تكون في اطار سلسلة من عمليات الاستهداف المنظمة والمدعومة خارجيا ، الامر الذي يستدعي صناع القرار في الدول ذات البيئة الداخلية المستهدفة الى الوعي الدقيق بحقيقة الموقف ، والتنبه بوقت مبكر والشروع بالمعالجة في اطار رسم سياسة امنية متكاملة تتفرع منها استراتيجية للامن الداخلي تهدف ضمان استقرارية واستمرارية النظام السياسي، وذلك من خلال احتواء كل التهديدات غير العسكرية للمجتمع ، للاقتصاد، للثقافة السياسية ، لعمليات التنشئة والتنمية في البيئة الداخلية وكذلك لايديولوجية النظام السياسي.

ويبقى من الاهمية بمكان الاشارة الى ان التخطيط الاستراتيجي الدقيق والقدرة المتوثبة والجاهزية على الفعل الهادف ووفرة المستلزمات الضرورية وعناصر الانذار المبكـر والاستشعار المـرن، فضـلا عـن متانـة البيئـة الداخلية المتطلبة اشاعة العدالة وسيادة القانون وتكافؤ الفـرص كلهـا عوامـل تجعـل مـن المجتمـع عصي ـ عـلى الاستجابة للتحديات وفرص ضمان امنه الداخلي متوافرة.

وفي الاقطار التي طورت سياسة امنية متجانسة في مفرداتها يمكنهـا ان تنجـز معـا في وقـت واحـد كـلا المطلبين المتعلقين بالقيم السياسية الخاصة بالحكومة والقانون، وهما حفظ ورقابة النظام السياسي والاجتماعـي وضمان الحريات الشخصية في آن معا، وبذلك يصبح الانسجام بين اهداف الامن الداخلي ومبدأ حقـوق الانسـان انسجاما واقعيا[26]. وكلما كان الامن الداخلي مستقرا والوضع الداخلي امتن، كلما كان صناع القرار اكثر قدرة عـلى التحرك اقليميا ودوليا وبحرية اوسع . ومن منطق ان الاستقرار الـداخلي والامـن الخـارجي يتفـاعلان باسـتمرار . فالمتغيرات السياسية الداخلية، الانسجام الاجتماعي

والاستقرار السياسي، الحضارة والتراث، رصانة منظومة القيم، توسيع قاعدة الاتفاق في الـرأي عـلى الاهـداف الوطنية، واستغلال الموارد الاقتصادية بكفاءة ونزاهة، كل ذلك يعني زيادة القدرة على الصـمود والتماسـك امـام الضغوط النفسية والمادية ، ويساعد في تحديد السياسة وبلورة المصـلحة ، وتحديد سـلم اسـبقيات للقـيم التـي يتضمنها مفهوم الامن وتعمل على تحقيقها وحمايتها السياسة الامنية، وبهذا فالامن الـداخلي يمثل ذلك الجـزء الحيوي والمهم من ارضية القرار السياسي.

2. الامن الخارجي :

جرى التقليد عند دراسة وبحث الامن القومي، اعتبار الامن الـداخلي جـزء منـه عـلى اسـاس ان الامـن القومي هو امن الدولة... والامن الخارجي هـو ضـمان تحقيـق اهـداف السياسـة الخارجيـة والقـدرة عـلى ردع مصادر التحديات الخارجية ، واحتواء عمليات الاختراق الخارجي بكافة اشكالها، أي ضمان امـن الدولـة ضـد العدوان الموجه من الخارج.

فالامن الخارجي هو واجهة الامن القومي الخارجية ويمثل ذراع الدولة الممتدة اقليميا ودوليا لاستشعار التحديات الخارجية القائمة والمحتملة، وحماية المصالح والاهداف الوطنية. وبعبارة اخرى تـوفير الحمايـة لكيـان الدولة وهيبتها السياسية ، واراضيها وحدودها وشعبها وثرواتها القومية، ضد أي عدوان مباشر او غير مباشر مـن الخارج، سياسيا كان ام معنويا، اقتصاديا او عسكريا. ويتضمن الامن الاقليمي للدولة بالحـدود التـي يعنـي فيهـا الاخير الاجراءات التي تتخذها الدولة لردع تحديات الـدول المجـاورة القائمـة والمحتملـة وسـعي صـانعي القـرار الدؤوب نحو ضمان القدرة على الردع باستمرار وضمان امكانية التعاون باستمرار أي الاستعداد للصراع والتعاون في آن واحد اذ لايمكن تصور ان لدولة ما امكانية الصراع مع كل الاطراف الخارجية ضمن البيئة الاقليمية.

والامن الاقليمي الذي هو جزء من استراتيجية الامن الخارجي يعكس ظـاهرة ان اغلـب الـدول تـرتبط بمنطقة او مناطق امن.

ويقصد بمناطق الامن لدولة ما او لمجموعة من الدول تلك المناطق التي يمكن ان تؤثر مباشرة على سلامتها واستقرارها من خلال ارتباطها الوثيق بمصالحها وسياستها الاستراتيجية، ويمكن ان تتحدد منطقة الامن وفقا لثلاثة معايير:

أ.   المعيار الجغرافي.

ب.   المعيار السياسي او الايديولوجي.

ج.   معيار قوة الدولة.

فضمان استقرار منطقة الامن القريبة لدولة من الدول يعكس ضمان امنها الاقليمي، وينعكس ذلك على امنها الخارجي.

وان مهمة حفظ الامن الخارجي ، تبدو ببساطة عبارة عن حماية وصيانة الدولة ضد أي هجوم محتمل وعمل الاحتياطات لمثل هذا الاحتمال، وزيادة حصانة موقف الدولة الى الحد الاعلى بهدف منع حصول الاعداء المحتملين على فرص النجاح التي يسعون اليها... ومع ذلك فيبقى الامن الخارجي للدولة عرضة لبعض التحديات والتهديدات، وذلك لسعي الدول المستمر نحو حماية مصالحها والدفاع عنها اولا وقبل كل شيء. ومن الطبيعي ان مصالح الدول غير متماثلة في مفرداتها... فعندما تسعى الدول الى خلق بيئة خارجية ملائمة ، تتباين في صيغتها ووسائلها الخاصة، فبينما تعتمد بعض الدول الصيغ السلمية كالحوار والاقناع، تلجأ دول اخرى الى صيغ التدخل بكافة اشكاله المباشرة وغير المباشرة. ومصالح الدول بالرغم من ديمومتها فهي تتغير وتتطور ضمن سلم اوليات القيم الاساسية للدولة ، وهذا يعني ان اجراءات الامن المتعلقة بها هي الاخرى متغيرة، وبالنتيجة يتميز الامن الخارجي بالدينامية والنسبية.

وان حقيقة الترابط بين الامن الداخلي والامن الخارجي، تمثل حلقة وصل بين تعدد الوظائف الداخلية لصانع القرار واهداف السياسة الخارجية. وان نشوء تعدد الوظائف يتطلب الامن ، والامن الداخلي لكل واحدة منها هو الذي يعكس الامن الخارجي لجميعها [27]، الامر الذي يعكس موقفا اكثر استقرارا في مجال الامن الدولي. ويتم ذلك عبر جسر العلاقة الذي يجسده الامن الخارجي.

3. الامن الدولي:

لضمان تحقيق الاهداف السياسية الخارجية للدولة، من ناحية ... ولتأمين القدرة على مواجهة نتائج صراع الاستراتيجيات الكونية في البيئة الدولية وانعكاساتها على امن الدولة من ناحية اخرى، تجد الدولة نفسها بحاجة الى استراتيجية للامن الدولي.

والامن الدولي كمفهوم يمثل جميع المحاولات المبذولة على الصعيد الدولي والرامية الى ضمان الامن الخارجي لمجمل الدول المعاصرة. وعند سعي صانع القرار الى رسم استراتيجية للامن الدولي لابد ان يأخذ بنظر الاعتبار التطورات التي حدثت في عالم مابعد الحرب الباردة والتي طبعت باثارها البيئة الدولية، وليس بوسع اية دولة عضو في النظام الدولي المعاصر ان تعفي نفسها من الاستجابة لتلك التأثيرات.

وحدثت هذه التغيرات نتيجة لان مصالح الامن الخارجي وتنظيمها اصبحت تمثل الهدف الغالب في فعاليات ونشاطات السياسة الخارجية لاية دولة، وخاصة الكبيرة منها[28]، وقلق الدول على مصالحها وامنها دفع بها للتفكير باتجاه تطوير مصادر قوتها لتعزيز قدراتها على تعزيز اركان امنها[29]. وهـذا يعنـي ان البحـث عـن امن المصالح الاستراتيجية ادى الى التركيز وبشكل غريب على القوة التي طالما اصبحت هدفا بحد ذاتها[30].

ان مايمكن استخلاصه مما تقدم هو ان استراتيجيات الصراع، ونزعـة التسـلح، واتسـاع نطـاق الامـن الخارجي ... خارج الحدود الاقليمية. كلها عوامل تشكل تهديدا خطيرا للامن الدولي. ثم ان النزاعـات الاقليميـة والتوترات المحلية سواء كانت ضمن سياق فعل الارادات الوطنية، او ضمن سياق الحروب بالنيابة، فهي تعكس اثارا متعددة ومختلفة على الامن الدولي.

هذه المتغيرات الجديدة التي افرزتها عمليات اعادة تنظيم المصالح ضـمن النظام السياسـي الـدولي والنتائج التي افضت اليها عكست فرضيتين مهمتين:

أ. عالمية الاحساس بالخطر وعدم الامن والخوف : فلم تعد حالة اللا امن مرتبطة بالدول التي لديها ترسانات عسكرية خاوية، وانما ايضا بفعل الثورة التقنية المستمرة، بالدول التي لديها ترسانات عسكرية مكتظة.

ب. عالمية الامن : وجماعية العمل من اجل تحقيقه وحفظه بحيث صار ينظر الى سلام او امن العالم ليس فقط من منظور فردي وانما من منظور جماعي.

كما ان مهمة حفظ السلام الكونية (Global Peace) اصبحت جوهرية واساسية كأنها مشكلة قومية. ويرجع هذا الى ان هناك مصالح امنية تكتسب مقدارا كبيرا من الاهمية وتتجسد في عمومية الاستقرار الدولي ومرد هذه الاهمية يعود الى ان النظام السياسي الدولي اصبح حافلا بالانفجارات القائمة والمحتملة، فعندما يكون الامن مطلوبا من خلال الحرب فهو يجلب عدم الامن بدون شك، وعلى الاقل في وقت الحرب.

واذا يكون الامن مطلوبا من خلال الاحلاف والاتحادات (خصوصا ان لم تكن متعارضة) ، فهو ربما يقسم العالم الى كتل، وجبهات ، وهذا التقسيم قد يخلق عدم الامن. ومع مشروعية بعض الاتحادات لتنسيق شؤون الامن الخارجي وتحقيق المصالح المشتركة لعدد من الدول المتحالفة، بيد ان الصراعات والاستخدامات غير المشروعة للقوة التي يعكسها واقع الاحلاف قد تكون محتملة.

فبدون الاتحاد العالمي المفرد أي اتفاق الدول على حد معين من الاسس التنظيمية الملزمة والفاعلة في مجال العلاقات الدولية، من المحتمل ان يتصاعد الصراع الدولي. واذا كان اللجوء للقوة والصراع يمثل افضل البدائل وانجح الخيارات لضمان الامن وزيادة مقوماته ، في وقت من الاوقات، فانه لايصلح لذلك في كل الاوقات. لذا ينبغي البحث عن البديل الافضل والانسب، ومعنى هذا ضمان الامن من خلال التطور العلمي ... وتنمية الموارد الاقتصادية. وامتلاك التقنية الحديثة وتسخيرها في خدمة الانسانية.

رابعا: العلاقة بين الاستراتيجيات الامنية

1. العلاقة بين الامن الداخلي والامن الخارجي :

لاشك ان تفاقم التحديات الداخلية خارج اطار سيطرة صانع القرار ، ينعكس سلبا على قدرة الدولة في مواجهة عمليات الاختراق الخارجي ، هذا اضافة الى ان التحرك السياسي الخارجي يرتبط بالوضع الداخلي ويشتق منه ويقاس به وينعكس عنه . وعليه ترتبط استراتيجية صانع القرار لردع التحديات الخارجية بوجه عام، ارتباطا عضويا مباشرا بقدرته على تحقيق الوحدة الوطنية والاستقرار السياسي والانسجام الاجتماعي.

ولسنا بحاجة الى تأكيد حقيقة واقعية، تنطلق من انه بدون امن خارجي تصبح اجراءات تقرير او تصميم السياسات الامنية لخلق وحفظ التماسك الاجتماعي غير مضمونة النتائج . كما ان مجتمعا ممزقا فكريا واجتماعيا وبدون تنمية، أي مجتمع غير امن ، لايمكن ان نتصور انه يسهم بفاعلية في ضمان تحقيق الامن الخارجي للدولة.

وان اية دولة معرضة لان ينمو احساسها بعدم الامن ، وخاصة اذا شعرت بان قوة او قوى خارجية باشرت عملا مبرمجا قد يؤدي الى العدوان عليها ... الامر الذي يحتم على الدولة المعنية اعداد نفسها الى الدرجة التي تؤدي الى ان تكون استراتيجياتها الامنية في حالة عمل وتفاعل مستمر لاجل ان لاتمنح فرص تحدي واختراق سهلة لاعدائها... ولاجل ان تكون الخيارات متوفرة امام صانع القرار لحماية جدار امنها الخارجي.

وتجدر الاشارة الى ان جدار الامن الخارجي عمليا يقع ضمن البيئة الخارجية، لكن النجاح او الفشل يتجه وكأنه مصمما للتأثير ضمن البيئة الداخلية. لذلك يتطلب الامر سعي صانع القرار باستمرار الى ضمان توفير بيئة امنية صالحة لتحقيق الاهداف الاجتماعية والاقتصادية والسياسية لمواطنيه، وتنمية عناصر الامن الداخلي بهدف خلق حصانة مجتمعية ضد التأثيرات التي تعكسها التحديات الخارجية.

وان النجاح الذي تحققه استراتيجية الامن الخارجي في مجال حماية القيم والمصالح الاساسية للدولة، وضمان سياسة مستقرة، وبناء علاقات دولية متكافئة، وقدرة على الردع والمواجهة، أي تحقيق جوهر السياسة ، يرتبط بامكانية تحقيق استراتيجية الامن الداخلي... وبذلك يبدو واضحا ان العلاقة بين الامن الخارجي والامن الداخلي هي علاقة التحام عضوي... وتفاعل مستمر ... ومثلما هي التحديات متفاعلة ومتداخلة، فكذلك هي اجراءات مواجهة التحديات والتهديدات، ومثلما هي القيم متسلسلة ضمن سلم اسبقيات القيم لصانع القرار والنظام السياسي، فان عمليات تحقيقها وحمايتها تنطلق من عدة مستويات، قاعدتها هي السياسة الامنية التي يخططها صانع القرار.

2. العلاقة بين الامن الخارجي والامن الدولي :

ان المسائل الجوهرية التي تأخذها الدولة بنظر الاعتبار عند تعاملها الخارجي ، ضمن البيئة الدولية تتألف من : البقاء ، الديمومة، الاستمرار الذاتي للدولة وامنها، المحافظة على قيمها الاساسية، كبريائها القومي، التعامل دوليا من موقع مؤثر ، تحقيق المصالح الاقتصادية، وتحقيق الاهداف الذرائعية المتعلقة بالقوة وخصوصا بالقوة المسلحة.

ومع ان معظم الدول المعاصرة تلتقي في اعطائها لهذه الاهداف اهمية كبرى، الا ان تمسكها بذات الاهداف وتطلعها لتحقيقها مع اختلاف التكوينات الذاتية لعناصر القوة والمصلحة لدى الدول، جعل من الصراعات حالة قائمة، وخصوصا عندما تأخذ بعداً ايديولوجيا، وهذه الصراعات عندما تعبر عن ظاهرة قائمة، فلا بد من ان ترافقها عمليات استقطاب شكلية وفعلية، تجعل من النزاعات الاقليمية والمحلية والتوترات الدولية حالة متوقعة [31].

وعندما يكون بامكاننا تصور التطور التقني في مجال الصناعات العسكرية... لايسعنا القول الا ، ان الحالة السابقة (حالة النزاعات المحدودة) هي الحالة التي تسمح بها قوانين الصراع ضمن النظام السياسي الدولي.

كما ان حالة الصراع الاستراتيجي باسلحة سياسية واقتصادية وتقنية ومعلوماتية هي الاخرى اضطر المجتمع الدولي الى قبولها، أخذاً بالاعتبار افضليتها عن حالة الصراع الاستراتيجي المسلح، التي تشكل تحديا خطيرا للامن الدولي. وبمعنى اخر اتجهت الدول الى استخدام بدائل سياسية ودبلوماسية وغيرها من الوسائل السلمية بدلا من القوة. وشهد النظام السياسي الدولي عدة تحولات، حيث انتقل من قطبية ثنائية صارمة ابان فترة الحرب الباردة الى حالة وسط بين القطبية الثنائية المفككة والقطبية المتعددة ، الى حالة اخرى وسط تجمع بين القطبية الاحادية واتساع مظاهر التعددية القطبية، أي حالة تعبر عن بنية مزدوجة تجمع بين الاحادية بخصائصها العسكرية والاعلامية، والتعددية بخصائصها السياسية والاقتصادية والتقنية. وفي ظل هذه البنية المركبة للنظام السياسي، ترتبت النتائج الاساسية التالية:

أ. استمرار ظاهرة التعاون والصراع بين قوة تسعى لفرض هيمنتها ونفوذها عالميا، وقوى طامحة لاثبات وجودها وقدرتها على المنافسة.

ب. تطور قواعد الصراع وطبيعته بحيث لم يعد بامكان أي دولة ان تعفي نفسها من التأثيرات المحتملة على امنها الخارجي.

ج. اتساع نطاق الامن والمصلحة للعديد من الدول عكس على الجانب الاخر تحديا امنيا واختراقا للدول والمناطق التي تقع عند نقاط التقاء وتقاطع المصالح الدولية.

د. ان اجراءات حفظ الامن الذاتي للدول المهيمنة على النظام السياسي الدولي غدت تتحقق على حساب الامن الخارجي للدول الاقل قدرة في هيكل القوة العالمي.

هـ. ان تطور نظم المعرفة وسيادة ثورة المعلومات وعالمية الاتصالات جعلت الامن الخارجي للعديد من الدول وكذلك منظومات القيم الوطنية عرضة للضغط تحت مسوغات ضرورة اعتماد الشفافية.

ان هذه النتائج في جانب كبير منها تمثل تحديا للامن الدولي بشكل عام، وتحديا للامن الخارجي للدول والمناطق التي تتعرض لانعكاساتها بشكل خاص.

وفضلا عن ذلك فان التوترات الخطيرة في المناطق الساخنة يمكن ان تفضي الى تشنجات في هذه المناطق يمكن ان تكون الحروب نتيجة حتمية لها ، ولاشك ان تعدد مثل هذه الحالات يكرس عدم استقرارية الامن الدولي، ويرافق ذلك بقاء الامن الخارجي للعديد من الدول والمناطق عرضة للتهديد والاختراق وهذا مايدفع الحكومات الى ان تضع نفسها على اهبة الاستعداد لكي تكون في وضع دفاعي جيد ضد الجماعات والدول التي نظمت اتباعها بشكل يسمح لهم بتدمير وهزيمة غيرهم.

وانطلاقا من ضرورة تفاعل وسائل السياسة الامنية باتجاه تحقيق اهدافها ، فالسياسة الخارجية للدول ولاسيما الفتية منها ينبغي ان تتفاعل بدينامية مع النظام السياسي الدولي ومراكز الحركة الفاعلة فيه، وان تأخذ بنظر الاعتبار هذه النتائج المتقدمة بهدف تطوير استراتيجية عمل في البيئة الدولية من شأنها ان تجعل الخيارات متعددة امام صانع القرار لتحقيق وحماية الامن الخارجي.

يفيد ماتقدم ان هناك علاقة وثيقة بين الامن الخارجي للدولة والامن الدولي وتستدعي الحكمة ضرورة الكشف عن مفاصلها الحيوية ، وتطوير مقومات وعناصر الامن للدولة بالاتجاه الذي لايدع فرصة لتأثيرات ومحاولات القوى الدولية الطامحة من ان تخترق جدار الامن الخارجي، فتطوير مقومات وعناصر الامن يجعل صانع القرار يتعامل دوليا من موقع قوي ومؤثر يساعد على تحقيق اهداف دولته.

هوامش الفصل الثاني عشر

(1)   Norman Dumber Palem; and Haward C.Perkins, Op cit, p.4.

(2)   Norman Padelford and George Lincolin, Op cit, P.178.

(3)   Vernon Van Dyke, International Politics, Op cit, P.P. 6-7.

(4)   George A.Lincolin , Intrnational Politics, (Macmillan, New York, 1954) ., P.227.

(5)   Palmer and Perkins, Op cit , P.4.

(6)   Vernon Van Dyke, Op cit, P.35.

(7)   Ernst W.Gohlert , National Security Policy , Op cit, P.133.

(8)   Padelford and Lincolin, Op cit, P.178-179.

(9)   George A. Lincolin, Op cit, P.291.

(10)   قارن مع : تعريف قاموس ويبستر ، المنقول عن معهد استوكهولم لدراسة الامـن الـدولي : نـزع السـلاح الاستراتيجي والامن القومي ، (لندن ، تايلر وفرانسيز المحدودة ، 1977)، ص 56.

(11)   امين هويدي ، الامن العربي في مواجهة الامن الاسرائيلي ، (بيروت، دار الطليعة ، 1975) ، ص 41.

(12)   Mariano Grondona, International Security and Human Rights , (International Security Vol. No.1, Summer, 1978), P.4.

(13)   روبرت مكنمارا ، جوهر الامن ، ترجمة يونس شاهين، (القاهرة ، الهيئة المصرية العامة للتأليف والنشر ، 1970) ، ص 125.

(14)   Karl W. Deutsch , Op cit , P.100.

(15)   Richard N.Rosecrance, International Relation, Peace or War , (New York , Hill Book Co., U.S.A., 1973), P.175.

(16)   د. علي الدين هلال ، الوحدة والامن القومي العربي ، (مجلة الفكر العربي، عـدد 11-12، معهـد الانـمـاء
العربي ، اب - اغسطس / ايلول – سبتمبر ، 1979)، ص 94.

(17)   Ernst W.Grohlect , Op cit, P.133-134.

(18)   Vernon Van Dyke, Op cit, P.35.

(19)   Podelford and Lincolin, Op cit , P.178.

(20)   Encyclopedia of the Social Sciences, Vol. 11, P.140.

(21)   John. L.S.Girling , American and Third World, 1st., Published in (Routledge and
Kegan pal ltd, 1980), P.110.

(22)   د. اسماعيل صبري مقلد ، الاستراتيجية والسياسة الدولية ، مصدر سبق ذكره ، ص ص 118-119.

(23)   Otto Pick and Jalina Gritchley, Op cit , P.15.

(24)   Padelford and Lincolin , Op cit, P.180.

(25)   Mariano Grondona, Op cit , P.3.

(26)   Ibid, P.3.

(27)   John . L.S.Girling , Op cit, P.110.

(28)   Karl W.Deutsch, Op cit, P.102.

(29)   Richard N. Rosecrance, Op cit, P.127.

(30)   Otto Pick and Jalina Gritchley , Op cit, P.21.

(31)   David W. Ziegler , Op cit , P.205.

الفصل الثالث عشر

ثورة المعلومات والعلاقات الدولية

المقدمــة:

يكتسب موضوع تكنولوجيا المعلومات اهمية قصوى في عالم مابعد الحرب الباردة . وقد وصفت الثورة المعلوماتية . بالموجة التطورية الثالثة انطلاقا من كونها يمكن ان تقود الى ادخال المجتمعـات الانسانية في حيز متطور قائم على محورية المعرفة والمعلومات. ولاتقتصر ثورة المعلومات الحالية على شـق التطور الهائل الـذي طرأ على تقانة المعلومات التي يلعب الحاسوب الالي الدور الرئيس فيها بل يقترن بها التطور المصاحب في تقانة الاتصالات ، ولذا فأن هناك من يطلق اصطلاح (المعلواتصالية) لوصف هذا التطور المعلومـاتي[1]، بمعنـى الثورة المتوازية في تكنولوجيا المعلومات والاتصالات.

وهناك مـن يطلـق اصـطلاح (رأس المـال المعلومـاتي) علـى اسـاس ان تكنولوجيا المعلومات ببعديها الرئيسيين شبكات المعلومات والاتصالات اللاسلكية تعد شكلا مميزا من اشكال رأس المـال، وان كـان رأس المـال المعلوماتي وحده لن يحقق الفاعلية المنتظرة الا من خلال استثماره على المستوى المـادي او الـواقعي[2]، ويمكن ارجاع الاهمية المتزايدة لتكنولوجيا المعلومات والاتصالات في هذه المرحلة الى عدة اسباب لعل اهمهـا يتمثـل في تحول الاقتصاد نحو العولمة- والتدويل، وحاجة عملية اتخاذ القرار المتزايدة الى تنويع مصادر المعلومات واتجاه المؤسسات نحو تقليل حركة الافراد والاستعاضة عنها بالاتصالات الهاتفية والفاكس وعقد المؤتمرات عن بعد.

ان الفرضية التي نحاول أثباتها هنا تنطلق من ان من يمتلك تكنولوجيا المعلومات يمتلك القدرة على السباق مع الاخرين ... ومن لايمتلك يجب ان يحمي نفسه ازاء تحديات الاخرين ويسعى ليمتلك لكي يدخل السباق... وبعبارة اخرى من يمتلك القدرة على اللعب يلعب ويؤثر في نتيجة المباراة اما باتجاه تحقيق اهدافه او تقليص قدرة الخصوم على تحقيق اهداف على حسابه... ومن لايمتلك القدرة او مقومات القوة على اللعب يكون خارج الملعب وينتظر النتائج ولكن ليس بوسعه ان يعفي نفسه ازاء تأثيرات الاخرين ، أي ان النتائج في الغالب لاتكون في صالح من لايلعب .

ان هذا الفصل سوف يكون معنيٌ بتحديد مفهوم تكنولوجيا المعلومات والاتصالات، وتوصيف مضمون (الفجوة الاتصالية) وابعادها ، وتحليل البعد الدولي لثورة المعلومات ، والبحث في ضرورة ادراك تأثيرات (المعلو اتصالاتية) على العلاقات الدولية في عالم مابعد الحرب الباردة.

اولا: مفهوم تكنولوجيا المعلومات والاتصالات

يشهد عالم مابعد الحرب الباردة مرحلة من التطور التكنولوجي امتزجت فيها نتائج وخلاصات ثلاث ثورات هي : الثورة المعلوماتية والثورة في وسائل الاتصال ، والثورة في مجال الحاسبات الالكترونية:

1. الثورة المعلوماتية:

وتتمثل في ذلك الانفجار المعرفي الضخم المتمثل في ذلك الكم الهائل من المعرفة في اشكال تخصصات ولغات عديدة ، وتضاعف الانتاج الفكري في مختلف المجالات ، وظهور الحاجة الى تحقيق اقصى سيطرة ممكنة على فيض المعلومات المتدفقة ، واتاحته للباحثين والمهتمين وصانعي ومتخذي القرارات في اسرع وقت وباقل

جهد عن طريق استخدام اساليب وبرامج معاصرة في تنظيم المعلومـات تعتمـد في الدرجـة الاولى علـى الكومبيوتر واستخدام التكنولوجيا الاتصالي لمساندة مؤسسات المعلومات ودفع خدمتها لتصل عبر القارات[3].

2. الثورة في وسائل الاتصال:

وتتمثل في تكنولوجيا الاتصالات الحديثة التي بدأت بالاتصالات السلكية واللاسلكية مرورا بـالتلفزيون والنصوص المتلفزة ، ومن ثم الاعتماد على الاقمار الصناعية والالياف البصرية ، ولايزال افقها غير محـدد. وبمعنـى اخر انها مجموعة التقنيات او الادوات او الوسائل او النظم المختلفـة التـي يـتم توظيفها لمعالجـة المضمـون او المحتوى الذي يراد توصيله من خلال عملية الاتصال الجماهيري او الشخصي[4].

3. الثورة في مجال الحاسبات الالكترونية:

وتعني التطور غير المتناهي في انتاج انظمة المعلومات المختلفة وفي ادارة نظم وشبكات المعلومات ، وقد اعتمدت نظم المعلومات المتطورة على ركيزتين اساسيتين هما الكومبيوتر والاتصالات او ما يطلق عليه (Com and Com) أختصاراً لكلمتي (Computer and Communication) ، والواقع ان تعريف تكنولوجيا المعلومات ينطوي على معنى التزاوج بين تكنولوجيا الحاسبات الالكترونية (الحاسوب) وتكنولوجيا الاتصالات . وينص في احد صوره على انه اقتناء واختزال وتجهيز المعلومات في مختلف صورها واوعية حفظها سواء كانت مطبوعة او مصورة او مسموعة او مرئية او ممغنطة او مليزرة وبثها باستخدام توليفة من المعلومات الاليكترونية الحاسبة ووسائل واجهزة الاتصال عن بعد[5].

ان هذه الثورات الثلاثة قد قادت الى سيادة نظم جديـدة للمعلومـات بمعنـى ان الفضـاء الاليكترونـي للمعلومات قد اصبح وسيط المستقبل في علاقة الدول بعضها ببعض، وهو وسيط يسمح

بقيام مشروعات متعددة الجنسيات واسواق عالمية ووسائل اعلام عبر القارات واعالي البحار الى جانب تبادل المعلومات العلمية والفنية من خلال شبكات الانترنيت. أي ان الخطوة الحاسمة في تحقيق قدرات تكنولوجيا الاتصالات الحديثة تتوقف على انشاء مايسمى (طريق المرور الضوئي السريع) وهي شبكة الياف ضوئية تربط مثل طرق المرور الخارجية السريعة بين المدن والبلدان المختلفة[6]. والنتيجة الراهنة لثورة المعلومات هي اندماج تقنياتها المختلفة مع وسائل الاتصال من أجل مزيد من التيسير على المستخدمين من الجمهور مما ادى الى ظهور مفهوم تكنولوجيا الاتصال الذي أثر بشكل بالغ على وسائل الاتصال وعظم من تأثيراتها المجتمعية على كل المستويات السياسية والاقتصادية والاجتماعية والنفسية . وقد ترتب على ذلك زيادة (الفجوة الاتصالية) بين الدول الصناعية المتقدمة من ناحية والدول النامية بما فيها الدول العربية من ناحية أخرى.

ثانيا:مضمون الفجوة الاتصالية

تعبر الفجوة الاتصالية كمفهوم عن اختلال معادلة التدفق الاعلامي وبروز مبدأ التدفق الحر للمعلومات بين مايمكن تسميتها دول المركز ، أي الدول الرأسمالية المتقدمة، من ناحية ، ودول المحيط او الاطراف، أي بلدان العالم الثالث ومنها الدول العربية من ناحية اخرى، وباتجاه واحد ، ودونما اعتبار لواقع هذا البلد او ذاك هذه القومية او تلك ، والحاجة الملموسة لشعوب دول المحيط وطبيعة مشكلاتها ومستوى تطورها [7].

وبمعنى اخر سعي دول المركز الى تحقيق ((الهيمنة الاتصالية)) على الاخرين، والتي تعني ببساطة تلك العملية التي يخضع بموجبها نظام او نظم الاتصال من حيث الملكية والبناء والتوزيع والمضمون لدولة معينة او مجموعة من الدول لنفوذ وضغط المصالح الاتصالية لدولة او دول اخرى دون تأثير معاكس او متوازن من الدول التي خضعت للهيمنة، وهذه الهيمنة الاتصالية تتم على اكثر من مستوى ، فهي

يمكن ان تتم عن طريق بعض الدول ذات الامكانيات التكنولوجية الاتصالية الاقوى والاكثر انتشارا، ويمكن ان تتم عن طريق المؤسسات الاعلامية والتكنولوجية ذات الامكانيات الاقتصادية التي تجعلها تتحكم في نسبة كبيرة من الانتاج الثقافي والاعلامي وحركة تدفق المعلومات في المجتمع، وفي كلتا الحالتين تكون على حساب الدول ذات القدرات الاعلامية والتقنية المتدنية [8].

وهذا التعميم لايعفي معظم الدول من ان تكون هدفا للتدفق الاعلامي الحر وعرضة لزيادة تأثيرات (الفجوة الاتصالية) باعتبار ان تكنولوجيا الاتصال الحديثة تشكل احد المظاهر الرئيسة للهيمنة الاتصالية على المستوى الدولي [9]. ويمكن ان يرى او يفسر هذا الاتساع الدولي للانشطة المعلوماتية كجزء من ظاهرتين مترابطتين معا بشكل عال وهما ظاهرتا التخطي التجاري للحدود القومية والتخطي المعلوماتي للحدود [10]. ويثير امتزاج وتداخل هاتين الظاهرتين مجموعة تساؤلات محورية تشتمل على عدد من القضايا الاساسية او تترتب عليها عدد من النتائج : كالسيطرة الثقافية ، والنفاذ للمعلومات السياسية والاقتصادية والاخرى، وخلق نظام اعلامي دولي جديد، وتنظيم عمليات تدفق البيانات عبر الحدود والتحكم فيها، والعمل على تحديد وتقرير سياسات الدول في المجالات الاقتصادية والسياسية والثقافية، وتنمية طاقات اهلية تستجيب لواقع العولمة والتدويل خارج اطار سيطرة حكوماتها والسعي لاعادة بناء ماهو وطني بالمعنى الثقافي والتاريخي وبأي معاني اخرى [11] تحت مبررات ضرورة تجاوز النمطية .

وفضلا عن ذلك فان ظاهرة التخطي المعلوماتي للحدود القومية او ظاهرة الثقافة عابرة القوميات تعكس سياسة منظمة يحل فيها بدرجات متفاوته وفي سياقات مختلفة تنظيم الشعوب في مجموعات أفقيه محل تنظيمهم في مجموعات وطنية ، بمعنى العمل على دفع الشعوب للارتباط مع بعضها ببعض الاساليب الاليكترونية تجاوزا لروابط الجوار الجغرافي او الثقافة الوطنية او القومية وقد وصف البعض هذه الظاهرة ((بظاهرة الامركة)) [12]. حيث تعتبر الولايات المتحدة الامريكية من اشد المشجعين على بناء ماتطلق عليه الادارة الامريكية ((البنية التحتية للمعلومات)) [13].

ثالثا: البعد الدولي لثورة المعلومات

ان الحديث عن البعد الدولي لثورة المعلومات لابد وان يفسح المجال واسعا للشق المتعلق بتكنولوجيا الاتصالات ، وذلك لان سرعة نقل المعلومة من مكان لاخر قد زادت من ترابط وتشابك العالم ، حيث ان نظام الفضاء الالكتروني للمعلومات قد قلص من اعتبارات الجغرافية السياسية، وقد أدت الثورة في تكنولوجيا المعلومات والاتصالات الى مضاعفة امكانات وقنوات التفاعل داخل النظام الدولي ، فلم تعد تقتصر على الدول بل اصبحت هناك قنوات اتصال عديدة مباشرة بين المجتمعات نفسها دون المرور بوسيط مما دفع البعض للقول بأن قدرة التواصل التي توفرها (الموجة العالمية الثالثة) للأفراد والشعوب تدعو الى تبني مصطلح (العلاقات الاممية) بدلاً من العلاقات الدولية، حيث أن الامم سواء وجدت في دولة قومية او مركبة هي التي غدت تتفاعل مباشرة مع بعضها ولم يعد ذلك قاصراً على الدول ، وخلص هؤلاء الى ان ما يحدث يشبه الى حد كبير عملية خصخصة العلاقات الدولية. وفي حين غدت تفتقر الدولة كوحدة أساسية من وحدات النظام الدولي الى الكثير من عناصر القوة التي تمتعت بها منذ معاهدة ويستفاليا 1648م ، أخذت تظهر على المسرح الدولي أدوار متنامية لفاعلين آخرين اعتبروا في الماضي ثانويين ، ولعل أبرز هؤلاء الفاعلين الدوليين الشركات متعددة الجنسية الاخذة في النمو والكبر والتي غدت تجد لها مساحة متزايدة للعب دور كان يستحيل عليها لعبه في الماضي ، وكذلك الافراد اللذين أصبح لهم دور متنامي في العلاقات المجتمعية ، فلم تعد الدول هي قنوات الاتصال الوحيدة المتاحة للافراد والشعوب المتواجدة في دول مختلفة بل اتاحت ثقافة (المعلو – اتصالات)الفرصة امام الافراد لكي يتواصلوا ويتصلوا مع آخرين من دول اخرى دون الحاجة الى المرور عبر القنوات التقليدية التي كانت تحتكرها الدولة ، وفي هذا تعظيم لقدرة الافراد على التصرف والفعل وان كانت محدودة لحد الآن وما زالت تخضع لقيود عديدة.

ويمكن تلمس ابرز معالم التحول الذي شهدته العلاقات الدولية المعاصرة نتيجة ولوج عصر المعلومات من خلال مايأتي:

1. اعادة تعريف اهم عنصرين محددين لاي فعل الا وهما الزمان والمكان مما قد يولد بيئة قرار جديدة تفرض على الفاعلين الدوليين التكيف معها.

2. بروز نوع جديد من الدبلوماسية يطلق عليه البعض دبلوماسية الاقمار الصناعية او دبلوماسية الاعلام الاليكتروني.

3. حدوث توحيد متزايد للعالم بوصفه مكانا للاتصال والتبادل بين البشر- والثقافات ، حيث يلتقي الناس بصورة متزايدة في حياتهم اليومية بثقافات اخرى ويكتشفون قيما متغايرة ويتعرفون على انسانية متعددة الوجوه [14].

4. تزايد الدعوات لاعادة تعريف مفهوم الحرب في اطار المتغيرات المتعلقة بالموجة الثالثة، والذي يتجسد في مايمكن تسميته بالتحول من قوة العضلات الى قوة العقل ، وبهذا يمكن ان تمثل القوة الاقتصادية وربما استخدام التقنية الحديثة المؤدى الاصلح للسلطة والنفوذ على المستوى الدولي [15] وحجر الزاوية في العلاقات الدولية.

5. بينما تسهم الثورة في تكنولوجيا المعلومات والاتصالات في احداث قدر عالي من التوحيد والمركزة على النطاق العالمي ووفق ماتقتضيه مصلحة دول المركز فهي تتسبب او تحرض من ناحية اخرى ، على مزيد من التفكك واللامركزية في دول المحيط ولصالح دول المركز، وبما ان التقانة في حد ذاتها عامل محايد فأن اثارها تتوقف على طريقة واسلوب استخدامها ... وهي بذلك تسهم في وضع قيود وفرض اوضاع جديدة ينبغي على الفاعلين في البيئة المستهدفة ادراك ابعادها وتطوير اليات التعامل معها.

6. بينما كان في امكان الدولة التحدث عن السيادة الاعلامية وعن التحكم شبه الكامل او شبه المطلق في عملية تدفق المعلومات الى داخلها والعمل على تشكيل عقول ابناء شعبها وضمان ولائهم التام لصالحها فقد اصبح الان ومع تعاظم فرص

الاتصال عن طريق شبكات المعلومات والاتصالات من شبه المستحيل السيطرة التامة على نـوع وكـم المعلومات التي تصل الى عقول المواطنين [16].

7. كلما ذاعت قيم المركز (الغرب) في الاطراف مـن خـلال وسـائل الاتصال الحديثـة ووسـائل الاعـلام انتشرـ التغريب وازداد تحيز الثقافات والمجتمعات في الاطراف الى الغرب والميل نحو الاعجاب به وتقليـده وعـده نموذجا للثقافة العالمية ونمطا للحداثة وانتشرت قيم الغرب في العنف والجريمة والجنس والشـهرة والثـروة والقوة وانتشرت قيم الاستهلاك والـوفرة والفرديـة والانانيـة ... وانحسرت قيـم الانتاج والتقشف وروح الجماعة والتضحية ، وان هذا الامر بمجمله يسهم في خلق اعباء اضافية وربما معضلات مستقبلية امـام مؤسسات الثقافة الوطنية، ويمكن ان يقود الى رد فعل على الغرب وحداثتـه قـد تتجسـد بعـض صـوره في النزعات السلفية التي ترفض الغرب ((وتحتقر)) الحداثة وتنفر من المعلومات وتفضل تراث الانا على علـم الاخر وحداثته [17].

ان مايمكن استخلاصه من جملة ماتقدم يتمثل في ان العلاقات الدولية في عصر الثورة المعلوماتيـة قـد غدت تتسم بسيادة المعرفة والتقدم التكنولـوجي . وبمـا ان المعلومـات والمعرفة لاتعترفان بحـدود سياسـية سيادية للدولة ، فان ادارة العلاقات الدولية ينبغي ان تأخذ هذا الامر بنظر الاعتبار وان تـدار باسـاليب تتجـاوز قيود الفرضيات التي سادت ابان مرحلة الحرب الباردة وفي ضوء حقائق علمية وتقديرات واقعية تقلل ما امكـن من الاضرار الناجمة عن اختلال المعادلة في ميزان القدرات بين دول المركز والاخرين . ولايكفي التوقف عند هذا الحد بل ينبغي مكننة العمل السـياسي والاعلامـي ببعديه الـدفاعي والتعرـضي والارتقـاء بـه الى اقصىـ مـدى الاستيعاب الاثار المباشرة والجانبية والاسقاطات المحتملـة للموجـة التطوريـة الثالثـة ولحـين تـوفر امكانيـة سـبر اغوارها وامتلاك ناصيتها . والسعي الحثيث لامتلاك القـدرة عـلى الفعل الهـادف وفي اطار فهـم دقيق للواقع وادراك حقيقي للمتغيرات والمؤثرات واستثمار امثل لعامل الوقت والتطلع المشروع للتفاعل المتكـافئ مـع قيـم روح العصر.

رابعا: تكنولوجيا المعلومات ووحدات النظام الدولي

من أهم الاشياء التي تفعلها الحاسبات الآلية اليوم هو مخاطبة بعضها بعضاً ، وفي الواقع فإن الحاسبات الآلية والاتصالات ملتحمة في هذه الايام الى درجة يتعذر معها فصلها. ويعني هذا ان على شركات الحاسبات الآلية ان تدافع لاعن نظمها التشغيلية فحسب ، بل أيضا عن سبل وصولها لشبكات الاتصالات او تحكمها فيها. واذا كانت نظم التشغيل تتحكم في ما يجري داخل الحاسبات الآلية، فأن مقاييس الاتصالات تتحكم فيما يجري بين هذه الحاسبات ، لذا نجد الشركات والاقطار في صراع مرير حول النظم الرئيسة التي يمكن ان تعالج معلوماتنا . ولما كان المزيد من البيانات والمعلومات الدائرة حول الاتصالات مصممة بطابع سياسي أكبر مما تتسم به الحرب التي تدور حول نظم التشغيل . وفي معرض التفصيل وفيما يتعلق بأركان الدولة في النظام الدولي، نجدها تتكون طبقا للقانون الدولي من اقليم وشعب وحكومة ومن ابرز خصائصها السيادة والشخصية المعنوية. وتبعا لذلك تتوزع عناصر الامن الوطني بين مايخص الاقليم بمعنى الرقعة الجغرافية ومايخص الشعب ومايخص الحكومة او النظام السياسي الحاكم، وفي ضوء الحقائق الماثلة في عالم مابعد الحرب الباردة يكاد يكون تأثير ثورتي المعلومات والاتصالات ولاسيما في ظل استمرار (الفجوة الاتصالية) ، سلبي على جميع هذه العناصر المذكورة:

1. فالاقليم لم تعد حدوده (محصنة) كما كان قبل وابان الحرب الباردة، نظرا لما تمخض عن الثورة (المعلو اتصالاتية) من اساليب متعددة للاختراق ، وبينما كانت الوسيلة الوحيدة لاختراق الاقليم في السابق هي الاختراق المادي وبالتالي كان من السهل معرفة جهة الاختراق وابعاده والعمل على وقفه او مقاومته ، اما الان ومع مايوصف بحضارة الموجه الثالثه فالكثير من المواد التي تعتمد عليها هذه الحضارة هي مواد ليس من السهولة السيطرة عليها من قبل الدولة ومنها المعرفة نفسها وهي عماد تكوين وحجر زاوية الثورة المعلوماتية، والكثير من هذه المواد يسهل تنقلها ويسهل اختراقها لاي من الدول مهما كانت درجة الحماية المتوفرة[18].

وبواقع الحال ان الدول يمكن ان تصبح عرضة لاختراق العديد من القنوات الدولية، وان هذه القنوات ليست مجرد وسائل اخبارية فهي دليل على التحول باتجاه عالم بلا حدود وقد ترتب على ذلك تراجع مفهوم السيادة الوطنية، حيث ان كثير من الامور المرتبطة بها لم يكن اساسها فقط فعالية السلطة والاسلاك الشائكة، بل كانت تستند ايضا الى السيطرة على المعلومات. وعلى مايبدو ونتيجة للثورة الراهنة في تكنولوجيا المعلومات والاتصالات والطابع الدولي لوسائل الاتصال وتطور الوظيفة الاخبارية بعد استعانتها بالتغطية الاعلامية التلفزيونية المعتمدة على الاقمار الصناعية المستفيدة من البث التلفزيوني المباشر عبر الاقمار الصناعية فان معظم الدول قد فقدت السيطرة المفروضة على المعلومات.

2. اما بالنسبة للشعب فأن تأثير الثورة (المعلو اتصالاتية) يمكن ان تكون احياناً سلبية علية، فالمهم في الشعب ليس كونه مجموعة من البشر كما قد يوحي التعريف القانوني للمصطلح ، وانما تكمن اهمية الشعب وماله من تأثير مباشر على قوة الدولة في مدى تماسك هذا الشعب وايمانه وولاءه للدولة التي يقطنها وينتمي عمليا لها .. ونتيجة لتأثيرات الثورة (المعلو اتصالاتية) والشبكات الحاسوبية على ادراك المرء للزمان والمكان والتحكم في المسافات والقفز على الفواصل الجغرافية، يمكن ان يتكون نوع من الاحساس بالولاء والمشاركة وهو مايطلق عليه المجتمعات الاليكترونية، ومن شأن ذلك ان يضعف من ولاء الشعوب لانظمتها السياسية وللدول التي يتواجدون داخل حدودها[19].

وتحت شعارات ترسيخ الثقافة العالمية وترسيخ قيم المعرفة العلمية والبحث العلمي وهو مالايتحقق من خلال سرد المعلومات عن طريق صدق او لاتصدق، وانما يتم بواسطة امداد القاريء بارشيف ضخم من المعلومات المتناثرة والمعزولة عن أي سياق ثقافي ويتم تكريس اغتراب القاريء عمليا[20].

وفضلا عن ذلك ، فقد ساعدت ثورة المعلومات في المركز على تقوية النزعة السلفية في مجتمعات الاطراف ليس فقط عن طريق رد الفعل بل عن طريق الفعل المباشر . كما اوهم المركز الاطراف بأن طرقها في المعرفة مساوية للتخلف بهدف نزع مجتمعات الاطراف عن ثقافتها الوطنية وتهيأتها لادخالها في ثقافة المركز باسم التثاقف او المثاقفة مع التركيز على مايضن انه الايجاب في التحديث والمعاصرة دون السلب المتمثل في نزع المجتمعات عن ثقافتها المحلية واغترابها في الاخر، ونتيجة لذلك تم شق الثقافات الوطنية في العديد من الدول الى نزعتين متعارضتين : العلمانية والسلفية ، المعاصرة والاصيلة، المستقبلية والماضوية ... وتحولت او كادت هاتان النزعتان الى قوتين اجتماعيتين تتصارعان من اجل الوصول الى السلطة[21].

3. اما بالنسبة للحكومة فتكمن اهم وظائفها في ادارتها للمجتمع بجميع فئاته ومسؤولياتها عن تقدمه ورخائه ، سواء عن طريق التحكم في سياسات الرخاء او التحكم في الاقتصاد ، بالاضافة الى الاضطلاع بمهمة صيانة الامن القومي والدفاع الوطني[22].

وقد تؤثر الثورة (المعلو اتصالاتية) بشكل كبير في تغيير طبيعة هذه الوظائف، فالمتتبع لمعظم الكتابات حول ثورة المعلومات يجد ان الفرضية الاساسية تقوم على محاولة ترشيد دور الحكومة في الحياة العامة ان لم تدعو الى التخلي عنها في بعض الاحيان ، ومع تقدم عصر المعلومات اخذت الاراء المنادية بتقليل دور الحكومة في التزايد وبرزت ظواهر جديدة اسهمت في تهديد سيادة معظم الدول واعادة النظر بمفهوم السيادة بوجه اعم.

وقد ادت ثورة الاعلام والاتصالات الى فشل معظم حكومات دول العالم الثالث بالسيطرة على حجم ونوع المعلومات التي تصل الى شعوبها وبالتالي صعوبة حصر الاضرار الناجمة عن ذلك سواء مايتعلق منها بالتنشئة الاجتماعية

او بتكوين المواقف والافكار ومدى انعكاس هذا الامر على درجة الولاء للانظمة السياسية او للدولة بوجه عام.

وكلما ضعفت الدولة وضعفت مؤسساتها ، ضعف الاحساس بالانتماء لها ، وان أي تغير في معادلة القوة لغير صالح الدولة قد يدفع بالعديد من الفئات الاجتماعية الى البحث عن مصالحها في العالمية او عبر القومية .

وهذا التهميش لقدرة الحكومة على فرض سيطرتها على المجتمع يناظره وبدرجة اكبر تهميش لدور الحكومة في الحياة الاقتصادية وباتجاه افقار الدولة وتدني عائداتها والتأثير على ادوارها في اداء واجباتها المتعلقة بصيانة الامن القومي والدفاع الوطني ، وقد التقت هذه النتيجة ولاسيما بالنسبة للدول مع الرغبة المتزايدة لدى بعض القوى المهيمنة على الوضع الدولي الجديد والرامية الى اداء هذا الدور نيابة عنها . مقابل قدر عالي من الكلف المنظورة وغير المنظورة بالاضافة الى تعزيز مستلزمات هيمنتها الدولية.

ومما يضاعف من اثار وتعقيدات الثورة (المعلو اتصالاتية) على العديد من وحدات النظام الدولي ، هو افتقارها الى وجود خطاب تكنولوجي هادف، فالادبيات التي تناولت هذا الموضوع لازالت قليلة ومتناثرة لايجمعها في الغالب تيار يحقق تراكما علميا بحيث يوفر امكانية الحديث عن انجازات واولويات للعمل المستقبلي.

لذا فأن تكنولوجيا المعلومات تمثل تحديا قائما ومستمرا لعدد كبير من وحدات النظام الدولي ، وان هذا التحدي يجد ترجمته الاكثر تحديدا فيما يلي:[23]

أ- خضوع وحدات النظام الدولي (دوله) لعملية تدفق المواد الاعلامية المتزايدة.

ب- التعامل مع المواد الاعلامية المتدفقة في احيان كثيرة على انها من المصادر الاساسية للمعلومات ، ولاسيما من قبل القائمين بالاتصال وخبراء السلطة وصانعي ومتخذي القرارات. وبالرغم مما ينطوي عليه ذلك من محاذير

لانشك بأن دوافعها معروفة من قبل المستقبلين المشار اليهم ، بيد ان ذلك لاينفي التأثير على المدى البعيد وخاصة مع الالحاح والابهار في العرض.

ج-   تحديد أجندة الموضوعات للنخب الاجتماعية او الصفوة منها، والتأثير في ترتيب سلم الاولويات والاهتمامات.

د-   رسم صورة لبعض الانظمة السياسية او بعض النخب السياسية الرافضة لمنطق الهيمنة والعولمة الغربية، من قبل اجهزة الدعاية والاعلام الغربية وفق رؤية القوى المهيمنة على الوضع الدولي الجديد في عالم مابعد الحرب الباردة ومحاولة تجسيد هذه الصورة دوليا.

هـ- العمل على تعزيز منطق التبعية والاعتماد المستمر على العالم الخارجي وبما يؤدي الى ظهور بعض الاشكال المقيدة التابعة للنمو لان المستوردين لتكنولوجيا المعلومات والاتصالات المتقدمة وايضا لمدى متسع من السلع الثقافية، يبدو انهم في الغالب لاقوة حقيقية لهم للمقاومة وتأسيس مقياس حقيقي للسيطرة على عملية الانتاج الثقافي الخاص بهم التي تشتمل على تنمية وسائل الاتصال الوطنية[24].

هوامش الفصل الثالث عشر

(1) عمرو الجويلي ، العلاقات الدولية في عصر المعلومات ، مجلة السياسة الدولية، العـدد 123، القـاهرة ، مؤسسة الاهرام ، 1996، ص85.

(2) Mark E.Hep Worht , Geography of the Information Economy, London , Belhaven , 1989.

(3) أ. سعد لبيب ، عالمية الاتصالات والوطن العربي، كتاب الـوطن العـربي والمتغـيرات العالميـة ، القـاهرة ، 1991 ، ص 195.

(4) د. محمود علم الدين، ثورة المعلومات ووسائل الاتصال والتأثيرات السياسية لتكنولوجيا الاتصال، مجلة السياسة الدولية ، العدد 123، مصدر سبق ذكره، ص ص 102-103.

(5) أ. سعد لبيب ، المصدر السابق ، ص 195.

(6) Roger Carter, Information Technology ,(London, Biddles Ltd, Gurd ford and Kings Luynn, 1991) ,P.P.162-164.

(7) محمد نجيب الصرايرة ، الهيمنة الاتصالية – المفهوم والمظاهر، مجلة العلـوم الاجتماعيـة ، المجلـد 18، العدد 2، الكويت 1990، ص 132.

(8) سيرج برو ، فيليب برتون ، ثورة الاتصال ، ترجمـة هالـه عبدالرؤوف مـراد ، (القـاهرة ، دار المسـتقبل العربي ، 1993) ، ص ص 179-180.

(9) د. محسن خضير، الهيمنة الاتصالية الفضائية وتحدياتها الثقافية ، مجلـة الدراسـات الاعلاميـة ، العـدد 77، القاهرة 1994، ص ص 105-123.

(10) Geoffrey Reeves , Gommunication and the Third world, (London , Rontledge , 1993) ,P.P.1-2.

(11) د. محمود علم الدين ، المصدر السابق ، ص 105.

(12) د. الفت حسن اغـا ، النظـام الاعلامـي الاوربي في عـالم متغـير، مجلـة السياسـة الدوليـة ، العـدد 109 ، القاهرة ،1992، ص 318.

(13) د. عمرو الجويلي، المصدر السابق ، ص 91.

(14) خير الدين عبداللطيف ، بعض الاوجه السياسية والقانونية لثورة الاتصال الحديثة، مجلة السياسة الدولية ، العدد 117، القاهرة ، 1994، ص 63.

(15) Alvin and Heid : Toffler , War and Anti War : Making Sense of Todays Global Chaos, (USA Little Brawin,1993).

(16) د. عمرو الجويلي ، المصدر السابق ، ص ص 86-87.

(17) د. حسن حنفي ، ثورة المعلومات بين الواقع والاسطورة ، مجلة السياسـة الدوليـة، العـدد 123، مصدر سبق ذكره ، ص 81.

(18) د.عمرو الجويلي، المصدر السابق، ص 87.

(19) المصدر نفسه ، ص 87.

(20) ياسر علوي ، التكنولوجيا في الخطاب التنموي العربي المعاصر ، مجلـة السياسـة الدوليـة ، العـدد 123، مصدر سبق ذكره ، ص 195.

(21) د. حسن حنفي ، المصدر السابق، ص 81.

(22) P.F.Druker,Past Capitalist Society (Oxford : Cloys Ltd., 1994).

(23) أ.سعد لبيب ، المصدر السابق ، ص 209ومابعدها.

(24) Geoffrey Reeves , OP cit, P.2.

الفصل الرابع عشر

الازمة الدولية

اولا: مفهوم الازمة الدولية

لقد تناول الكثير من الكتاب مفهوم الازمة من منطلقات علم السياسة وبعض العلوم الاجتماعية والعلوم الصرفية ، الامر الذي اعان على تحديد سماتها ومراحلها واستشراف سبل ادراتها والسيطرة عليها، والازمة الدولية ظاهرة معقدة في عالم اليوم، ويقترن مفهومها باشكالية رئيسة قوامها امران : اولهما اختلاف دالتهما باختلاف الاجتهادات العلمية، وثانيهما الاستخدام الواسع والمغاير لمضمونها خدمة لاهداف ومصالح محددة .

ويعرفها " كورال بيل Coral Bell " بأنها (المجال الزمني الذي تظهر فيه نزاعات ترتفع الى الحد الذي تهدد فيه بتغيير طبيعة العلاقات القائمة) (1).

اما " اوران يونك Oran Young " فيرى بانها (مجموعة احداث تكشف عن نفسها بسرعة محدثة بذلك اخلالا في توازن القوى القائمة في ظل النظام الدولي او ايا من نظمه الفرعية، بصورة اساسية وبدرجة تفوق الدرجات الاعتيادية مع زيادة احتمال تصعيد الموقف الى درجة العنف داخله) (2).

ويعرفها " جارلس ماكيلاند Charles Makeland " وهو من رواد مدرسة تحليل النسق على اساس مظاهرها وتفاعلاتها الخارجية بانها فترة انتقالية مابين الحرب والسلم واحتمال تصعيد جميع الازمات الدولية لتصل الى مرحلة الحرب، الا ان معظمها يتضاءل بدون اللجوء الى استخدام القوة من قبل الدول المتورطة في الازمة ... لكنه يرى بان الازمة الدولية رغم خطورتها لاتؤدي بصورة دائمة الى الحرب. وتارة تكون الازمة بمثابة الوقائع الاجرائية التي تتعرى فيها والصلات القائمة بين سمة

واخرى او حالة التبدل في الحالات التي تلازم الازمة والقرارات المتخذة وعملية صنعها والتعقيدات التي تكتنفها ، فهي تقترن بحدث او واقعة تدفع بالموقف الى نقطة انعطاف قد تؤول به الى احد امرين سلبا او ايجابا ، ويتمثل في هذين الامرين، في السياسة الداخلية والسياسة الدولية، استقرار وعدم استقرار، وعنف وعدم عنف ، وحل ونزاع[3].

اما " جارلس هيرمان Charles Hermann " وهو من رواد مدرسة صنع القرار فيرى ان الازمة الدولية تنطوي على عناصر معينة تكون مدركة من قبل صناع القرار هي [4]:

1. اعمال متوقعة من قبل الخصم.
2. ادراك او تصور وجود تهديد.
3. ادراك الوقت المحدد لصنع القرار والرد عليه.
4. ادراك العواقب المهلكة لعدم الرد.

اما " ميخائيل بريشر Michael Brecher " فقد عرف الازمة الدولية بانها حالة تميزها وتنبئ بقدومها اربعة امور وتتلخص كما تراها المستويات العليا لصانعي القرار في مايأتي [5]:

1. الظروف المحيطة الداخلية والخارجية.
2. قيام تهديد للقيم الاساسية الحالية والمستقبلية.
3. تصاعد احتمال حدوث اعمال عنف عسكرية.
4. فرض وقت محدد يكون قصيرا للتعامل مع كل هذه المستجدات والتهديدات.

ويقول الرئيس الامريكي الاسبق " نيكسون " ان المفهوم الافضل للازمة توضحه الطريقة التي يكتب بها الصينيون الكلمة ... اذ يرمزون لها بشكلين : احدهما يعبر عن الخطر والاخر يعبر عن الفرصة.

وهناك من يرى انها ظاهرة دولية تعكس حالة توتر (قد تكون سريعة جداً احياناً) بين فريقين او دولتين نتيجة خلاف في الرأي او الموقف ازاء مسألة ما ، وقد

تتحول حالة التوتر هذه الى حالة نزاع دولي محتمل او فعلي، اما بصورة غير عادية او فجائية (6).

وتعرف بانها شكل خاص من اشكال التفاعل الدولي يقترن بذلك التحول المفاجئ في طبيعة العلاقة السائدة بين دولتين، والذي ينطوي على تهديد جدي لمصالح حيوية واحتمال الدخول في مواجهة عسكرية مباشرة، فضلا عن ضيق الوقت.

وقد عولجت الازمة من حيث انها حالة يتولد فيها حوادث كثيرة وشديدة تدعو الاطراف المنهمكين في ازمة الى القيام بافعال كما يتطلبه الحال وهذا الحاث على الفعل انما يعود في الاساس الى ان الازمة تعبر عن وجود تهديد موجه الى الاهداف والقيم التي يرعاها الاطراف المتأزمون . وانهم عندما يخوضون في حالة ازمة عبورا في مراحلها يتمثلون في ادراكهم المحصلات الاتية بعد عيش الازمة واطفاء جذوتها. كما ان الازمة تتكون من احداث تتمركز فتعود لتكون صيغ جديدة من تقارب اوضاع، وكذلك تفحص الازمة من حيث وزن الاحوال ومايصاحبها من شعور بعدم التأكد مما هو حاصل او سيحصل، ولامفر في حال كهذه من التحسب والتثبت واعداد خيارات وبدائل يعول عليها في مواجهة ماقد ينتهي اليه الامر في خضم تصريف الازمة، او على اثرها باوقات مختلفة الامد . ولما كانت الاوضاع غير المتأزمة تتسم بكون المشاركين في ادارة الازمة يتمتعون بقدر من قابلية الرقابة والسيطرة على الحالات ، فان الازمة تعد حالا من الصعوبة بمكان على المعنيين بها ان يتمتعوا بقدر واف من متطلبات الرقابة والسيطرة، ويصبح قصور الرقابة مدعاة للفزع خاصة عندما يلازم الازمة ضيق في الوقت ونقص في كمية ونوعية المعلومات الموثوقة والمصنفة التي يعول عليها، هذا فضلا عن سرعة وديناميكية تغير انماط المواقف والعلاقات بين الاطراف المتورطة في الازمة مما يعكس مزيدا من حالات القلق والاجهاد والاضطراب (7).

والواقع انه كلما كانت الازمة التي تنشأ بين دولتين او اكثر في البيئة الدولية تمس الامن القومي والمصالح الحيوية كلما كان رد الفعل سريعا، وعلى العكس من ذلك

فانه يكون رد الفعل اقل شدة وسرعة وذلك حينما لايحصل أي انتهاك او مساس مـن شـأنه ان يقود الى ضرر خطير بالمصالح الامنية والحيوية والاهداف الوطنية العليا.

هذا من ناحية ، ومن ناحية اخرى، فان عدم المساس بامن الدولة القومي ومصالحها الحيوية واهدافها الاساسية ، يجعل من الحالة المشوبة بالتوتر تختلف تماما . وفي هذه الحالة فانه ليس مـن المستبعد ان يصبح موضوع قيام الازمة مسألة احتمال ، أي ان المسألة الناشئة قد تحل وهي في بدايتها وبذلك يزول موضوع الازمـة اصلا. ولكن متى مانشأت حالة يتعرض فيها امن ومصالح دولة معينة للتهديد، ولاتستجيب في حينه الدولـة الاخرى بازالة ماقد سببته من تهديد للامن والمصالح الحيوية ، فمعنى ذلك ان الازمة قد نشأت بالفعل [8].

لذا يمكن القول ان الازمة الدولية هي ذلك الجزء الحاسم من الصراع الدولي الذي يتسم باحترام تصاعد وتائره نتيجة مساسها بالمصالح القومية والقيم والمثل العليا، بحيـث يشعر صنـاع القـرار بتهديدها وتعرضها للخطر مما يتطلب سرعة الرد وتبرز احتمالية اندلاع الحرب خلالها نتيجـة المفاجـأة التـي يحدثها مثل هـذا التهديد، ويمكن تطورها باحد اتجاهين: اما نحو التصعيد والوصول بها الى حافة الحرب، وامـا باتجاه التخفيض وامتصاص وتائرها وتلاشيها [9].

وللاجابة على السؤال الملح لماذا تحدث الازمات في البيئة الدولية؟

فالجواب على ذلك هو ان الوحدات الاساسية (الـدول) في النظـام الـدولي، هـي وحدات مختلفـة في امكاناتها ومواردها وافكارها (نظرياتها السياسية) وطبيعة التكوين البشري فيها، وتقدمها او تخلفها اقتصاديا وثقافيا وسياسيا وعسكريا، ونوعية توجهـات صنـاع القـرار، كل هـذه المتغيـرات او بعضها يمكن ان يفضي ـ الى الاحتكام بين مجالات الامن والمصالح، وفي حالة فقدان او تعثر الاستعانة بلغة وطريقة حوار جادة كفيلة باحتواء الموقف فقد يتطور الامر الى حالة من سوء الفهم بين اللاعبين في الموقف الدولي مما قد يقود الى حالة من التوتر القابلة بالتأثر بالظروف المحيطة بها والمؤدية في احيان كثيرة الى زيادة حدة التوتر الباعثـة عـلى قيام وحـدوث الازمة الدولية.

وتجدر الاشارة هنا الى ان الخلفيات التي تقف وراء الازمات في الساحة الدولية هـي خلفيـات ليسـت بالضرورة خلفيات سياسية، وانما يمكن ان تكون خلفيات اقتصادية وعسكرية واجتماعية وثقافية وحضارية [10].

ويحتاج التعامل مع الازمة الى نوعية خاصة من الساسة ومن الجهد، وتحرك اسرع وتجاوزا للاجراءات المتبعة لاتخاذ القرار السياسي خارج الاطر التنظيمية المألوفة، وذلك لان الازمة هي عبارة عن تحول مفاجئ عن السلوك المعتاد، فهي ذلك الموقف الذي يخلق انقطاعا او تغيرا مفاجئا في احد المتغيرات النظامية او اكثر.

ثانيا: طبيعة وسمات الازمة الدولية

يوضح ماتقدم من عرض لمفهوم الازمـة الدوليـة بانهـا جـزءا مـن محـيط العلاقـات الدوليـة وتتـأثر في تفاعلاتها، وهي محكومة باطارها ، وبعمق تلك العلاقات واتساعها. وعلى الرغم من دخولها المجرى العام لمحيط العلاقات الدولية وبين تياراته المتقاطعة ، فان الازمة الدولية اشبه ماتكون بالدوامة التي تستقل بقـوانين خاصـة بها تسهم بقدر ما في التحكم بالفعل والاستجابة، ودرجة التصعيد، والتعامل مع نقص المعلومات، وضيق الوقت، والاستقراء السلوكي ، وعامل الادراك.

والبيئة الدولية بما تنطوي عليه من افعال وردود افعال، واحتكام وتقاطع مصـالح بـين الـدول ودخـول بعضها في تنظيمات اقليمية واحلاف وكتل، ونتيجة لما حصل من تقدم علمي وتكنولوجي، وانعكس على مكونات القوة القومية للدول، فضلا عن الثورات المتوالية في المواصـلات والاتصـالات والمعلومـات، فقـد اصبح أي حـدث دولي ذا صفة عالمية اكثر منه صفة محلية .. وبعبارة اخرى فان أي احتكاك متصاعد بين دولتين لابـد وان يعكـس او يستجيب لتأثيرات اما نحو مزيد من التصاعد او التهدئة وكلما كانت البيئـة الاقليميـة لطـرفي الازمـة تنطـوي على اهمية جيوستراتيجية، كانت الازمة موضوع لاستقطاب قوى دولية ، واكثر الـدول عرضـة للاسـتجابة لعمليـة التفاعل مع الازمة هي تلك الدول التي تتمتع بنفوذ واسع على غيرها والتي ترى ان أي

زعزعة في ترتيب الاوضاع معناها زعزعة مصالحها ، او تأثير في الوضع الراهن الذي يهمها المحافظة عليه.

واستنادا لذلك فان أي تحليل لطبيعة الازمة الدولية وفي ظل النظام الدولي المعاصر نادرا مايجعل منها ازمة محلية، ويعود سبب ذلك كما توضح الى التشابك والترابط بين المصالح والتوجهات والاهداف والنفوذ لـدى عدد غير قليل من الدول الفاعلة في البيئة الدولية.

وعلى هذا النحو فان المظاهر الازموية قد جعلت طبيعة السياسة الدولية ذات سمات عالمية، لذا فان بعض المحللين يشبهون ظاهرة الازمة بظاهرة الصراع والحرب[11]. وحجتهم في ذلك ان هناك تشابه في الخطورة بينها وبين الحرب، بدعوى ان النتائج التي تخلفها ظاهرة الازمة تنطوي على مخاطر كبيرة، اذ يمكن ان تتطور الازمة بسرعة بحيث تؤدي الى تغيير فعلي في العلاقات بين الوحدات المتفاعلة بشكل مباشر وكذلك الوحدات المتأثرة من جو الازمة ، قد يدفع بالوحدات الى الحرب اذا ما فشلت محاولات احتواء الازمة عند درجة من درجات تصعيدها. وهذا التغير السريع في العلاقات الدولية يعني تكثيف البعد الزمني، مما يعني اتخاذ القرارات الدولية بطريقة استثنائية وتحت ضغط عامل الوقت، واحيانا في ظل عدم وفرة كافية من المعلومات الدقيقة والمصنفة، واعتمادا على خبرة الفريق المكلف بادارة الازمة وتأثرا بجو الازمة بما ينطوي عليه من افعـال وردود افعال وحساب امكانيات ، وتأثير عوامل خارجية ، سواء كروادع او محفزات. وقد اشارت احد الدراسـات المهمـة التي بحثت في موضوع الازمـات والتسـلح [12]، الى ان الازمـات الحديثة، والمعـاصرة تتسـم بعـدد مـن الخصائص التي يغلب عليها احيانا طابع النسبية وكذلك العمومية، وقد اجملتها بمايلي:

1. ادراك مظاهر انعطافات جديدة في سلوك الدول.

2. اتخاذ قرارات واجراءت واضحة تقتضيها ادارة الازمة.

3. الكثير من التهديدات والتحذيرات والوعود تبدو ظاهرة.

4. تداخل وتسارع الاحداث.

5. اتسام الموقف بالضبابية وعدم الوضوح في بعض الاحيان.

6. نتائج ماتقدم تقرر اتجاهات ومستقبل الازمة.

7. في بعض المراحل قد يكون هناك فقدان في السيطرة او ضعف قدرة السيطرة على الموقف.

8. سيادة جو من الحالات الطارئة المتصاعدة.

9. شحة المعلومات المهمة كما ونوعا فضلا عن الارباك الـذي تسببه المعلومـات المضللة او التحليلات الصحفية المغرضة.

10. شعور كلا فريقي الازمة بضغط عامل الوقت.

11. العلاقات المتبادلة تكون عرضة للتغير وبالاتجاهـات التـي تسـير فيهـا الازمـة سـواء نحـو التصعيد ام التهدئة.

12. بروز مظاهر القلق في البيئة الدولية.

ومن الجدير بالذكر ان دراسة ظاهرة الازمة وتحديد سماتها يتطلب التركيز على النقاط الرئيسة في الازمة، والمتمثلة ، في الاطراف المشتبكة ، المنطقة الجغرافية والبيئة الاقليمية التي يحتمل ان ينشأ فيها النـزاع، درجة الشدة في مستواها الاقصى، عقد مقارنات بين قدرات ومواقف وادوار واهداف الاطراف المتفاعلـة في جـو الازمة ، والاحداث المباشرة التي دفعت بها، والتكنيك المستخدم من قبل جميع الاطراف .

ويبقى من الاهمية بمكان القول ان اخطر مافي الازمة هو المضاعفات التـي يمكـن ان تحـدث نتيجـة لتدخل طرف ثالث تتعرض مصالحه الحيوية للخطر مما يدفع به الامر الى اتخاذ اجراءات مضادة تفضي به الى اتخاذ موقفا الى جانب احد طرفي الازمة وضد الطرف الاخر، ولما كانت البيئة الدولية متشابكة وحافلة بتداخل الاهداف والمصالح، فان دخول طرف ثالث قد يجر اطراف اخرى، بسبب انتمائها الى حلـف او معاهـدة دفاع مشترك او اتفاقية تجارية، هذا وان الشيء الذي يخشى منه ولكنه يبقى محتمـلا ، هو ان اتساع رقعـة المتـداخلين في الازمة يزيد من خطورتها ويجعل منها صراعا دوليا فعليا، على ان اسوء حالات الصراع يمكـن ان تـدفع الازمـة باتجاه الحرب[13]. وهذا مايمكن الاصطلاح عليه بتعقيد الازمة، اذ ان اخطر حالات التأزم

شدة هي الحالة التي تصل فيها الازمة حد التعقيد بحيث يصل مؤشر التوتر في العلاقات الى حد استهداف القيم الاساسية المتمثلة بالكرامة والكبرياء الوطني والوحدة الكيانية والاستقرار الامني ، عندها تكون المسافة صفر مع الخطوة التالية والتي هي استخدام العنف المسلح او الحرب.

ونظرا لان الازمة عموما ، لم تكن تحظى بقاعدة عامة يمكن التعميم من خلالها بحيث يمكن ان تطبق على أي نوع من الازمات بالنظر لاختلاف طبيعة كل ازمة، واختلاف الظروف التي تنشأ فيها ، ثم اختلاف الاطراف التي تتعامل معها ، واخيرا مدى مساس الازمة بمصالح واهداف الاطراف المتصلة فيها ، فيمكن القول ان الازمة عموما تصميم نسبي وقياسي ، بمعنى اما ان تمر بحالة تصعيد وتتطور الى النتائج التي لاتحمد عقباها ، او ان تمر بحالة من التهدئة والخفوت ، وتجدر الاشارة الى ان كل من التصعيد او الخفوت له صلة وثيقة بالاجراءات التي يقوم بها احد الاطراف والتي تشكل الفعل، والاجراءات المضادة التي يتخذها الطرف المقابل والتي تشكل رد الفعل.

وبوجه عام فان أي من طرفي الازمة عندما يتخذ الاجراءات التي يعتقد باهميتها لمواجهة الموقف وللمحافظة على مصالحه، انما يحسب حساباته في ان الخطوة التي يتخذها لابد وان تترك اثرها في الخصم، فاذا كانت خطوة ذات استهداف واطئ وليس لها مساس مباشر بالمصالح الحيوية وبمنظومة القيم الجوهرية للطرف المقابل، فان الامر المتوقع عادة هو ان الخطوة المقابلة تكون مشابهة تقريبا في درجة شدتها، ولكن اذا ماسببت هذه الخطوة او الخطوات التي تليها من أي من طرفي الازمة مساسا مباشرا او غير مباشرا بمنظومة القيم والمصالح الحيوية للطرف المضاد فان الخطوة المحتملة للاخير باتجاه الاول تكون عادة مشابهة تقريبا ان لم تفوق في شدتها الخطوات التي اتخذها الطرف الاول. وبعبارة اخرى ان الدولة (ب) متى ما ادركت بان الاجراءات والنوايا للدولة (أ) الداخلة معها في ازمة ، قد وصلت حد الاستهداف المباشر والشامل وهو الحد الذي يعمل فعليا على زعزعة مركزها ويحاول النيل منها ، فانها والحالة هذه سوف تعمل في سياق اجراءاتها المضادة الى تقويض اهداف الدولة

(أ) وتصعيد اجراءاتها المضادة الى حدود الانتقام المقابل ايضا [14].

ثالثا: القرار السياسي والازمة الدولية

1. مفهوم القرار السياسي :

تعني كلمة قرار او اتخاذ قرار لغويا الحكم بترجيح جانب على اخر وتعني ايجاد حل لمشكلة او التوصل الى اقرار الشيء او تبنية او استعماله .

وبالنسبة " لجون لونهردت " فان صناعة القرار تمثل طورا من الاجراءات التي تحول المشاكل الى سياسة [15] فمن اجل معالجة مشكلة ما فلابد ان تأخذ هذه المشكلة صورتها السياسية وذلك عندما يقرر اختيار حل لها من قبل هيئة سياسية ، فعندما نقول ان هناك مشكلة فهذا يعني وجود صراع بين مصالح عدة مجموعات وليس بالضرورة ان يكون الصراع سياسيا وانما يمكن ان يكون له أي بعد من ابعاد النشاط الانساني داخل المجتمع والاهتمام به من قبل السلطات السياسية، وتبنيه يعني ان الصراع او المشكلة قد اخذت صورتها السياسية للاسباب التالية:

أ. ان الهيئة التي تبنتها وهي جزء من السلطة السياسية تملك ايديولوجية معينة، فالقرار الذي يتخذ بصدد هذه المشكلة سوف لن يخلو من تبريرات هذه الايديولوجية.

ب. ان تطبيق هذا القرار سوف يثير ردود فعل سياسية من قبل مجموعات لها ايديولوجيتها الخاصة، ومع ظهور هذه الردود سوف تاخذ المشكلة صورتها السياسية او تصبح مسيسة.

اما " ب لوفين " فانه يعرف القرار كعمل مدروس قام صاحب القرار باتخاذه باتجاه مجموعة من الافعال لها خصوصيتها وهو عمل يؤخذ على ضوء خطة عمل يمكن تصنيف عناصره الرئيسية الى ناتج العمل وحصيلة المنتوج [16] ان الشيء الملفت للنظر في هذا التعريف هو ان " لوفين " عندما اكد على ان القرار هو عمل اقام علاقة

بينه وبين كل مايحيط به ، بمعنى اخر ان أي قرار من اجل ان يكون عقلانيا لابد ان ياخذ بعين الاعتبار المحيط الذي يوجد فيه القرار، ليس فقط في عملية تنفيذه وانما ايضا في فترة اعداده، لان هناك علاقة متبادلة بين القرار والمحيط وهناك من يركز على ان القرار كعمل ويتجاهل دور المحيط واهميته، ومن بين هؤلاء " فرانكل " الذي ينظر الى القرار على اساس انه (عمل مقرر ومحدد من بين مجموعة من الاعمال تتبعها مجموعة من الاختيارات المدروسة ...) ، ويعد " اليوت جاك " القرار كحدث نفسي يتصف اولا بممارسة الحذر والتعقل مثل اختيار نوع العمل، وثانيا طرح الحدود غير المعقولة اثناء الممارسة العقلانية، وداخل هذا النطاق فقط، اما ثالثا فان القرار هو هدف يحاول صاحب القرار تحقيقه. وفضلا عن ذلك فانه التزام قد يؤدي الى نتائج سلبية وايجابية.

ويتمثل التعريف الموضوعي للقرار بانه ذلك البديل الذي درس بتان وروية على اسس علمية واعتبارات موضوعية من بين عدة بدائل، ووجد فيه انه من افضل الخيارات والبدائل المطروحة لتحقيق الاهداف المرسومة ويمكن السيطرة على تنفيذه واخراجه الى حيز الوجود بالوقت المناسب وباقل التكاليف الممكنة من حيث الوقت والجهد والمال، ويتميز بسلامة الصياغة ووضوح المعنى، وله القدرة على التكيف مع الظرف الذي اتخذ فيه.

واذا كان القرار هو اختيار واع يتخذه فرد او مجموعة سياسية ، فان " لوسيان سفيز " عندما يحدد وظائف القرار يعد هذا الاخير سلاح اسطوري بيد الحكام يستعمل من قبلهم من اجل المحافظة على الواقع الاجتماعي وذلك من خلال قدرته أي – القرار – على امتصاص التوتر السائد في مجتمع ما وفي فترة زمنية معينة. اما عن وظائف القرار فهي كما يحددها " لوسيان سفيز " [(17)]:

أ. يسمح لصاحب القرار بالتحرك، فهو عندما يشعر بانه حر يستطيع ان يتحرك من اجل تغيير الواقع وذلك من خلال ايجاد حلول ايديولوجية وواقعية لمشاكل المجتمع.

ب. يسمح للمواطن بان يتحمل الاخرين لان الحلول التي يقدمها للمشاكل المطروحة تساعد الفرد على تحمل المصاعب لفترة معينة الى حين تنفيذ القرار والوصول الى النتائج المطلوبة والمتوقعة.

ج. يهدف القرار الى توزيع مهمات الدولة على مجموعة من الهيئات المتخصصة بهدف السماح للنظام بمعالجة أي قصور ، مع المحافظة بشكل رئيسي على النظام الاجتماعي القائم.

د. يقدم القرار امكانية القيام بالاختيار الاكثر موضوعية وتجريدا.

وحتى لو اتفقنا مع " هربرت سيمون " الذي يقول بان القرار ماهو الا تعبير عن مساومة بين معطيات الاختيار والمحيط ، ويبرر ذلك بكون القرار هو الحل الانسب والمحتمل في ظروف معينة ، فهو لايمنع ان يبقى القرار ذو صفة حركية على اعتبار ان التغيير يمكن ان يحدث بشكل تدريجي، اليست المساومة هي تعبير عن اسقاط نفسي لمشاعر فرد يؤمن بالمرحلية والتي هي نتيجة طبيعية للثقافة السياسية للمحيط ، لذ لابد ان تؤخذ هذه الثقافة بنظر الاعتبار من اجل معرفة نوعية القرار ، نظرا لان الثقافة تحدد مسبقا حظوظ كل فرد داخل المجتمع.

وقد تعددت التعاريف للقرار السياسي ، وفي هذا الصدد يرى " د. حامد ربيع " انه نوع من عقد العزم من جانب السلطة على اختيار اسلوب معين من اساليب التخلص من حالة من حالات التوتر التي تفرضها الممارسة السياسية. ويعرفه " هوراس " بانه نوعية صياغة الخطط والعمل بموجبها [18].

وعرفه " كود " بانه عبارة عن اتخاذ موقف ما ازاء قضية مطروحة وبصيغة عملية تستند اساسا الى الموقف السياسي الذي يتبناه صاحب القرار [19]. اما " وارن " فقد عرف القرار بوصفه الصياغة لاجراء عمل مع نية ثابتة لتنفيذه [20].

ولايختلف القرار السياسي عن بقية انواع القرارات الاخرى فهو تعبير عن ارادة متخذ القرار في تحقيق هدف محدد باختيار بديل مناسب من بين مجموعة البدائل المتاحة امامه ، الا انه يتميز بصلته السياسية التي يكتسبها من خلال :

أ. شخصية متخذه باعتباره قائدا سياسيا.

ب. الاهداف السياسية التي يرمي الى تحقيقها خدمة للنظام السياسي.

ج. بيئته التطبيقية في اطار أي من المجتمعات السياسية الوطنية والاقليمية او الدولية.

وتتميز علمية اتخاذ قرار الازمة الدولية في طبيعتها عن طبيعة بقية عمليات اتخاذ القرار السياسي الخارجي من حيث :

أ. ان موقف الازمة يبين اهداف ونوايا الخصم بوضوح وهذا لايتحقق بالاوقات الاعتيادية.

ب. تصبح التفاعلات بين الامم في حالة الازمة الدولية اكثر دينامية مما كانت عليه الحال في الاوقات الاعتيادية وذلك نتيجة للضغط المتزايد على صانع القرار بسبب التدفق السريع للمعلومات والحاجة الى اتخاذ قرار بسرعة اكبر، الامر الذي يضطره الى اختصار العديد من المراحل الاعتيادية في صنع القرار الاعتيادي.

ويعد (اتخاذ قرار الازمة) الوظيفة الاولى والاساسية التي تحدد مصير الازمة ونهايتها، والتي يتم بواسطته تحقيق اهداف الدول المشاركة في الازمة الدولية والتي تعمل على تحقيقها (كل من وجهة نظره) وحماية مصالحها من خلال اختيار البديل الانسب لانجاز تلك الاهداف من بين البدائل المتاحة امامه للمفاضلة بينها.

ويكون ضمن هذا التصور قرار الازمة الدولية عبارة عن عملية مفاضلة بين البدائل لاختيار البديل الافضل الذي يميز الهدف وباقل خسارة او كلفة مقبولة، وعادة يخضع قرار الازمة الدولية لمواصفات وشروط خاصة تتحكم في اتخاذه وهذا يتبع بدوره طبيعة الازمة الدولية وسماتها التي تتميز بها حيث لايوجد قانون موحد لكل انواع القرارات لمواجهة الازمات الدولية التي تنشب في عالمنا اليوم بين فترة واخرى لان لكل ازمة ظروفها الخاصة بها والتي لاتنطبق على ازمة اخرى.

2. مراحل صنع قرار الازمة الدولية:

أ. تحديد الموقف :

اختلف دعاة نظرية صنع القرار في تحديدهم " الموقف " فيرى " سنايدر " ان الاساس في تحديد الموقف الـذي على اساسه يتخذ القرار هو الموقف كما يراه صانع القرار فقط ، في حيـن يـرى " فرانكل " ضرورة اخـذ البيئـة الموضوعية في الاعتبار ومن وجهة نظره ، ان الموضوعات التي لاترد في ذهن صانع القرار لاتؤثر في طبيعة القرار الا انها تؤثر في نتيجة القرار، بيد ان القرار بعد صدوره ينفصل عن صانعه ويصبح محكوما بالبيئة الموضوعية، وهذا يعني ان " فرانكل " يوافق على تقسيم "سبروت " وهـو يقسـم البيئـة الى قسـمين : البيئة السايكولوجية والبيئة العلمية على اساس ان هاتين البيئتين قد لاتكونان متشابهتين فقد يعتقد صانع القرار ان مافي ذهنـه هو الواقع فعلا ، ولكنه قد يكتشف في مرحلة لاحقة ان ادراكه للواقع كان ادراكا قاصرا، ومـن هنا فـان تعريـف موقف معين او تحديد مشكلة يعتمد في كثير من الاحيان على حجم المعرفة، كما ان ادراك صانع القرار للموقف يتأثر بقيمه ومعتقداته وتكوينه الشخصي التي هي جزء من قيم الدولة ومعتقداتها وشخصيتها التي يعبر عنها من خلال موقعه الرسمي في رده على الموقف الناشئ .. ويستند تعريف صانع القرار للموقف الى ادراكه لـه ، والى المعلومات المتوفرة عن الموقف ... وبعد تقويم صانع القرار للموقف وتعريفه لـه يقوم بتحديـد هـدف سلوكه اللاحق.

ب. تحديد الهدف :

ويقصد بالهدف الحالة المستقبلية التي يرمي صانع القرار عبر نشاطه الى ترتيبها خارج الحدود السياسية لدولته، وخدمة لاهداف ترتبط بالمصلحة الوطنية او الوطنية والقومية لدولته.

ان تعريف الموقف وتحديد الهدف يمثلان اولى مراحل عمليـة صـنع القرار، لـذلك فـان التعريـف الموضوعي الدقيق للموقف، والوضوح في تحديد الهدف ، يؤثران في النتيجة النهائيـة للقرار ... وتليهما مرحلـة جمع المعلومات ثم تقييمها وتحليلها لاختيار البدائل الممكنة واخطر وادق مراحل الازمة الدوليـة هـي مرحلـة اتخاذ القرار.

ج. مرحلة جمع المعلومات :

للدخول في موضوع المعلومات واثرها على ترشيد القرار لابد من اعطاء تعريف محدد للمعلومات، فالمعلومة بمعناها العام كما عرفها " د. مازن الرمضاني" هي الاداة التي من خلالها يتم تحويل البيئة الحركية الى بيئة نفسية والتي يتم في ضوءها ادراك الموقف وبالتالي اتخاذ القرار، وهناك من يرى انها عبارة عن سيل من الاشارات والرسائل التي تحفز صانع القرار للتعامل مع الموقف ، فالمعلومات تقدم الحقائق الاساسية والاخيرة تبنى عليها قرارات الازمة الدولية ، فبدونها تصبح هذه القرارات بلا اساس وربما كان ذلك هو السبب الذي يدعو الى تاكيد الدور الكبير للمعلومات في اختيار البدائل اذ بدونها تتوقف قدرة المخطط على الابتكار.. أي تقديم بدائل جديدة لمواجهة المشاكل التي قد تنشأ في اطار المجتمع . بمعنى ان للمعلومات تأثيرها في اختيار البدائل، حيث ان نطاق مشاريع القرارات البديلة التي تبحث في وحدة اتخاذ القرار تكون محدودة ... ومن المهم في هذا الصدد الحصول على اكبر قدر من المعلومات في اقصر وقت ممكن.

والقرارات اذا لم تكن قائمة على اساس من الحقائق فهي (فن) يختلف امره وفقا لاختلاف مواهب الذين يصدرونها ، اما اذا كانت معتمدة على الحقائق فهي (علم) له اصوله وقواعده وكلما كانت وسائل الاتصال كفوءة استطاعت ايصال المعلومات الجيدة لصانع القرار في الوقت المناسب ليتسنى له الرد على الموقف الذي تعكسه ... ويمكن قياس كفاءة اجهزة الاتصال بكمية المعلومات المتدفقة الى النظام ومدى جودتها ، وكذلك درجة السهولة في تدفقها بلا معوقات تنظيمية او مادية او انسانية.

ومهما كانت دقة اجهزة العلومات وكفاءة وسائل الاتصال يبقى هناك فاصل بين الموقف كما هو وبين الموقف كما ينقل الى صانع القرار، ولعل ذلك يعود للاسباب التالية:

(اولا). السرية المفروضة على المعلومات لاسيما المتعلقة بحماية الامن القومي، فاذا كان تازم الموقف يتطلب اساسا الاحاطة بنوايا الخصم وقدراته وطبيعة سلوكه السياسي المحتمل، فكلما كانت درجة السرية كبيرة واجهت اجهزة المعلومات صعوبات في الوصول الى حقيقة الموقف.

(ثانيا). وجود عوائق مادية في طريق تدفق المعلومات الى اجهزة اتخـاذ القرار امـا بسبب ضغط الوقت او بسبب اخطاء في اسلوب جمعها وايصالها.

(ثالثا). احتمال اهمال المعلومات التي لاتتطابق مع التصورات الشخصية والتحيز المسبق الـذي يـدعم بعـض التوقعات التي تكونها اجهزة المعلومات.

(رابعا). اخفاء المعلومات التي لاتطابق رغبات صانع القرار.

(خامسا). اهمال عامل الزمن ، فقرار الازمة يتطلب سرعة الرد وبالتالي كلما كان الفاصل الزمني بين الموقف وبين الحصول على المعلومات الاساسية المتعلقة به وايصالها الى صانع القرار كبيرا كانت اجهـزة المعلومـات ووسائل الاتصال عاجزة عن رفد صانع القرار بـالمتغيرات التـي تتحكم بـالموقف ممـا يـؤدي الى فشـل القرار احيانا.

ويبقى من الاهمية بمكان قيام اجهزة جمع المعلومات بالتمييز بين ثلاثة انواع من المعلومات هي :

(اولا). المعلومات او الاشارات الحقيقية المتعلقة بالموقف.

(ثانيا). الاشارة التمويهية المتعلقة بسلوك الخصم الذي يعتمد على السرية والخداع.

(ثالثا). الاشارة المتناقضة التي ترافق الموقف في البيئة الدولية او الاقليمية.

د.   مرحلة تقييم وتحليل المعلومات:

في اوقات الازمات تكون المعلومات عادة غزيرة ومتدفقة واكثر بكثير مـن تلـك التـي تـرد في الحـالات الاعتيادية، فهي تشكل والحالة هذه عنصر ضغط على صانعي القرار الذين لايتاح لهم تقويم ودراسة كـل هـذه المعلومات وبالطريقة نفسها المتبعة في القرار السياسي الخارجي الاعتيادي . والقرارات في موقف الازمـة الدوليـة مهمة جدا ، وتتطلب عادة القيام بعمل طارئ وملح مـن قبـل المسؤولين في ادارة الازمة، لـذا فـان المجموعـة الصغيرة المختصة بقرارات الازمة الدولية، التي كان لقلة عددها ضمان الاستجابة الاسرع للاحداث، لاتستطيع التعامل مع الزخم الهائل من المعلومات خاصة عندما يتزايد الضغط ويحدث الارهـاق ويـتردى الانجاز ، فدقـة المعلومات في هذه الحالة

تساعد على اصدار القرار الصحيح ، والمعلومات الخاطئة والمضللة تقود الى قرار خاطئ.

وتعتمد الحكومات اكثر فاكثر على اجهزتها الاستخبارية لتوفير المعلومات القيمة وتخلصها من المعلومات الزائدة غير المهمة وذلك لتقليل احتمالات الخطأ في القرارات، وتمر عملية تحليل المعلومات بثلاث مراحل اساسية هي :

(اولا). **الادراك** ، يقصد به الصورة التي تتكون في ذهن صانع القرار بغض النظر عن الخصائص الموضوعية للحقيقة موضع التعامل، والازمة تسهم في تهويل الامور وتحميلها اثقالا فوق طاقتها مما يتسبب في ارباك وظيفة الادراك في الحالة الاعتيادية، واذا ما اضفنا ضيق الوقت وقصر المدة الكافية للحصول على المعلومات الموثوقة والمصنفة، كذلك التغيير السريع لعلاقات طرفي الازمة ، فان المحصلة النهائية هي حصول الاجهاد والاضطراب والقلق والتي تدفع بالنهاية الى قصور في الادراك وسوء التقدير وانحياز لموقف معين بدون التاكيد من مدى صحة هذا الانحياز.

والادراك عملية معقدة، واهم العوامل المؤثرة فيه كما يرى " روبرت جيرفيز" هو المنظومة العقائدية لصانع القرار والتجارب السابقة وكذلك تكرار الافعال المباشرة والوثيقة الصلة بالقرار في العلاقات الدولية كالتاريخ الذي يصح اعتباره مقياسا لدراسة الموقف.

(ثانيا). **التصور** ، يمثل مجموعة الافكار والمعلومات التي تحكم تصرف الانسان، وهي الانطباع الاول الذي يتولد لدى الفرد نتيجة حافز معين، وفي السياسة الخارجية يستجيب صانع القرار لافكاره عن البيئة الخارجية ويتصرف على ذلك الاساس. وتجدر الاشارة هنا الى ان اهم مايؤثر على التصور هو المعلومات وتدفقها بما يشبه وسائل تصل الى الانسان عن طريق حواسه فتؤثر في التصور واحيانا تحدث تغيرا جذريا فيه. وقد وصف " فرانكل" صانع القرار على راس قمة الهرم بانه بعيدا عن المعلومات التفصيلية التي تصف البيئة الخارجية، وانه اسير المستشارين والاجراءات البيروقراطية، فمثلا من

1300 برقية تصل يوميا الى البيت الابيض، تصل (20) برقية فقط الى الرئيس الامريكي أي 2% منها.

(ثالثا). **التقويم** ، ان تقويم صانع القرار للمعلومات من حيث جودتها او ردائتها يكون لديه فكرة عن ذلك التصور، وهذا يعرف بـ (تقويم التصور) ، فتصور صانع القرار السياسي لدولة معينة من حيث حجمها ومواردها وسكانها وايديولوجيتها يختلف عن التقويم لدور هذه الدولة هل هي صديقة ام عدوة ذلك ان هيكل المعلومات لتصورات الانسان وصانع القرار السياسي لايتالف من تلك التصورات فحسب بل من حيث تقويمها ايضا، وتدخل في هذا التقويم الرموز التي تعبر عن تصور الانسان لما يعتبره مثاليا، فقد تلعب القيم الاجتماعية السائدة في مجتمع صانع القرار دورا عاطفيا في التاثير في كيفية ادراكه سلوك الاخرين وبالتالي يستمد شرعية سلوكه منها، وتمثل لديه معيارا لتقويم سلوك الاخرين. وهكذا نلاحظ ان القيم هي نتاج تفاعل اجتماعي يكتسبها الفرد من خلال التنشئة الاجتماعية ويتعلم منها ان بعض الدوافع والاهداف هي افضل من غيرها ، وعندما يصبح صانع القرار متاثرا بذلك وبالتالي يفسر المواقف التي تواجهه بالشكل الذي لايعارض ماتعلمه وان اختلفت البيئة الواقعية للموقف مع تلك القيم. وكلما كان صانع القرار يمتلك معلومات دقيقة حول مايواجهه كان اقرب الى فهم الموقف كما هو، وتلعب العوامل الذاتية دورا مهما في اعتماده او عدم اعتماده على المتغيرات المعرفية التي يتشكل بها ادراكه وتصوره للموقف. وخلاصة الامر هي ان مسالة الاحاطة بالموقف تتطلب ثلاث مراحل مترابطة هي (الادارك، التصور ، التقييم) فالادراك يؤدي الى خلق صورة ذاتية عن طبيعة ومعنى المواقف السياسية الخارجية ، وهذه الصورة تستخدم لبناء اساس التقييم ومدى القدرة الذاتية للدول للرد على مطالب بيئتها الخارجية، أي انها تستخدم لتقييم الموقف واستقراء النيات الحقيقة لا النيات المطلوبة لاطراف الصراع ومحصلة التقييم تؤثر اخيرا في نوعية التصرف اللاحق لصانع القرار.

هـ ــ تحديد البديل :

بعد تحديد الهدف تبدأ عملية البحث عن المسالك والحلول (البدائل) التي تحققه، وعملية البحث هذه تكون غايتها التوصل الى افضل الحلول الممكنة التي يمكن الاخذ باي منها لتحقيق الهدف، والبديل حل مقترح لمعضلة ما يحقق الغاية (الهدف) ويشترط فيه ان يكون قابلا للتنفيذ وباقل كلفة ممكنة.

ان عملية تحديد البدائل تعود اساسا الى صانع قرار الازمة الدولية وكفاءته في انجاز اهدافه السياسية باعتماده حسابات دقيقة ومسبقة، أي بكفاءة وعقلانية، والعقلانية هنا تعني اختيار السبل المناسبة لتحقيق اهدافه، وهناك نموذجان اكاديميان رئيسيان للسلوك العقلاني في عملية صنع القرار اولهما النموذج الاول ويقوم على افتراض ان صانع القرار في الازمة الدولية يسعى الى تحقيق هدفه بموضوعية وبشكل لايتاثر بمتغيرات ذاتية او مادية مختلفة، فهو اولا يذهب الى تحديد جميع البدائل المحتملة لتحقيق اهداف سلوكه اللاحق ومن ثم تثبيت المنفعة المتوقعة لكل من هذه البدائل بمعنى مدى قدرة احد البدائل على تحقيق اقصىـ فائدة ممكنة. اما النموذج الثاني الاداري فيقوم على افتراض ان صانع قرار الازمة يتصرف كتصرف الرجل الاداري بعقلانية لتقويم الايجابيات والسلبيات للبدائل ، الا انه يختار من بينها مايرضيه فقط أي الذي يحقق اهدافه باقل كلفة ممكنة . ويرى العديد من المختصين انه من الضروري تحديد خمس خطوات لاختيار البديل بصورة رشيدة هي:

(اولا). تحديد نوعية الغاية (الهدف) المطلوب انجازه.

(ثانيا). التفكير بكل البدائل المؤدية اليه.

(ثالثا). تقدير فرص النجاح المتوفرة لكل بديل على حدة عن طريق مقارنة احتمالات نجاح كل منها مع بعضها.

(رابعا). حساب مختلف التاثيرات الجانبية.

(خامسا). دراسة النتائج المحتملة للسلوك.

ويتوقف تحديد البدائل على قدرة صانعي القرار على الابتكار الذي يعتمد على استعدادهم الشخصيـ والقدرة على العمل في ظل ظروف غير ملائمة، والقدرة على

الحصول على اكبر قدر من المعلومات في اقصر وقت ممكن وتحليلها وتقييمها بشكل صحيح . وفي ظل منهج تحليل الحقائق يتم تحديد المزايا والعيوب المترتبة على كل من البدائل المطروحة بناء على البيانات المتوفرة بخصوص المتغيرات المختلفة، كما يكون للتجارب التاريخية التي مرت بها الدولة او التجارب التاريخية للدول الاخرى تاثير في تحديد هذه المزايا والعيوب.

وتتطلب مرحلة وضع البدائل من صانع القرار السياسي ان يدرس عوامل متعددة يلزم اخذها بالاعتبار من اهمها:

(اولا).   حدة انغماس الدولة في الموقف او المشكلة (عظيم – متوسط – بسيط) .

(ثانيا).   نوع العلاقة (حليف – محايد – عدو – تابع).

(ثالثا).   مركز الدولة ودرجة قوتها (القوة الكامنة).

(رابعا).   مدى تقبل او تحمل التداخل (واسع – متوسط – ضيق).

(خامسا). اتجاهات الزعماء السياسيين (الرضا بالوضع الراهن – ومحاولة الحفاظ عليه بصفة اساسية – ضد الوضع الراهن بصفة اساسية).

و.   مرحلة اتخاذ قرار الازمة الدولية :

تعد هذه المرحلة المتقدمة في مجمل عملية صنع القرار، وتبدأ من اللحظة التي تستلم فيها دولة ما حافزاً معينا من محيطها الخارجي وتستمر وصولا الى اتخاذ القرار، بمعنى الاعلان عنه رسميا ومن ثم تنفيذه، فمرحلة اتخاذه تعني سلسلة متعاقبة من الخطوات تكون محصلتها القرار، وبهذا يكون القرار احد اجزاء عملية سياسية مستمرة. وعملية اتخاذ القرار نفسها لاتعدو كونها عملية اختيار بديل من بين بديلين في الاقل، ليشكل هذا البديل الاساس الذي يعتمده صانع القرار رسميا في وقت لاحق . الا ان هذه العملية تتصف بالصعوبة ومرد ذلك جملة عوامل مهمة من بينها عاملان اساسيان مترابطان :

اولهما : صعوبة التنبؤ الدقيق والمسبق بنوعية ردود افعال الدول الاخرى وبالتالي تحديد النتائج المترتبة على الانماط السلوكية المنوي اتباعها.

اما ثانيهما : فيرتبط باحتمال الفشل الذي يسبب كارثة في اوقات الازمات الدولية بسبب التغيير السريع لمواقف الاطراف المتورطة في الازمة ، وعدم القدرة على السيطرة على الاحداث بسبب ضيق الوقت وقصر المدة الكافية للحصول على المعلومات الاكيدة والموثوق فيها.

وضمن دراسة عملية صنع القرار ينبغي التمييز بين الانموذج التحليلي والانموذج المعرفي لاتخاذ القرارات ، حيث لايحدد القرار في الانموذج الاول مسبقا وتتم الدراسة لتقديم بدائل مختلفة يختار اكثرها رشدا، بينما يبدا الانموذج الثاني بتصور مسبق للقرار المطلوب الوصول اليه ويتم جمع المعلومات والتحليل والدراسة للتاكد من مدى صحة القرار ومدى صحة الاستنتاج . فالانموذج التحليلي يفترض ان صانع القرار محايد ازاء البدائل وانه قبل اتخاذ القرار يعمد الى البحث الشامل عن كل المعلومات المطلوبة لفهم الموقف، ثم البحث الشامل في كل البدائل المتصورة ، ثم اختيار البديل الذي يحقق اعظم المنافع طبقا لقيم معينة ، بينما في الانموذج المعرفي يكون البحث عن المعلومات مقصورا على تلك المعلومات التي تؤثر في امكانية تنفيذ القرار وتتمثل اسس وقواعد القرار فيما يأتي:

(اولا). القيم التي يتم بمقتضاها المفاضلة بين البدائل او المعايير التي يجب ان تتوفر في البديل المطلوب.

(ثانيا). توقع ردود الفعل للخصوم والتحسب لها وتهيئة الظروف القادرة على احباطها في الوقت المناسب.

(ثالثا). نشوء الحافز وادراك صانع القرار لهذا الحافز والحافز ظاهرة موضوعية . اما ادراك الحافز فهي عملية ذاتية تحصل في رؤية صانع القرار لهذا الحافز، ويقصد برؤية صانع القرار تصوره لتاثير الحافز على امكانية تحقيق اهدافه والفرص التي يخلقها الحافز لتحقيق الاهداف او عدم تحقيقها.

ان مايمكن استخلاصه من جملة ماتقدم هو ان عملية اتخاذ قرار الازمة الدولية تفرض على صانع القرار مراعاة مايلي:

أ.	ان يتعامل مع افضل مايمكن الحصول عليه في ضوء المتغيرات المختلفة وليس على افضل ما يتمناه، أي ان تكون نظرته واقعية للموقف والاهداف التي يسعى اليها ولقدرته على المواجهة.

ب.	ان يتعلم كيف يمارس اتخاذ القرار في ظروف الغياب والشك والتخمين والتنبؤ.

ج.	ضرورة التضحية ببعض الاهداف احيانا ليس لعدم اهميتها بل لان تحقيقها قد يرتب اضرار اكبر من المكاسب المتوقعة او ان التضحية ببعض الاهداف مرحليا قد يؤدي الى خلق ظروف افضل لانجاز اهداف اخرى اكثر اهمية.

د.	التدرج في استخدام الروادع والتدرج في انجاز الاهداف.

رابعا: ادارة الازمة الدولية

### 1.	اهمية ادارة الازمة الدولية :

ان مصطلح ادارة الازمة في الواقع قد صاحبه الغموض في استخداماته واعطي معاني متعددة في مدلولاته، ذلك ان الازمة غالبا، تدار من خلال المساومات التفاوضية المتكافئة حيث يتوافق الطرفان الى حل متوازن يرضي الطرفين، وبهذا يتم تجنب المجازفات، وهنا تفسر المساومات الاعتيادية القائمة على التوافق بان هدف الطرفين هو الحل المرضي القائم على التفاوض المصحوب بقدر من التنازل.

بينما في المساومات غير المتكافئة غالبا يعمل احد طرفي الازمة على الضغط على الطرف الاضعف لاجباره على تقديم تنازلات والاذعان الى الشروط التي تفرض عليه ، ففي هذه الحالة ان مايستخدم هو المساومة القسرية القائمة على تكتيك الاكراه.

هذا من ناحية ومن ناحية اخرى، فان ادارة الازمة تتغير من حالة الى اخرى ومن طرف الى اخر، ذلك ان تكتيك ادارة الازمة التي جوهرها سياسي يختلف نوعا عن تكتيك ادارة ازمة يقوم جوهرها على التهديد الاقتصادي، والامر مختلف تماما عن

تكتيك ادارة ازمة جوهرها يقوم على التهديد العسكري. بمعنى ان ادارة الازمة تتغير من حيث المستوى بتغير نوع وميدان الازمة ونوع ومستوى الخصم، كما تتغير بتغير الحالات والظروف الزمنية التي تمر بها الازمة المعينة، ان مرد هذه التغيرات يعود الى مسلمة موضوعية مفادها ان سلوك ادارة الازمة يتغير بتغير المستوى العلمي والتكنولوجي المدني والعسكري للدول ، والذي يتغير بتغير المفاهيم السائدة والتطورات الحاصلة في البيئة الدولية [21].

تحتل الازمات الدولية موقعا ذا اهمية خاصة في العلاقات الدولية، ذلك لان الازمة الدولية يمكن النظر اليها من زاويتين رئيسيتين [22]:

الزاوية الاولى: وهي ان تعدد الازمات في البيئة الدولية هو دليل على الفوضى وعدم الانسجام بين الدول ، وهذه الفوضى تتعقد لان الازمات قد تكون المدخل الى الحروب.

الزاوية الثانية: وهي ان الدبلوماسية بانواعها المختلفة من وقائية وتوفيقية واكراهية ومدى فاعليتها في احتواء الازمات القائمة، ذلك ان اية ادارة ناجحة للازمة معناها السيطرة على الازمة واحتوائها بالدبلوماسية قبل ان تتحول الى مجابهة فعلية، أي استخدام القوة الفعلية (السلاح).

وانطلاقا من مدى اهميتها فقد ذهب بعض المختصين الى القول (ان الازمة الدولية هي السياسة الدولية في عالم مصغر) [23] ومن خلالها يمكن وبدرجة اكبر تفهم مايجري في محيط العلاقات الدولية من متغيرات وما يحصل في صنع السياسة الخارجية من تأثيرات.

وتثير الازمة الدولية احيانا، موضوعات غاية في الاهمية والحساسية في السياسة الدولية ، كترتيب القوة، القيم، السياسة ، المصالح، مستوى المخاطر، مواقف مراكز القوى، درجة التحولات في ميزان القوى، التهديدات الامنية المحتملة، الامن الدولي، الاستقرار او عدمه ، ان الامر المثير للاهتمام هو ان هذه الموضوعات تبدو اثناء الازمة وكانها مجموعة مركبة من تحركات واجراءات مرتبطة مع بعضها ومتمركزة بشكل حاد حول قضية واحدة مشخصة تشخيصا جيداً ، والازمة الدولية بهذا

المعنى تهئ ميداناً لجذب المحللين الاستراتيجيين والمختصين الى ساحتها وتعين على التشخيص الدقيق لمقدار حكمة وشجاعة ودهاء صناع القرار ورجال الدولة ، خاصة الذين تعتمد سمعتهم على شق طريقهم عبر تعقيدات ومخاطر دبلوماسية الازمات، وان مايضفي على الازمة الدولية اهمية خاصة في البيئة الدولية ايضا هو ان أي تقييم لدور القوة العسكرية في النظام الدولي المعاصر ينبغي ان يأخذ بالاعتبار الدور الذي تلعبه الدبلوماسية القسرية القائمة على الاكراه في حل تلك الازمات [24].

وفضلا عن ذلك فان دراسة سلوك الفاعلين الدوليين المتورطين في ازمات دولية، يكشف للمحللين الاستراتيجيين والباحثين المختصين والدارسين، مدى ثقل وتأثير بعض النظريات المجردة الخاصة بالمساومة التفاوضية، كما تكشف سلبية وايجابية الخيارات التي اعتمدها صناع القرار ومستوى ادائهم خلال الازمة ونوع الضغوط التي يواجهونها والعوامل الداخلية والخارجية ذات المساس المباشر في جو الازمة من حيث التصعيد في الحدة والوعود والنتائج الخطيرة الناجمة عن التحركات والمواقف الخاطئة والحسابات المغلوطة.

2. فريق ادارة الازمة :

يتضح من عملية ادارة الازمة ان الصيغة التنظيمية تأخذ طبيعة اخرى غير تلك التي تألفها الحكومة عند معالجتها للقضايا الاعتيادية. فالازمة هي في الحقيقة حدث يكمن فيه عنصر المباغتة او المفاجأة. وهي في هذه الحالة تقتضي معالجة ترتقي الى مستوى ودرجة الصدمة التي تحدثها المباغتة بالولوج الى الازمة ، اذ ان الاعتماد على اساليب تنظيمية تقليدية لايمكن ان يستوعب الازمة، ومن ثم يقوم بالرد على افعال الخصوم، ذلك ان ادارة الازمة تستدعي الرد السريع وهذا ماقد لايتوفر عبر الاساليب والقنوات الاعتيادية ، وكلما كانت الازمة من الجدية والتصعيد والخطورة بمكان فان اشراك مستويات ادارية دنيا قد لايخدم عملية احتوائها بصورة جادة. وعندما تناط عملية ادارة الازمة في فريق صغير فان عملية صنع قرار الازمة ستأخذ طابع المركزية والتخصص. اذ يصبح الانشغال منصب على قضية الازمة دون سواها.

ومن سمات هذه الفرق المصغرة انها مؤلفة من اشخاص كفوئين ويعول عليهم ولهم الاستعداد للعمل كفريق منتظم ، مهما كانت الظروف والتعقيدات المحيطة بالازمة، وغالبا هم اناس لهم خبرة في ادراة الفعاليات ولهم قابلية الافصاح والاستبصار والتوضيح [25].

لقد اشرت الدراسات التاريخية والوثائقية والسلوكية ان صيغة الفريق المصغر المعتمدة في ادارة الازمة الدولية كفيلة بان تفضي الى نتائج ذات شأن كبير في عملية ادارة الازمة، اذ ان هذا الفريق المصغر يحرص على البحث عن بدائل وخيارات كي يختار ماهو اصلح لاحتواء الازمة، ولا جدال ان هذا الفريق يمكن ان يمتلك من التخويل مايعينه على تخطي الاجراءات التقليدية التي تتبع في الظروف الاعتيادية لادامة العلاقة بين اطراف الازمة، ولكي تكون لهذا الفريق حرية حركة واسعة وسيطرة محكمة على الازمة ومرونة في التعامل مع تطوراتها واتجاهاتها ينبغي تأمين معلومات وافرة وموثوقة تسند خياراته وتسهم في اختيار ارجحها في كافة مراحل الازمة وتقلل من احتمالات الخطأ او تعرض فريق الازمة للتضليل او المباغتة.

ان صغر عدد الفريق المكلف بادارة الازمة يعين كما اسلفنا على صنع قرارات فاعلة في وقت قصير، بيد ان اعضاءه يمكن ان يكونوا عرضة للاجهاد، بسبب تعدد الازمات وتوافر المعلومات وضغط الوقت والرأي العام ومستوى الازمات وماتعكسه من اعباء كثيرة منها مايتطلب التشاور، ومنها مايستدعي تدعيم فرص المساومة بوسائل ضغط اضافية، ومنها مايتطلب استكمال المعلومات او بعض الموافقات التي يقتضي صلاحيات خارج ماموتوفر لدى فريق الازمة... ولكن مع ذلك يتمتع اعضاء فريق الازمة بذهنيات حادة وبدرجة تحمل تعينهم على خلق اجواء نفسية تساند في ادارة الازمات والاقتصاد في الوقت واستثماره لاقصى مدى ممكن ... وتؤدي مداولات فريق العمل احيانا دورا مركبا في استهلاك المعلومات على وفق سياقات غير تقليدية وخلق قناعات مشتركة واتجاه قراري قائم على تضامن اعضاء الفريق، وهو مايقتضي التماسك بين اعضاء الفريق في ظروف الازمات وتقليص المنافسات والهدر في الجهد والوقت الى اضيق حدود.

3. اتجاهات ادارة الازمة الدولية:

لاشك ان تقدم تقنية التسليح في العصر الحديث قد رجح سيادة مفاهيم سياسية وفلسفات جديدة في ادارة الازمة تتمحور بشكل اساسي حول تجنب الدخول في حروب نووية تلافيا للكوارث التي قد يجلبها سـلاح العصر، وبمعنى اخر تحول الدول الى مفهوم التهديـد بالقوة بـدلا مـن اسـتخدامها، الامـر الـذي ادى الى ظهـور مايعرف بدبلوماسية الازمات ودبلوماسية الاكراه، مـما افضى ـ الى تحـدد ادارة الازمة بسـقف لايتجـاوز التهديـد بالقوة خاصة بالنسبة للازمات القائمة والمحتملة بين القوى الكبرى والعظمى، وان كان ذلك لم يمنع هـذه القـوى من فوضى حروب تقليدية، وباسلحة متقدمة تكنولوجيا. وقد برزت عدة اتجاهات فلسفية وتحليلية حول كيفية ادارة الازمة الدولية [26]:

الاتجاه الاول :

ويحمل فلسفة ومفهوم ادارة الازمة من خلال المعالجات والحلول السلمية التي تهدف اساسا الى منع اندلاع الحرب ويحلل هذا الاتجاه الازمة على النحو الاتي:

أ. انها حدث مرضي باثولوجي، يجب معالجته وانهائه بالسرعة الممكنه.

ب. ان فلسفة هذا الاتجاه تقوم على مبدأ السيطرة على الازمة بتجنب المخاطر الكبيرة قدر الامكان.

ج. المقياس الذي تستخدمه من اجل هذه السيطرة، هو هـل ان الاطراف المتورطة في نـزاع ادى الى قيـام ازمة يمكن ان تقود الى حرب محتملة.

د. اذا كان كذلك ، فان المطلوب هو العمل على ايجاد بـدائل اقـل خطـورة يمكن ان تـؤدي بالاوضاع الى حالتها الطبيعية.

هـ ان فحوى معالجة هذا الاتجاه للازمة تقوم على النظر اليها مـن زاويتهـا الشـمولية جنبـا الى جنب مـع زاويتها او زواياها الجزئية التي تشكل كلا متكاملا.

و. ان المعالجة لاتتم في نظرتها الشمولية على سلوكها وحدها وانما ايضا على سلوك الدول المخاصمة لها.

ز. ان النتيجة المراد الوصول اليها هي ان لكل خصم مصالحه، وان معالجة الموضوع يجب ان تأتي من التأكيد على المصالح المشتركة للجانبين ، اي التقريب بين ماهو مشترك والضغط على المصلحة الذاتية وتكيفها الى الحد الذي يمكن من خلاله رؤية المصلحة الذاتية للطرف الخصم في محاولة لايجاد الجسر المشترك بين اطراف الازمة.

الاتجاه الثاني :

وتقوم فلسفته في ادارة الازمة على رؤية مناقضة لفلسفة الاتجاه الاول ، ويحلل هذا الاتجاه الازمة على النحو التالي:

أ. تتم معالجة الازمة ليس من زاوية انها حالة مرضية يجب معالجتها، وانما هي حالة نزاع بين دولتين محددتين.

ب. ان الازمة فرصة يجب استغلالها بالضغط على الخصم من اجل الحصول على تنازلات منه.

ج. ان اسلوب الفوز يقوم على التنافس بالضغط الذي يجري من خلاله محاولات التلاعب والتأثير على سلوك الخصم بالاتجاهات المرغوبة.

د. السؤال المركزي بحسب هذا الاتجاه هو هل ان هذه المحاولات سوف تؤدي بالخصم الى الاستسلام؟ وليس هل ان مايدور من افعال سيجعل الحرب محتملة.

هـ ان ركوب المخاطر لامانع من ارتياده طالما انه يحقق النتائج المطلوبة.

و. ان الادارة الناجحة للازمة هي تلك التي تعمل من اجل الحصول على اكبر تنازلات من الخصم امام نسبة اكبر من الخسائر للخصم.

ز. ان فلسفة هذه الاتجاه متأثرة بنظرية المباريات التي تقوم على الفرص لتحقيق الارباح لطرف والخسارة لطرف مقابل بمعنى ليس هناك مصالح مشتركة، وانما مصالح ذاتية مطلقة.

ح. ان ادارة الازمة تتمثل بانها الفن الذي يضمن سمو ارادة احد الاطراف في صراع المصالح.

ان تحليل هذين الاتجاهين وماينطويان عليه من فلسفة، ينبغي التوقف عندها واستخلاص نتيجة مفادها انه اذا كان الغرض السيطرة على الازمة دون أي تضحية فهذا امر غير ممكن ، أي ان المعالجات الاكراهية يمكن ان تقود الى ازمات مفتوحة او محتملة ، مما يتطلب الحذر والتحسب أي استمرار العيش في جو الازمة، لذا فان الامر يقتضي الجمع والموازنة بين الاتجاهين لان ذلك اقرب الى طبيعة الازمة التي هي ذات طبيعة مزدوجة في جوهرها، وهذه الطبيعة المزدوجة او الثنائية تتمثل في جانبين الاول هو الغرض الاساسي ، وهو تحقيق الاهداف التي يرغب كل طرف فيها تحقيقه، والثاني وهو الخطر المشترك الذي ينبغي ان يمثل الاولوية في حسابات اطراف الازمة لتجنب وقوع مالايحمد عقباه.

4. السيطرة على الازمة الدولية:

لقد توضح لدينا بان المخاطر المصاحبة للازمة كثيرة ولاتخلو من المفاجآت ، وقد تكون المخاطر والتعقيدات سابقة على اندلاع الازمة وقد تكون مترشحة عن جو الازمة سواء بصورة مباشرة ام غير مقصودة او نتيجة لمظاهر الشك وعدم اليقين، او بسبب قصور في ادراك الموقف يفضي الى قصور في ادارة الازمة وفي عمليات صنع السياسة والقرار.

ولاجل السيطرة على الموقف دون مستوى التصعيد الى حافة الهاوية، ينبغي :

أ. تفعيل دبلوماسية الازمة على وفق اسس ومعايير تضمن التأكد من التزام الاطراف بقواعد اللعبة، والامر بهذه الحالة يستدعي تحلي فرق ادارة الازمة وعلى كلا طرفيها بقدر وافر من المرونة والكياسة والشفافية القائمة على العقلانية والترشيد من ناحية ، وحماية القيم والمصالح الوطنية من ناحية اخرى، على الرغم من تباين الاتجاهات وربما الثقافات والمصالح.

ب. ادراك حقيقة مفادها ان السعي الجانح وراء مكاسب كثيرة سوف يقابله خسران كبير. لذا فعلى المعنيين بادارة الازمة ان لاينشدوا من وراء خوضها مكاسب كبيرة جدا، وذلك لان الامر سيتبدى في عين الاخر خسارة لاطاقة له على تحملها لثقلها، أي ان الازمة يجب ان لاتأخذ صيغة لعبة تكون محصلتها صفرا، وتتم لصالح احد الخصمين فقط دون الاخر [27].

ج. ادامة الاتصالات عبر قنوات امينة ومسيطر عليها، لضمان حمل الرسائل والاشارات والمواقف والنوايا الى الخصم، ولمعالجة الاشكاليات والتعقيدات المحتملة التي قد يفضي اليها حدوث سوء فهم او خطأ في التفسير او التقدير. وللتغلب على جانب من الشك وعدم اليقين المحتمل بروزه بشأن نوايا الخصم او دقة قناة الاتصال، يجب تنشيط قناة بديلة تستخدم عند الضرورة، وتوظف لاغراض التدقيق والتحقق من مصداقية القناة الرئيسية المستخدمة.

وتجدر الاشارة في هذا الصدد الى ان مصلحة الاطراف المعنية بادارة الازمة تقتضي الاتي:

(اولا). ان لايقطعوا اتصالاتهم.

(ثانيا). ان يعتمدوا وضوح الهدف والموقف لكي لايكون أي طرف اسير للخطأ وعدم التأكد، ويبني ردود افعاله سواء نحو التصعيد او التهدئة على مواقف غير واضحة او مفهومة.

(ثالثا). عندما لايعمدوا الى الاتصالات والحوار بلغة اعتيادية واضحة، ويستعيضوا عن ذلك بالاشارات والايحاءات والايماءات فان ذلك يستدعي درجة من الحذر وان يكون في الموقف والزمان الصحيحين، وخاصة عندما يكون البعد العسكري طاغيا على جو الازمة.

د. الاستطلاع السلوكي لجو وبيئة الازمات عموما يفضي الى خلاصة مفادها ان الازمة قد تنتهي الى مجابهة او حل توفيقي او عودة الموقف الى وضعه السابق. ونظرا لان المجابهة ليست من مقاصد ادارة الازمة في الاساس وانما هي خطر ملازم لها او قد يترشح عنها، فان الغايتين الاخيرتين تمثلان مقصد

الازمة. وفي هذا الصدد ينبغي الاشارة الى ان الحل التوفيقي يتطلب تعديل في موقف احد الطرفين، ولما كان غرض كل طرف ان يظهر عزمه وتمسكه بمصالحه، فان البديل الى المجابهة هو اتاحة الفرص امام الاخر كي يراجع موقفه، بمعنى ان المعنيين بادارة الازمة مطالبون بان لايقطعوا خطوط الرجعة على الخصم. اذ ليس من الحكمة ترك الخصم ليجد نفسه بسبب افعال الطرف الاخر لايستطيع الخروج من الازمة الا اذا قام برد فعل كبير، او التراجع التام بصيغة الاستسلام، ان الخيار الاخير غالبا لايطاق ، لذلك يفضل الاخذ باسلوب رد الفعل الكبير، أي تصعيد الازمة الى حافة الهاوية .. لذلك يفضل الابقاء على مخارج كخطوط رجعة [28].

هـ   تقتضي الحكمة لضرورات السيطرة على ازمة محلية عدم البحث عن حل لها او تهدئتها او تقليص ضواغطها بفتح جبهات اخرى عن قصد ، بل ينبغي التعامل معها باجراءات محلية، ومن شروط ادارة الازمة وفي اطار هدف السيطرة عليها، ان لاتكون ردود الفعل عند المواجهة ذات طابع يفوق من حيث الهدف والوسيلة والبيئة الاقليمية ماهو حاصل. وذلك ان تدويل الازمة يمكن ان يعقد المساومة والاستعداد للتنازل او التوفيق، كما يجب ان لايبحث عن موازنة في الازمة بازمة على صعيد توازن استراتيجي.

و.   فرق ادارة الازمة حري بها اثناء الازمات المتفاقمة ان تكون لها رقابة وسيطرة على ميدان العمليات العسكرية، كي لايحدث أي انفلات يقود بالنتيجة الى تصعيد الموقف المتأزم.

لقد اصبحت الازمات سمة ملازمة للنظام الدولي وهو ماحتم دراستها اكاديميا، والتدريب على ادارتها ومعرفة الياتها وفرص السيطرة عليها ... ولاجدال في ان الازمات في ظل عالم يحفل بانتشار الاسلحة النووية والقدرات التسليحية والتقنية لمعظم الدول، تنطوي على خطورة كبيرة على الامن والاستقرار الدوليين سواء على البيئات الاقليمية او البيئة الدولية .. وهذا الامر يقتضي وبشكل ملح تحسين اساليب ادارة الازمة على وفق قاعدة ومقتضى احكام السيطرة عليها... وانطلاقا من فرضية ان

المواجهة تبقى احتمالا واردا وملازما للازمة، وان هـذا الاحـتمال يكـون مـدعاة لتوجـه فرق ادارة الازمـات نحـو البحث عن مخارج تدفع بالازمة بعيداً عن جادة التصعيد باتجاه حافة الهاوية.

هوامش الفصل الرابع عشر

(1) Coral Bell, Crisis Diplomacy in Lurance Martim, Ed., Strategic Thought in the Nuclear Age, 1979, P.P. 157-160.

(2) Oran Young , The Intermediaries, 1967, P.10.

(3) د. كاظم هاشم نعمة ، الوجيز في الاستراتيجية، (بغداد ، شركة اياد للطباعة، 1988)، ص 214.

(4) Charles F.Hermann, Crisis in Foreign Policy ,(New York, 1988), P.28.

(5) Michael Brecher. Towards a Theory of Jntemational Crisis Behavior in (Jntemational Studies Quorterly, No.21, 1979).

(6) Hermann Kahn, Anthony Wiener, Crisis and Arms Control, 1962.

(7) د . كاظم هاشم نعمه ، المصدر السابق، ص ص 214-215.

(8) د. فاضل زكي محمد، الازمة الدولية بين التصعيد والتعضيد، (مجلة العلوم القانونية والسياسية ، بغداد ، 1984)، ص 274.

(9) د. نادية شكارة ، اتخاذ القرار في الازمة الدولية ، (جامعة بغداد ، كلية العلوم السياسية، 1996)، ص12.

(10) David V.Edwards , International Political Analysis, 1964, P.10.

(11) Charles A.McClelland , The Acute International Politics, (World Politics, No. 41, 1961) , P.P.340-347.

(12) انظر: . Hermann Kahn, Anthony Wiener , Op.cit

وكذلك :

Harlman Cleveland , Grisis Diplomacy, (Foreign Affairs , No.41 , 1963), P.56

(13)   د. فاضل زكي محمد ، المصدر السابق ، ص 276.

(14)   المصدر نفسه ، ص 278.

(15)   John Lowenhardt , Dicision Making in Soviet Politics, The (Macmillan Press, London, 1981), P.7.

(16)   P.Hlevin, On Decision and Decision Making In (Public, Administration Journal , Spring, 1972), P.27.

(17)   Lucien Sphes, Critique de Decision, P.E.N.S., 1981, P.13.

(18)   Horace , Acomprehensive Psychologicoal and Psycho Analytical Terms, (Longman : Dictionary . Co INC, 1985) , P.139.

(19)   Good C.V., Dictionary of Education , (N.Y.MoGraw-Hill, 1973), P. 167.

(20)   Warren , Dictionary of Psychology , (Boston , Houghtion Mifflin, 1964), P.69.

(21)   د. فاضل زكي محمد ، استراتيجية ادارة الازمة، (مجلة العلوم السياسية، العدد 18، كلية العلوم السياسية، جامعة بغداد ، 1999)، ص ص 6-7.

(22)   المصدر نفسه ، ص 4.

(23)   Glen Suyder , Crisis Management , in Charles F.Hermann, International Crisis, (The Free Press, New York , 1972), P.217.

(24)   د. فاضل زكي محمد ، المصدر السابق ، ص 5.

(25)   د. كاظم هاشم نعمة ، المصدر السابق، ص 222.

(26)   د. فاضل زكي محمد ، المصدر السابق ، ص ص 8-10.

(27)   د. كاظم هاشم نعمة، المصدر السابق، ص 229.

(28)   المصدر نفسه ، ص 230.

المراجع

اولا: باللغة العربية

1- الكتب :

- ابراهيم ، د. سعد الدين ، منسقا واخرون، المجتمع والدولة في الوطن العربي (بيروت، م.د.و.ع، 1988)

.

- ابو شيخة، د. نادر احمد ، اصول التفاوض، (عمان ، دار مجدلاوي للنشر والتوزيع، 1997).

- ابو هيف ، د. علي صادق ، القانون الدبلوماسي والقنصلي ، (الاسكندرية ، 1987).

- ابو هيف ، د. علي صادق ، القانون الدولي العام، (الاسكندرية، 1975).

- اسماعيل ، د. محمود ، المدخل الى العلوم السياسية ، (الكويت، مكتبة الفلاح، 1986).

- الاسود ، د. صادق ، علم الاجتماع السياسي ، اسسه وابعاده، بغداد ، (دار الحكمة للطباعة والنشر، 1991) .

- بدر، د. احمد ، الرأي العام ، طبيعته وتكوينه وقياسه، (القاهرة ، مكتبة غريب ، 1977).

- بدوي ، د. ثروت ، النظم السياسية ، ج1، (القاهرة، دار النهضة العربية، 1964).

- بدوي ، د. محمد طه ، مدخل الى علم العلاقات الدولية ، (بيروت، دار النهضة الحديثة، 1972).

- البستاني ، د. باسل (محررا) النظام الدولي الجديد ، اراء ومواقف، مجموعة مؤلفين ، (بغداد ، دار الشؤون الثقافية العامة ، 1992).

- بركات، د. نظام ، د.عثمان الرواف، د.محمد الحلوة ، مبادئ علم السياسة(عمان، دار الكرمل، 1984).

- برو ، سيرج ، فيليب برتون ، ثورة الاتصال ، ترجمة هالة عبدالرؤوف مراد ، (القاهرة ، دار المستقبل العربي ، 1993).

- بيرنيز ، ادوارد م. ، النظريات السياسية في العالم المعاصر ، ط2، ترجمة د. عبدالكريم احمد ، (بيروت، دار الاداب ، 1988).

- الجرف ، د.طعيمة ، نظرية الدولة والاسس العامة للتنظيم السياسي، (القاهرة، مكتبة القاهرة الحديثة، 1964).

- الجمل ، د. يحيى ، الانظمة السياسية المعاصرة ، (بيروت ، دار النهضة العربية، 1969).

- حرب ، د. اسامة الغزالي ، الاحزاب السياسية في العالم الثالث ، سلسلة عالم المعرفة ، 117 (الكويت ، المجلس الوطني للثقافة والفنون والاداب، 1987).

- درويش ، د. ابراهيم ، الدولة نظريتها وتنظيمها ، دراسة فلسفية تحليلية، (القاهرة، المطبعة العالمية، 1969).

- دوفابر ، جاك دونديو ، الدولة، ترجمة سموحي فوق العادة، (بيروت، مكتب الفكر الجامعي، منشورات عويدات، 1970).

- دورتي ، جيمس ، روبرت باستغراف، النظريات المتضاربة في العلاقات الدولية، ترجمة د.وليد عبد الحي ، (الكويت ، كاظمة للنشر والتوزيع، ط1، 1985) .

- الرمضاني ، د. مازن اسماعيل ، السياسة الخارجية – دراسة نظرية، (بغداد ، مطبعة دارالحكمة، 1991) .

- رينوفان ، بيير ، جان باتيست دروزيل، مدخل الى تاريخ العلاقات الدولية، ط1، ترجمة فايز كرم نقش ،(بيروت ، منشورات عويدات ، 1967).

- سبيرو ، جون ادلمان ، سياسات العلاقات الاقتصادية الدولية، ترجمة خالد قاسم، (عمان ، الشركة المركزية المتحدة ، 1987) .

- سرحان ، د. عبدالعزيز محمد ، (القانون الدولي العام ، القاهرة ، 1969).

- سعيد ، د. عبدالمنعم ، مابعد الحرب الباردة ، النظام الدولي بين الفوضى والاستقرار، كتاب العرب في الاستراتيجيات العالمية، (عمان، مركز الدراسات الاستراتيجية ، 1994).
- سعيد ، د. محمد السيد ، المتغيرات السياسية الدولية واثرها على الوطن العربي، (القاهرة ، معهد البحوث والدراسات العربية ، 1991).
- سلطان ، د. حامد ، اصول القانون الدولي العام، ط1، القاهرة ، 1955.
- الشاوي ، د. هشام ، مقدمة في علم السياسة ، (بغداد ، مؤسسة دار الكتب للطباعة والنشر، 1982).
- شوفنمان ، جان بيير ، انا وحرب الخليج، ترجمة حياة الحويك وبديع العطية، (عمان، دار الكرمل، 1992) .
- شلبي، السعيد السيد ، خصائص واستراتيجيات التفاوض، (القاهرة، مركز ابروماك، 1980).
- شكارة ، د. نادية ، اتخاذ القرار في الازمة الدولية ، (جامعة بغداد ، كلية العلوم السياسية، 1996).
- شهاب ، د. مفيد ، المنظمات الدولية، (القاهرة ، دار النهضة العربية، 1978).
- الشرقاوي ، د. سعاد ، النظم السياسية في العالم المعاصر، (القاهرة ، دار النهضة العربية، 1982).
- العاني ، د. حسان شفيق ، الانظمة السياسية والدستورية المقارنة ، (بغداد، دار الحكمة للنشر والترجمة والتوزيع، 1986).
- عبد الله ، د. عبدالغني بسيوني ، النظم السياسية – اسس التنظيم السياسي، (القاهرة، الدار الجامعية، 1985).
- العطية ، د.عصام ، القانون الدولي العام، ط5، (بغداد ، دار الحكمة للطباعة والنشر، 1993).
- العكرة ، د. ادونيس ، من الدبلوماسية الى الاستراتيجية، (بيروت ، دار الطليعة، 1981).

- العويني ، د. محمد علي ، اصول العلوم السياسية ، (القاهرة ، عالم الكتب، 1981).

- غالي ، د. بطرس ، محمود خيري عيسىـ ، المدخل في علم السياسة، ط7، (القاهرة ، مكتبة الانجلو المصرية الحديثة، 1984).

- الغنيمي ، د. محمد طلعت ، الاحكام العامة في قانون الامم ، قانون السلام، (الاسكندرية، 1970).

- ف – افانا سيف، اسس الفلسفة الماركسية ، ط2، ترجمة عبدالرزاق الصافي (بيروت، دار الفارابي).

- فريدمان ، ولفغانغ ، تطور القانون الدولي ، ترجمة لجنة من الاساتذة الجامعيين، (بيروت، دار الافاق الجديدة، 1964) .

- فهمي ، د. عبدالقادر محمد ، النظام السياسي الدولي، (بغداد ، دار الشؤون الثقافية العامة ، 1995).

- فودة ، د. عز الدين ، النظم الدبلوماسية، الكتاب الاول في تطور الدبلوماسية وتقنين قواعدها ، (دار الفكر العربي ، القاهرة ، 1961).

- فوكوياما ، فرنسيس ، نهاية التاريخ والرجل الاخير، ترجمة وتعليق حسين الشيخ، ط1، (بيروت ، مكتبة دار العلوم العربية، 1993).

- فوق العادة ، د.سموحي ، الدبلوماسية الحديثة، (دمشق ، دار اليقضة العربية ، 1973).

- قربان ، د. ملحم ، قضايا الفكر السياسي – القوة – ط1، (بيروت، المؤسسة الجامعية للدراسات والنشر، 1983م).

- القطيفي ، د.عبدالحسين ، القانون الدولي العام ، ج1، (بغداد ، 1970).

- كلاوزفيتز ، فون ، الوجير في الحرب، (المؤسسة العربية للدراسات والنشر، 1974).

- كيسنجر ، د. هنري ، الدبلوماسية من الحرب الباردة حتى يومنا هذا ، ترجمة مالك فاضل البديري، (عمان ، الدار الاهلية للتوزيع والنشر، 1995).

- كيندي ، بول ، الاستعداد للقرن الواحد والعشرين، ترجمة مجدي نصيف، (القاهرة، مكتبة مدبولي، 1994).

- كولار ، دانيال ، العلاقات الدولية، ترجمة خضر خضر ، (بيروت ، دار الطليعة للطباعة والنشر، 1980).

- لبيب ، أ. سعد ، عالمية الاتصالات والوطن العربي، كتاب الوطن العربي والمتغيرات العالمية ، القاهرة ، 1991.

- ليرتش ، تشارلس او ، الحرب الباردة ومابعدها ، ترجمة د. فاضل زكي محمد، (بغداد ، دار الحرية للطباعة ، 1975).

- لينين ، الدولة ، موسكو ، دار التقدم، 1967 .

- لينين ، الدولة والثورة ، موسكو، دار التقدم، 1970.

- ليلة ، د. محمد كامل ، النظم السياسية – الدولة والحكومة (القاهرة، دار الفكر العربي، 1971).

- ماندل ، ارنست ، الاتحاد السوفيتي في ظل غورباتشوف، ترجمة بولا الخوري، (بيروت، دار الوحدة للطباعة والنشر، 1991).

- متولي ، د. عبدالحميد ، القانون الدستوري والانظمة السياسية، ط4، (القاهرة، دار المعارف، 1966).

- محمد ، د.ثامر كامل ، دراسة في الامن الخارجي العراقي واستراتيجية تحقيقية، (بغداد ، دار الحرية للطباعة ، 1985).

- محمد ، د. ثامر كامل ، التحولات العالمية ومستقبل الدولة في الوطن العربي ، (عمان ، مركز المستقبل للدراسات الاستراتيجية ، 2000) .

- محمد ، د. ثامر كامل ، الدبلوماسية المعاصرة واستراتيجية ادارة المفاوضات، عمان ، دار المسيرة للنشر والتوزيع والطباعة، 2000).

- محمد ، د. ثامر كامل ، النظم السياسية الحديثة والسياسات العامة ، دراسة معاصرة في استراتيجية ادارة السلطة ، (عمان ، دار مجدلاوي للنشر والتوزيع ، 2004).

- محمد ، د. محمد علي ، د. علي عبدالمعطي محمد، السياسة بين النظرية والتطبيق، (بيروت، دار النهضة العربية، 1985) .

393

- مقلد ، د. اسماعيل صبري ، العلاقات السياسية الدولية، دراسة في الاصول والنظريات، ط4، (الكويت ، ذات السلاسل ، 1987)

- مقلد ، د. اسماعيل صبري ، الاستراتيجية والسياسة الدولية ، المفاهيم والحقائق الاساسية ، (بيروت ، مؤسسة الابحاث العربية، 1979).

- مقلد ، د.اسماعيل صبري ، نظريات السياسة الدولية – دراسة تحليلية مقارنة، (الكويت ، منشورات ذات السلاسل ، 1987).

- مكنمارا ، روبرت ، جوهر الامن ، ترجمة يونس شاهين، (القاهرة ، الهيئة المصرية العامة للتأليف والنشر ، 1970).

- المنوفي ، د. كمال ، اصول النظم السياسية المقارنة، ط1، (الكويت، شركة الربيعان للنشر والتوزيع، 1987).

- موركنثاو ، هانس جي ، السياسة بين الامم، ترجمة خيري حماد ، (القاهرة ، الدار القومية للطباعة والنشر، 1964).

- ميرل ، مارسيل ، سوسيولوجيا العلاقات الدولية، ترجمة د.حسن نافعة، (دار المستقبل العربي ، بيروت ، 1986).

- نافعه ، د. حسن ، الاولويات الدولية المتغيرة والوطن العربي، كتاب الوطن العربي والمتغيرات الدولية، مجموعة باحثين ، (القاهرة، معهد البحوث والدراسات العربية، 1991).

- نصر ، د. محمد عبدالمعز ، في النظريات والنظم السياسية ، (بيروت، دار النهضة العربية، 1972).

- نعمة ، د. كاظم هاشم ، العلاقات الدولية، (بغداد ، دار الكتب للطباعة والنشر، 1979).

- نعمة ، د. كاظم هاشم ، الوجيز في الاستراتيجية، (بغداد ، شركة اياد للطباعة، 1988) .

- نيكسون ، ريتشارد ، الفرصة السانحة ، ترجمة احمد صدقي مراد ، (القاهرة ، دار الهلال ، 1992).

- هوريو ، اندريه ، القانون الدستوري والمؤسسات السياسية ، ج1، ترجمة علي مقلد وشفيق حداد وعبدالحسن سعد ، (بيروت ، الدار الاهلية ، 1977).

- هدية ، د. عبد اللـه ، مدخل الانظمة السياسية ، (الكويت ، مكتبة ام القرى، 1984).
- هويدي ، امين ، الامن العربي في مواجهة الامن الاسرائيلي ، (بيروت، دار الطليعة ، 1975).

2- الدوريات :

- ابراهيم ، د. حسنين توفيق ، الفكر العربي واشكالية النظام الدولي الجديد، (مجلة شؤون عربية، العدد 69 ، القاهرة ، 1992) .
- بادي ، برتراند ، نهاية الاقاليم – دراسة حول اللانظام الدولي وحول المنفعة الاجتماعية للاحترام ، نقلا عن عمر الشافعي ، (المستقبل العربي، العدد 222، بيروت ، م.د.و.ع ، 1996).
- بدران ، د. ودودة ، تخطيط السياسة الخارجية ، دراسة نظرية وتحليلية ، (السياسة الدولية، العدد 69 ، القاهرة، مؤسسة الاهرام، 1982).
- توفيق ، د. سعد حقي ، اشكالية فهم النظام الدولي الجديد ، (مجلة العلوم السياسية ، العدد 13 ، بغداد ، 1995).
- الجويلي ، د. عمرو ، العلاقات الدولية في عصر المعلومات ، (السياسة الدولية، العدد 123، القاهرة ، مؤسسة الاهرام ، 1996).
- الحديثي ، د. خليل اسماعيل ، النظام الدولي الجديد واصلاح الامم المتحدة، (مجلة العلوم السياسية، العدد 12 ، كلية العلوم السياسية ، جامعة بغداد ، 1994).
- حسن اغا ، د. الفت ، النظام الاعلامي الاوربي في عالم متغير، (السياسة الدولية ، العدد 109 ، القاهرة، مؤسسة الاهرام ،1992) .
- خضر ، د. محسن ، الهيمنة الاتصالية الفضائية وتحدياتها الثقافية ، (مجلة الدراسات الاعلامية ، العدد 77، القاهرة 1994).
- الرحماني ، الصغير ، النظام العالمي الجديد ، رؤية نقدية ، المجلة العربية للدراسات الدولية، (المعهد العربي للدراسات الدولية، ربيع صيف 1992).
- الرمضاني ، د. مازن اسماعيل ، مقدمة في الجوانب النظرية لمفهوم الامن الخارجي، (الامن والجماهير ، السنة الثانية، العدد 4 تموز / يوليو 1981).

- زرنوقة ، د. صلاح سالم ، اثر التحولات العالمية على مؤسسة الدولة في العالم الثالث، (السياسة الدولية، العدد 122، القاهرة ، مؤسسة الاهرام ، 1995).

- زيداني ، د. سعد ، الديمقراطية ، اللبرالية ، ومفهوم الدولة المحايدة، (المستقبل العربي، العدد 179، بيروت ، م.د.و.ع، 1994) .

- الصرايرة ، د. محمد نجيب ، الهيمنة الاتصالية – المفهوم والمظاهر، (مجلة العلوم الاجتماعية ، المجلد 18، العدد 2، الكويت 1990).

- عبد الله ، د. احمد ، السيادة الوطنية في ظل المتغيرات العالمية، (السياسة الدولية، العدد 123، القاهرة، مؤسسة الاهرام ، 1996).

- عبد الله ، د. عبدالخالق ، التبعية والتبعية الثقافية، مناقشة نظرية، (المستقبل العربي، العدد 83 ، بيروت ، م.د.و.ع، 1988).

- عبداللطيف ، د. خير الدين ، بعض الاوجه السياسية والقانونية لثورة الاتصال الحديثة، (السياسة الدولية ، العدد 117، القاهرة ، مؤسسة الاهرام ، 1994) .

- العربي ، د.نبيل ، الامم المتحدة والنظام العالمي الجديد، (السياسة الدولية، العدد 114، القاهرة ، مؤسسة الاهرام ، 1994م).

- علوي ، د. ياسر ، التكنولوجيا في الخطاب التنموي العربي المعاصر ، (السياسة الدولية ، العدد 123، القاهرة ، مؤسسة الاهرام ، 1996) .

- غالي ، د.بطرس ، نحو دور اقوى للامم المتحدة ، (السياسة الدولية، العدد111، القاهرة ، مؤسسة الاهرام ، 1994).

- فتال ، د. انطوان ، استحالة تعريف القانون الدولي، (مجلة الشرق الادنى، دراسات في القانون، العدد 7، 1971).

- قنان ، جمال ، نظام عالمي جديد ام سيطرة استعمارية جديدة، (المستقبل العربي، العدد 180، بيروت، م.د.و.ع، 1994).

- كالو، دومنيكو ، النظام الدولي الجديد بين الهيمنة الامريكية وتهميش الامم المتحدة، ترجمة مالك الواسطي، (شؤون سياسية، العدد 2 ، مايس 1994).

- محمد ، د. ثامر كامل ، ادارة القوة في النظام العالمي البديل ، (دراسات دولية، العدد 12، بغداد ، مركز الدراسات الدولية، نيسان / ابريل 2001).

- محمد ، د. فاضل زكي ، الازمة الدولية بين التصعيد والتعضيد، (مجلة العلوم القانونية والسياسية ، بغداد ، 1984).

- محمد ، د. فاضل زكي ، استراتيجية ادارة الازمة، (مجلة العلوم السياسية، العدد 18، كلية العلوم السياسية، جامعة بغداد ، 1999).

- المجذوب ، د. اسامة ، المتغيرات الدولية ومستقبل مفهوم السيادة المطلقة، (السياسة الدولية، العدد 109، القاهرة ، مؤسسة الاهرام، 1994) .

- المشاط ، د. عبدالمنعم ، الامم المتحدة ومفهوم الامن الجماعي ، (السياسة الدولية، العدد 84، القاهرة، مؤسسة الاهرام، 1984).

- المهذبي ، د. ميلود ، قراءة مغايرة لمصطلحات معاصرة ، النظام العالمي الجديد والشرعية الدولية، (المستقبل العربي، العدد 161 ، بيروت، م . د . و . ع ، 1992) .

- الهرماسي ، د. عبدالباقي ، المجتمع المدني والدولة في الممارسة السياسية العربية، ندوة المجتمع المدني في الوطن العربي ودوره في تحقيق الديمقراطية ، (بيروت، م.د.و.ع ، 1992).

- هلال ، د. علي الدين ، الوحدة والامن القومي العربي ، (مجلة الفكر العربي، عدد 11-12، معهد الانماء العربي ، اب - اغسطس / ايلول – سبتمبر ، 1979).

- هلال ، د. علي الدين ، الامن القومي العربي ، دراسة في الاصول ، (شؤون عربية ، العدد 35 ، جامعة الدول العربية ، 1984).

ثانيا: باللغات الاجنبية

1- **Books :**

- A.F.K.Organski, World Politics, (Alfred A.Knopt, New York, 1958).

- Andrew M.Scott, The Functioning of the International System (New York : The Macmillan Company, 1967).

- Alvin and Heid : Toffler , War and Anti War : Making Sense of Todays Global Chaos, (USA Little Brawin,1993).

- Arnold Wolffrs, The Actors in International Relation , in Theory and Practice of International Relation, Edited by , Fred A.Sonderma, (N.J. Prentice Hall Inc, 1979).

- Bernard Brode , War and Politics , (Macmillan , N.Y., 1973).

- Charles A.McClelland , Theory and International System (New York: The Macmillan Company, 1968).

- Charles Calvo, Dictionnaire de Droit,International Public, et Prive Paris, 1885.

- Charles O.Lerche , Concepts of International Politics, (Printice Hall , Inc, N.J., 1969).

- Charles Schleicher , International Relation, Cooperation and Conflict, (Pretice Hall of Indis, Delhi, 1963).

- Coral Bell, Crisis Diplomacy in Lurance Martim, Ed., Strategic Thought in the Nuclear Age, 1979.

- Charles F.Hermann, Crisis in Foreign Policy , (New York, 1988).

- David Easton , Aframe Work for Political Analysis, (N.J: Prentice – Hall Inc., 1965).

- David V.Edwards , International Political Analysis, 1964.

- David Easton , The Political System , N.y., 1953.

- David Easton, The Political System an Inquiry in to, the State of Political Seience, 2nd. Edition, (New York Alfred Aknopt , 1971).

- Edward H.Carr, The Twenty Years Crisis, (Macmillan and Co., limited ,London , 1942).

- Edwin H.Fedder, The Concept of Alliance , in D.S.Mclellan ed. The Theory and Practic, (Macmillan , 1970).

- E. Reves,The Anatomy of Peace, Harper and Raw,(New York, 1945).

- Encyclopedia of the Social Sciences, Vol. 11.

- Ernst B.Hass, The Balance of Power : Prescription , Concept or Propaganda, in : William Oslan and Fred Sondermann, eds., The Theory and Practice of International Relations, (Cliffs. New York, Prentice Hall , Inc., 1966).

- Ernest Satow, A Guide to Diplomatic Practice , Fourth Edition by Nevile Bland , (Longmans Green and Co.London, 1958).

- Ernest W.Gohlert, National Security Policy, Formation in Comparative Perspective In : Richard Merritt. Foreign Policy Analysis, (London : Lexigton Books, 1975).

- F.H.Hinsley , Power and the Pursuit of Peace, (Cambridge , Cambridge University Press, 1963).

- Fredrick H.Hartmann, The Relation of Nation , 4th. Edition (Macmillan, Publishing Co., Inc, New York, 1973).

- Frederick H.Hartmann, World in Crisis, (The Macmillan Company, 3rd. ed, 1967).

- Gabriel Almond and Sydney Verba , Civic Culture,. (Princeton University , Press 1, 1963).

- Gabriel Almond, Afunction al Approach to Comparative, Politics , in Gabriel Almond and James Coleman , eds Politics of the Developing Areas (N.J: Princeton University Press, 1960).

- G.A.Jacebsen and M.H.Lipman , Political Science, 2.nd Edition, Re. By William L.Shell. (New York, Barnes and Neble Books, 1979).

- George A.Lincolin , Intrnational Politics, (Macmillan, New York, 1954).

- Geoffrey Reeves , Gommunication and the Third World, (London , Rontledge , 1993).

- George Liska, Nations in Alliance, Baltimove, 1962.

- George Liska, Continuity and Change in International Systems, in , David Edwards, International Political Analysis, (Holt Rinehart and Winston Inc., New York, 1969).

- Glen Snyder , Crisis Management , in Charles F.Hermann, International Crisis, (The Free Press, New York , 1972).

- Good C.V., Dictionary of Education , (N.Y.MoGraw-Hill, 1973).

- Graham T. Allison, The Essence of Decision (Boston: Little Brown, 1971).

- Hans G .Morgenthau, Man US. Power Politics (New York Alfred A.Knopt, 1973).

- Harold Nicolson , The Diplomacy , 2nd . Edition, London, 1957.

- H.Bonfils : Manuel , droit, International Pablic, Paris, 1968.

- Harold Lasswell and Abraham Kaplan, Power and Society, Aframe Worke to Political Inquiry , (New Haven Com , Yale University Press, 1950).

- Harold Karan Jocobsen , William Zimmerman, The Shaping of Foreign Policy (New York : Atherion press, 1969).

- Harold Laski , Introduction to political Allen and Unwin, (Ltd, London, 1962).

- Henry A.Kissinger, Nuclear Weapons and Foreign Policy, (Council on Foreign Relations , Washington).

- Hermann Kahn, Anthony Wiener, Crisis and Arms Control, 1962.

- Horace , Acomprehensive Psychologicoal and Psycho Analytical Terms, (Longman : Dictionary . Co INC, 1985).

- Inis Claude , Swords in to Plawsheres, (Random House, New York , 1958).

- Inis Claude , Power and International Relations, (Random House, New York , 1962).

- James Barber and Michael Smith , The Nature of Foreign Policy Areader, (Edinburgha : Holms Medougal, 1974).

- James N.Rosenau , Moral Fervor Systematic Analysis, and Scientific Consciousness of Foreign Policy, Research, in ideb , The Scientific Study of Foreign Policy , rev . enl ed. (London: Frances Pinter Publishers Ltd, 1980).

- Jean Baudillard , The Illusion of the End , (Cambidge Ploity Press, 1994).

- John Burton , World Society , (Cambridage : Cambridge University Press, 1973).

- John G Garnett, Commonsense and the Theory of International Politics, (Albany : State University of New York Press, 1984).

- John Lowenhardt , Dicision Making in Soviet Politics, (The Macmillan Press, London, 1981).

- John. L.S.Girling , American and Third World, 1st., (Published in Routledge and Kegan pal ltd, 1980).

- John Spanier , Games Nations Play, 6th edition, (Washington, D.C, Congressional, Quarterly, Ine., 1987).

- John Wiley , International Politics and Sons, (New York , 1962).

- Joseph Frankel , Contemporary International Theory and the Behaviour of States (London : Oxford University Press, 1973).

- J.Roland Pennok and David G .Smith . Political Science An Introduction (New York, The Macmillan , Co, 1964).

- Joseph Frankel , International Politics : Conflict and Harmony, (London: Benguon Book, 1976).

- Karl Deutsch, The Analysis of International Relation, 2nd. Edition, (U.S.A. Harvard University Prentice – Hall, Inc., 1978).

- Keith R.Legg and James F.Morrison , Politics and the International System : An introduction, (New York: Harper and Row Publishess, 1971).

- Kenneth G.Boulding, Conflict and Defense, Ageneral Theory , (New York, Harber Tourch Books, 1967).

- K.J.Holisti , International Politics , 2nd. Edition , (London, Prentice , International Inc. 1974).

- K.M.Panikcar , The Principles and Practice of Diplomacy , London , 1957.

- K.London , How Foreign Policy is Made , (Vannos Trade Company , New York , 1949).

- K.Strupp : Elements de droit , International Public, Paris, 1930.

- Leon Duguit : Traite de droit constitutionnel , Paris, 1921.

- Louis Delbez, Droit International Public, 3rd. Edition, Paris, 1964.

- Lucien Sphes, Critique de Decision, P.E.N.S., 1981.

- MacIvar and C.H Page , Society An Introductory Anslysis, (New York , Rinohert, 1949).

- Mahendra Kumar, The Orentical Aspects of Intranational Politics, (Shivalal Agarwala and Company Sindeal , 1972).

- Mark E.Hep Worht , Geography of the Information Economy, (London , Belhaven , 1989).

- Mauric A.East , The International System Perspective and Foreign Policy, eds, Why Actions Act, (Beverly Hills, Sago publications, 1978).

- Maurice Duverger, Sociologie de la Politique, P.U.F, Paris.

- M.Duverger, Institutions Politiques at droit Constitutionnel (P.U.F Paris, 1956).

- Michael P.Sullivan, International Relation : Theories and Evidence (Englewood Cliffs, N.J.: Prentic-Hall, 1976).

- Michael Williams , Liboralism and Two Conceptions of the State in Donglas Maclean and Claudia Mills eds, Liporalism Reconisdered (New Jersey Rowman and Alanheld publisher 1983).

- Morton Kaplan , Some Problems of International Systems Research on the International Politics Systems ed. (By Naomi Rosenbaum, Prentice – Hall, 1970).

- Norman D.Palmer and Howard C.Perkins, Internationl Relation, 3rd , ed, (Boston : Houlition Mifflen Company,1969).

403

- Norman G.Padelford and George A.Lincoln, The Dynamic of International Relations, (London , The Macmillan Company, 1970).

- Ole R.Holsti , P.T.Hopmann, and J.D.Sullivan, Unity and Disintegration in International Alliances : Comporative Studies,(New York , 1973).

- Oran Young , The Intermediaries, 1967.

- Otto Pick .And Jalin Gritchley , Collective Security, 2nd . Edition, (Macmillan , London , 1974).

- P.A.Reynolds , An Introduction to International Relations ,(Longman , London, 1971).

- Paul Bastid , Court de droit International Public, Paris, 1965.

- P.Fauchille : Traite de droit International Public, Paris , 1922.

- P.F.Druker , Past Capitalist Society (Oxford : Cloys Ltd., 1994).

- Pradier Fodere , Cours de droit diplomatique, 1, Paris , 1900.

- Raymond Polin, Modern Gevernment and Constitutionalism (Chioago, Nelson Hall 1979).

- Raymond Aron, On War , Norton , 1968.

- Rene- Jean Dupay, Le droit, International Law, Paris, 1966.

- Richard N.Rosecrance, International Relation, Peace or War , (New York , Hill Book Co., U.S.A., 1973).

- Richard C.Snyder , et al., Foreign Policy Decision Making . An Approach to the Study of International Politics (New York : The Free Press of Glence, 1963).

- Richard Stubbs and Geoffrey R.D.Under Hill (eds), Political Economy and the Changing Global Order , (London, Macmillan, 1994).

- Robert MacIver, The Modern State, (Oxford Univeraiy press, London, 1966).

- Robert Dahl, Who Governs , (yale University Press, 1963).

- Robert Osgood, Ideals and Self-Interest, in America's Foreign Relations, (The University of Chicago, Press,Chicago ,1953).

- Robert Dahl , Modern Political Analysis, (Englewood Cliffs, New Jersey , 1970).

- Robert O.Keohan and Joseph S. Nye , Power Interdependence, World Politics in Transmision , (Little Brown , 1977).

- Roger Carter, Information Technology , (London, Biddles Ltd, Gurd Ford and Kings Luynn, 1991).

- Roger Scruten , Dictionary of Political Thought , (London, Macmillan, 1982).

- Roy Macridis, The Search For Focus , in Roy Macridis and Bernerd Brown, eds. Comperative Politics, Notes and Reading (Illinois the Dorsey Press, 1972).

- R.Parnet and R.Muller , Global Reach , The Power of Multinational Corporations, (New York, 1974).

- Sidney B.Fay, Balance of Power Encyclopedia of Social (Macmillan, 1927).

- S.J.Brams , Game Theory and Politics, (The Free Press, New York, 1975).

- Stanley Hoffmann, Contemporary Theory in International Relations, (Prentice Hall, Inc., N.J., 1960).

- T.Mathisen , Methodology in the Study of International . Relations, (Macmillan, 1959).

- U.N.Doruments , General Assembly, Res . 1131-1965, and 2225-XX1-1966.
- Vernon Van Dyke , International Politics, and Edition, (Appleton century crofts, New York , 1966).
- Warren , Dictionary of Psychology , (Boston , Houghtion Mifflin, 1964).
- W.F.Ogburn , ed. Technology and International Relations, Chicago, 1949.
- Zbigniew Brezeziniski, Out of Control, (New York, 1993).

2- **Artils and Documents:**

- Charles A.McClelland , The Acute International Politics ,(World Politics, No. 41, 1961).
- Charter of the United Nations and Statute of the International Court of Justic, United Nation, New York.
- Christopher Green Wood, Is There Aright of Humanitarian Intervention ? (The World Today February, 1993).
- David Singer , International Influence, Aformal Model, the American Political, (Science Review , Vol 51 , 1987).
- David Truman , The Implication of Political Behaviour Research in (Social Science Research Councial, Items December, 1951).
- D.Banerjee, A New World Order , Trends for the Future, (Strategic Analysis , VolX Vll. No.2 , May , 1994).
- The Economist , London , September , 5 , 1992.
- Fouad Ajami , The Symmoning, On the Clash of Civilization , (Foreign Affairs, September – October, 1993).

- Floyd Allport , Towards Ascience of Public Opinion, (Public Opinion Quarterly Vol.1, No. 1, P.23 Junuary , 1937).

- Harlman Cleveland , Grisis Diplomacy, (Foreign Affairs , No.41 , 1963).

- J.C.Harsanyi, Game Theory and the Analysis of International Conflict, (Australion Journal of Politics and History, Dec. 1965).

- K.P.Fabian , Some Aspects of the Cold War and of the Post – Cold War World , Asouthern Point of View , (Strategic Analysis, VolX Vll, No.4, July, 1994).

- Mariano Grondona, International Security and Human Rights , (International Security, Vol. No.1, Summer, 1978).

- Mar-rack Goulding, Humanitarian War, The New UN and Peace Keeping, (International Affairs, Vol 69. No.3, July, 1993).

- Max Singer , (International Herald Tribune, September , 2. 1993).

- Michael Brecher. Towards a Theory of Jntemational Crisis Behavior in (Jntemational Studies Quorferly, No.21, 1979).

- M.Pedler , Negotiation Skills (Jornal of Europen Industrial . Tranning , Vol, 1, P.t. No. 4 – No- 5 , 1977).

- O.N.Mehrotra, Clinton's Foreign Policy in New World . Entropy, (Strategic Analysis, VolXVI, No.3, June , 1994).

- P.Hlevin, On Decision and Decision Making In Public, (Administration Journal , Spring, 1972).

- P.M.H.Bell , War, Foreign Ploicy and Public Opinion, (The Journal of Strategic Studies, Vol. 5. No.3, Sept. 1982).

- Q.Wright , Changes in Conception of War, the Ajil, Vd.18, 1924.

- Rakesh Gupta, Interdependance and Security Among States in the 1990's, (Strategic Analysis , Vol.x Vll, No.1 , April , 1995).
- Robert Dahl , The Concept of Power Behaviour, (Science Reivew, Vol, 2, 1957).
- Robert Dahl , The Behavioural Approach in Political Science, In (American Political Science Review , V01. 55, December , 1961).
- Sammel P.Hantington, IF No Civilization, What ?, (Foreign Affairs, November - December, 1993).
- Sammel P. Hantington , The Clash of Civilization, (Foreign Affairs, Vol. 72 . No3 , Summer , 1993).
- Stanly Hoffmann , International Relation The Longy Road to Theory, (World Politics , April , 1959).
- Stephon D.Kraznor , Approaches to the State, Altornative Conception and Historical Dynamics, (Comparative Politics, Vol. No. 2 January, 1984).
- Sukhwant Singh Nannan, The Japanese American Relationship, (Strategic Analysis, Vol. 15, No.2, April - May , 1992).
- Summer Welles, Intervention and Interventions ,(Foreign Affairs, Vol, 26, 1947).
- Taward Warkable International System, (International Herald Tribune, November ,2, 1994).
- Ted Galen Carpennter , The New World Disorder , (Foreign Policy , Fall. 1991).
- US.Department of State,Current Policy Document , No,. 1298.